本书获江苏高校优势学科建设工程资助项目、
国家社会科学基金青年项目（14CJY002）资助出版

战略性新兴产业集群
绿色创新机制及政策

李星◎著

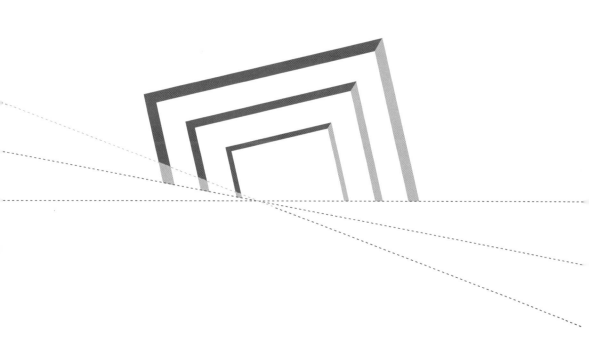

中国社会科学出版社

图书在版编目（CIP）数据

战略性新兴产业集群绿色创新机制及政策/李星著 . —北京：
中国社会科学出版社，2023.4
ISBN 978-7-5227-1250-5

Ⅰ. ①战…　Ⅱ. ①李…　Ⅲ. ①新兴产业—产业集群—研究—
中国　Ⅳ. ①F269.2

中国国家版本馆 CIP 数据核字（2023）第 021071 号

出 版 人	赵剑英
责任编辑	戴玉龙
责任校对	周晓东
责任印制	王 超

出　　版	中国社会科学出版社
社　　址	北京鼓楼西大街甲 158 号
邮　　编	100720
网　　址	http://www.csspw.cn
发 行 部	010-84083685
门 市 部	010-84029450
经　　销	新华书店及其他书店

印　　刷	北京明恒达印务有限公司
装　　订	廊坊市广阳区广增装订厂
版　　次	2023 年 4 月第 1 版
印　　次	2023 年 4 月第 1 次印刷

开　　本	710×1000　1/16
印　　张	21.25
插　　页	2
字　　数	348 千字
定　　价	138.00 元

目　录

第一章 导论

第一节 研究背景

一 绿色创新是解决环境问题，实现"双碳目标"的重要手段

长期以来，随着经济活动的日益扩大，全球环境问题也更加突出，如气候变化、能源安全和资源日益稀缺，全球二氧化碳与其他气体的排放量在不断增加，而且不同国家排放的二氧化碳也存在较大差异（见图1-1）。因此，环境问题已成为一个全球社会关注的焦点，许多国家开始朝着碳中和目标迈进。二氧化碳（CO_2）排放被认为是气候变化和全球变暖的主要贡献者之一（Farooq et al.，2019；Sarwar et al.，2019），几乎所有国家都同意减少二氧化碳排放，从而实现碳中和或无碳环境。

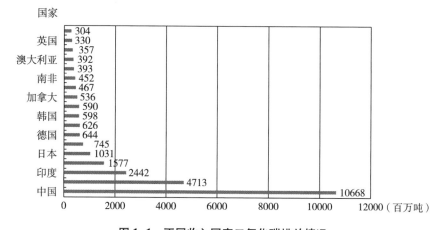

图1-1 不同收入国家二氧化碳排放情况

资料来源：Global Carbon Atlas（2021），http：//www.globalcarbonatlas.org/en/content/welcome-carbon-atlas。

近年来，创新与环境的关系越来越受到人们的关注（OECD，2000）。创新是解决环境问题的一种新方法，这种趋势被"绿色创新"的新理念所抓住，绿色创新被认为是解决国家生态问题而不减少导致生态问题的经济活动的重要手段（Klemmer，1999；Rennings，2000；Hemmelskamp et al.，2000）。2007年5月，欧洲委员会发表了一份关于欧盟生态创新趋势和发展的报告（CEC，2007），证实了与环境有关的工业的强劲增长，在强调环境和气候变化状况要求"大规模"开展清洁和环保的创新的同时，提出了一系列将提高对环境技术和生态创新需求的优先事项和行动。同样，2009年11月召开的经济合作与发展组织（OECD）全球生态创新环境论坛指出："大多数经合组织国家认为，生态创新是应对包括气候变化和能源安全在内的当代挑战的重要组成部分。"此外，许多国家认为绿色创新可以成为快速增长的环境产品和服务部门竞争优势的来源（Ekins，2010）。因此，绿色创新理念与绿色增长政策密切相关，标志着环境与创新政策之间的协同作用日益增强（Kemp and Andersen，2004；Andersen，2006；Andersen and Foxon，2009；OECD，2009）。政府越来越多地试图积极支持绿色创新的开发（Beise and Rennings，2003），以实现碳中和。

我国经过改革开放40年的高速发展，取得了巨大的经济成就，但长期粗放型的发展方式也带来了诸多问题。中国在过去几十年经历了经济繁荣，但工业污染是中国经济奇迹的负面产品，据报道，大多数的环境污染来自企业的生产经营。根据Global Carbon Atlas 2021数据显示，中国目前的碳排放为世界第一。为应对这一严峻挑战，中国提出了"双碳目标"，即二氧化碳排放力争于2030年前达到峰值，努力争取2060年前实现碳中和，这是以习近平同志为核心的党中央统筹国内国际两个大局作出的重大战略决策，是我们对国际社会的庄严承诺，也是推动高质量发展的内在要求。习近平总书记强调，要把"双碳"工作纳入生态文明建设整体布局和经济社会发展全局，坚持降碳、减污、扩绿、增长协同推进，因而绿色创新是我国"双碳"目标实现过程中需依赖的重要手段。

二 战略性新兴产业是推进产业结构绿色转型升级，促进经济高质量发展的新引擎

面对国际金融危机及气候变迁威胁，欧美发达国家的新兴产业战略都有一个明显的政策导向，即以新能源革命和低碳经济为主的绿色经济引领新兴产业发展。这既是国际市场上传统化石能源产品价格高昂的压力所致，也是人类可持续发展的客观需要。当美国、德国、日本等发达国家比较早地摆脱对化石能源的依赖，转而变为主要使用再生性清洁能源的时候，实际上它们的产业体系、社会结构、人们的生活方式等已经发生了重大的变化，使他们拥有了可持续发展的能力。目前发达国家已经开始了可持续发展能力的竞争（芮明杰，2014）。

从历史的经验来看，每一次金融危机的爆发都促成了新的科技革命，催生了一大批支撑未来经济发展的新兴产业。在国际金融危机给世界经济带来深远影响的背景下，世界众多国家都在努力寻找新的经济增长源，并陆续将目光投向了培育和发展战略性新兴产业。目前，世界主要发达国家和经济体均选择了不同的新兴产业作为突破口。美国、日本、英国、德国、韩国等国家都通过制定相应的新兴产业发展规划来布局本地区未来新兴产业的发展，抢先布局新能源、电动汽车、生命健康、宽带网络、生物医药等新兴技术领域，把新兴产业发展作为经济增长的新动力（王勇，2010）。因此，全球正进入一个创新密集和新兴产业快速发展的新时期，谁能在前沿技术和新兴产业中处于引领地位，谁就能在国际科技和产业竞争中占据主导权。面对日趋激烈的国际竞争，我国必须抓住机遇、赢得主动，抢占未来产业发展的制高点，并以此为突破口提升我国产业国际分工地位。这也是推动制造业转型升级，打造制造强国的根本途径。国务院先后加强了对战略性新兴产业发展的战略部署，各地也陆续制定出台了一系列指导意见或实施措施，新兴产业发展取得了初步成效（中国电子信息产业发展研究院，2014）。对我国而言，加快培育战略性新兴产业是应对经济二次探底危险和实现产业结构调整的"必由之路"，是抢占世界经济技术竞争制高点的重大部署，是促进可持续发展的战略选择（吴绍波等，2017）。

"十二五"时期，我国战略性新兴产业取得快速发展，2015 年，战略性新兴产业增加值占 GDP 的比重达 8%，已经成为转方式、调结构、稳增长的重要力量。"十三五"时期，我国经济发展进入新常态，经济发展面临转变增长方式和供给侧结构性改革的任务，大力发展战略性新兴产业，对于稳定经济增长，促进产业结构升级和转变经济发展方式，促进经济社会可持续发展具有重要意义（中国工程科技发展战略研究院，2018）。

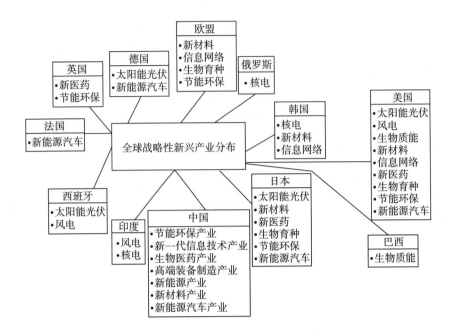

图1-2 全球战略性新兴产业分布

资料来源：参见王勇《战略性新兴产业概述》，世界图书出版公司2010年版。

从产业发展来看，2017年1—7月，战略性新兴产业27个重点行业营业收入同比增长13.8%，增速较2016年同期提高2.3个百分点。2017年上半年，战略性新兴产业上市公司营业收入总额达1.69万亿元，同比增长19.8%（见图1-3和图1-4）。各个产业也取得了快速发展，呈现了较好的发展势头。因此，战略性新兴产业是引导未来经济社会发展的重要力量，它作为经济新增长点，不仅可以拓宽经济增长的需求空间和产业空间，还可以不断优化本地区的产业结构，促进产业结构的升级，使区域经济和产业发展保持活力（刘思峰等，2014）。

改革开放以来，我国经济社会发展取得巨大成就，但是发展中的不平衡、不协调、不可持续问题依然突出。发展战略性新兴产业，高起点地构建现代产业体系，加快形成新的经济增长点，对于我国经济社会能否真正走上内生增长、持续高质量发展的轨道，具有重要意义（中国工程科技发展战略研究院，2014）。因此，加快培育和发展战略性新兴产业是新一轮科技革命的客观要求，也是产业结构调整，实现经济发展方式转变的必然选择（江西省战略性新兴产业发展报告课题组，2014）。所以研究我国战略性新兴产业的发展问题对于促进战略性新兴产业结构绿色转型与经济高质量发展具有重要意义。

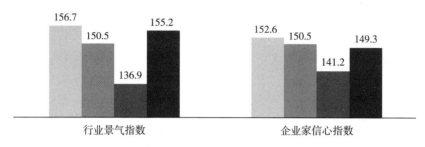

图1-3 2014年上半年至2017年上半年战略性新兴产业
企业家信心指数和行业景气指数

资料来源：参见国家信息中心《2017年战略性新兴产业发展形势分析》，http：//www.sic.gov.cn/news/459/8478.htm。

图1-4 2015年上半年至2017年上半年战略性新兴产业行业景气指数（分产业）

资料来源：参见国家信息中心《2017年战略性新兴产业发展形势分析》，http：//www.sic.gov.cn/news/459/8478.htm。

三 战略性新兴产业是践行绿色创新的重要抓手

进入21世纪，全球气候和环境变化对人类的经济社会发展提出了严峻挑战。在此背景下，以低能耗、低污染、低排放和高效能、高效率、高效益为特征的低碳经济受到了广泛关注，低碳化甚至零碳化已经成为世界经济未来发展的必然趋势。以低碳为主的经济结构将加快新产业的崛起和传统产业的转型。在新产业崛起方面，主要是低碳技术的产业化，低碳技术将成为全球经济发展的新"发动机"。当前一些必要的低碳技术已相当成熟，如英国在碳捕集与封存技术中有一定优势，有望形成一个价值达数十亿英镑的全球市场，这一前沿技术将为英国带来可观效应。在寻找可替代能源方面，美国拥有世界领先的生物燃料技术，并已成为世界最大的乙醇燃料生产国。此外，风能是美国能源新政中最大的亮点。在这些技术的带领下，环保产业将得到快速发展。信息、生物和现代医药、现代服务业、文化及创意产业、旅游产业等低能耗、低排放产业，作为低碳经济的重要组成部分，将以更快的速度发展，并作为经济的主体带动经济结构的轻型化、知识化、低碳化、生态化。

与传统产业不同，战略性新兴产业以信息技术为依托，发展高技术含量和高附加值产品，消耗低，污染少，经济效益高，发展潜力大，能增强产业自我调节和发展机能（刘思峰等，2014）。新兴产业在促进经济增长的同时更加注重资源节约、环境保护、公共健康等社会责任，绿色化成为世界各国政府选择新兴产业发展的重要理念。绿色化增长成为应对气候变化、资源约束、生态恶化的重要选择。例如，德国大众汽车集团提出了"Think Blue Factory"的生产理念，其目标是提高生产能效，同时显著减少排放、提高资源利用率。此外，绿色产品将会引领全球性的消费选择，在欧盟和美国购买过绿色产品的消费者中，认为绿色产品比普通产品质量要好的消费者分别占41%和43%。因此，绿色化成为新兴产业的基本属性（中国电子信息产业发展研究院，2014）。在未来提升产品附加值、提高经济增长质量和发展绿色低碳经济的过程中，战略性新兴产业将发挥重要的作用（芮明杰，2014）。

我国的资源禀赋条件和日益恶化的环境决定了必须走绿色工业的发展道路。绿色化要求产品从设计、制造、包装、运输、使用到报废的整个产品生命周期，资源和利用率最高，对环境的负面影响最小。近年来，节能环保、新能源以及新能源汽车产业的快速发展，为建设美丽中国做出了积极贡献。从节能环保产业来看，"十二五"期间环保产业规模持续扩大，环境质量也得到稳步改善，主要污染物排放量明显减少，同时污染治理效率也得到明显提升。节能降耗取得长足进步。从新能源产业来看，新能源在能源结构中的比重进一步提升，经济性大幅提高。我国已成为全球风能、光伏装机容量最大、生物发电装机容量第二大的国家，也是世界上少数几个拥有完整核工业体系的国家之一。新能源汽车产业发展步入爆发式增长快车道，2010 年销量仅为 7200 辆，2015 年销量达 33.2 万辆，年均增速超 100%[①]。因此，战略性新兴产业成为践行绿色发展的重要载体，从生态学的角度研究战略性新兴产业的绿色发展问题不仅可以填补目前的理论研究空白，还可以为战略性新兴产业现实的绿色发展提供依据和路径。

四 集群式发展模式是战略性新兴产业绿色创新发展的新载体

一方面，企业自身能力"小"促使企业加入产业集群中。有相关数据显示，截至 2014 年上半年，民营企业在战略性新兴产业上市公司中比重高达 63.5%，高于上市公司总体 11.6 个百分点，民营经济在战略性新兴产业中发挥了重要作用。国有企业（含中央及地方）在战略性新兴产业上市公司中占比仅为 26.8%（中国工程科技发展战略研究院，2014）。现阶段我国民营企业的科技实力弱小，以企业为主体的节能环保技术创新体系尚未完全形成，科研、设计力量薄弱，自主开发能力差，产学研结合不够紧密。节能技术的发展、推广和应用远远低于国外发达国家，关键技术科技成果转化率低，无法形成产品和设备的大规模产业化（中国工程科技发展战略研究院，2014）。同时，技术创新趋向复杂化和系统化，任何企业都难以独揽全部前沿技术，一项复杂性技术必须由多个企业联合开发，企业之间分工进一步细化。另外，随着高科技产品间的关联配套性和技术融合性不断增强，企业间合作呈现跨多个产业的趋势。企业之间合作创新活动日益频繁，合作范围也在不断扩大，极大地推动了企业实现创新全球一体化。面对国际巨头威迫，作为我国新兴产业发展的主体，只有联合起来营造自己主导的绿色创新网络，即通过产业集聚的方式来抱团取暖，实现创新耦合效应，才能提升我国企业的国际竞争力（张运生，2008；张利飞，2009；张运生，2010）。伴随着各领域技

---

① 参见国家信息中心《战略性新兴产业"十二五"发展成就及"十三五"规划展望》，2017 年 5 月，http://www.sohu.com/a/138485396_776578。

术群体突破的发展态势，信息、制造、新能源、新材料等技术的交叉融合不断加速，极大地促进了各产业领域的技术创新。21 世纪以来，新一代信息技术的突破和信息基础设施的高度发展，信息技术广泛渗透和融合，成为各产业科技创新的重要支撑，有力地带动了其他产业实施技术突破，进而促进新兴产业加速集群发展（中国电子信息产业发展研究院，2014）。

另一方面，绿色创新实施的多重阻碍因素促使中小企业加入到产业集群中。关于绿色创新的存在及其真实成本和收益方面信息的缺乏是绿色创新的一个关键障碍。对于民营企业来讲，信息闭塞是一个更加严重的问题，会阻碍他们的发展。假定这些企业缺乏必要的技术、人力和经济资源，他们就不得不付出更大的努力来获知绿色创新实践方面的信息，信息的获得通常必须依靠诸如政府、供应商、行业协会、大众、竞争对手、社会团体等多个主体。绿色创新同样具有不同程度的复杂性，这也许会影响它们被企业采用的可能性。采用一个复杂的绿色创新需要对员工队伍进行额外的培训，更需要企业拥有具备专业技能、技术熟练的人力资源或者设备（技术）供应商和企业之间建立更紧密的联系。所有这些要求提高了企业实施这项技术的困难，同时也增加了成本，这同样是民营企业无法承受的。另外，新技术在初始阶段需要高额资金投入，同时，绿色创新的获利期通常很长，这都对民营企业的绿色创新带来巨大风险，因而民营企业为更好实施绿色创新，同样会选择加入到产业集群中（贾卡里略—赫莫斯拉，2014）。

目前，我国战略性新兴产业集聚区初现雏形，主要产业集聚地有四大类：第一，拥有较大发展潜力和国际竞争力的产业集群，主要代表有北京中关村、武汉东湖国家自主创新示范区，上海、深圳、长株潭、西安综合性国家高技术产业基地；第二，生产企业高度集中的产业集群，主要代表有长三角集聚区和以电子信息为重点的珠三角集聚区；第三，消费市场高度集中的产业集群，一般表现为以"数字家庭计划"为核心的特色集聚区；第四，部分领域在新形势下的新一轮产业布局，表现为传统产业在新兴领域需求下的新建设和计划。例如，照明行业在新形势下积极向发展 LED 照明转型，对科研、产业园建设等合理布局，以满足新形势下的新需求。从战略性新兴产业发展的领域特色来看，广东珠三角地区主要在 LED 产业、高端电子信息产业以及新能源汽车产业发展较快,处于国内领先位置,而以江苏、上海为核心的长三角地区则在物联网、太阳能光伏、生物医药等产业独占鳌头,以北京、天津为核心的环渤海地区则在新一代信息技术、节能环保、新材料以及航空航天领域具有较为明显的优势。山东、黑龙江、湖南等省则在战略性新兴产业促进政策上先行一步,制定了较为完善的政策扶持体系(张少春,2010)。因此,从集群角度研究战略性新兴产业的发展问题可以为战略性新兴产业的发展模式与运行机制提供理论借鉴。

党的十九大报告也指出:"建设生态文明是中华民族永续发展的千年大计,必须树立和践行绿水青山就是金山银山的理念;坚定走生产发展、生活富裕、生态良好的文明发展道路,建设美丽中国,为人民创造良好生产生活环境,为全球生态安全做出贡献。推进绿色发展。加快建立绿色生产和消费的法律制度和政策导向,建立健全绿色低碳循环发展的经济体系。构建市场导向的绿色技术创新体系,发展绿色金融,壮大节能环保产业、清洁生产产业、清洁能源产业。推进能源生产和消费革命,构建清洁低碳、安全高效的能源体系。"因而,在经济转型、产业升级、可持续发展的大背景下,面临资源环境的巨大压力,要全面建设小康社会,实现可持续发展,必须大力发展战略性新兴产业,加快形成新的经济增长点,创造更多的就业岗位,更好地满足人民群众日益增长的物质文化需求,促进资源节约型和环境友好型社会建设(江西省战略性新兴产业发展报告课题组,2014)。中国新兴产业企业必须积极采取措施平衡环境和经济效益(Ma and Ye,2015),以创新作为解决之道,要做到既提高环境质量,又不阻碍经济活动,必须共同努力鼓励绿色创新(贾卡里略—赫莫斯拉,2014),创造或应用新的产品、流程、服务、组织结构、制度安排以及对环境影响较小的社会结构(OECD,2009)。因而,我们把战略性新兴产业集群的绿色创新问题作为研究的主要研究命题。通过相关问题的研究,有利于丰富战略性新兴产业的绿色发展理论,推动我国战略性新兴产业集群绿色创新发展,以及指导绿色创新政策制定具有重要的理论意义与实践意义。

第二节 相关概念界定与说明

一 关于战略性新兴产业的定义及其分类

战略性新兴产业是我国在应对 2008 年国际金融危机过程中提出的一个新的政策概念，《国务院关于加快培育和发展战略性新兴产业的决策》（国发〔2010〕32 号）对战略性新兴产业进行了界定。根据该定义，战略性新兴产业不仅体现了高新技术产业"知识技术密集""重大技术突破""重大发展需求"等重要属性，同时也体现了产业"重大引领带动作用"的"战略性"要求。虽然国家在文件中明确界定了战略性新兴产业的概念和产业领域，但目前还没有形成具有共识的定义，不同的学者和不同的地区对新兴产业的理解也不尽相同。各地提出的战略性新兴产业领域也与国家提出的领域不尽一致（李奎、陈丽佳，2011）。

目前各国均提出重点发展的新兴产业，主要是指由电子、信息、生物、新材料、新能源、海洋等新技术发展起来的一系列新兴产业。《国务院关于加快培育和发展战略性新兴产业的决定》提出，根据战略性新兴产业的特征，立足我国国情和科技、产业基础，我国现阶段重点培育和发展节能环保、新一代信息技术、生物、高端装备制造、新能源、新材料、新能源汽车七大产业。各地基于本地区的产业基础和发展需要，也相继提出了本地区重点发展的战略性新兴产业领域，例如，广东提出将高端电子信息、半导体照明（LED）、电动汽车、生物制药、太阳能光伏、核电装备、风电等 11 个产业作为重点发展的战略性新兴产业（李奎、陈丽佳，2011）。《战略性新兴产业分类目录》把我国的战略性新兴产业分为 7 个门类、34 个大类、152 个中类、470 个小类、332 个次小类，共包含 721 种产品（中国电子信息产业发展研究院，2014）。

下面，我们对七大战略性新兴产业进行简单介绍（吴劲松，2011）。

1. 节能环保产业

节能环保产业是指为节约资源、保护环境提供技术、装备和服务保障的产业，是先进制造业和生产服务业紧密结合并极具发展潜力的新兴产业。主要包括节能产业、环保产业和资源循环利用产业，涉及节能环保技术与装备、节能环保产品以及节能环保服务等。节能环保产业是跨行业、涵盖面宽的综合性产业，产业链长，关联度大，吸纳就业能力强，对经济增长拉动作用明显。我国正处于工业化、城镇化快速发展的时期，作为资源消费大国，随着经济快速发展，资源"瓶颈"制约日益突出，环境约束日益加剧，因此，优化人均消费结构、保障资源供给平衡、保护生态环境已成为事关全局的重大战略任务。

加快节能环保产业化进程，可以从根本上优化国内资源消费结构，促进节能减排，保护生态环境，保障国内经济社会和资源环境的可持续发展。全球金融危机后，发展绿色经济已经成为全球共识，发达国家正在着手研究征收"碳税""碳关税"，实施绿色壁垒、贸易保护。面对新的国际经济发展形势，我国把推动节能环保产业发展作为推进经济发展转型、提高国际竞争力的根本途径，采取了包括 4 万亿元投资计划在内的多项措施，促进节能环保产业的发展。可以说，加快节能环保产业的发展，对促进我国产业结构升级，转变经济发展方式，推动经济平稳较快发展，建设资源节约型、环境友好型社会具有十分重要的意义。同时又是积极应对气候变化，培养我国新的经济增长极，抢占未来国际竞争制高点的战略选择。

2. 新一代信息技术产业

新一代信息技术产业是当前世界各国抢占的战略制高点。美国提出了智慧地球的理念、日本推出了信息战略、韩国出台了 IT 战略、英国提出了数字英国计划。这些都是把信息技术与传统工业的融合应用作为未来发展的重点，并特别强调将物联网在传统工业中的应用作为未来发展的重点。我国新一代信息技术包括宽带、融合、安全的信息网络基础设施、新一代移动通信、下一代互联网核心设备、智能终端、三网融合、物联网、云计算，以及集成电路、新型平板显示、高端软件、高端服务器等核心基础产业和数字虚拟技术等。

3. 生物产业

近年来，现代生物技术进一步向化学工业、造纸工业、环保工业、能源工业等渗透和融合，生物化工、生物能源、生物环保等一批新兴产业群体正在形成，将会出现一个又一个新的产业化浪潮。国家界定的生物产业主要包括 6 个领域：以化学制药、中药、生物制药、医疗器械为核心的生物医药产业；以生物育料、绿色农用生物制品为重点的生物农业产业；以微生物制造和生物材料为重点领域的生物制造产业；以燃料乙醇、生物柴油、生物沼气为主的生物能源产业；以生物技术进行水污染治理、有机垃圾治理等生物环保产业；以医药研发服务业为重点的生物服务产业。

4. 高端装备制造产业

高端装备制造产业是指装备制造业的高端领域。高端装备是系统集成技术为核心的智能制造装备，具体表现为知识密集、技术密集，体现多学科和多领域高、精、尖技术的交叉与集成，具有高附加值特征，其发展水平决定产业链的整体竞争力。高端制造产业既包括传统制造业的高端部分，也包括新兴产业的高端部分。高端装备制造业是中国加快培育和发展七个战略性新兴产业之一，被认为是七大战略性新兴产业中资金最密集、见效最快的产业之一。同时高端装备制造业还是其他六个战略性新兴产业的高端化基础，也是对其他产业改造提升的基础，是战略性新兴产业发展的重要支撑。有了强大的装备制造业，才算是真正的制造业强国。高端装备制造业主要包括航空装备、卫星及其应用产业、轨道交通装备、海洋工程装备、智能制造装备等。主要特点是技术高端、价值链高端、在产业链中的地位高端。

5. 新能源产业

与长期广泛使用、技术上较为成熟的常规能源（如煤、石油、天然气、水能等）相比，新能源是指在新技术基础上系统地开发利用的非常规能源，如太阳能、风能、生物质能、海洋能、地热能、核聚变能、氢能、天然气水合物等。全球化石能源总是有限的，且我国人均二次化石能源储量远低于世界平均水平。然而，我国可供开发的新能源却十分丰富，从长远看，将成为未来的主要能源。

6. 新材料产业

新材料是指新出现的、正在发展中的、具有传统材料所不具备的优异性能和特殊功能的材料。新材料是在传统材料基础上发展形成的，但又突破了传统材料而拓展成为新的领域。一种新材料的诞生，往往孕育着新技术的突破，甚至导致一个领域的技术革命。现代电子信息技术及计算机技术的快速发展和重大成就，正是得益于新型半导体材料技术的突破；激光和光纤维材料技术的发展，正在把人类带进光通信时代；高性能碳纤维复合材料的发展，正在改变航空航天器的设计概念和制造技术，使航空航天器朝着更轻、更强、更快和更高的方向发展。新材料与信息、生命、能源并称为现代文明和社会发展的四大支柱。

7. 新能源汽车产业

新能源汽车是指采用非常规的车用燃料作为动力来源，综合车辆的动力控制和驱动方面的先进技术，形成的技术原理先进、具有新技术和新结构的汽车。新能源汽车包括纯电动汽车、增程式电动汽车、混合电力汽车等。

二　关于战略性新兴产业集群

（一）对战略性新兴产业集群的理解

经济的全球化使经济发展的地理区域特征有增强的趋势，其中一个显著的特征是产业集群化发展，尤其是战略性新兴产业的发展，近年来更是明显地呈现出地理集聚的特征，如美国的硅谷、英国的剑桥科学园、法国的布列塔尼高科技园、印度的班加罗尔软件园、中国台湾的新竹科学园等高新技术产业园区。产业集聚区为战略性新兴产业的成长提供了良好的软、硬环境，以集群化的发展模式扶持战略性新兴产业发展已经越来越成为各国的现实选择。

2010 年，《国务院关于加快培育和发展战略性新兴产业的决定》将大力发展战略性新兴产业提升到国家战略高度，推进战略性新兴产业集群式发展成为挖掘新经济增长潜力和保持国家经济可持续发展的必然选择（王启万、王兴元，2013）。在我国，产业集聚区的发展已成为近年来城市经济发展中的一个突出现象。例如，有许多城市致力于建设"中国光谷""中国药谷"等产业集聚区。产业集聚区形成相关产业的集群，可以发挥产业自我发展的功能和辐射功能，获取竞争优势，形成地域品牌，对城市经济的发展具有战略意义（刘大勇，2013）。因此，战略性新兴产业集群发展是我国的战略需求，其使命是要素集聚与协同共享，其本质是知识网、社会网、物联网、价值网四网融合（喻登科、周荣，2016）。它强调跨组织协同竞合关系以及由此带来的要素资源共享与协同效应，并利用创新网络实现跨组织知识共享与技术协同创新，共同作用于战略性新兴产业集群发展，从而提升产业集群整体竞争力

（罗慧芳，2012）。

战略性新兴产业集群从本质上说是一个多行为主体之间相互合作、竞争、博弈而形成的复杂系统。由于战略性新兴产业集群具有典型的网络化特征，因而适合应用复杂网络理论。20世纪90年代以来，集群理论经历了从考察单个企业到网络组织的新发展，集群研究文献中基于网络基础，特别是近年来基于复杂网络理论方法的研究日益增多。各国产业集群的实际发展以及环境变化等都催生了以复杂网络为基础的集群研究方法（姚玉舟，2008）。基于网络理论的战略性新兴产业集群网络拓扑结构分析，是将区域产业经济系统的空间结构抽象为网络，产业集群中各类行为主体抽象为网络节点，各种相互作用抽象为节点之间的连接线或边，进而对集群的创新活动进行深入分析（图1-5为孙敏敏绘制出的山东某产业集群复杂网络结构图，该网络图拥有689个网络节点与978条网络边）。

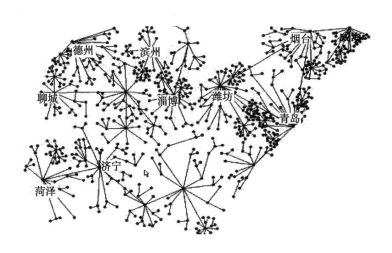

图1-5 山东某产业集群复杂网络结构

以往的理论往往从集群给单个成员带来的显著优势出发，没有将集群本身视为一个系统，尤其是复杂社会网络系统，忽视了各区域集群间的互动、集群外部联系和全球产业价值链分工等外在因素的影响。战略性新兴产业集群的核心是以集群内各行为主体之间的网络联系为基础的集聚与创新网络的综合，即集群=集聚+网络，是各行为主体在本地结网的空间表现形式，涉及企业、高校与研究机构、中介机构与政府等多个创新行为主体。

（二）我国战略性新兴产业集群发展分布状况

近年来，在国家的大力扶持下，战略性新兴产业不断发展壮大，在一些发达地区逐渐形成了一批具有国际领先水平的产业集聚区，还在全国广泛形成了各有特色的产业集聚，成为各地转变经济增长方式，调整产业结构的引领力量（黄路明等，2017）。结合区域传统产业基础和资源禀赋特征，我国的战略性新兴产业空间发展格局已经初具形态。

目前，长江三角洲、珠江三角洲、环渤海、西部"金三角"四个重点地区已成为我国战略性新兴产业的四大增长极。长三角地区是我国新兴产业发展的核心区，集中了我国60%的光伏企业，在物联网、云计算、海洋工程等领域均有较强实力。各地依托优势特色资源，高起点规划、高水平建设、高定位发展，打造特色化、集聚化的产业园区，产业园区和基地成为战略性新兴产业发展的重要载体，涌现出若干各具特色，具有国际竞争力和发展潜力的产业集群。初步展现了区域产业集聚的发展态势（中国电子信息产业发展研究院，2014）。

1. 节能环保产业集群

近年来，我国节能环保企业得到快速发展，初步形成了江苏、宜兴、福建龙岩等一批区位优势突出、集中度高、影响力大的节能环保装备产业集聚区，整体上形成了包括环渤海、长三角、珠三角三大核心区域聚集发展的"沿海发展带"，上海沿长江至四川、重庆的"沿江发展轴"在内的"一带一轴"的地域格局。

2. 电子信息产业集群

我国已形成珠江三角洲、长江三角洲、环渤海湾地区、部分中西部地区四大电子信息产业带。长江三角洲、珠江三角洲和环渤海三大区域在劳动力、销售收入、工业增加值和利润占全行业比重均超过80%。珠江三角洲地区主要承担制造职能，形成了多级零部件供应企业分工高度细化的产业分工方式；长江三角洲兼具制造职能和研发，上海是国内知名IT公司总部汇集地，物联网行业规模位列四大区域之首；环渤海地区研发职能更加凸显，具有很强的国际竞争力，北京市成为全国电子信息产品的研发和集散中心；西部"金三角"电子信息产业聚集区迅速崛起，成渝经济区云计算产业已经初步形成云设备制造集群发展，云平台和软件应用领先示范的发展格局。

3. 生物产业集群

我国生物产业初步形成以长三角、环渤海为核心，珠三角、东北等地区快速发展的产业空间布局。此外，中部地区的河南、湖南、湖北，西部地区的四川、重庆也已经具备较好的产业基础。一些富有国际竞争力的产业集群蓄势待发。山东、江苏两省医药制造业年产值目前均已经突破 2000 亿元大关，规模之和占全国将近 1/3。

4. 高端装备产业集群

我国高端装备制造产业已初步形成两个核心，分别是包括北京、河北、辽宁和山东等省份在内的环渤海地区和包括上海、江苏和浙江等省份在内的长三角地区；四川、陕西、湖南和山西等中西部省份高端装备制造业快速发展；东北地区、珠三角地区也已呈现明显的产业集聚特征。航空装备主要分布在产业基础较好的城市，包括北京、江苏、陕西、四川等；卫星应用主要依靠国家力量进行科研制造，陕西、甘肃、四川是传统的卫星芯片、应用装备的地区，江苏、广州是新兴的研发制造地区；海洋工程装备主要集中在东南沿海地区，特别是珠三角、长三角以及环渤海地区，形成了东部港口集聚船舶制造，北京、上海等城市研发的格局；轨道交通装备方面，东北地区包括吉林、辽宁，中部地区包括湖南、山东、四川、陕西等省发展迅速；智能装备制造作为发展较快的新兴产业主要集中在工业基础雄厚、经济发展较快的东北和长三角地区。

5. 新能源产业集群

新能源产业的设计、研发、制造等环节集中于东部经济发达地区，其中长三角地区是新能源装备产业的高地，大量核电装备、风电装备、太阳能光伏发电装备等行业的优势企业集聚在该地区；其次是京津冀地区、珠三角地区以及中东部地区部分产业基础较好的城市和区域。目前，新能源汽车产业主要分布在经济、技术基础雄厚的东部沿海地区，还有传统汽车工业优势的东北地区，中部的四川、河南、湖北等制造业基础较好的省份。

6. 新材料产业集群

目前，我国新材料产业初步呈现出集群化特征，区域分工体系日趋合理，已形成"东部沿海集聚，中西部特色发展"的空间布局。我国西部地区依托丰富的原材料资源，主要承担上游原材料生产，环渤海地区主要承担上游研发，东部及中部主要承担次级原材料加工，长三角、珠三角主要承担下游应用与销售。另外，各地特色产业也呈集聚趋势，长江三角洲形成了浙江东阳、宁波、海宁磁性材料特色产业区域、杭州湾精细化工特色产业集聚区。

7. 新能源汽车产业集群

由于我国新能源汽车产业仍处于发展初期，产业增长及方向正不断向生产要素集中发展，产业聚集区正逐渐形成，区域竞争格局尚未成型。目前，新能源汽车产业主要分布在经济、技术基础雄厚的东部沿海地区，还有传统汽车工业优势的东北地区，中部的四川、河南、湖北等制造业基础较好的省份。

三　关于绿色创新

（一）对绿色创新的理解

1. 绿色创新的内涵

近年来，人们对创新表现出了极大的关注，许多企业已经开始使用类似的绿色创新来描述他们对可持续发展的贡献。政府也将此作为实现可持续发展目标的一种方式，同时保持产业和国家经济的竞争力。虽然各国都在追求经济和环境可持续性，但概念的范围和应用往往不同（Machiba，2010）。目前，学者们对绿色创新的使用尚未达成统一，除了绿色创新外，不同的学者还使用"环境创新""生态创新""可持续性创新"等，但从本质上讲，这些术语的含义基本相同，因此，本书统一使用"绿色创新"来代替。

在当代碳密集型经济中，"旧的"做事方式是不可持续的，因此，需要有新创新，才能找到后碳经济中新的创新模式，即需向开放创新模式的转变。在开放范式中，组织通过各种组织网络机制（如合作伙伴关系、外包、网络和联盟）对新理念的外部来源、开发和商业化持开放态度。可以说，不断创新以追求更新更好的产品，从而淘汰现有产品，是可持续发展问题的主要原因之一（Bartlett and Trifilova，2010）。"绿色创新"一词是由 Claude Fussler 和 Peter James 在其 1996 年出版的《推动生态创新：创新和可持续发展的突破性》一书中提出的。James（1997）进一步发展了这些想法并将该术语定义为"提供客户和商业价值但显著降低环境影响的新产品和新工艺"。该定义突出了绿色创新概念的两个部分：产品或服务的新颖性或创新性，同时减少对环境的负面影响。自从 Fussler and James（1996）给出了第一个定义后，这个概念就从一个产品和服务转移到了一个潜在的更有组织的关注点。从一个纯粹的环境，到一个混合的环境、社会，甚至制度的发明（O'Hare et al.，2014）。Rennings（2000）认为绿色创新有助于"减轻环境负担或实现生态特定的可持续发展目标"。根据 Rennings 的说法，技术环境创新必须伴随着支持组织和制度创新才能蓬勃发展。OECD and Eurostat（2005）将创新描述为"在商业实践、工作场所或外部关系中实施新的或显著改进的产品（商品或服务）、流程、新的营销方法或新的组织方法"。即创新发生在技术领域以外的地方，但没有充分阐明它是如何发生的以及它的发展方式，这对于理解绿色创新的特征至关重要，因为它特别关注变化的范围和变化的影响，以及创造改善环境的条件。Van Berkel（2007）将绿色创新定义为"在提供更多有价值的产品和服务给生产者或消费者的同时，逐步减少净环境影响"。

在欧盟委员会生态创新项目中，绿色创新被定义为（Kemp and Pearson，2008）"对公司或用户来说是新颖的商品生产、应用、服务、生产过程、组织结构或管理方法"。在整个生命周期中，与相关替代方案相比，绿色创新可以减少环境风险，减少污染和资源使用（包括能源使用）的负面影响。该定义显示了三个重要特征：它基于创新的主观观点，即创新必须是公司最新的创新；它只考虑实施的创新，而不是旨在减少环境影响的活动；它涉及环境对现有（最新）技术的影响。在欧盟（EU），绿色创新被认为支持其竞争力和经济增长战略目标。该概念主要通过环境技术行动计划（ETAP）得到推广，该计划将绿色创新定义为"产品、生产过程、服务或管理和商业方法中的新颖性的生产或开发"，其目的是在整个生命周期内，防止或减少环境风险和资源使用的其他负面影响（OECD，2008）。在日本，政府的工业科学技术政策委员会（2008）将绿色创新定义为"技术—社会创新的新领域，更少关注产品的功能，更多地关注环境和人"。因此，绿色创新被视为一个总体概念，为追求实现可持续发展所需的总体性变化提供了方向和愿景。经济合作与发展组织（2009）在关于可持续制造和绿色创新的报告中将绿色创新定义为"新的或具有显著改进的创造或措施、产品、商品和服务、过程、营销方法、组织结构和制度安排，无论是否有意，与相关替代方案相比，这些绿色创新能够带来环境的改善"。生态创新观测站（2012）将绿色创新定义为"引入任何新的或显著改进的产品（商品或服务）、过程、组织变化或营销解决方案，减少自然资源（包括材料、能源、水和土地）的使用，并减少有害物质在整个生命周期中的释放"。

在本书中，绿色创新包括了在产品、流程、业务战略、市场技术和创新系统的绿色化过程中环境绩效的变化和改善，都被理解为一种创新。在这种情况下，绿色创新的定义是它能够减少产品、服务和组织过程对环境的影响，包含了绿色过程创新、绿色产品和服务创新。

一般来讲，我们可以从三个维度来理解绿色创新，即绿色创新的目标、绿色创新的机制和绿色创新的影响（Machiba，2010）。

绿色创新的目标可以是技术性的，也可以是非技术性的。产品和过程的绿色创新往往严重依赖技术发展。市场营销、组织和机构的绿色创新更多地依赖于非技术变革（OECD，2007）。具体来讲，绿色创新的目标可能是：产品，包括商品和服务；生产过程，如生产方法或过程；营销方法，为产品的促销和定价，以及其他以市场为导向的策略；组织，如管理结构和责任分配；制度，包括超越单一组织控制的更广泛的社会领域，如制度安排、社会规范和文化价值观。

绿色创新的机制是指绿色创新目标发生或引入变化的方法。它还与绿色创新的内在本质有关，无论这种变化是技术性的还是非技术性的。主要有四种基本机制：修改，如渐进的产品和工艺调整；重新设计，指现有产品、流程、组织结构等的重大变化；替代方案，例如引进能够满足同样功能需要并作为其他产品的替代品运作的商品和服务；创造、设计和引进全新的产品、流程、组织和机构。

绿色创新的影响是指绿色创新对环境或其他领域的影响。绿色创新的目标和机制及其与社会、技术环境的相互作用是潜在环境影响的根源。在特定的目标下，环境潜在效益的大小往往取决于绿色创新的机制，因为更系统的变化，如替代和创造，通常比修改和重新设计具有更高的潜在效益。

2. 绿色创新的特征

与普通创新相比，绿色创新具有三个重要显著的特征：一是绿色创新包括环保创新和无意识的环境创新。创新的环境效益可能是其他目标的副作用，例如降低生产成本或废物管理成本（MERIT，2008）。简而言之，绿色创新本质上是创新，明确强调对环境的影响，无论这种影响是否有意；二是绿色创新不应局限于产品、流程、营销方法和组织方法的创新，还应包括创新的社会和制度结构（Rennings，2000；Reid and Miedzinski，2008）；三是绿色创新的双重外部性。创新由于其发明和投放市场而产生积极的溢出效应。虽然可以认为创新溢出可能导致企业在研发和创新方面投资不足，但这往往会被先发优势和专利的效应所补偿。绿色创新是不同寻常的，因为与市场上的竞争性商品和服务相比，绿色创新产生的外部成本较低，因而在扩散阶段以及在发明和市场引进阶段产生了积极的溢出效应。换句话说，创新者创造或采用一种新的过程、产品或组织措施，以改善环境的质量。当整个社会从创新中受益时，成本却由创新者独自承担。即使创新能够成功地进行市场营销，但如果模仿者容易获得相应的知识，同时环境效益具有公益性，那么创新者也很难从创新中获取利润。绿色创新的这一不寻常的特征被称为双重外部性问题。双重外部性问题降低了企业投资环境创新的动力。因此，刺激这类创新的政策措施的必要性从经济角度可以用市场失灵来解释（Beise and Rennings，2005）。

总的来说，绿色创新是一种特殊的创新，它有助于创造新的解决方案，为消费者和企业提供附加价值（Makara et al.，2016），显著降低了它们对环境的影响，这是它们区别于其他类型创新的基本特征。环境规划署指南强调了与绿色创新相关的商业模式问题的重要性（Valletet al.，2017）：绿色创新是一种商业模式的开发和应用，它是由一种新的商业战略所塑造的，该战略基于生命周期思想并与价值链上的合作伙伴合作，将可持续贯穿于所有商业运营之中。绿色创新的概念受到设计和工程领域的极大影响，它在这些领域，特别是在新产品设计领域的"可持续产品"开发中得到了应用。从这个角度来看，它通常指可以发生在设计过程的早期阶段的激进式创新，其目的是在生产和消费商品和服务的方式上产生一个阶段性的变化（Sandström and Tingström，2008）。绿色创新的未来方向将涉及对产品的制造和分销、产品的生命周期以及利益相关者网络，需要采用一种更完整和整体的方法。因此，绿色创新概念本身的范围和复杂性也可能随着其绿色创新响应模式的转变而增加，这种响应模式是对现有技术、社会、组织和文化环境中出现的特定环境低效的反应，转向一种更具战略意义的工具，在这种工具中，它可以用来改造组织，甚至激发全新的组织模式和经营方式（Bartlett and Trifilova，2010）。

3. 绿色创新的分类

MEI（2007）对绿色创新进行了以下分类。

一是环保技术。主要有污染控制技术（包括废水处理技术、清洁技术）、清洁过程技术（污染少或资源效率高的新制造过程）、废物管理设备、环境监测和仪器、绿色能源技术、噪音及振动控制。

二是环境组织创新。即采用组织方法和管理系统来处理生产和产品中的环境问题。包括污染防治方案（通过投入替代、更有效的工艺操作和对生产工厂的小改动来预防污染）、环境管理和审计系统（正式的环境管理系统，包括测量、报告和处理材料使用、能源、水和废物问题的责任）、供应链管理（通过企业之间的合作以关闭物质循环，避免跨价值链的环境破坏）。

三是提供环境效益的产品和服务创新。即新的或环境改善的产品和环境有益的服务。包括新的或环境改善的物质产品、绿色金融产品、环境服务、污染较少及资源密集的服务。

四是绿色系统创新。比现有系统更有利于环境的生产和消费的替代系统。

（二）绿色创新的决定因素

世界各地的企业都面临许多环境挑战，如全球变暖、自然资源减少、污染控制和对环境友好型产品的需求增加。在生产和服务的压力日益增长的同时，环境友好的监管机构和政策制定者面临两个市场的失败：环境问题大多是负外部性，公司破坏环境太多，创新太少（Doran and Ryan，2012）。创新理论强调技术推动和市场需求拉动因素对企业创新活动合理化的重要性。大多数学者认为技术推动因素在新产品开发的初始阶段尤为重要，而需求因素在扩散阶段变得更为重要。然而，应当强调的是，在绿色创新的情况下，强调了监管、环境政策、体制和政治驱动因素的额外重要性（Piotr Trąpczyński et al.，2016）。Piotr Trąpczyński et al.（2016）对绿色创新的决定因素总结在表 1-1 中。

表 1-1   绿色创新的决定因素

决定因素的类型	特征
技术推动/ 供给侧决定因素	技术能力（物质条件、产品质量、产品种类、能源条件）；研发活动；人力资本禀赋；拨款问题与市场特点
市场/需求方面	市场份额的预期增长或新细分市场的渗透；社会对清洁生产必要性的认识；具有环保意识和对环保产品的偏好
法规推动/制度和 政治决定因素	环境政策工具的实施和制度化：经济和监管工具； 规制设计：严格、灵活、时限、对未来环境规制的预期； 制度结构：如环境导向群体的政治机会、信息组织、创新网络的存在、预期的规制

从表 1-1 中可以看出，主要分为以下三个类型（Doran and Ryan，2012）。

1. 供给侧驱动

Kesidou and Demirel（2010）认为，供给侧驱动因素是绿色创新的重要触发器，如企业的技术和组织能力。在绿色创新的最初发展阶段，技术推动因素尤为重要。这些驱动因素是通过发展企业的内部创新能力来培养的（Triebswetter et al.，2008），即企业的创新能力越强，积累的知识越多，就越有能力将这些因素应用于环境创新。在研发活动中高度投入的企业可能被视为具有更多的绿色创新潜力。Kemp et al.（2007）认为，在污染控制、绿色产品采购设计和高效能源利用等领域建立组织能力的企业最有可能进行绿色创新。Horbach（2008）在此基础上指出，对绿色创新感兴趣的公司将实施环境管理系统。它可以在公司内部建立意识，评估它们对环境的影响，刺激它们进行绿色创新，在某些情况下还可以帮助它们超越现有的政府法规。

2. 需求侧驱动

需求侧驱动在创新扩散阶段变得更加重要（Wagner，2007；Rehfeld et al.，2007；Horback，2008）。消费者对环保产品的需求、公共采购要求和出口都在绿色创新市场中发挥了作用。Guagnano（2001）研究中发现，86%的客户将为对环境危害较小的家用产品支付更高的费用，这种支付意愿促进了绿色创新。Manget、Roche and Mrenich（2009）发现，加拿大、法国、德国、意大利、日本、西班牙、英国和美国的消费者愿意为绿色产品多支付5%—10%的价格。虽然许多证据表明消费者需求是绿色创新的关键驱动因素，但 Belin、Horbach 和 Oltra（2009）指出，需求侧因素比绿色创新更能激发创新。Cainelli 等（2011）认为，企业之间的竞争可以驱动绿色创新。经验证据表明，在接近最终消费者的产品市场中，绿色创新的压力最大。

3. 规制驱动

Kemp 等（2000）认为，环境规制是有价值的，因为它们既有信息的内容，又有规范的内容，它们将对更绿色环境的要求转化为具体的政策，并对污染者和绿色创新者提出了严格的要求。事实上，他们认为，生态监管最重要的影响在于，它可以改变企业之间竞争的水平和性质。Kammerer（2009）认为，监管是绿色创新最重要的驱动力，其他激励措施，如成本削减、利益集团活动和供应链压力的影响，也在培育绿色的环境中发挥了重要作用。OFWAT（2011）认为，监管可以通过激励企业以不同的方式思考，同时为企业提供如何改变或适应其技术的信息，从而推动创新。此外，环境法规通常可以提供有限信息来帮助那些企业应对消费者需求。事实上，通过提供创新的激励机制，可以减少（消除）那些考虑投资于消费者需求未知的新型绿色创新形式的公司所面临的囚徒困境。

第三节　国内外研究现状及述评

一　战略性新兴产业集群研究现状及述评

（一）战略性新兴产业研究现状

战略性新兴产业发展的相关问题已经受到了学者们的广泛关注，我们对近些年战略性新兴产业发展的相关文献进行了梳理和分析，具体梳理结果如表 1-2 所示。

表 1-2　　　　　　　　　　战略性新兴产业研究文献梳理结果

研究视角	主要代表学者
关于战略性新兴产业的概念、特征与功能方面的研究	Porter（2002）；Geels（2002）；Claude、Quelin（2003）；Day et al.（2004）；Mc Gahan（2004）；AldrichRuef（2006）；Hefeman、Phal（2008）；Tassey、Gregory（2010）；Klepper（2010）；陈昌智（2010）；刘洪昌、武博（2010）；王忠宏、石光（2010）；吴传清、周勇（2010）；朱瑞博（2010）；华文（2010）；赵刚（2010）；林源园等（2010）；李金华（2011）；Forbes et al.（2011）；曾昭宁（2011）；陈月生（2011）；龚斌、丁若（2011）；刘洪昌（2011）；贺正楚、张蜜（2011）；陈柳钦（2011）；来亚红（2011）；王新新（2012）；黄鲁成等（2013）

续表

研究视角	主要代表学者
关于战略性新兴产业发展的政府作用、政策支持及其政策评价方面的研究	陈玲等（2010）；朱瑞博（2010）；赵刚（2010）；李晓华（2010）；方荣贵等（2010）；蒋宁等（2011）；王俊洋等（2011）；肖江平（2011）；郭晓丹等（2011）；顾海峰（2011）；刘洪昌（2011）；朱迎春（2011）；曾智泽（2011）；段小华（2011）；胡海峰、胡吉亚（2011）；李奎、陈丽佳（2012）；余江、陈凯华（2012）；郭晓丹、何文韬（2012）；费钟琳、魏巍（2013）；许箫迪等（2014）；胡俊（2016）
关于战略性新兴产业培育、发展路径与发展对策方面的研究	Pisano（2007）；Klepper（2010）；Yunze（2011）；吴传清（2010）；赵刚（2010）；裴长洪（2010）；万钢（2010）；钟清流（2010）；刘城（2010）；李朴民（2010）；温兴琦（2010）；林平凡、刘志彪（2011）；肖兴志、谢理（2011）；张明喜（2011）；刘玉忠（2011）；吕波（2011）；熊勇清、曾丹（2011）；王利政（2011）；王育宝、陈萌（2012）；谭中明、李战奇（2012）；李妹（2012）；张亚峰（2012）；柳卸林等（2012）；王叶军（2012）；王新新（2012）；申俊喜（2012）；杨宏呈（2013）；许亚庆（2013）；陈锦其、徐明华（2013）；张晓强（2013）；高雪（2014）；李文丽、陈景诩（2014）；武建龙、王宏起（2014）；刘莎（2014）
关于战略性新兴产业的形成与成长机理方面的研究	Gourinchas（2005）；Rajshree Agawal（2006）；Perez（2009）；李世才（2010）；刘勇（2011）；乔晓楠、李宏生（2011）；张烁（2011）；邓龙安（2011）；周程（2011）；乔晓楠、李宏生（2011）；刘红玉等（2012）；刘铁、王九云（2012）；李娟娟（2013）；张银银、邓玲（2013）；刘晖等（2014）；季开胜（2014）；曾繁华、王飞（2014）
关于战略性新兴产业发展的协同方面的研究	Koberg（2004）；Pekkarinen、Harmaakorpi（2006）；Carliss、Eric（2009）；申俊喜（2011）；侯海东、张会议（2013）；王君（2013）；穆一戈（2015）；万熊婷（2015）；周宛君（2016）
关于战略性新兴产业对经济增长的影响研究	熊勇清、黎春秋（2011）；梁岳（2016）
关于某个地区战略性新兴产业发展问题的研究	乔芳丽、杨军等（2010）；宋歌（2011）；刘勇（2011）；郭述禹（2011）；刘碧云、杜芸（2011）；侯延刚（2011）；李赶顺（2011）；李晶（2012）；李锵（2012）；张洁（2012）；孙远远（2012）；张健民（2012）；李红梅（2013）；付超超（2013）；张明秋（2013）

续表

研究视角	主要代表学者
关于战略性新兴产业的选择与评价问题的研究	李朴民（2010）；吴传清、周勇（2010）；刘洪昌（2010）；朱李鸣（2010）；乔芳丽等（2010）；贺正楚等（2010）；胡振华等（2011）；夏云龙（2011）；郭连强（2011）；贺正楚、吴艳（2011）；贺正楚等（2011）；刘勇（2011）；赵西军（2011）；刘铁、王九云（2012）；熊勇清等（2012）；程宇等（2012）；武瑞杰（2012）；放永春、金霞（2012）；沈孟康（2012）；黄鲁成等（2012）；董树功（2012）；吕鑫（2012）；刘嘉宁（2013）；贺正楚等（2013）；黄鲁成（2013）；李勃昕（2013）；张春玲（2013）；匡暑炎（2013）；宋德金、刘思峰（2014）；杜军等（2014）；熊兴华（2015）
关于战略性新兴产业创新能力评价的研究	黄海霞（2015）；潘晶晶（2015）；张治河、潘晶晶（2015）；姚成（2016）
关于战略性新兴产业竞争力评价的研究	肖艳（2012）；谭蓉娟（2012）；王相平（2014）；陶金国等（2015）；方芳（2015）；陈文锋、刘薇（2016）；张少杰、林红（2016）；曹虹剑、余文斗（2017）

（二）战略性新兴产业集群研究现状

我们对近些年战略性新兴产业集群相关研究文献进行了梳理和分析，具体梳理结果如表1-3所示。

表1-3 　　　　　**战略性新兴产业集群研究文献梳理结果**

研究视角	主要代表学者
关于战略性新兴产业集群的内涵、特征与功能方面的分析	Feser（2000）；Martin（2003）；李扬、沈志渔（2010）；朱瑞博（2010）；刘志阳、程海狮（2010）；刘志阳、苏东水（2010）；刘志阳、姚红艳（2011）；刘兵等（2012）；张耀辉、侯杰（2012）；喻登科等（2012）；施卫东、卫晓星（2013）；宋歌（2013）；牟绍波（2014）；王相平（2014）；张琳彦（2015）；曹志文（2015）；龙跃（2018）
从理论视角探讨战略性新兴产业集群的形成机理、动力机制与产业集聚区的建设问题	刘志阳、程海狮（2010）；张世如（2010）；吴福象、王新新（2011）；刘新艳、何宏金（2011）；孟祺（2011）；涂文明（2011）；Arbia（2011）；Barbieri et al.（2012）；张耀辉、侯杰（2012）；宋歌（2013）；席艳玲（2014）；张琳彦（2014）；张治河等（2014）；王钰辉（2014）；王欢芳、何燕子（2016）；李海波、李苗苗（2016）；康翠玉、陈彪（2016）；张宇（2016）

研究视角	主要代表学者
关于战略性新兴产业集群的培育与发展相关问题的研究	Le-fevre（2004）；Porter（2008）；李杨、沈志渔（2010）；张庆丰（2011）；胡星（2011）；刘志阳、姚红艳（2011）；刘红霞（2011）；Arbia（2011）；肖江平（2011）；王永富（2012）；姚芸芸等（2012）；李桢、刘名远（2012）；李姝（2012）；柳卸林等（2012）；刘兵等（2012）；申俊喜（2012）；Hashino、Otsuk（2012）；涂文明（2012）；宋歌（2013）；王来军（2014）；牟绍波（2014）；Mayangsaria（2015）；卢阳春（2015）；康翠玉、陈彪（2016）；黄乐（2016）
关于战略性新兴产业集群发展的协同创新问题的研究	喻登科等（2012）；蒋石梅等（2012）；Casanueva et al.（2013）；牟绍波（2014）；曹志文（2015）；Saracha（2015）；王欢芳、何燕子（2016）；龙跃（2018）
关于战略性新兴产业集群演进的研究	刘志阳、苏东水（2010）；施卫东、卫晓星（2013）；宋晓利（2014）；涂文明、刘敦虎（2015）
关于战略性新兴产业集群的集聚度测算、集聚效应与影响因素研究	郑耀群、周新生（2009）；吕岩威、孙慧（2013）；刘艳（2013）；钮钦、谢友宁（2013）；孙慧等（2013）；张琳彦（2014）；金倩倩（2015）；张金艳（2015）
关于战略性新兴产业集聚对经济增长影响的研究	施卫东、金鑫（2010）；孟玉静（2011）；周永高（2013）；余雷、孙慧（2013）；张晴（2014）；虞佳妮（2017）

（三）研究述评

从对战略性新兴产业与战略性新兴产业集群研究文献的梳理来看，现有的研究成果主要体现了以下四个方面的特征。

（1）从研究时间来看。在战略性新兴产业方面，国外学者对于新兴产业或主导产业的研究较早，Porter 最早在 1996 年的时候就提出了新兴产业相关概念。战略性新兴产业是中国自主提出的新概念，国内学者于 2008 年后涌现出了大量关于战略性新兴产业的研究成果，2012 年研究成果数量达到最多，2013—2018 年的研究文献逐年减少。在战略性新兴产业集群方面，国外学者对于新兴产业的集聚研究较早，Feser 于 2000 年就分析了新兴产业集群的相关问题。国内对于战略性新兴产业集群的研究相对较晚，学者们从 2010 年才开始研究，也涌现出了大量的研究成果，只是成果数量远比战略性新兴产业的研究成果少，2014 年研究成果数量达到最多，最近几年的研究成果数量开始呈减少的趋势。

（2）从研究内容来看。在战略性新兴产业方面，国内外学者对于战略性新兴产业的研究重点集中于战略性新兴产业的概念、特征与功能方面；战略性新兴产业的形成与成长机理；战略性新兴产业培育、发展路径与发展对策问题；战略性新兴产业的选择与评价问题；战略性新兴产业发展的政府作用、政策支持及其政策评价问题等方面。而关于战略性新兴产业对经济增长的影响、战略性新兴产业发展的协同机制、战略性新兴产业创新能力的评价、战略性新兴产业竞争力评价的研究则相对较少。在战略性新兴产业集群方面，国内外的研究重点主要体现在战略性新兴产业集群的内涵、特征与功能方面的分析；从理论视角探讨战略性新兴产业集群的形成机理、动力机制与产业集聚区的建设问题；战略性新产业集群的培育与发展相关问题等方面。而对于战略性新兴产业集群发展的协同创新问题、战略性新兴产业集群的演进、战略性新兴产业集聚对经济增长的影响等方面研究较少。因此，无论是对战略性新兴产业还是对战略性新兴产业集群的研究，对其协同创新与运行机制等问题还缺乏深入研究。显然，面对全球竞争的日益激烈和外部环境的复杂多变，研究战略性新兴产业间或集群内多个主体间的协同创新及其运行机制至关重要。另外，没有将战略性新兴产业集群本身视为一个系统，而战略性新兴产业集群从本质上说是一个多行为主体之间相互合作、竞争、博弈而形成的复杂系统。由于战略性新兴产业集群具有典型的网络化特征，因而适合应用复杂网络理论来进行分析。

（3）从成果的研究层面与成果类型来看。无论是战略性新兴产业还是战略性新兴产业集群的研究，现有的研究成果大多从宏观层面的研究较多，如相关概念与特征的界定、产业发展现状、培育与政策支持等方面，因而理论性成果居多；而从某一个产业或产业发展的主体的层面研究较少，同时从定量角度对产业内在的运行机制与创新发展规律问题研究较少，因而量化成果不多。显然，宏观现象的揭示往往需要从微观机制来反映，而微观规律的刻画往往需要借助数理分析范式。

（4）从研究的理论视角来看。无论是战略性新兴产业还是战略性新兴产业集群，现有的研究方法主要以社会学方法论、制度学方法论和系统科学方法论为主，运用理论主要有区域发展理论、管理学、产业经济学、技术创新理论等，但运用单一学科研究的文献较多，而运用学科交叉理论开展研究的文献不多。显然，产业创新发展过程中面临的环境是复杂多变的，这就需要产业之间的互动或产业与外部环境之间的互动，这也是产业为什么需要集群式发展的重要原因之一。而产业集群作为一个复杂系统，其发展问题需要借助多个学科交叉来有效解决。

二 绿色创新研究现状及述评

(一) 绿色创新研究现状

在 1990 年之前，关于绿色创新领域的研究很少（Schiederig et al.，2012）。通过在数据库中对相关研究进行搜索，结果表明，自 2000 年以来绿色创新问题（包括环境创新和生态创新）已经成为研究热点（Ekins，2010）。我们对近年来国内外关于绿色创新研究文献进行了梳理和分析，具体梳理结果如表 1-4 所示。

表 1-4　　　　　　　　绿色创新研究文献梳理结果

研究视角	主要代表学者
关于绿色创新的定义及其特点分析	Fussler、James（1996）；Hemmelskamp（1997）；Beise、Rennings（2003）；Huber（2004）；Chen et al.（2006）；Thomas（2006）；Kemp and Pearson（2007）；CML et al.（2008）；Andersen（2008）；Yousef Eiadat（2008）；Machiba（2008）；Cooke（2008）；OECD（2009）；Arundel and Kemp（2009）；Oltra and Saint Jean（2009）；Klemmer et al.（2009）；Oltra and Saint Jean（2009）；Carrillo‐Hermosilla et al.（2010）；秦书生（2010）；周力（2010）；董颖（2011）；焦俊（2011）；Schiederig et al.（2012）；聂洪光（2012）；聂爱云（2012）；Horbach et al.（2012）；秦书生、付晗宁（2013）；张志勤（2013）；张钢、张小军（2014）；Endrikat et al.（2014）；Azevedo et al.（2014）
关于绿色创新的分类研究	Wagner（2007）；Carrillo‐Hermosilla（2009）；董颖、石磊（2010）；Demirel and Kesidou（2011）；Kemp（2011）；Remmen（2012）；聂洪光（2012）；刘加林（2013）；Triguero et al.（2013）；Aguilera‐Caracuel et al.（2013）；Horbach et al.（2014）；Cheng et al.（2014）；张韵、钟书华（2014）

续表

研究视角	主要代表学者
关于绿色创新绩效的研究	Oltra and Jean（2007）；Chen（2008）；Ambec（2008）；Eiadat（2008）；Boons and Wagner（2009）；陈艳莹、游闽（2009）；Anthony（2009）；董颖（2010）；董颖（2011）；华振（2011）；李健（2012）；Cheng and Shiu（2012）；Popp（2012）；王郁蓉（2012）；韩晶（2012）；冯志军（2013）；毕克新（2013）；Reshauser（2013）；Marin（2014）；Amoresalvado et al.（2014）；Cheng et al.（2014）；蔡乌赶（2014）；朱建峰（2014）；任耀等（2014）；徐建中、曲小瑜（2014）；张逸昕、林秀梅（2015）；朱建峰（2015）；余慧敏（2015）；李洁琳（2015）；陈力华（2016）；王海龙等（2016）；肖仁桥等（2017）
关于绿色创新的动力机制研究	龚常、颜建军（2014）；雷善玉等（2014）；杨东、柴慧敏（2015）
关于绿色创新案例的研究	唐善茂、张晶（2010）；郑辽吉、曹建洲（2012）；Chou˙et al.（2012）；William Sierzchala et al.（2012）；PatriziaButtol and Roberto Buonamici（2012）；Elena Banu et al.（2012）；Helena forsman et al.（2013）；彭雪蓉、魏江（2014）；张钢、张小军（2014）；卢宁宁（2015）
关于绿色创新的应用现状与发展路径研究	刘榕（2010）；彭雪蓉等（2014）
关于绿色创新的影响因素研究	Horbach et al.（2008）；OECD（2008a）；Frondel and Horbach（2008）；Eiadat et al.（2008）；Lee and Klassen（2008）；Arumdel（2009）；王炳成等（2009）；Kammerer（2009）；Oltra and Jean（2009）；张光宇（2010）；董颖（2011）；周曙东（2011）；马富萍（2011）；聂爱云、何小钢（2012）；Demirel（2012）；Horbach et al.（2012）；Horbach et al.（2012）；张伟（2012）；Costantini et al.（2013）；Thollander et al.（2013）；李婉红（2013）；彭雪蓉、黄学（2013）；董颖、石磊（2013）；许晓燕（2013）；Trigueror（2013）；李巧华（2014）；李巧华、唐明凤（2014）；彭雪蓉（2014）；张钢、张小军（2014）；柳卸林、高太山（2014）；李婉红等（2014）；Baek et al.（2014）；李素峰等（2014）；Cuerva et al.（2014）；Tung（2014）；Kemp（2014）；李素峰等（2015）；Gouda et al.（2015）；Jorge et al.（2015）；Cai and Zhou（2014）；Roscoe et al.（2015）；Song（2015）；Zhang（2015）；李素峰（2016）；Abdullah et al.（2016）；Mirbargkar（2017）

研究视角	主要代表学者
关于绿色创新竞争力评价研究	Kemp and Horbach（2008）；Arundel and Kemp（2009）
关于绿色创新的比较分析	华振（2011）；赵昭（2013）；杨淑芳（2013）
关于绿色创新政策与制度的研究	MichailFragkias（2009）；王俊豪等（2009）；应瑞瑶等（2009）；谢玉姣（2010）；石德金等（2010）；蔡跃洲（2012）；孙飞（2013）；杨发庭（2014）
关于绿色创新模式研究	王毅（2010）；田耕（2011）；曹东等（2012）
关于绿色创新的激励机制研究	王昕（2006）；李启明（2010）；艾志红（2010）；刘加林（2012）；张天悦（2014）；敖莹莹（2015）；王琳（2017）；盘和林（2017）；郭继东等（2018）；金国辉、魏雪（2018）
关于绿色创新能力研究	宋马林等（2010）；张伟等（2011）；张伟（2011）；华振（2011）；田耕（2011）；李菽林（2013）；马林、黄夔（2014）；毕克新等（2014）；种孟楠（2015）；曹慧等（2016）；姚成（2016）
关于绿色创新效率分析	韩晶（2012）；韩晶、宋涛（2013）；冯志军（2013）；任耀等（2014）
关于绿色创新机理研究	董颖（2011）；黄晓杏（2016）

（二）创新生态系统的研究现状

我们对近年来国内外关于创新生态系统研究文献进行了梳理和分析，具体梳理结果如表1-5所示。

表1-5　　　　　　　　创新生态系统研究文献梳理结果

研究视角	主要代表学者
关于创新生态系统的内涵研究	张运生（2008）；Jansen et al.（2009）；张利飞（2009）；郑小勇（2010）；Lungu（2010）；Kim（2010）；Adner and Kapoor（2010）；戴宁（2010）；吕玉辉（2011）；Bendis（2011）；孙冰、周大铭（2011）；Gediminas Adomavicius（2012）；Diana Catalina（2012）；赵中建（2012）；余凌等（2012）；Hwang（2012）；王娜、王毅（2013）；伍春来等（2013）；Still et al.（2014）；尤建新等（2015）；武建龙（2017）
关于创新生态系统的形成机理研究	Gawer and Henderson（2007）；Mantena et a1.（2007）；Parker and Van Alstyne（2008）；Adomavicius et al.（2008）；Lee and Mendelson（2008）；Boudreau（2010）；Eisenmann et al.（2011）；吕玉辉（2011）；Cabigiousu（2012）；王娜、王毅（2013）；陈衍泰等（2015）

续表

研究视角	主要代表学者
关于创新生态系统的运行机制研究	West and Wood（2008）；贺团涛、曾德明（2008）；张利飞（2009）；张运生（2010）；Adner and Kapoor（2010）；Nambisan and Baron（2012）；Ceccagnoli et al.（2012）；Scholten et al.（2012）；赵伟峰（2017）
关于创新生态系统的演化研究	吴传荣、曾德明（2010）；吕玉辉（2011）；章丹、胡祖光（2011）；Bajardi（2011）；曹如中等（2011）；陈瑜、谢富纪（2012）；黄玮强、庄新田（2012）；Still et al.（2014）；Yin et al.（2014）；胡京波等（2014）；Chen et al.（2014）；李恒毅等（2014）；王宏起、汪英华（2016）
关于创新生态系统的治理研究	张运生等（2011）；Malecki（2011）；张运生等（2013）；Nambisan and Baron（2013）；Leten et al.（2013）；Oksanen and Hautam（2014）；Almirall et al.（2014）；赵放、曾国屏（2014）；吴绍波、顾新（2014）；Wareham etal.（2014）；吕一博等（2015）；Mantovani et al.（2016）；顾桂芳等（2017）
关于创新生态系统战略研究	张运生（2009）；Lichtenthaler（2010）；Kapoor and Lee（2013）；张利飞（2013）
关于创新生态系统的协同发展研究	吴绍波（2014）；李恒毅（2014）；黄海霞、陈劲（2016）

（三）研究述评

从对绿色创新和创新生态系统研究文献的梳理来看，现有的研究成果主要体现了以下四个方面的特征。

第一，从研究时间来看。无论是绿色创新还是创新生态系统的研究，国外学者研究时间均较早，研究体系也较为完善；而国内学者的研究则相对较晚，尚未形成完整的研究体系，但最近几年国内涌现出了大量的研究成果。

第二，从研究内容来看。一方面，国内外学者虽然对绿色创新内涵的界定、绿色创新的分类、绿色创新绩效、绿色创新的影响因素、绿色创新能力、绿色创新政策与制度等方面做了大量的研究，但结合具体产业来分析的文献不多，同时关于绿色创新能力与绿色创新绩效方面进行比较分析的文献也不多，而只有通过比较分析才能真实了解各区域之间或国家之间的差异所在，研究结果也才能更好地为相关部门提供决策支持。同时绿色创新政策与制度还需根据不同的产业特性来制定。另一方面，对于绿色创新的动力机制、绿色创新案例、绿色创新的应用现状与发展路径、绿色创新竞争力评价、绿色创新的比较分析、绿色创新模式、绿色创新的激励机制、绿色创新效率与绿色创新机制方面的研究则显得比较薄弱。而只有深入剖析绿色创新的动力机制，才能更好地为如何激发绿色创新的实施提供方向；对绿色创新模式的研究可以为绿色创新实践提供指导和借鉴，这也说明我们需要加强绿色创新的应用，并从绿色创新的现实案例中进行总结提炼，形成可复制与推广的绿色创新模式；另外，对绿色创新机制的深入探讨，有助于我们了解绿色创新的微观机制，掌握绿色创新规律，才能更好提升绿色创新能力与竞争力。因此，目前研究较为薄弱的地方还需我们进一步开展研究。在创新生态系统方面，国内外学者对创新生态系统的概念、形成机制、运行机制、演化与治理方面进行了大量的研究，但对创新生态系统的协同问题以及发展战略问题研究较少，创新生态系统作为一个复杂系统，更需要创新生态系统中各成员间的协同，才能更好促进创新生态系统朝着良性发展。

第三，从成果的研究层面与成果类型来看。目前关于绿色创新相关问题的研究基于宏观机制的研究较多，从产业或企业的角度进行中观与微观层面研究的文献还不是很多，而我们往往需要通过微观机制的分析结果来揭示宏观现象。创新生态系统的研究基于产业和企业的视角的研究文献较多，当然，也有从宏观层面的研究，比如国家或区域创新生态系统。另外，目前关于绿色创新与创新生态系统方面的研究成果有理论性成果也有量化成果，绿色创新的理论性成果侧重于案例分析、发展对策与路径、绿色创新政策与制度方面。创新生态系统的理论性成果侧重于形成机制、运行机制、治理机制与战略等方面。绿色创新的量化成果侧重于绿色创新绩效、绿色创新能力与绿色创新的影响因素等方面，大多是从实证分析的角度，缺乏运用数理建模与仿真手段来进行分析。创新生态系统的量化成果侧重于系统演化与系统协同发展问题，主要采用数理分析方法，但是目前的研究成果较少。

第四，从研究的理论视角来看。目前国内外学者运用不同的学科理论视角对绿色创新及创新生态系统的相关问题进行了研究，但同一个问题的研究往往理论视角比较单一，而绿色创新过程中，涉及多方面的参与主体，各主体彼此之间存在各种复杂的关系，这就需要我们运用多个学科交叉来解决，如环境经济学、演化经济学、创新管理学等，特别是需要加入"复杂社会网络"的视角来研究，因为这能更好地揭示绿色创新过程中各参与主体间的复杂关系以及这种复杂关系对绿色创新的影响机制。虽然现在已有相关文献运用复杂社会网络相关理论来分析绿色创新问题，但显然还不够。

三　战略性新兴产业集群绿色创新研究现状及述评

（一）战略性新兴产业集群绿色创新研究现状

上述两节中，我们对战略性新兴产业集群及绿色创新两个方面分别进行了文献梳理，具体梳理结果如表1-6所示。

表1-6　　　　战略性新兴产业集群绿色创新研究文献梳理结果

研究视角	主要代表学者
关于产业集群创新生态系统的构建与发展研究	刘友金、易秋平（2005）；罗亚非、张勇（2008）；顾弊珊（2009）；陈秋红（2011）；刘雅君（2012）；颜永才（2013）；吴绍波（2014）；刘鸿宇等（2015）
关于产业集群的低碳发展研究	吴晓波、赵广华（2010）；赵广华（2010）；任家华（2010）；王淑荣（2010）；卞继红（2011）；王欢芳、胡振华（2011）；王欢芳（2013）；张沙清等（2018）
关于产业集群绿色创新的协同与演化研究	赵进（2011）；田莹莹（2012）；纪承（2015）；凌志鹏（2016）；吴荻（2016）；刘玉莹（2017）；朱桂龙等（2018）
关于产业集群绿色创新模式与运行机理研究	杜静（2010）；薛小玲、曾昭宁（2011）；刘华志（2017）
关于产业集群与绿色创新的互动关系研究	王进（2014）；刘亮、蒋伏心（2016）
关于产业集群绿色创新能力的评价研究	姚成（2016）；欧光军等（2018）
关于产业集群绿色创新绩效评价研究	王琳（2016）；魏锋等（2017）

（二）研究述评

从当前梳理的文献来看，对产业集群创新生态系统的构建与产业集群的低碳化发展方面的研究较少。而对于产业集群绿色创新的协同与自组织演化问题、创新模式与运行机制、绿色创新绩效方面的研究文献则更加有限。特别是对于战略性新产业集群绿色创新相关问题的研究则是少之又少。针对战略性新兴产业集群绿色创新政策方面的研究也几乎处于空白。

战略性新兴产业作为践行绿色创新的重要抓手，由于自身能力"小"，以及绿色创新实施的多重阻碍因素使得企业纷纷加入到产业集群中，因而战略性新兴产业集群成了绿色创新实践的新载体和网络化创新平台，而绿色创新则成了战略性新兴产业集群实现可持续发展的重要手段。因此，研究战略性新兴产业集群绿色创新问题这一命题显得特别重要。同时，由于战略性新兴产业集群具有典型的网络化特征，正是基于此考虑，本书拟基于生态学和复杂社会网络视角研究战略性新兴产业集群内企业绿色创新的动力机制、集体学习与绿色资源创生机制、多主体协同机制、自组织演化机制、支持政策等相关问题。

第四节　研究目的与研究意义

一　研究目的

通过相关问题研究，主要解决以下几个方面的问题。

（1）真实掌握我国战略性新兴产业绿色创新效率及其区域差异，揭示影响我国战略性新兴产业绿色创新效率的主要因素；同时通过对我国战略性新兴产业绿色创新能力的区域及国际比较，找出我国战略性新兴产业绿色创新能力方面存在的问题，从而为国家和地方政府制定战略性新兴产业绿色发展战略，寻找战略性新兴产业绿色创新的发展模式，为提高绿色发展水平提供指导。

（2）厘清战略性新兴产业集群与绿色创新的关系，了解战略性新兴产业集群与绿色创新之间的相互关系；剖析战略性新兴产业集群绿色创新复杂社会网络结构体系，了解战略性新兴产业集群复杂社会网络的构成要素与结构模型，提出战略性新兴产业集群绿色创新的运行机制，从而为现实中如何构建战略性新兴产业的集群式发展模式，以及如何高效运行提供借鉴。

（3）通过实证分析，揭示战略性新兴产业集群内企业绿色创新的动力因素，为现实中如何有效激励企业的绿色创新行为提供路径。同时运用数理分析方法剖析集群内企业绿色创新行为的决策对绿色创新的影响，从而了解集群内企业绿色创新行为决策的影响因素与决策过程，为现实中集群内企业绿色创新行为的决策实践提供参考。

（4）通过分析战略性新兴产业集群内"宏绿色资源"的创生路径，以及集群绿色创新网络结构与企业的绿色动态能力对"宏绿色资源"创生的影响，探讨集群绿色创新网络结构、绿色动态能力与绿色创新效益三者之间的关系，为现实中集群内企业如何获取、整合与创生资源，以及如何提高企业的绿色动态能力提供有益参考。

（5）通过剖析战略性新兴产业集群内企业绿色创新的多主体协同的博弈过程与利益分配问题，以及集群内企业绿色创新的多主体协同过程中的信任机制，为现实中如何更好地设计集群内企业间的合作安排，保障集群内企业间协同的成功提供指导和帮助。

（6）通过分析战略性新兴产业集群绿色创新网络自组织演化的动力机制及其演化过程对网络内企业绿色创新的影响，为现实中如何更好引导和激发集群绿色创新网络朝着合理和有利的方向演化提供参考。

（7）了解现有战略性新兴产业集群内企业的绿色创新政策对企业绿色创新所产生的效果，找出目前存在的问题，同时构建集群内企业绿色创新的政策保障机制，为国家和各地区进一步完善集群内企业的绿色创新政策提供借鉴。

二　研究意义

（一）理论意义

（1）从生态学的角度研究战略性新兴产业的创新发展问题不仅可以进一步完善目前的理论研究，还可以为战略性新兴产业的绿色发展提供理论依据和路径。同时，从产业集群的角度研究战略性新兴产业的绿色创新问题可以为战略性新兴产业绿色创新的集群式发展模式提供理论借鉴，这对于加快战略性新兴产业的绿色转型与升级，促进我国实现"双碳"目标与经济高质量发展具有重要的理论意义。

（2）现有关于战略性新兴产业集群创新的研究方法主要以社会学方法论、制度学方法论和系统科学方法论为主，而且运用交叉学科研究的文献不多。由于产业集群创新发展过程中面临的环境是复杂多变的，其创新发展问题需要借助多个学科交叉来有效解决。因此，我们综合运用复杂社会网络、产业经济学、生态学、创新管理理论、博弈理论、系统科学理论等多学科交叉与融合理论来研究战略性新兴产业集群的创新问题，可以丰富战略性新兴产业集群创新发展理论。

（3）战略性新兴产业集群内企业的绿色创新过程涉及多方面的参与主体，各主体之间存在各种复杂的关系，因而创新是异质性行为主体之间在一定时空上复杂的非线性、网络式互动作用的结果，是各创新主体、创新要素交互作用下的一种复杂网络涌现，这就需要我们借助复杂社会网络理论来研究战略性新兴产业集群内的"网络式"绿色创新及其运行机制，这对准确把握产业集群内企业的绿色创新行为是极为重要的。因而将产业集群看作一个复杂社会网络系统，运用复杂社会网络理论来研究战略性新兴产业集群内企业绿色创新的相关问题同样具有重要的理论意义。

（4）现有对于产业集群绿色创新的驱动因素、协同创新与自组织演化问题、创新模式与运行机制、绿色创新效率方面的研究文献有限，同时针对战略性新兴产业集群绿色创新政策方面的研究也几乎处于空白。因此，以战略性新兴产业绿色创新效率的测度及区域比较分析；战略性新兴产业绿色创新能力的区域及国际比较；战略性新兴产业集群内企业绿色创新的动力机制、集体学习与"宏绿色资源"创生机制、多主体协同机制、自组织演化机制与支持政策等方面作为主要研究内容也是对现有研究的重要理论补充。

（二）现实意义

（1）近年来，在中央政府的大力推动下，各省纷纷制定了积极的产业政策，地区支持性政策不断完善，重点支持新兴产业，取得了显著成效，但也存在产业自主创新能力不强、结构性矛盾突出、不同地区的产业同构化程度较高、生态环境恶化等一系列矛盾和问题，因此，制定衡量绿色创新效率与绿色创新能力的框架，真实掌握我国战略性兴新产业绿色创新效率与绿色创新能力现状，揭示我国战略性新兴产业绿色创新效率的主要影响因素与绿色创新能力存在的问题，这对于提升我国战略性新兴绿色创新效率和绿色创新能力，寻找战略性新兴产业绿色创新的发展模式具有重要的现实意义。

（2）对于集群内企业而言，为了实现业务的可持续性，企业需在内部过程或大规模的业务生态系统上执行一系列的变更，而这种从个体层面到宏观层面的范式转变，需要理解创新的驱动因素。绿色创新可能由诸如政策干预等外生驱动力与企业市场和管理战略相关的内生因素共同推动，但由于各种原因，在企业微观经济层面上的经验证据仍然很少。因而基于微观经济的分析，评估在企业层面上绿色创新背后的力量，揭示绿色创新实践出现并被采用的真实原因，对于政府层面如何激发和推动集群内企业的绿色创新行为具有重要的现实指导作用。

（3）由于全球化带来的挑战，许多企业面临超越国界的竞争。为了创造持续的竞争优势，企业越来越重视自己独特和持续的资源，资源是企业绿色创新的"血液"和"润滑剂"。因而研究集群内资源的创生路径与创生的绿色动态能力，以及集群绿色创新网络结构、资源创生的绿色动态能力与绿色创新效益之间的关系有助于为政府引导集群如何构建有效的绿色创新网络，以及如何加强集群内外部间的互动学习提供决策依据，同时对集群内企业如何提高资源创生能力，以获得更好的学习和创新绩效，从而形成可持续的竞争优势具有一定的现实指导作用。

（4）战略性新兴产业集群内企业在地理位置上的临近性、技术与资源的相似性增强了彼此之间的竞争强度，而绿色创新是一个多阶段的过程，需要组织、经济和制度变革。为了应对这些变革，不同行为者之间的纯粹竞争行为需调整为更协作的方式。对于集群内企业来说，竞争能力取决于它们的协同能力。因此，研究集群内企业在绿色创新过程中的协同机制是战略性新兴产业绿色创新集群式发展的重要组成部分。通过研究集群内企业绿色创新的多主体协同的博弈过程、利益分配机制与信任机制等问题对于如何促进集群内企业绿色创新的多主体协同的成功，提高集群内企业的绿色创新效益，保护集群内企业在市场上的竞争地位具有重要意义。

（5）对于战略性新兴产业集群内企业而言，在绿色创新发展的不同阶段，创新所需配置的资源与能力要求是不一样的，同时外部创新环境也在不断发生变化。因而为了获得绿色创新的进一步发展，集群内企业可能会自主地选择与集群内其他的新绿色创新主体发生联系来构建新的绿色创新网络，从而导致企业自身构建的绿色创新网络发生动态演化，这种演化对网络内"宏绿色资源"创生、多主体协同与绿色创新效益都会产生影响。因此，通过分析战略性新兴产业集群绿色创新网络的自组织演化动因，以及这种自组织演化过程对集群内企业的绿色创新的影响，从而为现实中如何更好引导和激发集群绿色创新网络的合理演化具有重要意义。

（6）集群内企业绿色创新行为的成功离不开政策的支持，绿色创新政策对于激发集群内企业的绿色创新行为，同时为集群内企业绿色创新活动的实施提供创新平台和保障具有重要作用。因此，通过分析现有集群内企业的绿色创新政策所产生的效果，找出现有政策制定与执行存在的问题，同时提出集群内企业绿色创新的支持政策，可以为我国和各地区制定绿色创新政策提供依据和参考。

第五节 研究思路与研究方法

一 研究思路

在整个研究过程中，我们遵循问题提出与基础数据收集，明确研究理论基础，确定研究内容结构，得出研究结果的技术路线。通过对战略性新兴产业集群、绿色创新与战略性新兴产业集群绿色创新等国内外相关研究文献进行梳理与分析的基础上，明确本书的理论基础，即综合应用复杂社会网络、产业经济学、生态学、创新管理理论、博弈理论、系统科学理论等多学科交叉与融合理论。同时采用文献述评法、比较分析法、实证分析法与数理分析法等方法，通过对我国战略性新兴产业绿色创新效率的测度与区域比较分析，绿色创新能力的区域及国际比较，提出战略性新兴产业绿色创新的集群式发展模式及其运行机制，并重点围绕集群内企业绿色创新的动力机制、集体学习与"宏绿色资源"创生机制、多主体协同机制、自组织演化机制四个运行机制的相关问题展开研究，并提出我国战略性新兴产业集群绿色创新的支持政策。具体技术路线如图1-6所示。

二 研究方法

在研究过程中，主要采用了以下几种方法。

1. 文献述评法

通过对战略性新兴产业与战略性新兴产业集群、绿色创新与创新生态系统、战略性新兴产业集群绿色创新等国内外相关研究文献进行梳理与分析的基础上，找出目前研究存在的不足，为本书的研究视角、研究方法与主要研究内容指明了方向。

2. 比较分析法

对我国除西藏、新疆以外的29个省份的战略性新兴产业的传统技术创新效率值与绿色创新效率值进行了横向比较分析，并基于2005—2014年10年的序列数据，对我国除西藏、新疆以外的29个省份战略性新兴产业的绿色创新效率进行了纵向比较分析。同时，通过构建绿色创新能力的评价指标体系，对我国战略性新兴产业的绿色创新能力进行了区域及国际比较。

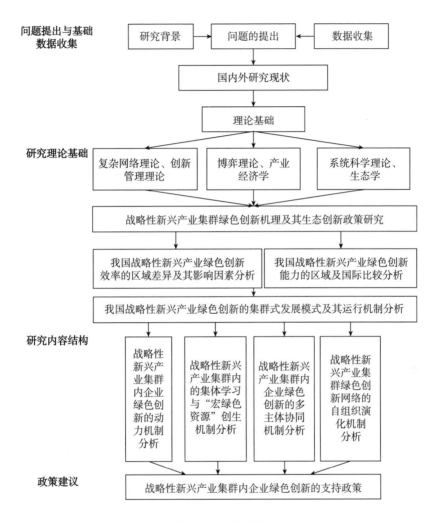

图 1-6 技术路线

3. 实证分析法

为准备研究所用数据，我们先后对北京、广州、武汉、贵阳、济南等地区的高新区企业进行了访谈与问卷调查，并搜集了各种统计数据，采用实证分析方法分别对战略性新兴产业绿色创新效率的测度与区域比较、战略性新兴产业绿色创新能力的区域及国际比较、战略性新兴产业集群内企业绿色创新的动力机制、战略性新兴产业集群内企业绿色创新政策对绿色创新效益的影响等方面进行了实证分析。

4. 数理分析法

在分析战略性新兴产业集群内企业绿色创新行为的决策对绿色创新的影响；集群绿色创新网络结构、"宏绿色资源"创生的绿色动态能力与绿色创新效益三者之间的关系；战略性新兴产业集群内企业绿色创新的多主体协同的博弈过程、利益分配机制与信任机制、集群绿色创新网络的自组织演化对绿色创新的影响等内容时，我们均采用了数理建模与仿真等方法进行分析，以刻画他们之间的关系。

第六节　本书章节安排

本书共分九章，具体章节与研究内容如下。

第一章为导论。主要阐述了本书的研究背景，对战略性新兴产业集群与绿色创新相关概念进行了界定与说明。在对目前国内外关于战略性新兴产业集群、绿色创新与战略性新兴产业集群绿色创新的研究现状进行了文献梳理及述评的基础上，提出了本书的研究目的和研究意义、研究思路与研究方法，以及研究的主要内容与本书的创新之处。

第二章为我国战略性新兴产业绿色创新效率的区域差异及其影响因素分析。首先，在选定我国战略性新兴产业依托部门后，将战略性新兴产业的绿色创新效率的测度指标体系分为投入指标（包括创新劳动投入、环保投入、研发创新投入与非研发创新投入）、期望产出（包括产业增长与技术增长）与非期望产出（环境消耗）三个维度七个一级指标，同时将我国 31 个省份划分为东部、中部、西部及东北部四个区域。其次，基于 2013—2014 年我国各省份战略性新兴产业的投入产出数据，运用 DEA-SBM 模型与 DEA-CCR 模型分别对我国除西藏、新疆以外的 29 个省份以及四个区域的战略性新兴产业的传统创新效率值与绿色创新效率值进行了横向比较分析。再次，基于 2005—2014 年的序列数据，运用 Malmquist 指数法对我国除西藏、新疆以外的 29 个省份战略性新兴产业的绿色创新效率进行了纵向比较分析。最后，根据分析结果，对影响我国战略性新兴产业绿色创新效率的四个主要因素（包括经济发展水平、绿色技术能力、人力资本与绿色创新政策环境）进行了分析，认为集群式发展模式是提升战略性新兴产业绿色创新效率的重要途径。

第三章为我国战略性新兴产业绿色创新能力的区域及国际比较分析。首先，将绿色创新能力统计分析指标分为绿色创新知识的创生能力（高校绿色创新知识的创生能力、研发机构绿色创新知识的创生能力、有研发机构的规模以上企业的绿色创新知识的创生能力）、绿色创新投入能力（R&D 投入能力、非 R&D 投入能力）、绿色创新产出能力（经济产出、环境产出）与绿色创新环保能力（环境污染治理投入、废水治理能力、废气治理能力、固体废物治理能力）四个维度 11 个一级指标。通过对评价指标体系的筛选与评价模型的构建，选取 2015 年我国 4 个直辖市和 27个省份的战略性新兴产业相关数据为研究样本，利用主成分分析法比较探究了我国各省份战略性新兴产业绿色创新能力的差异。其次，在区域比较指标体系的四个维度基础上，结合一级指标数据的可获得性，构建了绿色创新能力国际比较的评价指标体系（包括四个维度 8 个一级指标）与评价模型，基于 2014 年的实际数据，运用主成分分析法对选取的 11 个国家（包括美国、澳大利亚、韩国、法国、加拿大、英国、德国、俄罗斯、日本、意大利、中国）的战略性新兴产业绿色创新能力进行了国际比较。

第四章为战略性新兴产业绿色创新的集群式发展模式及其运行机制分析。首先，对战略性新兴产业集群与绿色创新的关系进行了剖析，认为战略性新兴产业集群是绿色创新的新载体，而绿色创新是实现战略性新兴产业集群可持续发展的重要手段；其次，基于复杂社会网络视角分析了战略性新兴产业集群绿色创新复杂社会网络的内涵及其网络结构体系，对集群绿色创新复杂社会网络内企业、高校或科研机构、政府、用户、供应商、竞争对手、金融机构与环保非政府组织等多个绿色创新主体及其在绿色创新中的作用进行了分析，同时提出了集群绿色创新复杂社会网络的四层次结构模型，即核心网络层、支撑网络层、外部网络层与绿色创新环境层；最后，为保障战略性新兴产业集群绿色创新的成功运行，提出了战略性新兴产业集群绿色创新的四个运行机制，即动力机制、绿色资源创生机制、多主体协同机制与自组织演化机制，为后续研究内容的开展做好铺垫。

第五章为战略性新兴产业集群内企业绿色创新的动力机制分析。首先，提出了战略性新兴产业集群内企业的两种绿色创新行为：主动型绿色创新与反应型绿色创新，并从理论角度分析了集群内企业的绿色创新行为对绿色创新的影响；其次，从政府绿色行为驱动（包括政府的绿色激励与绿色监管）、绿色供给侧驱动（包括企业的绿色创新精神、绿色能力、绿色创新效益与协同机制效应）、绿色需求侧驱动（包括公众对绿色产品的偏好、绿色技术的进步与绿色市场竞争）三个维度9个动力因素构建了集群内企业绿色创新的动力机制模型；再次，通过对北京、广州、武汉、贵阳、济南等地区的高新区企业的调查，运用实证分析方法对集群内企业绿色创新的动力机制进行了假设检验，得出了影响集群内企业绿色创新行为的动力因素；最后，分析了多因素驱动下集群内企业绿色创新行为的决策模式、决策机制以及所产生的绿色创新效益，并运用仿真手段从绿色产品的价格变化趋势、绿色产品的单位成本与市场竞争力的变化趋势、绿色产品的市场占有率变化、绿色创新效益的变化趋势四个维度分析了集群内企业绿色创新行为的决策对绿色创新的影响。

第六章为战略性新兴产业集群内的集体学习与"宏绿色资源"创生机制分析。首先，提出了战略性新兴产业集群内企业绿色创新的"宏绿色资源"内涵，并分析了"宏绿色资源"的七种新型资源形态：绿色创新网络资源、绿色社会资本资源、绿色知识和信息资源、绿色政策资源、绿色金融资源、绿色人力资源与绿色技术资源。其次，分析了集体学习下集群内企业绿色创新"宏绿色资源"的创生，包括集群内绿色创新主体间的集体学习形式与集体学习过程。其中，我们从核心网络层各主体间的互动学习、支撑网络层与核心网络层间的互动学习、内部网络与外部网络之间的互动学习三个维度分析了集群内绿色创新主体间的集体学习形式以及所创生的绿色资源形态。同时从学习合作、学习共享绿色资源与学习创生绿色资源三个维度分析了集群内绿色创新主体间的集体学习过程。再次，提出了集群内企业绿色创新"宏绿色资源"创生的绿色动态能力的内涵，并分析了"宏绿色资源"创生的绿色动态能力对绿色创新效益的影响，同时从集群内绿色创新主体与集群绿色创新网络结构两个维度分析了集群绿色创新网络对"宏绿色资源"创生的绿色动态能力的影响。最后，构建了集群绿色创新网络结构、"宏绿色资源"创生的绿色动态能力与绿色创新效益三者之间的关系模型，并运用仿真手段分析了"宏绿色资源"积累量与集群绿色创新网络的平均路径长度、资源溢出效率之间的关系；绿色创新成本和绿色创新效益与集群绿色创新网络的平均路径长度、平均度、聚集系数之间的关系。

第七章为战略性新兴产业集群内企业绿色创新的多主体协同机制分析。首先，分析了战略性新兴产业集群内企业绿色创新的多主体协同的产生原因。一方面，认为集群绿色创新网络结构增加了绿色创新主体间竞争的多样性，并通过构建竞争模型分析了集群绿色创新网络内企业在竞争过程中的"宏绿色资源"利用情况。另一方面，认为通过多主体协同获取资源是解决绿色创新"战略缺口"的有效途径，并通过构建协同模型分析了集群绿色创新网络内企业在战略联盟中的"宏绿色资源"利用情况。其次，从多主体协同有利于激发企业绿色创新的动力、有利于促进集群内绿色创新主体间的集体学习与"宏绿色资源"创生、有利于提高集群内企业的绿色创新能力、有利于促进集群内"宏绿色资源"的共享四个方面分析了集群内企业绿色创新的多主体协同对绿色创新的影响。再次，构建了集群内企业绿色创新的多主体协同的微分博弈模型，并运用仿真手段从绿色创新主体的投资策略对绿色技术水平改进的影响、绿色技术水平的改进对绿色创新效益的影响，以及绿色创新效益对未来绿色创新投资策略的影响三个方面对协同绿色创新策略与自主绿色创新策略进行了比较分析。同时为保证集群内企业绿色创新的多主体协同的成功，设计了一套多主体协同的利益分配机制，该机制要求既要满足参与协同绿色创新的单个主体的个体理性，同时也要满足集群整体的集体理性。最后，分析了集群内企业绿色创新的多主体协同的信任机制，构建了集群内多主体协同过程中信任的动态演化模型，并利用仿真手段分析了多主体协同过程中信任的动态演化过程及其演化规律。

第八章为战略性新兴产业集群绿色创新网络的自组织演化机制分析。首先，分析了战略性新兴产业集群绿色创新网络演化的自组织条件，我们认为集群绿色创新网络是一个开放性的网络系统、远离平衡区的网络系统、非线性的网络系统，并在"涨落"中达到有序的网络系统；其次，分析了集群绿色创新网络自组织演化的动力，我们认为这种动力主要体现于优化绿色创新资源，促进新型绿色资源的聚集与创生，增强企业间的信任，促进多主体协同绿色创新的升级，降低绿色创新成本，优化绿色创新效益；最后，分析了集群绿色创新网络的自组织演化对绿色创新的影响，构建了集群绿色创新网络的自组织演化模型，并利用仿真手段分析了集群绿色创新网络自组织演化过程中绿色创新效益的变化，以及集群绿色创新网络的自组织演化对绿色创新多主体协同的影响。

第九章为战略性新兴产业集群内企业绿色创新的支持政策。首先，将战略性新兴产业集群内企业的绿色创新政策工具划分为"基于市场的工具、命令与控制工具、自愿协议工具与基于信息的工具"四个类型，通过先后对北京、广州、武汉、贵阳、济南等地区的高新区企业的调查，从实证的角度验证了现有战略性新兴产业集群内企业的绿色创新政策对绿色创新效益（竞争绩效与环境绩效）的影响；其次，对战略性新兴产业集群内企业的绿色创新政策存在的问题与产生原因进行了分析，并提出了未来制定集群内企业绿色创新政策的思考；最后，提出了"以创新为导向的综合环境政策，加强环境政策和创新政策之间的协调"思路，并从引导规制性绿色创新政策、激励性绿色创新政策、保障性绿色创新政策三个维度提出了集群内企业绿色创新的支持政策。其中，引导规制性绿色创新政策主要体现在：引导产业政策转向集群政策，打造"生态型"战略性新兴产业集群；引导在战略性新兴产业集群内构建参与绿色创新的行动者网络；通过征税、排污权交易、保证金返还制度等政策工具推动绿色创新；制定技术标准和绩效标准，激励集群内企业的绿色创新行为。激励性绿色创新政策主要体现在：完善知识产权制度，加大对绿色创新知识产权的保护力度；完善政府绿色采购政策，鼓励将绿色产品纳入公共采购决策；健全绿色创新的财税政策，加大对绿色创新研发、设计与开发的支持；完善绿色创新的金融政策支持体系。保障性绿色创新政策主要体现在：为战略性新兴产业集群内企业的绿色创新提供基础设施；为战略性新兴产业集群内企业的绿色创新提供人才支撑；为战略性新兴产业集群内企业的绿色创新提供市场配套服务；加强绿色创新平台建设，突破产业关键技术。

第七节　本章小结

本章认为绿色创新是解决环境问题，实现"双碳"目标的重要手段，战略性新兴产业是推进产业结构绿色转型升级及践行绿色创新的重要抓手，而集群式发展模式是战略性新兴产业绿色创新发展的新载体，基于此背景下，本章对战略性新兴产业集群与绿色创新相关概念进行了界定与说明，并对目前国内外关于战略性新兴产业集群、绿色创新与战略性新兴产业集群绿色创新的研究现状进行了文献梳理与归纳总结，提出了本书的研究目的和研究意义、研究思路与研究方法，明确了本书的具体章节安排以及每章的主要研究内容。

第二章　我国战略性新兴产业绿色创新效率的区域差异及其影响因素分析

近年来,在中央政府的大力推动下,各省纷纷制定了积极的产业政策,地区支持性政策不断完善,重点扶持新兴产业,取得了显著成效,但也存在产业自主创新能力不强、结构性矛盾突出、不同地区的产业同构化程度较高、生态环境恶化等一系列矛盾和问题,东部、中部、东北部与西部绿色发展存在不均衡,在一定程度上阻碍了新兴产业的绿色发展(中国工程科技发展战略研究院,2014)。伴随着新一轮世界产业转移,我国新兴产业迎来了新的发展机遇,同时也面临着新的挑战,这就要求我们制定相关的新兴产业绿色发展战略,而绿色发展战略需要强大、精心设计的工具,其中最基本的是需要合理的绿色创新效率衡量框架(Rozkrut,2014),因此,制定衡量绿色创新效率的框架,深入分析我国战略性新产业绿色创新的区域差异,揭示我国战略性新兴产业绿色创新效率的主要影响因素,这对于国家和地方政府制定战略性新兴产业绿色发展战略,寻找战略性新兴产业绿色创新发展模式,提高绿色发展水平具有重要的现实意义。因此,我们试图在对战略性新兴产业进行科学划分与统计的基础上,对战略性新兴产业绿色创新效率的区域差异及其影响因素展开探讨。

第一节　研究框架设计

一　战略性新兴产业依托部门选择

目前国内有部分学者对战略性新兴产业进行了分类(肖兴志、孟祺等,2011;吕岩威、孙慧,2014;刘艳,2013;姚成,2016)。由于高技术产业和战略性新兴产业具有相似特征,如高研发水平、高风险、高技术与低碳化等特性（吕岩威、孙慧，2014），对于战略性新兴产业的分类，我们主要参考了中国工程科技发展战略研究院编制的《2015 年中国战略性新兴产业发展报告》中的分类结果和国家统计局 2018 年制定的《战略性新产业分类（2018）》，同时结合具体数据的可获得性，我们得出了战略性新兴产业的分类结果（见表 2-1）。值得注意的是，由于战略性新兴产业依托部门数据缺失，我们采用的是《中国高技术产业统计年鉴》中的行业数据近似代替战略性新兴产业，行业代码是战略性新兴产业的行业代码。

表 2-1　　　　　　　　　七大战略性新兴产业依托部门

产业名称	大类	中类	小类（对应的行业代码）
节能环保产业	高效节能产业	高效节能通用设备制造	3411、3441、3442、3444、3461、3462、3464
		高效节能专用设备制造	3511、3515、3516、3521、3531、3532、3546、3572
		高效节能电气机械器材制造	3811、3812、3839、3871
		高效节能工业控制装置制造	4012、4014、4019
	节能环保产业	环境保护专业设备制造	3591、3597
		环境保护监视仪器制造	4021
		环境污染处理药剂材料制造	2665
		环境保护及污染治理服务	4620、7721、7722、7723
	资源循环利用产业	工业固体废物、废气、废液回收和资源化利用	22、2511、2520、3360、3463、3735、4210、4220、4411
		水资源循环利用和节水	4690、7620、7630
新一代信息技术产业	电子核心基础产业	通信设备制造	3919、3921
		高端计算机制造	3911、3912、3913
		广播电视设备及数字视听产品制造	3931、3932、3951、3952、3953
		高端电子装备和仪器制造	3562、4028
		基础电子元器件及器材制造	3832、3962、3969
	高端软件和新型信息技术服务	高端软件开发	6510
		新型信息技术服务	6520、6540、6591

续表

产业名称	大类	中类	小类（对应的行业代码）
生物产业	生物产品制造产业	生物药品制造	2710、2720、2730、2740、2750、2760
		生物食品制造	1461、1462、1469
		生物燃料制造	2512
		生物农用品制造	1320、1363、2625、2632
		生物化工制品制造	2614、2661、2662
	生物工程设备制造产业	生物医疗设备制造	3581、3582、3583、3584、3585、3586、3589
		生物其他相关设备仪器制造	3551、4024、4041
高端装备制造产业	铁路交通装备产业	铁路高端装备制造	3711、3714
		城市轨道装备制造	3720
	智能制造装备产业	智能测控装备制造	3421、3422、3425、3429、4011
		重大成套设备制造	3490、3512、3542、3562
		智能关键基础零部件制造	3489
新能源产业	核电产业	核电运营维护	4413
	风能产业	风能发电运营维护	4414
	太阳能产业	太阳能发电运营维护	4415
	智能电网产业	智能变压器、整流器和电感器制造	3821、3823
		电力电子基础产业	3824
新材料产业	新型功能材料产业	新型功能涂层材料制造	2641、2642、2643、2644
		新型膜材料制造	2921、2924
		特种玻璃制造	3049、3051
		功能陶瓷制造	3072
		其他新型功能材料制造	2612、2613、2619、2631、2645、3091、3841、3842
	先进结构材料产业	新型合金材料制造	3240、3311、3321、3340、3389、3391
		工程塑料材料制造	2653、2927、2929
	高性能复合材料产业	高性能纤维复合材料制造	2659、2821、2822、2823、2824、2825、2826
新能源汽车产业	新能源汽车整车制造	新能源汽车整车制造	3610
	新能源汽车装置、配件制造	新能源汽车零部件配件制造	3660

二 绿色创新效率的衡量指标体系

目前，越来越多的研究也讨论了绿色创新的衡量标准。在欧盟，绿色创新研究由生态创新观察组织（EIO）负责，EIO 的主要任务之一是收集与欧盟国家绿色创新相关的数据，在这些指标的基础上，创建了绿色创新排名记分板。该指标涉及五个指标，其中三个与绿色创新直接相关，即绿色创新投入、绿色创新活动和绿色创新产出，另外两个是反映绿色创新的效果，即环境资源效果和社会经济效果（Kowalska 2014，Smol et al.，2017）。国内部分学者也从不同层面构建了绿色创新效率的评价指标体系，并给出了不同的评价方法（岳朝龙，2012；徐晔，2013；周材华，2014；彭树远，2014；王七萍，2015；刘冬华等，2017），这都为本书的分析提供了很好的参考和指导。

绿色创新是一个对企业和政策制定者非常重要的新概念，涵盖了许多环境效益的创新。过去的研究和测量活动主要集中在污染控制和减轻活动。我们认为，绿色创新研究和数据收集不应局限于这种环境驱动型创新，而应包括所有具有环境效益的产品、过程或组织创新，如在资源利用、能源效率、减少温室气体、减少废物、重新使用、循环利用和生态设计方面的创新。显然，只采用一种单一的方法或指标来衡量绿色创新是不够的，而应该运用不同的方法来分析绿色创新，要看到"整头大象"，而不仅仅是其中的一部分，以补充目前对研发或专利等创新投入的重视（Anthony Arundel and René Kemp，2007）。因此，在设计战略性新兴产业绿色创新效率评价指标体系时，我们在借鉴以往研究成果的基础上，将战略性新兴产业绿色创新效率的测度指标体系分为投入指标、期望产出与非期望产出三个维度，其中，投入指标包括创新劳动投入、环保投入、研发创新投入与非研发创新投入 4 个一级指标；期望产出指标包括产业增长与技术增长；非期望产出指标主要用环境消耗指标来进行衡量，具体测度指标体系如表 2-2 所示。

我们把环境消耗指标看作非期望产出，和期望产出一起引入生产过程，并采用方向性距离函数对其进行分析。从理论上讲，绿色创新的环境消耗指标应该选取直接来源于创新成果所带来的环境污染，但是由于目前没有专门针对战略性新兴产业关于此类相关指标的数据，同时由于我们分析的是绿色创新效率的区域差异，因而本书选取了区域 COD 排放量、烟尘排放量、SO_2 排放量、CO_2 排放量 4 个环境消耗指标来近似代替。

表 2-2　　　　　　　　　绿色创新效率的测度指标体系

类别	一级指标	二级指标	单位
投入	创新劳动投入	R&D 人员全时当量	人年
	研发创新投入	R&D 经费内部支出	万元
	非研发创新投入	技术引进费用+基数改造费用+购买国内技术费用	亿元
	环保投入	污染治理项目本年完成投资总额	万元
期望产出	产业增长	新产品销售收入	万元
		新产品开发经费支出	万元
	技术增长	拥有发明专利数	项
非期望产出	环境消耗	COD 排放量	万吨
		烟尘排放量	万吨
		SO_2 排放量	万吨
		CO_2 排放量	万吨

三　区域划分

关于区域划分，我们参考了《中国高技术产业年鉴》中的划分标准，将我国 31 个省份划分为东部、中部、西部及东北部四个区域，由于西藏及新疆两省的数据缺失严重，我们将不对这两个省份进行分析（见表 2-3）。

表 2-3　　　　　　　　　全国区域划分

全国	东部	北京、天津、河北、上海、江苏、浙江、福建、山东、广东、海南
	中部	山西、安徽、江西、河南、湖北、湖南
	西部	内蒙古、广西、重庆、四川、贵州、云南、陕西、甘肃、青海、宁夏
	东北部	辽宁、吉林、黑龙江

第二节　战略性新兴产业绿色创新
效率的横向比较分析

一　基础数据处理

数据来源于 2013 年及 2014 年的《中国统计年鉴》《中国环境统计年鉴》《中国科技统计年鉴》《中国高技术产业统计年鉴》《中国能源统计年鉴》。由于战略性新兴产业的投入转化为实际成果往往需要一段时间，研发投入与产出之间通常存在时间的滞后性，参考已有的研究成果，取滞后期为 1 年，我们主要选取 2013 年的投入数据及 2014 年的产出数据进行分析。具体投入与产出的相关数据如表 2-4 所示。

二　样本数据统计描述分析

我们将整理后的我国 29 个省份的战略性新兴产业绿色创新效率的投入产出指标数据进行了平均值求解，具体结果如表 2-5 所示。

其中，Y_1，…，Y_7 分别表示新产品销售收入、新产品开发经费支出、专利授权数量、COD 排放量、烟尘排放量、二氧化硫排放量和二氧化碳排放量；X_1，…，X_4 分别表示 R&D 全时人员当量、研发创新投入、环保投入和非研发创新投入。

对表 2-5 中的数据进行基本的数理统计以后形成如下结果（见表 2-6）。

根据表 2-6 中的数据结果，我们初步可以得出以下结论。

（1）各省份及区域的战略性新兴产业投入水平差距较大。特别是 R&D 全时人员当量与环保投入方面，这两个指标投入最大的是广东省，投入最小的是青海省，这说明各省之间的投入差距明显。在区域比较方面，R&D 人员全时当量指标的投入、研发创新投入和环保投入三个指标的比较结果均为东部地区>中部地区>东北部地区>西部地区，而非研发创新投入的比较结果为东部地区>东北地区>中部地区>西部地区，由此可以看出东部地区的战略性新兴产业投入最多，而西部地区的战略性新兴产业投入最少。

表 2-4　2013—2014 年我国战略性新兴产业各省份投入产出数据

地区	R&D人员全时当量（人年）	环境治理项目本年完成投资总额（万元）	研发创新投入（万元）	非研发创新投入（亿元）	新产品销售收入（万元）	新产品开发经费支出（万元）	专利授权数量（项）	COD排放量（万吨）	烟尘排放量（万吨）	SO_2排放量（万吨）	CO_2排放量（能源消耗量×0.68×3.67）（亿吨标准煤）
北京	17562	42768	877623	9.05	18651122	1564368	10399	0.61	2.27	4.03	17047
天津	10042	148366	330655	4.75	18791769	437203	3540	2.83	11.22	19.54	20327
河北	7146	511769	178067	5.27	2710642	293819	1257	16.82	145.07	104.74	73171
上海	22873	52077	936529	10.35	9462702	1749834	8407	2.48	13.14	15.54	27664
江苏	78316	593776	2199586	118.29	69988157	4246651	19259	20.44	72.05	87.02	74526
浙江	37902	576645	953002	30.79	20680473	1697889	8439	16.63	35.88	56.01	46982
福建	24392	383964	596365	28.25	11773669	767538	3648	7.76	34.92	33.76	30222
山东	39141	843493	1251546	45.13	19399769	1722243	6883	13.05	102.45	135.89	91117
广东	193281	324634	6228787	87.43	108574709	9293468	89203	23.55	39.53	69.91	73852
海南	1193	35094	31961	3.98	125474	40885	536	1.08	1.89	3.19	4542
东部	431848	3512586	13584121	343.29	280158486	21813898	151571	105.25	458.42	529.63	459450
山西	2593	555609	45194	1.35	616688	54949	485	7.24	114.51	107.80	49570
安徽	7215	413195	210635	6.13	5423312	524986	3775	8.18	58.53	44.06	29975
江西	8665	155192	185063	9.39	3214230	294880	1241	7.97	42.88	51.74	20102
河南	13219	439720	200216	5.60	23641877	308587	1306	15.89	71.55	103.17	57124
湖北	21146	251745	637199	9.15	6701273	864512	3984	12.58	43.83	50.62	40728
湖南	6241	233655	315085	13.02	8717350	571955	2424	13.37	45.23	55.95	38225

续表

地区	R&D人员全时当量（人/年）	环境治理项目本年完成投资总额（万元）	研发创新投入（万元）	非研发创新投入（亿元）	新产品销售收入（万元）	新产品开发经费支出（万元）	专利授权数量（项）	COD排放量（万吨）	烟尘排放量（万吨）	SO_2排放量（万吨）	CO_2排放量（能源消耗量×0.68×3.67）亿吨标准煤
中部	16628	2049116	1593392	44.64	48314730	2619869	13215	65.23	376.53	413.34	235724
内蒙古	274	626746	7315	0.08	143589	17414	42	9.95	81.88	116.71	45692
广西	1146	183218	41843	2.19	821633	79827	458	16.19	37.60	43.11	23746
重庆	4054	78880	130567	4.15	4584535	215618	1126	5.34	21.48	47.48	21445
四川	18038	188392	564865	17.42	9962586	903420	6192	10.53	39.87	72.57	49610
贵州	6398	195562	102611	2.59	1061797	194768	1145	6.72	34.30	70.24	24230
云南	1295	238930	45509	1.39	559468	79022	597	16.25	33.00	58.26	26092
陕西	19221	417562	527461	12.61	3028595	791615	2551	9.56	53.78	67.16	28006
甘肃	708	182144	4919	0.01	416450	54866	197	8.86	26.09	47.70	18769
青海	170	30456	10341	0.00	11262	11341	6	4.14	17.59	11.80	9962
宁夏	347	165486	1435431	1.56	179031	14270	124	9.98	21.17	34.10	12343
西部	51651	2307376	469878	42	20768946	2362161	12438	97.52	366.76	569.13	259894
辽宁	7844	276908	46340	6.89	3605210	487834	2050	8.54	95.79	92.60	54412
吉林	2762	93731	190929	5.57	1298133	133254	596	6.65	36.80	31.96	21362
黑龙江	6022	206988	707147	8.69	777346	238819	626	9.40	53.47	31.75	29835
东北部	59079	577627	877623	21.15	5680689	859907	3272	24.59	186.06	156.31	105609
总数	559206	8446705	16525014	451.08	354922851	27655835	180496	292.59	1387.77	1668.41	1060677

表 2-5　我国 29 个省份战略性新兴产业绿色创新投入产出指标平均值

省份	Y_1	Y_2	Y_3	Y_4	Y_5	Y_6	Y_7	X_1	X_2	X_3	X_4
北京	1278.69	75.90	4219	0.68	2.26	6.71	16294	10908	48.62	5.86	6.6
天津	1089.12	27.03	1465	3.05	6.17	21.40	15826.2	6743	22.58	16.47	20.9
河北	97.36	10.70	456	25.32	76.28	118.74	65189.9	5262	9.86	29.85	3.5
上海	1180.01	91.48	2961	2.92	5.56	26.03	25857.1	15381	61.33	9.87	18.1
江苏	3393.86	212.90	6206	25.65	39.70	105.66	60987.2	49683	136.41	38.39	81.7
浙江	941.86	84.05	3317	22.95	22.58	68.79	40100.1	25432	62.38	28.39	27.6
福建	893.38	44.96	1196	8.72	16.59	39.13	23127.7	14755	35.16	23.05	20.6
山东	1158.13	90.08	2280	23.78	47.43	151.78	81305.6	20145	74.41	72.47	23.4
广东	5489.72	430.42	33813	25.18	26.70	98.25	62600.7	134060	364.47	32.39	42.3
海南	5.20	1.85	127	1.19	1.08	2.65	3332.8	396	1.20	2.08	0.9
东部地区平均值	1552.732	108.592	5603.9	13.825	24.435	63.912	39462.12	28276.4	81.642	25.882	24.55
山西	33.20	3.09	144	12.56	78.30	114.18	41871.9	1207	1.88	36.88	0.9
安徽	194.44	20.71	987	11.49	31.63	48.73	23428.2	4833	11.05	13.06	4.3
江西	133.33	13.06	397	10.58	25.96	53.31	15310	6257	11.24	7.62	8.2
河南	512.42	14.94	474	25.62	56.64	124.60	50003.8	7711	11.03	26.74	6.3
湖北	284.07	38.86	1494	15.02	25.94	56.61	35248	12738	30.94	19.62	5.7
湖南	273.44	19.57	713	20.78	37.63	65.89	33847	4479	12.63	15.47	7.0
中部地区平均值	238.483	18.372	701.333	15.972	44.738	77.22	33284.85	6204.167	13.13	19.9	5.4
内蒙古	6.50	0.89	21	11.33	53.30	125.14	38542.4	205	0.46	28.02	0.2
广西	35.38	3.96	201	42.68	34.54	72.26	18494.5	1046	2.55	12.66	2.0
重庆	176.63	8.68	423	8.42	14.18	58.74	18050.2	3461	6.51	6.38	4.0
四川	486.41	46.32	1731	21.01	33.10	92.32	41860.6	12221	29.71	16.64	22.6
贵州	54.04	11.80	471	3.64	20.37	78.44	19813.5	3193	5.44	11.02	3.1
云南	28.63	3.04	289	12.52	22.02	50.69	21086.6	905	2.30	13.69	0.7
陕西	178.46	36.85	904	12.66	30.21	77.05	21221.9	13947	31.95	22.07	14.6
甘肃	17.04	2.32	58	6.75	13.73	46.38	14794.4	712	1.63	14.15	1.1
青海	0.32	0.19	5	3.96	9.08	12.59	6822.3	44	0.11	2.25	0.0
宁夏	12.57	0.79	28	10.37	13.69	33.52	9320.3	480	0.68	8.25	1.4
西部地区平均值	99.598	11.484	413	13.334	24.421	64.714	21000.64	3621.3	8.134	13.515	4.95

续表

省份	Y_1	Y_2	Y_3	Y_4	Y_5	Y_6	Y_7	X_1	X_2	X_3	X_4
辽宁	254.72	27.99	800	18.25	52.09	97.45	48106.2	6602	27.63	25.67	9.0
吉林	59.65	6.06	291	12.16	26.22	32.60	19153.3	1854	3.24	7.29	2.4
黑龙江	48.53	14.09	305	11.64	39.93	40.71	26583.7	5100	12.50	9.75	9.1
东北部地区平均值	120.967	16.047	465.333	14.013	39.413	56.923	31281	4518.667	14.46	14.237	6.833

表2-6　　　　　我国29个省份战略性新兴产业绿色创新投入
产出数据的统计描述

	Y_1	Y_2	Y_3	Y_4	Y_5	Y_6	Y_7	X_1	X_2	X_3	X_4
平均值	631.62	46.30	2268.14	14.17	29.76	66.22	30971.73	12750.34	35.17	19.17	12.01
中间值	178.46	14.94	474	12.16	26.22	58.74	23428.2	5262	11.24	15.47	6.3
标准差	1147.50	84.71	6126.52	9.46	19.69	38.39	18916.56	25032.82	68.83	14.16	16.58
最大值	5489.72	430.42	33813	42.68	78.3	151.78	81305.6	134060	364.47	72.47	81.7
最小值	0.32	0.19	5	0.68	1.08	2.65	3332.8	44	0.11	2.08	0
最大/最小	17155.38	2265.37	6762.60	62.76	72.50	57.28	24.40	3046.82	3313.36	34.84	

（2）各省份及区域的战略性新兴产业期望产出水平相差很大。其中，新产品销售收入、新产品开发经费支出及专利授权数的标准差均高于平均值。从整体情况来看，三个指标均值都为东部地区＞中部地区＞东北部地区＞西部地区，由此可以看出，东部地区的战略性新兴产业的期望产出最多，而西部地区的战略性新兴产业期望产出最少。（3）各省份及地区的战略性新兴产业发展造成的环境影响差异很大。其中，COD排放量、烟尘排放量、二氧化硫及二氧化碳排放量的标准差分别为9.46万吨、19.69万吨、38.39万吨和18916.56万吨，并且最大值和最小值的比值悬殊。总体来讲，我国战略性新兴产业发展对环境的影响方面，西部地区的影响最小，东部地区的影响最大。

三　实证结果分析

基于2013—2014年我国各省份的战略性新兴产业的投入产出数据，我们使用DEA-SBM模型与DEA-CCR模型分别对我国除西藏、新疆以外的29个省份进行了分析，得出了战略性新兴产业绿色创新效率值与传统创新效率值（见表2-7）。

表 2-7 我国各省份的战略性新兴产业的绿色创新效率与传统创新效率

地区	绿色创新效率 SBM	传统创新效率 DEA			规模报酬	结论
		综合技术效率 crste	纯技术效率 vrste	规模效率 scale		
北京	1.000	1.000	1.000	1.000	—	DEA 有效
天津	1.000	1.000	1.000	1.000	—	DEA 有效
河北	0.357	0.460	1.000	0.460	drs	DEA 无效
上海	1.000	1.000	1.000	1.000	—	DEA 有效
江苏	0.735	0.672	1.000	0.672	irs	DEA 无效
浙江	0.842	0.736	1.000	0.736	irs	DEA 无效
福建	0.496	0.549	0.551	0.998	drs	DEA 无效
山东	0.528	0.563	1.000	0.563	drs	DEA 无效
广东	1.000	1.000	1.000	1.000	—	DEA 有效
海南	1.000	0.452	0.525	0.862	irs	DEA 无效
东部平均值	0.796	0.743	0.908	0.829		
山西	0.308	0.436	1.000	0.308	drs	DEA 无效
安徽	0.544	0.584	1.000	0.584	drs	DEA 无效
江西	0.376	0.503	0.793	0.634	drs	DEA 无效
河南	0.642	0.858	1.000	0.858	—	DEA 无效
湖北	0.806	1.000	1.000	1.000	drs	DEA 无效
湖南	0.912	1.000	1.000	1.000	drs	DEA 无效
中部平均值	0.598	0.730	0.966	0.737		
内蒙古	0.325	0.517	0.542	0.954	drs	DEA 无效
广西	0.786	0.815	1.000	0.815	drs	DEA 无效
重庆	0.852	0.886	1.000	0.886	drs	DEA 无效
四川	0.687	0.723	1.000	0.723	drs	DEA 无效
贵州	0.685	0.660	1.000	0.660	irs	DEA 无效
云南	0.318	0.457	1.000	0.457	drs	DEA 无效
陕西	0.518	0.560	0.634	0.882	drs	DEA 无效
甘肃	0.506	0.477	0.634	0.752	irs	DEA 无效
青海	0.524	0.336	0.526	0.638	irs	DEA 无效
宁夏	0.306	0.582	0.688	0.846	drs	DEA 无效

续表

地区	绿色创新效率 SBM	传统创新效率 DEA			规模报酬	结论
		综合技术效率 crste	纯技术效率 vrste	规模效率 scale		
西部平均值	0.551	0.601	0.802	0.761		
辽宁	0.556	0.625	1.000	0.625	drs	DEA 无效
吉林	0.725	0.787	1.000	0.787	drs	DEA 无效
黑龙江	0.424	0.471	0.801	0.588	drs	DEA 无效
东北部平均值	0.568	0.628	0.934	0.667		
Mean	0.628	0.676	0.903	0.749		

1. 各省份之间的比较

从表 2-7 可以看出，我国除西藏、新疆以外的 29 个省份的战略性新兴产业的创新效率的平均值为 0.676，绿色创新效率的平均值为 0.628，说明在考虑环境影响后，战略性新兴产业的创新效率降低了，因而我们在对战略性新兴产业进行创新评价时需要考虑创新的非期望产出。在 29 个省份中，从传统创新效率到绿色创新效率，江苏、浙江、海南、贵州、甘肃和青海 6 个省的效率得到了提升，北京、天津、上海和广东 4 个省份的效率没有发生改变，而河北、福建、山东、山西、江西、四川、陕西、安徽、湖南、湖北、河南等 19 个省份的效率均有不同程度的降低。在 29 个省份中，战略性新兴产业的绿色创新效率排名靠前的主要有北京、天津、上海、广东、湖南、重庆、浙江、湖北等地区，绿色创新效率值均超过了 0.8，说明这些省份在战略性新兴产业上的投入与产出是相匹配的，在绿色创新与管理上对资源进行了合理的优化配置。战略性新兴产业绿色创新效率排名靠后的主要有河北、山西、江西、云南、宁夏等省份，绿色创新效率值均低于 0.4，说明这些省份在战略性新产业上可能存在投入与产出规模不太合理，对绿色创新活动中投入资源的合理利用水平还有待提高（见图 2-1）。

2. 各区域之间的比较

根据表 2-7 中的数据结果，得出了我国四个区域战略性新兴产业的传统创新效率值与绿色创新效率值（见表 2-8）。

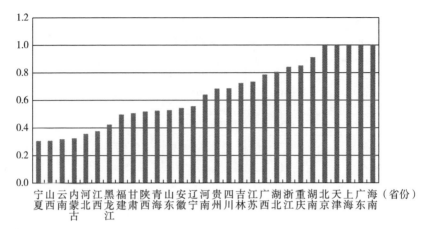

图 2-1　29 个省份战略性新兴产业绿色创新效率情况

表 2-8　　　　　　　　2014 年我国四个区域战略性新兴产业绿色创新
效率值与传统创新效率值

区域	绿色创新效率 SBM	传统创新效率 DEA		
		综合技术效率 crste	纯技术效率 vrste	规模效率 scale
东部	0.796	0.743	0.908	0.829
中部	0.598	0.730	0.966	0.737
西部	0.551	0.601	0.802	0.761
东北部	0.568	0.628	0.934	0.667
Mean	0.628	0.676	0.903	0.749

从表 2-8 中可以看出，我国四个区域的战略性新兴产业的绿色创新效率存在一定的差异，战略性新兴产业的绿色创新效率最好的是东部地区，其他排名依次为中部地区（0.598）、东北部地区（0.568）、西部地区（0.551）（见图 2-2），这与前面的统计分析结果是一致的。主要原因是东部地区经济发展水平总体较好，创新所需的各种技术和设施较为完善，这些为战略性新兴产业的绿色创新提供了良好的硬件环境，他们承载着战略性新兴产业的绿色创新活动的进行。同时，东部地区人才会聚，创新文化理念氛围浓厚，政府制定的各种绿色创新政策较为完善，这些都为战略性新兴产业的绿色创新提供了良好的软件环境。这也说明了战略性新兴产业的绿色创新效率与经济发展水平、人才、技术、政策支持等多种因素息息相关。

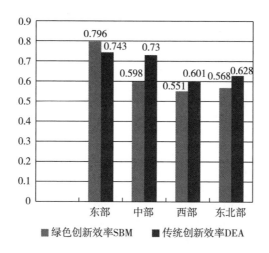

图 2-2　我国四区战略性新兴产业传统创新效率与绿色创新效率值

第三节　战略性新兴产业绿色创新
效率的纵向比较分析

一　数据来源

我们选取 2005—2014 年的序列数据对战略性新兴产业绿色创新效率进行纵向比较，数据主要来源于《中国统计年鉴》《中国高技术产业统计年鉴》《中国环境年鉴》《中国能源统计年鉴》《中国科技统计年鉴》。特别需要说明的是，分析指标依托部门行业数据加总获得，没有分行业的指标则按照近似的高技术产业数据来分析（见表 2-9）。

二　我国战略性新兴产业绿色创新效率的 TFP 指数及其分解结果

为深入分析各省份战略性新兴产业绿色创新效率的变化情况，我们采用投入与产出数据，通过 Malmquist 指数法对我国各省份战略性新兴产业的绿色创新效率变化进行评价，这里，我们运用 DEAP2.1 软件对 2005—2014 年全国 29 个省份的面板数据进行 Malmquist 生产力指数（又称 TFP 指数）分析，得到我国战略性新兴产业绿色创新效率的 TFP 指数及其分解结果（见表 2-10 至表 2-14）。

表2-9　2005—2014年东部、中部、西部及东北部四个区域战略性新兴产业投入产出

年份	序号	区域	新产品销售收入（万元）	新产品开发经费支出（万元）	拥有专利发明数（项）	COD排放量（万吨）	烟尘排放量（万吨）	SO_2排放量（万吨）	CO_2排放量（万吨）	R&D人员折合全时当量（人年）	污染治理项目本年完成投资总额（万元）	研发创新投入（万元）	非研发创新投入（亿元）
2014	1	东部	280158486	21813898	151571	105.25	458.42	529.63	459450	437833	4800109	15098131	265.86
2014	2	中部	48314730	2619869	13215	65.23	376.53	413.34	235724	17114	1602063	1808205	52.22
2014	3	西部	20768946	2362161	12438	97.52	366.76	569.13	259894	51841	2524049	1559951	63.25
2014	4	东北部	5680689	859907	3272	24.59	186.06	156.31	105609	65711	723463	723113	38.28
2013	1	东部	252004185	19063625	117768	107.62	319.1	564.55	449730	431848	3512586	13584121	343.29
2013	2	中部	40046000	2230945	9111	69.87	273.32	434.99	228525	16628	2049116	1593392	44.64
2013	3	西部	13955346	2115732	8881	98.72	301.6	598.57	249208	51651	2307376	1435431	42
2013	4	东北部	5844546	862326	2979	24.61	134.4	163.1	105362	59079	577627	707147	21.15
2012	1	东部	222028683	17083930	100267	114.89	287.7	597.77	461289	418571	2421314	11971275	294.99
2012	2	中部	16212110	1751100	6608	74.07	269.48	448.77	239558	17195	966969	1192351	41.03
2012	3	西部	12379657	1760816	6101	103.1	284.6	621.7	261601	38835	1319405	1074134	55.31
2012	4	东北部	5067089	682634	2747	27.67	127.2	172.86	114117	50980	216003	648938	24.06
2011	1	东部	194039873	14148824	70282	117.64	327.1	633.84	445824	344614	1920249	9868889	238.98
2011	2	中部	12046068	1445231	4652	81.16	421.14	481	228636	13481	842118	990152	31.43
2011	3	西部	13757610	1491842	5509	108	290.5	652.58	245034	26739	1290795	785724	26.78
2011	4	东北部	4778135	804389	1718	29.14	137.2	182.76	109641	41405	223487	695278	20.55
2010	1	东部	146816697	7956937	44884	138.87	155.5	593.8	419326	316360	1617275	7855617	255.91
2010	2	中部	8087731	784798	2648	101.89	163.2	440.8	210441	10615	942729	633876	24.67
2010	3	西部	5917284	952987	2076	133.06	169.1	620.2	220588	36079	1082387	717292	63.97
2010	4	东北部	2795282	366672	559	44.53	90.5	157.7	101015	35896	260568	436853	14.2
2009	1	东部	1183369590	8645776	34183	134.38	128.4	600.3	386143	245648	1754783	7157542	234.89

续表

年份	序号	区域	新产品销售收入（万元）	新产品开发经费支出（万元）	拥有专利发明数（项）	COD排放量（万吨）	烟尘排放量（万吨）	SO_2排放量（万吨）	CO_2排放量（万吨）	R&D人员折合全时当量（人年）	污染治理项目本年完成投资总额（万元）	研发创新投入（万元）	非研发创新投入（亿元）
2009	2	中部	7099340	929863	3188	103.13	178.3	433.9	192347	12194	1103913	685483	25.07
2009	3	西部	9326571	889633	2445	139.43	139.1	616.1	201219	32210	1048881	665685	59.91
2009	4	东北部	2511347	535155	1280	47.53	39.4	163.8	93027	29621	375135	395768	16.98
2008	1	东部	114359660	6751449	20862	137.02	167.9	650.7	366840	215751	2508426	5424844	213.88
2008	2	中部	3596739	420092	1089	106.08	197.44	459	183577	12470	1246844	335873	25.47
2008	3	西部	7418889	596725	1584	150.39	174.3	655	187374	34208	1191664	519702	55.87
2008	4	东北部	3402985	5372421	411	51.95	109.7	175.5	87351	22644	390589	261467	19.75
2007	1	东部	90753677	373450	11368	163.05	180.4	711.2	349368	178233	2640416	4228757	254.46
2007	2	中部	3262745	590248	647	113.25	235.93	494.2	174699	12118	1314189	257052	28.13
2007	3	西部	6630662	181912	967	161.34	214	702.8	174503	34682	1082916	514799	56.95
2007	4	东北部	2335035	181912	421	56.63	120	184.4	81053	23193	419420	188416	12.65
2006	1	东部	73333393	4294687	3579	175.5	208.8	749.9	318969	127111	2159080	3455585	176.04
2006	2	中部	2437619	272554	561	120.7	272.1	515	158945	11525	1060254	204079	33.52
2006	3	西部	5171055	406117	799	170.4	241.7	743.7	158133	29693	956323	406879	37.18
2006	4	东北部	1491739	125213	396	57.1	122.7	181.3	73934	20666	618469	132545	13.86
2005	1	东部	60867907	3460718	5629	188.3	210.2	759.5	289273	111675	2547900	2997526	177.17
2005	2	中部	1586847	195399	362	122.9	296.9	512.2	144639	12219	811700	177874	18.09
2005	3	西部	4271620	317947	501	171.46	260.45	691.6	142510	26196	711600	291854	34.16
2005	4	东北部	2383061	181445	173	56.6	115.2	170	67322	23046	466600	148210	23.32

表 2-10 　　　　　2005—2014 年我国战略性新兴产业分年份的
Malmquist 指数及其分解

年份	技术效率变动 指数 effch	技术进步变动 指数 techch	纯技术效率变动 指数 pech	规模效率 sech	Malmquist 指数 tfpch
2005—2006	1.113	1.252	1.000	1.113	1.393
2006—2007	0.967	1.186	1.000	0.967	1.147
2007—2008	0.989	0.935	1.000	1.036	0.925
2008—2009	0.935	1.2	1.000	0.935	1.122
2009—2010	1.089	1.338	1.000	1	1.457
2010—2011	1.137	1.306	1.000	1.137	1.485
2011—2012	1.165	1.297	1.000	1.165	1.511
2012—2013	1.281	1.265	1.000	1.281	1.620
2013—2014	1.175	1.388	1.000	1.175	1.631
平均值	1.095	1.241	1.000	1.095	1.366

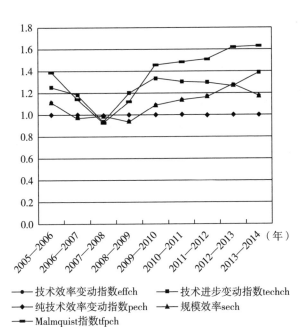

图 2-3 　分年份 Malmquist 指数及其分解

表 2-11　　　　　　　2005—2014 年东部地区战略性新兴产业的
Malmquist 指数及其分解

年份	技术效率变动 指数 effch	技术进步变动 指数 techch	纯技术效率变动 指数 pech	规模效率 sech	Malmquist 指数 tfpch
2005—2006	0.982	1.311	1.000	0.982	1.287
2006—2007	0.959	1.126	1.000	0.959	1.080
2007—2008	1.024	0.896	1.000	1.024	0.918
2008—2009	0.894	1.218	1.000	0.894	1.089
2009—2010	1.037	1.268	1.000	1.037	1.315
2010—2011	1.087	1.276	1.000	1.087	1.387
2011—2012	1.137	1.265	1.000	1.137	1.438
2012—2013	1.245	1.238	1.000	1.245	1.541
2013—2014	1.152	1.366	1.000	1.152	1.574
平均值	1.057	1.218	1	1.057	1.292

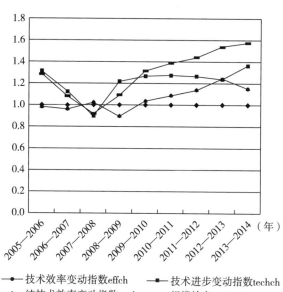

图 2-4　分年份东部地区 Malmquist 指数及其分解

表 2-12　　　　　2005—2014 年中部地区战略性新兴产业的
Malmquist 指数及其分解

年份	技术效率变动指数 effch	技术进步变动指数 techch	纯技术效率变动指数 pech	规模效率 sech	Malmquist指数 tfpch
2005—2006	1.068	1.265	1.000	1.068	1.351
2006—2007	0.915	1.239	1.000	0.915	1.134
2007—2008	1.018	0.925	1.000	1.018	0.942
2008—2009	0.932	1.276	1.000	0.932	1.189
2009—2010	1.048	1.415	1.000	1.048	1.483
2010—2011	1.118	1.305	1.000	1.118	1.459
2011—2012	1.145	1.318	1.000	1.145	1.509
2012—2013	1.266	1.265	1.000	1.266	1.601
2013—2014	1.162	1.383	1.000	1.162	1.607
平均值	1.075	1.266	1	1.075	1.364

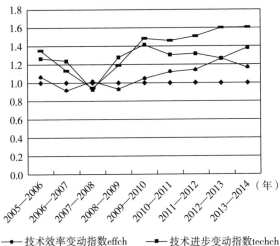

图 2-5　分年份中部地区 Malmquist 指数及其分解

表 2-13　　　　2005—2014 年东北部地区战略性新兴产业的
Malmquist 指数及其分解

年份	技术效率变动 指数 effch	技术进步变动 指数 techch	纯技术效率变动 指数 pech	规模效率 sech	Malmquist 指数 tfpch
2005—2006	1. 167	1. 226	1. 000	1. 167	1. 431
2006—2007	0. 975	1. 165	1. 000	0. 975	1. 136
2007—2008	0. 978	0. 949	1. 000	0. 978	0. 928
2008—2009	0. 946	1. 262	1. 000	0. 946	1. 194
2009—2010	1. 124	1. 315	1. 000	1. 124	1. 478
2010—2011	1. 151	1. 316	1. 000	1. 151	1. 515
2011—2012	1. 168	1. 309	1. 000	1. 168	1. 529
2012—2013	1. 282	1. 272	1. 000	1. 282	1. 631
2013—2014	1. 177	1. 398	1. 000	1. 177	1. 645
平均值	1. 108	1. 246	1	1. 108	1. 387

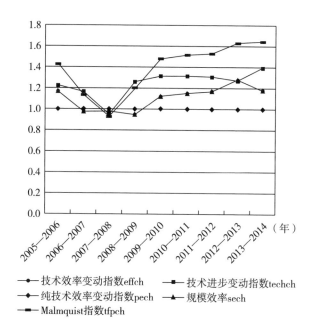

图 2-6　不同年份东北部地区 Malmquist 指数及其分解

表 2-14 　　　　　 2005—2014 年西部地区战略性新兴产业的
Malmquist 指数及其分解

年份	技术效率变动 指数 effch	技术进步变动 指数 techch	纯技术效率变动 指数 pech	规模效率 sech	Malmquist 指数 tfpch
2005—2006	1.236	1.205	1	1.236	1.489
2006—2007	1.022	1.214	1	1.022	1.241
2007—2008	0.935	0.974	1	0.935	0.911
2008—2009	0.968	1.273	1	0.968	1.232
2009—2010	1.149	1.357	1	1.149	1.559
2010—2011	1.195	1.325	1	1.195	1.583
2011—2012	1.211	1.296	1	1.211	1.569
2012—2013	1.335	1.284	1	1.335	1.714
2013—2014	1.209	1.407	1	1.209	1.701
平均值	1.140	1.259	1	1.140	1.444

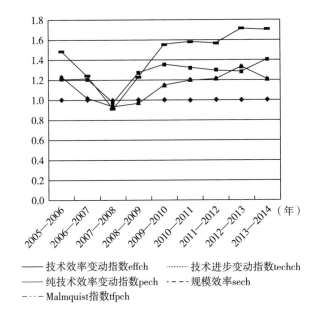

——技术效率变动指数 effch 　　········技术进步变动指数 techch
——纯技术效率变动指数 pech 　- - - -规模效率 sech
- · - ·Malmquist 指数 tfpch

图 2-7 　分年份西部地区 Malmquist 指数及其分解

1. Malmquist 指数（tfpch）分析

从表 2-10 的结果可知，在 2005—2014 年的 10 年里，全国 29 个省份的战略性新兴产业的绿色创新效率总体上处于上升的趋势，全国 tfpch 平均值为 1.366，表明全国 tfpch 平均每年增长幅度为 36.6%。但 2007—2008 年增长率呈现负增长，下降幅度为 3.1%，主要原因在于经济发展水平受到金融危机的影响，同时对我国战略性新兴产业的绿色创新效率产生了负面影响，这也正好验证了经济发展水平会影响战略性新兴产业的绿色创新效率。虽然环境影响决定了绿色创新，但经济和社会影响在其发展和应用中起着至关重要的作用，从而决定了环境影响传播途径和对竞争力的贡献和整体可持续性（Oltra，2008）。从 2009 年后，我国战略性新兴产业的绿色创新效率开始逐步增长，主要原因在于经济得到了复苏，同时科学技术也在不断地发展，涌现出了新兴技术，为战略性新兴产业绿色创新奠定了良好的经济基础与技术基础。

从表 2-11 至表 2-14 的结果可以看出，在 2005—2014 年的 10 年里，四个地区的战略性新兴产业的绿色创新效率均呈现出上升的趋势，这与全国的变化趋势是一致的，但四个地区的战略性新兴产业的绿色创新效率的变化幅度存在一定的差异，增幅最大的地区为西部地区，增长幅度为 44.4%，增幅最小的地区为东部地区，增长幅度为 29.2%，主要原因在于东部地区战略性新兴产业的创新环境及其相关政策都较为成熟，该地区战略性新兴产业的绿色创新效率已经达到了一个较高的水准，因而提升幅度就要小些，而西部地区本身就属于欠发达地区，其创新环境与其他的支撑条件相对比较落后，从而使得西部地区的战略性新兴产业的绿色创新效率处于一个较低的状态，而近年来国家西部大开发战略的实施，西部地区也取得了快速发展，这为战略性新兴产业绿色创新创造了良好的软硬件环境，因而增幅就会比较大。

2. 技术效率变动指数（effch）分析

从表 2-10 的分解结果来看，2005—2014 年 10 年间全国 effch 平均值为 1.095，变化比较平稳。其中，2006—2009 年间全国 effch 呈现了下降趋势，2012—2013 年全国 effch 增长幅度最大。一般来讲，effch 的变化取决于绿色创新实施过程中对绿色技术研发的投入力度，投入资源的使用效率，以及对绿色技术的运用程度。这也说明我国近年来对绿色技术研发的投入力度不大，或者是企业的绿色创新意识不强，对绿色技术的运用不够重视，导致绿色技术的运用效率不高。

另外，从表 2-11 至表 2-14 的结果可以看出，2005—2014 年，四个地区的战略性新兴产业技术效率都呈现出了上升的趋势，西部地区、东北部地区、中部地区和东部地区战略性新兴产业技术效率增长幅度依次为14%、10.8%、7.5%和5.7%，增长幅度最大的地区是西部地区，增长幅度最小的地区是东部地区。

3. 技术进步变动指数（techch）分析

从技术进步指数变动（techch）的变化来看，2005—2014 年，全国 techch 的平均值为 1.241，说明这 10 年的 techch 每年平均增长幅度为24.1%，总体呈现了良好的发展趋势，除了 2007—2008 年 techch 下降了 6.5%。同时，从表中结果可以看出，技术变动指数的变化直接影响了我国战略性新兴产业绿色创新效率的 TFP 指数的变化，如 2007—2008 年全国 techch 下降 6.5%后，全国 tfpch 也下降了 7.5%，其他年份全国 tfpch 的变化幅度也与全国 techch 的变化幅度保持一致，这也说明了绿色技术的进步是提高我国战略性新兴产业绿色创新效率的重要途径。

从表 2-11 至表 2-14 的结果可以看出，在 2005—2014 年的 10 年里，西部地区、东北部地区、中部地区和东部地区战略性新兴产业技术进步变动指数增长幅度依次为 25.9%、24.6%、26.6%和 21.8%。另外，从对技术效率的分解结果可以得知，纯技术效率（pech）无变化趋势，说明纯技术效率对技术效率变化的影响较稳定；规模效率（sech）呈波动性变化趋势，说明规模效率对技术效率变化的影响呈不稳定特点。

第四节　战略性新兴产业绿色创新效率的影响因素分析

从上述分析结果可以看出，虽然我国战略性新兴产业绿色创新效率总体上处于上升的趋势，但总体水平不高，这主要受到经济发展水平、绿色技术能力、人力资本、绿色创新政策环境等主要因素的影响。

一　经济发展水平

对于政府而言，一个地区的经济发展水平决定了其对战略性新兴产业绿色创新的投入，如对技术基础设施、研发、人力资本的投入，以及对环保的投入等方面，这些因素会对绿色创新产生重要影响。改革开放以来，我国经济取得了高速发展，2012 年，我国成为仅次于美国的世界第二大经济体，经济快速增长促进了国家财政收入的稳定增长，2017 年全年社会 R&D 支出占 GDP 比重为 2.15%，超过欧盟 15 国 2.1% 的平均水平；全社会 R&D 支出达到 1.76 万亿元，比 2012 年增长 70.9%，不断提高了我国战略性新兴产业绿色创新能力。战略性新兴产业绿色创新的高成本投入需要我们不断进行研发投入，但目前发展中国家对战略性新兴产业的 R&D 投入要远远低于发达国家对战略性新兴产业的投入。近年来，随着我国对战略性新兴产业的广泛重视，R&D 经费投入在不断扩大，但与世界发达国家相比投入力度还是较弱（刘大勇，2013）。从我们收集的数据来看，在研发创新投入方面，北京、天津、上海、广东、浙江、湖北等地区投入较多，而这些地区的经济发展水平一直都相对较好。同时内蒙古、山西、云南、甘肃、青海、宁夏等地区投入较少；在非研发创新投入方面，广东、浙江、北京、上海等地区非研发投入较多，青海、甘肃、内蒙古、山西、云南、宁夏等地区的非研发投入较少，因而研发投入与非研发投入较多的地区，战略性新兴产业绿色创新效率相对较高，这跟我们的研究结果是一致的。

对于企业而言，因为绿色创新的复杂性、高投入与高风险等特性，决定了绿色创新在开发与实施过程中的高成本，而绿色创新的收益要中长期才能获得，这也就意味着，在绿色创新的资源有限且经济形势不确定的情况下，很可能只有那些可以立竿见影地带来收益的创新才会被开发和采用。而那些资金实力较强的企业更可能会积极地进行绿色创新来竞争商业地位，以及获得短期利润的压力（贾卡里略—赫莫斯拉，2014）。根据国外经验表明，完成一项科技成果，所需要的资金量会成倍增加，研究前期、中期、后期的资金需求比例为 1∶10∶100。但目前我国企业的研发资金主要来自政府资助和企业自有资金，无法满足企业持续开展技术创新以及科研成果产业化推广的大规模资金需求（中国电子信息产业发展研究院，2014）。从地区来看，在研发投入、环保投入、非研发投入等方面，东部地区投入平均值最大，而西部地区投入平均值最小，这个跟我们得出的四个地区战略性新兴产业绿色创新效率的排名也是相吻合的，这也间接验证了经济发展水平对战略性新兴产业绿色创新效率的正向影响。目前，我国七大战略性新兴产业在大的区域板块上，仍体现了东部地区、中部地区、西部地区发展的不均衡性。大部分的西部地区省份无论是在前端资源配置,还是在后端区域市场建设上,对战略性新兴产业绿色创新的支撑力度远不及其他省份,战略性新兴产业的绿色创新效率较低(中国工程科技发展战略研究院,2014)。

二 绿色技术能力

战略性新兴产业是由技术创新催生和支撑的新兴产业,因而技术的深入创新和新技术的不断突破,以及新技术的快速产业化是新兴产业形成和发展的基础。战略性新兴产业的绿色创新更加离不开绿色技术的支撑,如管道末端技术、过程集成清洁技术、环境研究与开发(R&D)或绿色产品创新(Ekins,2010;Demirel and Kesidou,2011),这些绿色技术创新将带来更高的生态效益(Machiba,2010)。目前,我国部分战略性新兴产业领域虽然已经取得了高质量发展,但对关键技术的掌握以及整个技术体系的掌控能力和发达国家仍有一定的差距,战略性新兴产业绿色创新的关键核心技术尚需进一步突破(中国电子信息产业发展研究院,2014)。同时,以企业为主体的绿色技术创新体系尚未完全形成,科研、设计力量薄弱,自主开发能力差,产学研结合不够紧密,绿色技术的发展、推广和应用远远低于国外发达国家,从而影响了战略性新兴产业的绿色创新(中国工程科技发展战略研究院,2014)。

因此,针对我国战略性新兴产业门类多、企业数量大,且以中小企业为主的行业特征,首先,需要提升基础能力,加强基础研究与应用开发的有机结合,努力形成有利于我国自主知识产权的一系列基础方法与技术,加强关键技术平台建设,建立我国战略性新兴产业的原始技术创新体系。其次,大力推动战略性新兴产业新技术、新产品的研发和产业化。鉴于我国与发达国家在战略性新兴产业等领域的差距,应尽快加紧资金和技术积累,尽快缩短与国际企业差距。建立与国际接轨、适合中国国情的绿色创新新技术、新产品示范转化推广应用机制,加快水污染防治关键技术成果转化与推广应用,推动绿色技术的产业化进程。再次,不断推进和完善战略性新兴产业绿色技术创新体系,加快建立以企业为主体、政府引导、高校或科研机构参与的协同绿色创新体系。最后,加强知识产权保护,完善科技成果利益分享机制。建立公益性资金支持,提高科技人员的积极性(中国电子信息产业发展研究院,2014;中国工程科技发展战略研究院,2014)。

三　人力资本

人力资本是地区战略性新兴产业绿色创新的关键要素。美国德勤公司与美国竞争力委员会共同发布的《2013 全球制造业竞争力指数》指出：影响国家制造业竞争能力的首要关键驱动因素是人力驱动的创新。战略性新兴产业绿色创新中高水平的人力资本体现在两个方面：一是站在技术前段、具有一流创新能力的领军型技术人才和团队；二是能够洞察全球产业发展前沿，高度融合产业、技术与市场的综合性战略性分析人才。这两个领域的人力资本决定了一个地区是否能够有效地推动战略性新兴产业的绿色创新（中国工程科技发展战略研究院，2014）。

霍巴赫（Horbach，2008）的实证研究显示，企业通过研发或者对员工进行继续教育来提高知识资本可以催生绿色创新。这些能力由企业开发新产品和工艺所需的物质和知识组成（贾卡里略—赫莫斯拉，2014）。绿色创新是一种特殊的技术知识形式，它可以减少企业对环境的影响，同时提高企业的竞争力。因此，为了开发绿色创新，企业需要熟练的人力资本，这是研发投资的功能之一。企业通过研发或员工进修提高技术能力（知识资本）会引发绿色创新。这些能力包括企业开发新产品和流程的知识资本存量。同时，为了采用绿色创新，还需要有经过培训的员工和专业知识，以便对新购买的设备进行适当的安装和改造，使之适应企业的主要技术经济特点，同时也为了对新设备进行操作和维护。研究发现，工厂管理者往往不愿意投资清洁技术，因为他们没有内部的技术能力、熟练的技术人员或工程师来操作清洁技术（Carrillo-Hermosilla et al.，2009）。

近年来，发达国家在战略性新兴产业的绿色创新发展过程中都高度重视人才的培育，加大了对科技创新人才的培育，在重点领域、高新技术等方面都积极引进国外人才，加速战略性新兴产业的发展。我国也不断加大对科技人才的引进、培养和奖励的力度，努力选拔培养领军人才，集聚海内外高层次人才，壮大科技创新团队，加强科技人才队伍建设，给一流人才一流待遇，给特需人才特殊政策，为绿色创新提供了人才支撑。2011 年我国 R&D 人员总量占世界总量的 25.3%，继续稳居世界第一位。美国 R&D 人员总量估计约占世界总量的 17%，居第二位（肖兴志，2014）。因此，战略性新兴产业的绿色创新需要与之匹配的人才规模和人才结构，我们需要引进和培育绿色创新所需的各种高端人才（中国电子信息产业发展研究院，2014）。

四 绿色创新政策环境

环境政策历来被视为绿色创新的主要驱动力和障碍，尽管创新政策（以对清洁技术的研发支持和补贴的形式）也可能提供重大的刺激。绿色创新行为通常与环境政策的雄心壮志有关（Carrillo - Hermosilla et al.，2009）。一方面，绿色创新的政策倾向往往会直接影响到战略性新兴产业的未来布局与发展战略，战略性新兴产业在绿色发展过程中，同样需要政府制定各种政策体系来产生绿色创新的激励动力，同时弥补市场失灵等问题（张光宇，2010）。战略性新兴产业的技术和产品在市场导入期往往存在重重障碍，需要政府在应用示范、标准制定和基础设施建设等方面给予积极保障。目前我国科技成果转化率平均仅为 20%，发达国家为60%—80%，真正实现产业化的科技成果不足 5%，发达国家为 20%—30%。因此，急需政府在这一方面完善相关制度，特别是在资金激励、税收引导等方面加大扶持力度（中国电子信息产业发展研究院，2014）。另一方面，在若干实证研究中，监管已被确定为环境创新的重要决定因素，并被称为"规则推动/拉效应"。Popp（2006）在一项基于美国、日本和德国专利数据的研究中发现，公司的创新决策主要是由国家监管驱动。Del Rio Gonzalez（2005）在西班牙制浆造纸行业的一项调查中将监管压力确定为采用清洁技术的主要动力。Frondel et al.（2007）发现，一般而言，政策严格性才是绿色创新的一个越来越重要的驱动力，面临严格环境监管更有可能进行环境研发。

从发达经济体扶持新兴产业绿色创新发展的政策措施来看，政府主要在培育市场环境，提供法规、政策、资金支持等方面发挥作用。当前，我国新兴产业的绿色创新仍然面临一些制度约束，这就需要我们破除机制障碍，建立适应新兴产业发展的新制度与新体系，为新兴产业的绿色创新创造良好的软硬件环境。同时，政府、科研院所、行业组织应进一步加强信息公开和服务，为企业提供产业发展资讯，引导投资者理性投资（中国电子信息产业发展研究院，2014）。

因此，从上面的分析可以看出，经济发展水平、绿色技术能力、人力资本和绿色创新政策环境是影响战略性新兴产业绿色创新效率的主要因素，这对于从事战略性新兴产业的中小企业而言，由于自身的经济能力有限，大多无法承担战略性新兴产业研发的高投入，技术能力往往也比较弱，高层次人才也极其缺乏，因而要解决提高战略性新兴产业的绿色创新效率问题，可以考虑采用集群式的发展模式。中小企业加入战略性新兴产业集群后，可以充分利用集群优势来实现资源共享，减少研发投入与降低研发风险，通过产学研合作共同提高绿色技术能力，同时政府往往对于集群整体提供了强有力的政策支持，而集群内中小企业同样可以享受到这些政策红利，从而为战略性新兴产业的绿色创新营造良好的创新环境。因此，集群发展模式是提升战略性新兴产业绿色创新效率的重要途径。

第五节　本章小结

本章在选定我国战略性新兴产业依托部门后，将战略性新兴产业绿色创新效率的测度指标体系分为投入指标、期望产出与非期望产出三个维度，并将我国 31 个省份划分为东部、中部、西部及东北部四个区域。另外，基于 2013—2014 年我国各省份战略性新兴产业的投入产出数据，我们使用 DEA-SBM 模型与 DEA-CCR 模型分别对我国除西藏、新疆以外的 29 个省份以及四个区域的战略性新兴产业的传统创新效率值与绿色创新效率值进行了横向比较分析。同时基于 2005—2014 年的序列数据，通过 Malmquist 指数法对我国 29 个省份战略性新兴产业的绿色创新效率进行了纵向比较分析。根据分析结果，对影响我国战略性新兴产业绿色创新效率的四个主要因素（包括经济发展水平、绿色技术能力、人力资本与绿色创新政策环境）进行了分析，认为集群式发展模式是我国提升战略性新兴产业绿色创新效率的重要途径。

第三章 我国战略性新兴产业绿色创新能力的区域及国际比较分析

　　党的十九大报告关于供给侧结构性改革对我国新兴产业的发展以及经济结构的优化给予了充分的肯定，同时也指出要加快推进绿色发展，建立健全绿色低碳循环发展的经济体系，构建市场导向的绿色技术创新体系，壮大节能环保产业、清洁生产产业、清洁能源产业等战略性新兴产业，这毫无疑问为我国战略性新兴产业的生态化发展提供了方向。近年来，随着新技术与新产业的快速发展，新兴产业已成为世界各国经济社会发展的重要支柱，发达国家也纷纷出台了一系列政策来大力培育和发展新兴产业，取得了显著成效（刘大勇，2013）。战略性新兴产业作为一个资源消耗与能耗较高的产业，在其快速发展的过程中不可避免地会产生一些非期望产出，如二氧化碳、二氧化硫等，同样会导致环境污染不断加剧的现象，而政府的环境规制、消费者的生态需求使得绿色创新成为国内外专家学者关注的焦点（姚成，2016）。因此，本章尝试在借鉴国内外最新关于战略性新兴产业研究成果的基础上，建立一套绿色创新的企业普遍适用的指标体系，并以定性与定量相结合的评价方法加以评价，对该领域的研究是一项重要的补充。通过对我国战略性新兴产业绿色创新能力进行统计测度，找出我国战略性新兴产业在绿色创新能力方面存在的问题，同时对我国战略性新兴产业的绿色创新能力进行区域及国际比较，为相关部门或企业政策的制定与提高新兴产业绿色创新能力提供指导和借鉴。

第一节　我国战略性新兴产业绿色创新
能力区域比较的研究框架

一　指标体系的初步设计

目前，学者们从不同层面构建了多个针对绿色创新能力的评价指标体系，同时也提出了不同的评价方法，这都为本书的分析提供了很好的参考和指导。因此，在设计战略性新兴产业绿色创新能力统计分析指标体系时，我们在借鉴有关绿色创新能力研究成果（李杰中，2009；杨淑芳，2013；徐建中，曲小瑜，2014；种孟楠，2015；姚成，2016；）的基础上，充分考虑该指标体系既要满足真实反映战略性新兴产业绿色创新能力的条件，同时也要满足所设计指标体系数据的科学性与可获得性，我们提出了一种构建绿色创新能力评价指标体系的新视角，将绿色创新能力统计分析指标分为绿色创新知识的创生能力、绿色创新投入能力、绿色创新产出能力与绿色创新环保能力四大方面，具体指标体系如表 3-1 所示。

表 3-1　　　　　　　　　　绿色创新能力统计分析指标

绿色创新能力统计分析指标体系	绿色创新知识的创生能力	高校绿色创新知识的创生能力	学校数量 X_1
			高校 R&D 人员全时当量（人年）X_2
			高校 R&D 经费内部支出 X_3
			高校科技产出 X_4
		研发机构绿色创新知识的创生能力	研发机构数量 X_5
			研发机构 R&D 人员全时当量（人年）X_6
			研发机构 R&D 经费内部支出 X_7
			研发机构科技产出 X_8
		有研发机构的规模以上企业的绿色创新知识的创生能力	机构数 X_9
			机构 R&D 人员 X_{10}
			机构 R&D 经费支出 X_{11}
	绿色创新投入能力	R&D 投入能力	R&D 人员折合全时当量（人年）X_{12}
			R&D 经费内部支出 X_{13}

续表

绿色创新能力统计分析指标体系	绿色创新投入能力	非 R&D 投入能力	技术引进经费支出 X_{14}
			购买境内技术经费支出 X_{15}
			技术改造经费支出 X_{16}
	绿色创新产出能力	经济产出	专利申请数 X_{17}
			新产品销售收入 X_{18}
			科技成果 X_{19}
		环境产出	工业废水排放量 X_{20}
			工业化学需氧量排放量 X_{21}
			工业二氧化硫排放量 X_{22}
			工业固体废物产生量 X_{23}
	绿色创新环保能力	环境污染治理投入	环境污染治理投资额 X_{24}
			环境污染治理投资占 GDP 比重 X_{25}
		废水治理能力	废水治理设施 X_{26}
			废水治理设施处理能力 X_{27}
		废气治理能力	废气治理设施 X_{28}
			废气治理设施处理能力 X_{29}
		固体废物治理能力	固体废物处置量 X_{30}

二 数据来源及处理

在上述指标体系中，所有的数据均来源于 2015 年的数据，其中，绿色创新产出能力中的环境产出指标与绿色创新环保能力指标的数据主要来源于《中国环境统计年鉴》《中国能源统计年鉴》；绿色创新知识的创生能力、绿色创新投入能力、绿色创新产出能力中的经济产出指标的数据主要来源于《中国科技统计年鉴》《中国高技术产业统计年鉴》。

由于我国战略性新兴产业绿色创新能力评价指标体系中数据的量纲不同，为了消除由于量纲不同的指标数据对评价结果的影响，我们先对原始数据进行无量纲化处理，同时采用效用值方法对数据进行处理，规定效用值的区域范围为 [0，100]，无量纲数据处理公式为：

$$Y_{ij} = \frac{X_{ij} - X_{i\min}}{X_{i\max} - X_{i\min}} \times 100$$

其中，X_{ij} 表示第 i 个评价指标第 j 个样本省份的原始数据；$X_{i\max}$ 表示样本省份第 i 个评价指标原始数据的最大值；$X_{i\min}$ 表示样本省份第 i 个评价指标原始数据的最小值；Y_{ij} 表示第 i 个评价指标第 j 个样本省份的指标效用值。

三　评价指标体系的测试和确定

根据收集的数据，我们运用 SPSS17.0 统计软件对这些评价指标进行关系分析，得到相关系数矩阵。假设临界值为 0.8，在相关系数矩阵中共有 15 对相关系数值大于该临界值，所以，我们将删除 15 个绝对评价体系，如表 3-2 所示。

表 3-2　　　　　　　　　相关系数大于临界值的评价指标

保留的评价指标	被删除的评价指标	两者之间的相关系数
工业废水排量	学校数量	0.845
高校经费内部支出	高校人员全时当量	0.910
高校经费内部支出	高校科技产出	0.904
研发机构科技产出	研发机构数量	0.809
高校经费内部支出	研发机构人员全时当量	0.866
研发机构科技产出	研发机构内部经费支出	0.965
高校经费内部产出	研发机构科技产出	0.873
机构数	机构人员	0.914
专利申请数	机构经费支出	0.916
人员折合全时当量	购买境内技术经费支出	0.914
高校经费内部支出	科技成果	0.869
工业废气治理设施数	工业废水排放量	0.859
工业废气治理设施处理能力	工业化学需氧量	0.829
工业废气治理设施数	工业废水治理设施数	0.884
工业废气治理设施处理能力	工业二氧化硫排放量	0.829

为提高战略性新兴产业绿色创新能力评价指标的鉴别能力，我们使用变差系数来描述评价指标的鉴别力：

$$V_i = \frac{S_i}{\overline{X}}$$

其中，$\overline{X}$ 代表平均值，S_i 代表标准差。若变差系数越大，则指标的鉴别能力越强；反之，则越小。

根据上述公式，我们计算了第二轮评价指标中 15 个指标的变差系数，结合实际情况，我们删除了变差系数较小的"环境污染治理投资占GDP 比重"一个指标，保留了 14 个指标，构成了第三轮评价体系，具体如表3-3 所示。

表 3-3　　　　　　战略性新兴产业绿色创新能力评价指标体系

目标层	准则层	指标层	变量标识	单位
战略性新兴产业绿色创新能力	绿色创新知识的创生能力	高校经费内部支出（万元）	X_1	万元
		机构数	X_2	个
		人员折合全时当量	X_3	人年
	绿色创新投入能力	经费内部支出	X_4	万元
		技术引进经费支出	X_5	万元
		技术改造经费支出	X_6	万元
	绿色创新产出能力	专利申请数	X_7	件
		新产品销售收入	X_8	万元
		工业烟（粉）尘排放量	X_9	吨
	绿色创新环保能力	环境污染治理投资额	X_{10}	亿元
		工业废水治理设施处理能力	X_{11}	万吨/日
		工业废气治理设施数	X_{12}	套
		工业废气治理设施处理能力	X_{13}	万立方米
		工业固体废物处置量	X_{14}	万吨

四　模型构建

根据主成分分析法，我们利用 SPSS17.0 统计软件对我国 4 个直辖市和 27 个省份的效用值数据进行因素分析。

1. 共同度分析

表 3-4 给出了参与分析的 14 个指标的初始共同度和提取 3 个主成分之后的再生共同度，从表 3-4 中可以看出，绝大多数的评价指标与被提出的主成分之间有密切的内部结构关系，满足主成分分析的基本要求。

表 3-4　　　　　　　　　　共同度分析

指标	初始	提取
高校经费内部支出（万元）X_1	1.000	0.436

续表

指标	初始	提取
机构数（个）X_2	1.000	0.861
人员折合全时当量（人年）X_3	1.000	0.991
经费内部支出（万元）X_4	1.000	0.992
技术引进经费支出 X_5	1.000	0.971
技术改造经费支出 X_6	1.000	0.888
专利申请数（件）X_7	1.000	0.989
新产品销售收入（万元）X_8	1.000	0.967
工业烟（粉）尘排放总量（吨）X_9	1.000	0.914
环境污染治理投资额（亿元）X_{10}	1.000	0.891
工业废水治理设施处理能力（万吨/日）X_{11}	1.000	0.823
工业废气治理设施数（套）X_{12}	1.000	0.940
工业废气治理设施处理能力（万立方米/时）X_{13}	1.000	0.952
工业固体废物处置量（万吨）X_{14}	1.000	0.847

2. 方差分析

表3-5 给出了主成分分析的初始和旋转后的各个主成分的特征值、方差贡献率和累计方差贡献率。结果表明，被提取的3个主成分的特征值分别为7.585、3.574、1.303，它们的方差贡献率分别达到了54.18%、25.53%、9.31%，累计方差贡献率达到了89.01%。显然这三个主成分能够解释14个评价指标的大部分变差，因此，我们可以把它们当作评价我国战略性新兴产业绿色创新能力的主成分。

表 3-5　　　　　　　　　　　方差分析

成分	初始特征值			提取平方和载入		
	合计	方差贡献率（%）	累积贡献率（%）	合计	方差贡献率（%）	累积贡献率（%）
1	7.585	54.180	54.180	7.585	54.180	54.180
2	3.574	25.525	79.705	3.574	25.525	79.705
3	1.303	9.305	89.011	1.303	9.305	89.011
4	0.713	5.091	94.102			
5	0.245	1.750	95.852			

成分	初始特征值			提取平方和载入		
	合计	方差贡献率（%）	累积贡献率（%）	合计	方差贡献率（%）	累积贡献率（%）
6	0.210	1.496	97.348			
7	0.119	0.852	98.200			
8	0.103	0.738	98.938			
9	0.056	0.402	99.340			
10	0.049	0.351	99.691			
11	0.022	0.155	99.845			
12	0.014	0.100	99.945			
13	0.007	0.051	99.996			
14	0.001	0.004	100.000			

3. 载荷分析与主成分命名

从表3-6中可以看出，各主成分较高的载荷都比较有规律地分布在关键评价指标上，说明它们与14个指标有明确的结构关系，据此我们可以对三个主成分进行命名和解释。

表3-6　　　　　　　　旋转后的成分载荷矩阵

指标	成分		
	1	2	3
高校经费内部支出（万元）X_1	0.461	-0.322	-0.347
机构数（个）X_2	0.796	-0.066	-0.472
人员折合全时当量（人年）X_3	0.921	-0.327	0.187
经费内部支出（万元）X_4	0.885	-0.364	0.276
技术引进经费支出 X_5	0.812	-0.405	0.383
技术改造经费支出 X_6	0.823	-0.030	-0.457
专利申请数（件）X_7	0.893	-0.368	0.236
新产品销售收入（万元）X_8	0.912	-0.334	0.156
工业烟（粉）尘排放总量（吨）X_9	0.349	0.887	0.071
环境污染治理投资额（亿元）X_{10}	0.712	0.340	-0.518
工业废水治理设施处理能力（万吨/日）X_{11}	0.624	0.658	-0.014
工业废气治理设施数（套）X_{12}	0.859	0.432	0.129

续表

指标	成分		
	1	2	3
工业废气治理设施处理能力（万立方米/时）X_{13}	0.621	0.745	0.108
工业固体废物处置量（万吨）X_{14}	0.019	0.858	0.332

第一主成分上有高或者较高的载荷系数的评价指标主要有人员折合全时当量（X_3）、新产品销售收入（X_8）、专利申请数（X_7）、经费内部支出（X_4）、技术改造经费支出（X_6）、技术引进经费支出（X_5）、环境污染治理投资额（X_{10}），其载荷系数分别为：0.921、0.912、0.893、0.885、0.823、0.812、0.712。这些指标从不同的角度测度了我国战略性新兴产业绿色创新能力的创新投入和创新产出，所以我们把第一主要成分定义为绿色创新投入产出能力。

第二成分主要由工业烟（粉）尘排放总量（X_9）、工业固体废物处置量（X_{14}）、工业废气治理设施处理能力（X_{13}）、工业废水治理设施处理能力（X_{11}）、工业废气治理设施数（X_{12}）等指标组成，这些指标在第二主成分的载荷系数分别为：0.887、0.858、0.745、0.658、0.432，它们从不同的角度测度了我国战略性新兴产业绿色创新能力的环保制度支撑，所以我们可以把第二主成分定义为绿色创新环保能力。

第三主成分主要由高校经费内部支出（X_1）、机构数（X_2）构成，它们在第三主成分上的载荷系数分别为：-0.347、-0.472（负数表示平均水平以下），它们从不同的角度反映了我国战略性新兴产业绿色创新能力，所以我们把第三主成分定义为绿色创新知识的创生能力。我国战略性新兴产业绿色创新能力评价指标体系与权重如表3-7所示。

表 3-7　　　　　　　　绿色创新能力评价指标体系与权重

目标层	主成分	权重	指标层（评价指标）	变量标识	载荷系数
我国战略性新兴产业绿色创新能力	绿色创新的投入产出能力	0.6087	人员折合全时当量	X_3	0.921
			新产品销售收入	X_8	0.912
			专利申请数	X_7	0.893
			经费内部支出	X_4	0.885
			技术引进经费支出	X_5	0.823

续表

目标层	主成分	权重	指标层（评价指标）	变量标识	载荷系数
我国战略性新兴产业绿色创新能力	绿色创新的投入产出能力	0.6087	技术改造经费支出	X_6	0.812
			环境污染治理投资额	X_{10}	0.712
	绿色创新的环保能力	0.2868	工业烟（粉）尘排放总量	X_9	0.887
			工业固体废物处置量	X_{14}	0.858
			工业废气治理设施处理能力	X_{13}	0.745
			工业废水治理设施处理能力	X_{11}	0.658
			工业废气治理设施数	X_{12}	0.432
	绿色创新知识的创新能力	0.1045	高校经费内部支出（X_1）	X_7	−0.347
			机构数（X_2）	X_8	−0.472

根据上述确定的 3 个主成分及其权重，我们可以构造如下我国战略性新兴产业绿色创新能力的统计测度模型：

$$F_j = \sum_{i=1}^{3} \omega_i F_{ij}$$
$$= \omega_1 F_{1j} + \omega_2 F_{2j} + \omega_3 F_{3j}$$
$$= 0.6087 F_{1j} + 0.2868 F_{2j} + 0.1045 F_{3j}$$

其中，F_j（$j=1，2，\cdots，31$）为第 j 个样本省份的总得分；ω_i（$i=1，2，3$）为第 i 个主成分所对应的权重系数；F_{ij} 为第 j 个样本省份在第 i 个主成分上的得分。

以主要评价指标为预测变量，通过对指标在各个主成分上的载荷系数求出权重，我们就可以构造出我国战略性新兴产业绿色创新能力 3 个主成分的统计测度模型：

$$F_1 = \frac{0.921X_3 + 0.912X_8 + 0.893X_7 + 0.885X_4 + 0.823X_5 + 0.812X_6 + 0.712X_{10}}{0.921 + 0.912 + 0.893 + 0.885 + 0.823 + 0.812 + 0.712}$$

$$F_2 = \frac{0.887X_9 + 0.858X_{14} + 0.745X_{13} + 0.658X_{11} + 0.432X_{12}}{0.887 + 0.858 + 0.745 + 0.658 + 0.432}$$

$$F_3 = \frac{-0.347X_7 - 0.472X_8}{-0.347 - 0.472}$$

其中，X 是第 j 个样本省份在第 i 个评价指标上的效用值。

第二节　我国战略性新兴产业绿色
创新能力的区域比较

　　根据上述构造的我国战略性新兴产业绿色创新能力统计测度模型，可以计算出我国 4 个直辖市和 27 个省份在绿色创新投入产出能力、绿色创新环保能力及绿色创新知识的创生能力 3 个主成分上的得分及综合得分。

一　绿色创新投入产出能力比较

　　表 3-8 和表 3-9 给出了我国 4 个直辖市和 27 个省份在绿色创新投入产出能力方面的得分情况。结果表明，在 4 个直辖市中，北京市的绿色创新投入产出能力得分最高，说明北京市的战略性新兴产业绿色创新投入产出能力最强；在 27 个省份中，广东、江苏、山东的绿色创新投入产生能力得分位居前三名，说明这三个省的战略性新兴产业绿色创新投入产出能力最强。

表 3-8　　　　　　　　　　绿色创新投入产出能力直辖市得分

直辖市	北京	上海	天津	重庆
分数	12.3	12.06	9.99	6.22

表 3-9　　　　　　　　　　绿色创新投入产出能力省份得分

省份	广东	江苏	山东	浙江	湖南	福建	湖北	四川	安徽
得分	84.79	62.23	31.36	27.02	16.5	13.23	12.63	12.1	11.5
省份	河南	陕西	河北	江西	辽宁	内蒙古	广西	贵州	山西
得分	11.44	10.3	8.31	7.93	7.69	7.22	3.87	3.78	3.74
省份	新疆	黑龙江	云南	吉林	甘肃	宁夏	海南	青海	西藏
得分	3.74	3.69	2.64	2.59	1.74	1.4	0.59	0.36	0

　　依据绿色创新投入产出能力的得分，可以把我国 27 个省份粗略地分为三类（见表 3-10）：一类是广东、山东、江苏、浙江、湖南、福建、湖北、四川 8 个省份；二类是安徽、河南、陕西、河北、江西、辽宁、

内蒙古7个省份；三类是广西、贵州、山西、新疆、黑龙江、云南、吉林、甘肃、宁夏、海南、青海、西藏12个省份。

表 3-10　　　　　　　　　　绿色创新投入产出能力得分分类

类别	省份
一类	广东、江苏、山东、浙江、湖南、福建、湖北、四川
二类	安徽、河南、陕西、河北、江西、辽宁、内蒙古
三类	广西、贵州、山西、新疆、黑龙江、云南、吉林、甘肃、宁夏、海南、青海、西藏

二　绿色创新环保能力比较

表3-11和表3-12给出了我国4个直辖市和27个省份在绿色创新环保能力方面的得分情况。结果显示，在4个直辖市中，重庆市的绿色创新环保能力得分最高，说明重庆市的战略性新兴产业绿色创新环保能力最强；在27个省份中，河北省在环保能力上的得分最高，山西省和辽宁省位居第二和第三，说明这三个省的战略性新兴产业绿色创新环保能力最强。

表 3-11　　　　　　　　　　绿色创新环保能力直辖市得分

直辖市	重庆	上海	天津	北京
分数	11.3	10.84	6.63	3.7

表 3-12　　　　　　　　　　绿色创新环保能力省份得分

省份	河北	山西	辽宁	山东	江苏	内蒙古	河南	广东	浙江
得分	98.3	63.57	60.65	56.57	47.79	46.59	39.86	36.4	30.79
省份	四川	湖北	安徽	湖南	云南	新疆	江西	陕西	福建
得分	29.17	27.45	27.2	26.13	23.4	23.04	22.64	21.81	20.88
省份	广西	黑龙江	贵州	吉林	甘肃	宁夏	青海	海南	西藏
得分	20.33	20.24	18.36	15.89	14.14	9.17	5.9	1.13	0.06

依据我国27个省份创新环保能力的得分，我们将它们分为三大类（见表3-13）：一类是河北、山西、辽宁、山东、江苏、内蒙古、河南、广东、浙江9个省份；二类是四川、湖北、安徽、湖南、云南、新疆、

江西、陕西、福建、广西、黑龙江 11 个省份；三类是贵州、吉林、甘肃、宁夏、青海、海南、西藏 7 个省份。

表 3-13 绿色创新环保能力得分分类

类别	省份
一类	河北、山西、辽宁、山东、江苏、内蒙古、河南、广东、浙江
二类	四川、湖北、安徽、湖南、云南、新疆、江西、陕西、福建、广西、黑龙江
三类	贵州、吉林、甘肃、宁夏、青海、海南、西藏

三 绿色创新知识的创生能力比较

表 3-14 和表 3-15 给出了我国 4 个直辖市和 27 个省份在绿色创新知识的创生能力的得分情况。结果显示，在 4 个直辖市中，北京市的绿色创新知识的创生能力得分最高，说明北京市的战略性新兴产业绿色创新知识的创生能力最强；在 27 个省份中，江苏省在绿色创新知识的创生能力上的得分最高，浙江和广东处于第二、第三的位置，说明这三个省的战略性新兴产业绿色创新知识的创生能力最强。

表 3-14 绿色创新知识的创生能力直辖市得分

直辖市	北京	上海	天津	重庆
得分	44.53	24.41	18.6	7.1

表 3-15 绿色创新知识的创生能力省份得分

省份	江苏	浙江	广东	山东	湖北	安徽	四川	辽宁	陕西
得分	81.32	40.49	33.76	20.14	17.58	17.54	14.65	13.42	11.61
省份	湖南	黑龙江	河南	福建	河北	吉林	江西	云南	广西
得分	11.29	11.11	9.97	8.02	7.1	6.39	6.2	4.68	3.77
省份	山西	甘肃	贵州	新疆	内蒙古	宁夏	海南	青海	西藏
得分	3.65	3.37	2.3	2.08	1.33	1.21	0.63	0.28	0.1

依据我国 27 个省份创新知识的创生能力的得分，将其分为三大类（见表 3-16）：一类是江苏、浙江、广东、山东 4 个省份；二类是湖北、安徽、四川、辽宁、陕西、湖南、黑龙江、河南、福建、河北、吉林、

江西 12 个省份；三类是云南、广西、山西、甘肃、贵州、新疆、内蒙古、宁夏、海南、青海、西藏 11 个省份。

表 3-16　　　　　　　　绿色创新知识的创生能力得分分类

类别	省份
一类	江苏、浙江、广东、山东
二类	湖北、安徽、四川、辽宁、陕西、湖南、黑龙江、河南、福建、河北、吉林、江西
三类	云南、广西、山西、甘肃、贵州、新疆、内蒙古、宁夏、海南、青海、西藏

四　绿色创新能力的综合比较

根据上述我国 4 个直辖市和 27 个省份三个主成分的得分，可以得出我国 4 个直辖市和 27 个省份的总体得分和排序状况（见表 3-17 和表 3-18）。

表 3-17　　　　　　　　绿色创新能力直辖市综合得分

直辖市	北京	上海	天津	重庆
得分	13.19	12.99	9.92	7.76

表 3-18　　　　　　　　绿色创新能力各省份综合得分

省份	广东	江苏	山东	河北	浙江	辽宁	山西	河南	湖南
得分	65.5	60.03	37.39	33.91	29.48	23.47	20.86	19.43	18.7
省份	内蒙古	湖北	四川	安徽	福建	陕西	江西	黑龙江	新疆
得分	17.88	17.39	17.25	16.62	14.87	13.73	11.8	9.21	9.02
省份	云南	广西	贵州	吉林	甘肃	宁夏	青海	海南	西藏
得分	8.71	8.56	7.78	6.78	5.35	3.55	1.92	0.71	0.02

从得分来讲，4 个直辖市的得分由高到低分别为北京、上海、天津、重庆；27 个省份的得分由高到低依次为广东、江苏、山东、河北、浙江、辽宁、山西、河南、湖南、内蒙古、湖北、四川、安徽、福建、陕西、江西、黑龙江、新疆、云南、广西、贵州、吉林、甘肃、宁夏、青海、海南、西藏。

依据综合得分，我们将 27 个省份分为 3 大类（见表 3-19）：一类是广东、江苏、山东、河北、浙江、辽宁、山西、河南、湖南 9 个省份；

二类是内蒙古、湖北、四川、安徽、福建、陕西、江西、黑龙江8个省份；三类是新疆、云南、广西、贵州、吉林、甘肃、宁夏、青海、海南、西藏10个省份。

表3-19 绿色创新能力综合得分分类

类别	省份
一类	广东、江苏、山东、河北、浙江、辽宁、山西、河南、湖南
二类	内蒙古、湖北、四川、安徽、福建、陕西、江西、黑龙江
三类	新疆、云南、广西、贵州、吉林、甘肃、宁夏、青海、海南、西藏

通过分析，我们得出了以下结果。

（1）在绿色创新投入产出能力方面，在4个直辖市中，北京市的绿色创新投入产出能力得分最高，说明北京市的战略性新兴产业绿色创新投入产出能力最强；在27个省份中，广东、江苏、山东的绿色创新投入产出能力得分位居前三名，说明这三个省的战略性新兴产业绿色创新投入产出能力最强。

（2）在绿色创新环保能力方面，在4个直辖市中，重庆市的绿色创新环保能力得分最高，说明重庆市的战略性新兴产业绿色创新环保能力最强；在27个省份中，河北省在环保能力上的得分最高，山西省和辽宁省位居第二和第三，说明这三个省的战略性新兴产业绿色创新环保能力最强。

（3）在绿色创新知识的创生能力方面，在4个直辖市中，北京市的绿色创新知识的创生能力得分最高，说明北京市的战略性新兴产业绿色创新知识的创生能力最强；在27个省份中，江苏省在绿色创新知识的创生能力上的得分最高，北京和浙江处于第二、第三的位置，说明这三个省的战略性新兴产业绿色创新知识的创生能力最强。

（4）在绿色创新的综合能力方面，在4个直辖市中，北京市的绿色创新综合能力得分最高，说明北京市的战略性新兴产业绿色创新能力最强；在27个省份中，广东、江苏的绿色创新综合能力得分位居前两名，说明这两个省的战略性新兴产业绿色创新能力最强。

第三节 我国战略性新兴产业绿色创新
能力国际比较的研究框架

一 国际比较指标体系的设计

在上一节构建的区域比较指标体系基础上，我们结合数据的可获得性，对部分指标进行了调整，构建了绿色创新能力国际比较分析指标体系（见表 3-20）。

表 3-20 绿色创新能力国际比较分析指标体系

绿色创新能力国际比较分析指标体系	绿色创新知识的创生能力	高校绿色创新知识的创生能力	高校数量（世界排名前 200 名各国的数量）
			高校 R&D 人员年复合增长率
			高校 R&D 经费支出占国内研发支出的比例
		有研发机构的企业的绿色创新知识的创生能力	企业 R&D 人员年复合增长率
			企业 R&D 经费支出占国内研发支出的比例
	绿色创新投入能力	R&D 投入能力	总 R&D 人员年复合增长率
			R&D 经费支出占 GDP 的比重
			R&D 经费支出年复合增长率
	绿色创新产出能力	经济产出	专利数
			出口总额
			科技成果（ESI 论文数量）
		环境产出	环境生产力（每单位二氧化碳排放量，以固定价格计算的年增长率）
	绿色创新环保能力	废水治理能力	废水治理专利数
			废水管理专利数
		废气治理能力	废气治理专利数
		环境监测能力	环境监测专利数

二 样本国家的选择和数据处理

这里，我们搜集了 11 个国家，包括美国、澳大利亚、韩国、法国、加拿大、英国、德国、俄罗斯、日本、意大利、中国的 16 个指标数据对战略

性新兴产业绿色创新能力进行国际比较。在上述指标体系中，我们采用了
2014 年的相关数据进行研究，数据主要来源于 OECD 数据库、《中国高技术
产业统计年鉴》、《中国科技统计年鉴》、世界银行发展指标数据、《国际统
计年鉴》、欧洲专利局。同时，我们对研究数据进行了无量纲化处理。

三　评价指标体系的测试和确定

根据获得的指标数据，我们对上述评价指标进行了相关性分析，同
时假设临界值为 0.8，于是我们删除了 4 个绝对评价体系，具体如表 3-21
所示。

表 3-21　　　　　　　　相关系数大于临界值的评价指标

保留	删除	系数
科技成果（ESI 论文数量）	高校数量	0.939
专利数	出口总额	0.868
废水管理专利数	废水治理专利数	0.983
环境监测专利数	废气治理专利数	0.999

为提高战略性新兴产业绿色创新能力评价指标的鉴别能力，我们计
算出了保留指标的变差系数，同时去掉了系数较小的"高校 R&D 经费支
出占国内研发支出的比例""企业 R&D 经费支出占国内研发支出的比例"
"R&D 经费支出占 GDP 的比重"三个指标，保留了 9 个指标，构成了第
三轮评价体系，如表 3-22 所示。

表 3-22　　战略性新兴产业绿色创新能力国际比较分析评价指标体系

目标层	准则层	指标层	变量标识	单位
绿色创新能力国际比较分析指标体系	绿色创新知识的创生能力	高校 R&D 人员年复合增长率	Y_1	百分比
		企业 R&D 人员年复合增长率	Y_2	百分比
	绿色创新投入能力	总 R&D 人员年复合增长率	Y_3	百分比
		R&D 经费支出年复合增长率	Y_4	百分比
	绿色创新产出能力	专利数	Y_5	项
		科技成果	Y_6	项
		环境生产力	Y_7	百分比
	绿色创新环保能力	废水管理专利数	Y_8	项
		环境监测专利数	Y_9	项

四 评价模型构建

1. 共同度分析

从表 3-23 中的结果可以看出,大部分的指标与被提取的主成分之间关系密切,满足主成分分析的基本要求。

表 3-23   共同度分析

指标	初始	提取
高校 R&D 人员年复合增长率	1.000	0.812
企业 R&D 人员年复合增长率	1.000	0.821
总 R&D 人员年复合增长率	1.000	0.450
R&D 经费支出年复合增长率	1.000	0.909
专利数	1.000	0.976
科技成果（ESI 论文数量）	1.000	0.765
环境生产力	1.000	0.768
废水管理技术专利数	1.000	0.862
环境监测技术专利数	1.000	0.885

2. 方差分析

从表 3-24 中可以看出,3 个主成分的特征值分别为 3.277、2.230、1.742,其方差贡献率分别达到了 36.41%、24.78% 和 19.36%,累计方差贡献率达到了 80.55%,说明他们可以当作战略性新兴产业绿色创新能力国际比较的主成分。

表 3-24   解释的总方差

成分	初始特征值			提取平方和载入		
	合计	方差贡献率（%）	累积贡献率（%）	合计	方差贡献率（%）	累积贡献率（%）
1	3.277	36.409	36.409	3.277	36.409	36.409
2	2.230	24.777	61.185	2.230	24.777	61.185
3	1.742	19.358	80.543	1.742	19.358	80.543
4	0.773	8.594	89.137			
5	0.558	6.203	95.340			
6	0.320	3.551	98.891			

续表

成分	初始特征值			提取平方和载入		
	合计	方差贡献率（%）	累积贡献率（%）	合计	方差贡献率（%）	累积贡献率（%）
7	0.080	0.887	99.778			
8	0.016	0.182	99.960			
9	0.004	0.040	100.000			

3. 载荷分析与主成分命名

根据表 3-25 的分析结果，我们可以得出战略性新兴产业绿色创新能力比较的三个主成分：第一主成分包含的指标有废水管理技术专利数、环境监测技术专利数组成，其载荷系数为 0.895、0.607，我们将其定义为绿色创新环保能力。第二主成分上包含的指标主要有专利数、科技成果（ESI 论文数量）、环境生产力、总 R&D 人员年复合增长率、R&D 经费支出年复合增长率，其载荷系数分别为：0.963、0.819、0.774、0.656、0.602，我们将其定义为绿色创新投入产出的总体能力。第三主成分包含的指标主要有高校 R&D 人员年复合增长率、企业 R&D 人员年复合增长率，其载荷系数为 0.873、0.700，我们将其定义为绿色创新知识的创生能力。具体分类如表 3-26 所示。

表 3-25　　　　　　　　　　旋转成分矩阵

	成分		
	1	2	3
高校 R&D 人员年复合增长率	-0.092	-0.205	0.873
企业 R&D 人员年复合增长率	0.114	-0.565	0.700
总 R&D 人员年复合增长率	-0.100	0.656	-0.099
R&D 经费支出年复合增长率	0.133	0.602	0.939
专利数	0.221	0.963	0.028
科技成果（ESI 论文数量）	0.304	0.819	-0.034
环境生产力	-0.361	0.774	-0.195
废水管理技术专利数	0.895	0.215	0.122
环境监测技术专利数	0.607	0.713	0.087

表 3-26   战略性新兴产业绿色创新能力国际评价指标体系与权重

目标层	主成分	权重	指标层	变量标识	载荷系数
战略性新兴产业绿色创新能力的国际比较分析指标体系	绿色创新的环保能力	0.4520	废水管理技术专利数	Y_8	0.895
			环境监测技术专利	Y_9	0.607
	绿色创新投入产出的总体能力	0.3076	专利数	Y_5	0.963
			科技成果（ESI 论文数量）	Y_6	0.819
			环境生产力	Y_7	0.774
			总 R&D 人员年复合增长率	Y_3	0.656
			R&D 经费支出年复合增长率	Y_4	0.602
	绿色创新知识的创生能力	0.2043	高校 R&D 人员年复合增长率	Y_1	0.873
			企业 R&D 人员年复合增长率	Y_2	0.700

根据上述分析结果，我们可以得出战略性新兴产业绿色创新能力的综合评价模型：

$$F_j = \sum_{i=1}^{3} \omega_i F_{ij}$$
$$= \omega_1 F_{1j} + \omega_2 F_{2j} + \omega_3 F_{3j}$$
$$= 0.4520 F_{1j} + 0.3076 F_{2j} + 0.2043 F_{3j}$$

其中，F_j（$j=1$，2，…，31）为第 j 个样本国家的总得分；ω_i（$i=1$，2，3）为第 i 个主成分所对应的权重系数；F_{ij} 为第 j 个样本国家在第 i 个主成分上的得分。

同时，我们可以得出战略性新兴产业绿色创新能力 3 个主成分的评价模型：

$$F_1 = \frac{0.895 Y_8 + 0.607 Y_9}{0.895 + 0.607}$$

$$F_2 = \frac{0.963 Y_5 + 0.819 Y_6 + 0.774 Y_7 + 0.656 Y_3 + 0.602 Y_4}{0.963 + 0.819 + 0.774 + 0.656 + 0.602}$$

$$F_3 = \frac{0.873 Y_1 + 0.700 Y_2}{0.873 + 0.700}$$

其中，Y 是第 j 个样本国家在第 i 个评价指标上的效用值。

第四节　我国战略性新兴产业绿色创新
能力国际比较的实证分析

一　绿色创新环保能力

根据第 1 个主成分的评价模型，我们可以计算出 11 个国家在绿色创新环保能力的得分状况（见表 3-27）。结果表明，绿色创新环保能力最强的为中国（得分为 95.29）和美国（得分为 53.61 分）；日本、德国、韩国等国家绿色创新环保能力也相对较强，而加拿大、法国、俄罗斯、澳大利亚、英国和意大利等国家绿色创新环保能力则相对较弱。

表 3-27　　　　　　　　　　　绿色创新环保能力得分

国家	中国	美国	日本	德国	韩国	加拿大	法国	俄罗斯	澳大利亚	英国	意大利
得分	95.25	53.61	32.80	27.52	25.81	6.04	5.54	5.50	3.84	1.39	0.17

究其原因，在对战略性新兴产业绿色创新的环保能力进行国际比较分析时，我们最终采用了废水管理技术专利数和环境监测技术专利数两个指标。从 2014 年的实际数据来看（见图 3-1），获取废水管理技术专利

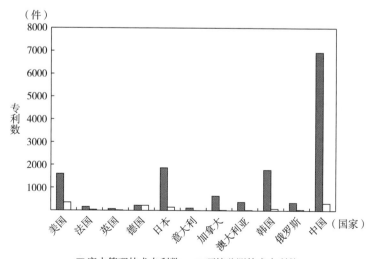

图 3-1　绿色创新环保能力衡量指标情况

数较多的为中国、日本、韩国和美国等国家，其他国家则相差较大；获取环境监测技术专利数较多的国家为美国、中国、德国、日本、韩国等国家，其他国家获取专利数相对较少，这也反映了中国、美国、日本、德国、韩国等国家绿色创新的环保能力较强，这与我们分析所获得的结论相吻合。

根据上述分析结果，我们将 11 个样本国家战略性新兴产业的绿色创新环保能力分为三个等级（见表 3-28）：第一个等级的国家包含中国和美国 2 个国家；第二个等级的国家包含有日本、德国、韩国 3 个国家；第三个等级的国家包含有加拿大、法国、俄罗斯、澳大利亚、英国、意大利 6 个国家。

表 3-28 绿色创新环保能力得分分类

类别	国家
一类	中国、美国
二类	日本、德国、韩国
三类	加拿大、法国、俄罗斯、澳大利亚、英国、意大利

二 绿色创新投入产出总体能力

根据第 2 个主成分的评价模型，我们可以计算出 11 个国家在绿色创新投入产出总体能力的得分状况（见表 3-29）。结果表明，绿色创新投入产出总体能力最强的为美国（得分为 77.87 分）；其次为中国（得分为 50.72 分）和日本（得分为 42.51 分）2 个国家；德国、英国、法国、韩国、意大利、俄罗斯等国家绿色创新投入产出总体能力相对较弱；而澳大利亚和加拿大 2 个国家绿色创新投入产出总体能力最差。

表 3-29 绿色创新投入产出总体能力得分

国家	美国	中国	日本	德国	英国	法国	韩国	意大利	俄罗斯	澳大利亚	加拿大
得分	77.87	50.72	42.51	38.76	36.34	31.68	29.67	29.38	27.36	17.34	15.76

究其原因，我们在衡量战略性新兴产业绿色创新投入产出总体能力时，从投入和产出两大方面进行了反映，在绿色创新投入能力方面，我们最终采用的是总 R&D 人员年复合增长率（%）、R&D 经费支出年复

合增长率（%）两个指标。从 2014 年的实际数据来看（见图 3-2），
总 R&D 人员年复合增长率（%）较大的为美国、日本、中国、英国等
国家，而俄罗斯、加拿大、法国则较低；R&D 经费支出年复合增长率
（%）较大的为中国、韩国、俄罗斯、德国、美国、日本等国家，而英
国、法国、加拿大、意大利等国家则较低；在绿色创新产出能力方面，
我们最终采用的是专利数（件）、科技成果（ESI 论文数量）（篇）、环
境生产力（%）三个指标。从 2014 年的实际数据来看（见图 3-3），
专利数较多的为中国、美国、日本、俄罗斯、韩国，而德国、英国、法
国、意大利、加拿大和澳大利亚则相对较低；ESI 论文数量较多的为美
国和中国，而德国、英国、日本、法国、意大利、加拿大、澳大利亚、
韩国和俄罗斯则相对较低；环境生产力较大的为法国和英国，德国、意
大利和俄罗斯相对较小，而澳大利亚、韩国、日本、美国、加拿大、中
国等国家则较小。虽然中国的环境生产力较低，但由于其他衡量指标均
相对较高，因而中国在绿色创新能力投入产出综合能力方面的得分依然
较高，所以从 2014 年的各项现实数据指标也可以很好地验证我们的分
析结果。

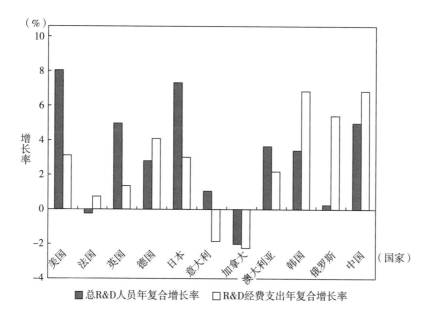

图 3-2　绿色创新投入能力衡量指标情况

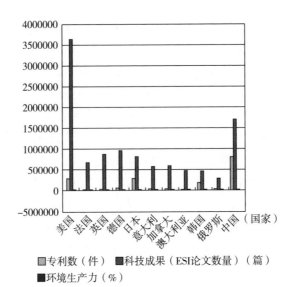

图3-3　绿色创新产出能力衡量指标情况

根据上述分析结果，我们将11个样本国家战略性新兴产业绿色创新投入产出的总体能力分为三个等级（见表3-30）：第一个等级包含的国家有美国、中国和日本3个国家；第二个等级包含的国家有德国、英国、法国、韩国、意大利、俄罗斯6个国家；第三个等级包含的国家有澳大利亚、加拿大2个国家。

表3-30　　　　　　　绿色创新投入产出总体能力得分分类

类别	国家
一类	美国、中国、日本
二类	德国、英国、法国、韩国、意大利、俄罗斯
三类	澳大利亚、加拿大

三　绿色创新知识的创生能力

根据第3个主成分的评价模型，我们可以计算出11个国家在绿色创新知识的创生能力的得分状况（见表3-31）。结果表明，英国、韩国、和中国3个国家的绿色创新知识的创生能力最强；美国、澳大利亚、加拿大、德国、日本绿色创新知识的创生能力相对较弱，而意大利、俄罗斯、法国绿色创新知识的创生能力最差。

表 3-31 　　　　　　　　　　绿色创新知识的创生能力得分

国家	英国	韩国	中国	美国	澳大利亚	加拿大	德国	日本	意大利	俄罗斯	法国
得分	71.54	67.69	66.35	59.46	55.50	54.70	52.47	49.72	44.36	30.05	21.69

究其原因，我们在衡量战略性新兴产业绿色创新知识的创生能力时，最终采用了高校 R&D 人员年复合增长率（%）和企业 R&D 人员年复合增长率（%）两个指标。从 2014 年的实际数据来看（见图 3-4），高校 R&D 人员年复合增长率较大的为加拿大、中国、英国、美国，高校 R&D 人员年复合增长率相对较小的有韩国、澳大利亚、俄罗斯、德国、法国，高校 R&D 人员年复合增长率最小的为日本和意大利；企业 R&D 人员年复合增长率较大的为韩国、英国、澳大利亚、中国和日本，企业 R&D 人员年复合增长率相对较小的为美国、意大利、德国，企业 R&D 人员年复合增长率最小的为加拿大、俄罗斯和法国。另外，我们从 2014 年的实际

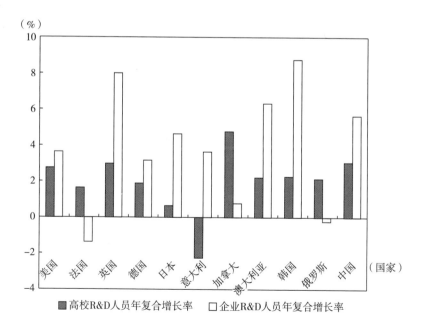

图 3-4　绿色创新知识的创生能力衡量指标情况

数据可以看出，企业 R&D 人员年复合增长率的正向增长幅度比高校 R&D 人员年复合增长率高，而负向增长幅度比高校 R&D 人员年复合增长率要小得多，因此，虽然加拿大高校 R&D 人员年复合增长率最高，但它的企业 R&D 人员年复合增长率较低，所以拉低了加拿大的最终得分，而英国、韩国、中国、美国等国家则得分较高。

根据上述分析结果，我们将 11 个国家战略性新兴产业绿色创新知识的创生能力分为三个等级（见表 3-32）：第一个等级包含英国、韩国、中国 3 个国家；第二个等级包含美国、澳大利亚、加拿大、德国、日本 5 个国家；第三个等级包含意大利、俄罗斯、法国 3 个国家。

表 3-32　　　　　　　　　绿色创新知识的创生能力得分分类

类别	国家
一类	英国、韩国、中国
二类	美国、澳大利亚、加拿大、德国、日本
三类	意大利、俄罗斯、法国

四　绿色创新能力综合得分的比较

根据综合评级模型，我们可以计算出 11 个国家绿色创新能力综合得分状况（见表 3-33）。结果表明，11 个国家的总体排序为中国、美国、日本、韩国、德国、意大利、英国、法国、加拿大、俄罗斯和澳大利亚，这也反映了中国、美国和日本等国家的战略性新兴产业绿色创新能力较强。

表 3-33　　　　　　　　　绿色创新能力综合得分

国家	中国	美国	日本	韩国	德国	意大利	英国	法国	加拿大	俄罗斯	澳大利亚
得分	72.21	60.33	38.06	35.08	34.62	26.42	18.75	18.41	18.18	17.04	16.68

依据综合得分，我们将 11 个国家战略性新兴产业的绿色创新能力分为三个等级（见表 3-34）：第一个等级包含中国和美国 2 个国家；第二个等级包含日本、韩国、德国 3 个国家；第三个等级包含意大利、英国、法国、加拿大、俄罗斯和澳大利亚 6 个国家。

表 3-34　　　　　　　　　　绿色创新能力综合得分分类

类别	国家
一类	中国、美国
二类	日本、韩国、德国、意大利、法国、英国
三类	加拿大、俄罗斯、澳大利亚

因此，通过上述分析，我们得出了以下结果。

（1）在绿色创新环保能力的国际比较中，中国绿色创新环保能力表现最强，其次为美国、日本、德国、韩国等国家，而加拿大、法国、俄罗斯、澳大利亚、英国和意大利等国家的绿色创新环保能力则较弱。

（2）在绿色创新投入产出总体能力的国际比较中，美国、中国和日本展现出了较强的绿色创新投入产出总体能力，而德国、英国、法国、韩国、意大利、俄罗斯等国家绿色创新投入产出总体能力相对较弱；澳大利亚和加拿大的绿色创新投入产出总体能力最弱。

（3）在绿色创新知识的创生能力国际比较中，英国、韩国和中国绿色创新知识的创生能力最强，美国、澳大利亚、加拿大、德国、日本绿色创新知识的创生能力相对较弱，而意大利、俄罗斯、法国绿色创新知识的创生能力最弱。

（4）从综合评价结果来看，11 个国家战略性新兴产业绿色创新能力的排序依次为中国、美国、日本、韩国、德国、意大利、英国、法国、加拿大、俄罗斯和澳大利亚。

第五节　本章小结

本章通过构建我国战略性新兴产业绿色创新能力区域比较的评价指标体系与评价模型，选取 2015 年我国 4 个直辖市和 27 个省份的战略性新兴产业相关数据为研究样本，利用主成分分析法比较探究了我国各省份战略性新兴产业绿色创新能力的差异。研究表明，4 个直辖市中，北京市战略性新兴产业绿色创新能力最强；27 个省份中，广东省战略性新兴产业绿色创新能力最强，江苏省则紧随其后。同时，通过构建我国战略性新兴产业绿色创新能力国际比较的评价指标体系与评价模型，基于 2014

年的实际数据，运用主成分分析法对选取的 11 个国家的战略性新兴产业绿色创新能力进行了国际比较，结果表明，在 11 个国家中，从对各个主成分的评价结果来看，战略性新兴产业绿色创新的环保能力较强的国家依次为中国、美国和日本，投入产出总体能力较强的国家依次为美国、中国和日本，而绿色创新知识的创生能力较强的国家依次为英国、韩国和中国。从综合评价结果来看，中国和美国的战略性新兴产业绿色创新能力最强，其次为日本、韩国、德国、意大利、英国、法国等国家，而加拿大、俄罗斯和澳大利亚 3 个国家的战略性新兴产业的绿色创新能力则相对较弱。因此，要提升我国战略性新兴产业的绿色创新能力，同样需依托集群式发展模式来汇聚、整合、创造绿色创新资源，以及提供协同创新平台。

第四章 战略性新兴产业绿色创新的集群式发展模式及其运行机制分析

在前面的分析中，我们提出了集群发展模式是提升战略性新兴产业绿色创新效率与能力的重要途径，因而我们有必要从产业集群的角度来研究战略性新兴产业的绿色创新问题。同时，创新是各创新主体、创新要素交互作用下的一种复杂网络涌现，创新模式已从"线性范式"逐渐转变为"网络范式"。加入产业集群中的企业可以通过自身发展要求不断构建自身的创新网络，通过创新网络来获取各种创新资源，同时还可以共享政府对集群发展的政策支持，为自身的绿色创新创造出"加速因子"，因而我们同样需要借助复杂社会网络理论来研究战略性新兴产业集群内的"网络式"绿色创新及其运行机制，这对准确把握产业集群绿色创新是极为重要的。因此，本章主要分析战略性新兴产业绿色创新的集群式发展模式及其运行机制，重点围绕战略性新兴产业集群与绿色创新的关系、集群绿色创新复杂社会网络内涵及其网络结构体系，以及集群绿色创新的运行机制等方面展开研究。

第一节 战略性新兴产业集群与绿色创新的关系

战略性新兴产业集群内企业的绿色创新非常重要，因为它们是影响集群内企业收益递减功能的主要因素。绿色创新是经济可持续发展和高质量增长的关键，可以通过集群内企业和邻近机构之间的互动学习过程来实现。绿色创新不仅使集群内企业获得国际市场的竞争优势，而且使产业集群在总体上获得竞争优势。一方面，集群鼓励企业专攻技术、信息和资源，开发独特的能力，实现盈利，从而通过提高企业的生产率来增强竞争力。另一方面，集群内存在的竞争迫使企业开发支持创新的动态能力。同时，集群内企业之间的差异可能会增加多样性，从而加强企业之间的互动学习和创新，促使集群内企业提升绿色创新能力，提升绿色竞争力。另外，集群鼓励和支持新的创业活动，支持创新，进一步扩大产业集群（Niu，2008），而基于创新的竞争优势为产业集群提供了强大的竞争地位。因此，战略性新兴产业集群与绿色创新之间存在积极的相互关系，彼此相互作用，共同促进发展。

一 战略性新兴产业集群是绿色创新实践的新载体

来自社区和环保意识的消费者的压力往往会导致严格的环境法规，迫使制造商关注他们管理实践中的环境问题（RAO and HOLT，2005；Paul RAJ，2009）。除了眼前的经济问题，企业必须解决环境和社会问题，从而促进企业的可持续发展（Pagell et al.，2009）。面对这些挑战，企业应该开发和实施创新实践支持环境负面影响的最小化，同时提高业务运作和财务绩效。大多数管理者已经意识到，在生态行为方面领先或创造更好的具有环境影响较少的产品是企业的重要竞争战略（Picazo Tadeo，2009）。因此，可持续性和绿色增长正日益引领企业重新审视驱动其商业模式的价值和盈利能力，企业需要新的或改进的过程、技术、实践、系统和产品，以避免或减少对环境的危害并促进业务的可持续性。Azevedo et al.（2014）的研究结果表明，位于产业集群中的企业能够使用这一集成过程来提高其环境竞争力，同时可以从这种合作模式中获益。

产业集群对企业的创新活动非常重要。Porter 的钻石模型从理论角度给予了我们很好的解释（Porter，2000；Eickelpasch et al.，2011）：产业集群的集聚效应起着重要作用。相同或关联性企业、消费者和合适的基础设施的区位邻近将促使集聚效应的产生。与集群外企业相比，他们往往拥有本地化优势和城市化优势。本地化优势表明企业可以获得积极外部影响。而城市化优势的产生源于不同的企业存在聚集（Eckey，2008）。为什么地理邻近可能会触发创新能力？Audretsch（1998）认为，企业或大学的知识溢出给第三方企业创造知识，而这对于创新活动至关重要。因此，产业集群更容易导致集群内企业之间的知识溢出，因为新员工通过他们在旧公司获得的知识来增强新公司的人力资本。Asheim and Gertler（2005）认为越是知识密集型的经济活动，就越倾向于在地理位置上聚集。由于"嵌入式隐性知识"对于集群内企业的绿色创新非常重要

（Asheim and Gertler，2005），通常需要短距离和面对面的互动，而产业集群为绿色创新主体间的互动提供了平台。

目前，大量的实证分析结果验证了产业集群对企业层面创新和绩效的重要性。Fritsch and Slavtchev（2005）分析了不同知识来源对集群内专利产出的影响，他们确认了大学或科研机构的研究质量对集群内企业创新成功的重要作用。Eickelpasch et al.（2011）分析了产业集群内的硬件和软件对德国东部企业的创新和企业业绩的重要性。他们发现，集群内企业间的合作强度激发了受质疑企业的创新，而且与科研机构和高校的接近是重要的激励因素。Lejpras and Stephan（2011）也证实了这一结果。Broekel and Brenner（2011）通过研究发现，产业集群对企业创新的重要性在不同行业间存在差异。Gauselmann and Marek（2012）的研究结果表明，集聚优势是获得外国直接投资的最重要的拉动因素。

因此，产业集群的区域和地理条件特征往往会更有利于绿色创新，因为许多绿色创新领域都是非常新的，比如可再生能源、新能源汽车等，所以与其他传统和更成熟的创新领域相比，它们更依赖于外部信息来源和基础研究活动。因此，产业集群内高校和其他科研机构的存在似乎与绿色创新特别相关，这些机构对高技能员工的供应有着非常重要的贡献，他们在新能源技术等新研究领域进行了"新鲜"的教育。由于信息流对新技术尤其重要，因而集群内绿色创新主体间的协同创新网络也可以促进绿色创新。沉没成本和路径依赖对于新的绿色创新领域并不那么重要，因而绿色创新产品的生产也可能为欠发达地区或旧产业结构的地区提供机会。原因在于新的创新领域通常由在某一产业集聚区内拥有非常"传统"的小企业塑造，如微软、英特尔、特斯拉的电动汽车。适当的区域政策措施可能有助于欠发达地区实现绿色创新所带来的机会。此外，能源密集型产业更有可能实现绿色创新，因为监管措施或环境影响，促使能源企业进行创新。因而以能源密集型产业结构为特征的产业集聚区可能更具绿色创新性。因此，与其他创新相比，与集群内其他机构的协同机制似乎对绿色创新更为重要。从需求方面来看，产业区集群的"绿色"方向可能会对绿色创新起到鼓舞人心的作用，它可能会导致更高的当地环境友好产品需求以及企业更高的环保意识（Horbach，2014）。因此，战略性新兴产业集群已成为绿色创新实践的重要载体。

二 绿色创新是实现战略性新兴产业集群可持续发展的重要手段

(一) 绿色创新成为集群内企业创新战略的重点

近年来，战略性新兴产业通过集群式发展后，经济增长成效显著，对区域经济发展做出了重要贡献，但同时也面临一些阻碍战略性新兴产业集群实现可持续发展的困境，如资源配置不合理，资源消耗过多，大量的废气、废水、废物对环境造成污染和破坏等，直接导致了生态环境的恶化，不仅对人类的生活造成了坏的影响，也阻碍了战略性新兴产业集群的可持续发展。当然，这个结果的出现是多方面原因造成的，如集群现行发展模式对资源的循环利用强度不够，企业自身的绿色创新意识不强，公众的绿色消费意识弱以及政府对集群绿色创新的扶持不够等。

在全球变暖和能源资源日益稀缺的背景下，绿色创新越来越成为企业环境政策和创新战略的重点。与其他创新相比，绿色创新甚至可能导致所谓的"双赢"局面，这种局面既具有经济效益，又具有环境效益，这是由于这些创新具有显著的正外溢性，同时也伴随着负面环境效应的内部化。这种"双赢"效应允许企业将其竞争力目标与环境问题相结合 (Horbach et al. , 2012)。对于集群内企业而言，采用节能环保创新是减少碳排放的有效方法。除了减少与企业运营相关的温室气体排放外，它还能降低能源消耗 (Abadie et al. , 2012; Alcorta et al. , 2012)。虽然采用特定的能源产品可能很有意思，但在考虑全球环境威胁时，重点应放在采用所有合理的绿色创新上，其成功的标准是全面实现生态影响的减少，即减少碳排放等生态效应 (Arundel and Kemp, 2009; Csutora, 2011; Csutora, 2012; Vivanco, Kemp and Voet, 2015)。如果我们将绿色创新视为社会的一种动力，经济增长与脱钩都是可持续性的基本要素。绿色创新可以带来新的商业机会，使集群内企业更具竞争力。如今，由于各种各样的利基市场机会，绿色创新为越来越多的集群内企业呈现了有趣的增长前景 (Cabrita et al. , 2014)。Roland Berger Strategy Consult (2009) 指出，未来生态工业产生的全球销售额将实现大幅度增长，并称绿色技术是21世纪的主导产业。也就是说，绿色创新对集群内企业来说越来越重要，因为企业在努力实现绿色发展的同时，也在保持经济增长。因此，在向低碳经济转型的过程中，绿色创新将成为最重要的手段之一，因为它似乎对产品和服务的开发具有巨大潜力，这些产品和服务旨在满足消费者的需求，但却不会破坏环境。创新已成为经济增长的核心驱动力之一，而且绿色创新已逐渐成为一种新的可持续增长模式的重要驱动力。因此，创造力和"跳出固有思维"无疑将成为解决可持续性问题的关键因素。绿色创新面临的挑战在于克服那些创新思维可能会遇到的来自强大的利益相关者方面的阻力，这些利益相关者的短期目标是维持现状（Bartlett et al.，2010）。

战略性新兴产业在集群式发展过程中，不仅考虑集群的经济绩效，更多地要考虑社会绩效与环境绩效，因此，战略性新兴产业集群需大力实施绿色创新，绿色创新发展是打造绿色战略性新兴产业集群的核心。在战略性新兴产业集群内，各行为主体之间通过各种纵向与横向合作，可以加强资源的循环利用，降低生产成本，减少污染物排放，通过各种绿色技术创新，实现集群内各种资源的优化配置，得到有效增值（揭筱纹，2006）。

（二）绿色创新是提高集群内企业绿色竞争优势的关键

绿色竞争优势是指竞争对手不能复制企业实施的绿色竞争战略，也不能获得企业通过竞争战略所获得的利益。创新可以创造"隔离机制"，保护利润率，让企业获得利益。创新是知识经济时代竞争优势的重要来源。创新使企业能够创建和部署支持长期业务绩效的能力。成功的创新可以使外部模仿更加困难，使企业更好地维持他们的优势。产业集群内先进行绿色创新的企业可以获得竞争优势，销售其环境技术或服务，改善企业形象，甚至创造新的市场。集群内企业积极投入更多的精力进行环境管理和绿色创新，不仅可以减少生产浪费，还可以提高企业的整体生产力，提高企业的声誉，从而提高企业的竞争优势。

集群内企业可以使用差异化战略为其新绿色产品或绿色服务创造独特的特色。差异化战略有助于集群内企业偿还生态投资（Orsato，2006；Chen et al.，2006）。集群内企业的绿色产品或绿色服务创新可以提高产品的设计、产品或服务质量和在环境关注方面的可靠性，从而为其绿色产品或绿色服务的差异化提供更好的机会，使其能够收取更高的价格，为其绿色产品或服务创造更好的利润空间（Chen，2008a）。集群内企业可以通过绿色产品或绿色服务创新来提升自身的绿色形象（Chen，2010）。因此，集群内企业可以通过绿色产品或绿色服务创新获得竞争优势（Chen et al.，2006）。同时，集群内企业的绿色过程创新可以降低企业的成本。在绿色工艺创新上投入更多的资源，不仅可以减少生产浪费，而且可以提高资源效率。集群内企业可以通过绿色工艺创新来节约材料、降低能耗和减少资源来提高资源生产率（Chen，2008）。绿色工艺创新不仅可以防止昂贵的污染，而且可以降低资源成本和总成本（Orsato，2006；Berrone，2009）。企业可以继续进行绿色工艺创新，提高生产效率，从而获得低成本优势（Chen，2008）。因此，集群内企业可以通过绿色过程创新来增强其竞争优势（Chen et al.，2006）。

另外，集群内企业的环境伦理对竞争优势也会产生积极影响。集群内企业环境伦理是集群内企业对环境关注的全部伦理信仰、价值和规范，它规范了集群内企业的价值观和期望道德行为。具有较高环境伦理标准的集群内企业不仅可以避免环境保护抗议带来的麻烦，而且可以改善企业形象（Chen et al.，2006）。因此，绿色创新可以带来长期的经济效益。一个致力于发展企业环境伦理的企业，不仅可以满足环境法规的要求，而且可以为其他竞争对手设置障碍。环境伦理可以看作企业的无形资产，集群内企业可以通过改善无形资产来增强竞争优势（Chen，2008）。集群内企业可以在环境保护方面占据一定的位置，而竞争对手无法复制其成功的环境战略，并从这些成功的环境战略中获得可持续的利益。因此，在对全球环境影响的关注中，集群内企业应该投入资源以实现其可持续发展的目标（Chang，2011），所以绿色创新是提高集群内企业绿色竞争优势的关键。

第二节　战略性新兴产业集群绿色创新复杂社会网络内涵

一　对战略性新兴产业集群绿色创新复杂社会网络的理解

演化经济学认为，创新涌现于一个系统的过程，在这个过程中，各参与方在外部环境影响下相互作用，最终对创新产生影响（贾卡里略—赫莫斯拉，2014）。切斯布罗夫认为，创新已转变为通过网络连接的方式来运营的组织类型，这些网络分布在用户、合作伙伴、供应商和其他利益相关者之间（Bartlett and Trifilova，2010）。任何企业都是嵌入创新网络中的一个成员，企业面临的环境具有动态的共性，企业可以与不同的外部创新网络内成员保持互动关系，来分享联合创新活动过程中产生的知识，比如对市场的了解和研发（尤建新、邵鲁宁等，2017）。由于创新网络本身是一个开放的系统，网络内部各主体需要与网络外部的其他主体之间不断交换各种物质、能量和信息，以维持企业自身的生存与健康发展（张金萍、周游，2005）。

近年来，随着国际竞争的加剧和环境的变化，网络形式的发展趋势越来越明显。在当前许多行业垂直分散的趋势下，企业更加注重核心竞争力，寻求联盟伙伴获取所需的互补资源，最终目标是创新或生存。越来越多的网络参与者认识到他们的相互依赖性，并愿意共享信息、相互合作，并定制他们的产品和服务，以保持他们在网络中的地位。此外，企业更能够以合作和竞争的方式工作，或者与业务生态系统"共同进化"，以支持新产品，满足客户，并创造下一轮创新。因此，企业的多重合作关系可以成为企业竞争优势的来源。合作伙伴可以在同一阶段同时参与水平网络和跨供应链层次的网络（图4-1展示了集群内企业间网络结构）。由于产业集群为参与企业提供了集聚、集体学习和更好采购的优势，它使整个集群成为一个自适应性系统，该自适应系统包含一个或多个企业网络。因此，积极的企业间合作和网络，根植于共同的地理位置和文化，并得到共同机构的支持，被视为提升产业集群竞争力的主要驱动力之一（Niu，2008）。

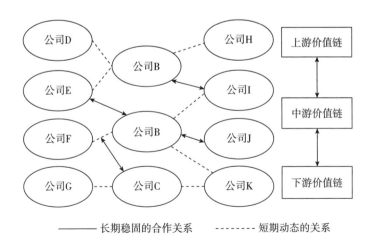

图4-1　集群内企业间网络结构

对于战略性新兴产业集群而言，集群内拥有多个行为主体，这些行为主体之间通过各种正式或非正式关系紧密联系在一起，从而形成了一个复杂社会网络。在环境规制、绿色创新的双重外部性特征，以及绿色技术创新的复杂性等条件下，集群内企业的绿色创新结果具有一定的不确定性，而解决这些不确定性需要集群内参与绿色创新过程的各行为主体之间存在协作与组织机制，因而绿色创新需要网络式创新这一新的制度安排，而战略性新兴产业集群的复杂网络结构特性恰好为绿色创新提供了"摇篮"，集群内企业的绿色创新也就演变成了开放网络式绿色创新。

关于战略性新兴产业集群绿色创新复杂社会网络，我们给出如下定义：战略性新兴产业集群绿色创新复杂社会网络（为简单起见，后文中我们有时用"集群绿色创新网络"来代替）是在一定的空间和时间范围内，为解决现有战略性新兴产业企业创新发展中出现的特定环境低效，开发具有更大价值但能显著降低环境影响的新产品、新服务和新工艺，激发全新的组织模式和经营方式，实现可持续性发展，而由企业、用户、供应商、高校或科研机构、政府、环保组织机构、金融机构等具有一定利益相关关系的群体构成的复杂动态结构网络。

战略性新兴产业集群内企业的绿色创新需要通过绿色创新网络来获取各种绿色创新资源和绿色服务。借助这一绿色创新网络，网络内各企业之间相互作用，导致集群的涌现、演化及功能的实现。集群绿色创新网络不仅是对企业内部资源的整合，而且企业依托并充分利用集群绿色创新网络，搜寻实施绿色创新所需的集群外部的绿色资源，构造和培养自身的核心竞争能力，推动集群绿色创新进程及目标实现。因此，从本源上说，"网络"不仅是战略性新兴产业集群产生的方式，还是影响集群整体绩效的方式。在战略性新兴产业集群绿色创新复杂社会网络中，网络内每个层次上的各绿色创新主体都拥有自身的专业知识、经验技能和专有信息，他们以信息处理、整合、协同、创新能力为核心能力，与其他绿色创新主体之间进行协同创新。

二　战略性新兴产业集群绿色创新复杂社会网络的主要表现形式

在战略性新兴产业集群绿色创新复杂社会网络中，由于绿色创新网络随着时间的推移在不断地发生演化，以及各种外在因素的影响，导致集群绿色创新网络产生了各种不同形式的网络。一般来说，主要包括以下几种形式（李星，2011）。

一是中心—卫星型集群绿色创新网络。这种网络拓扑结构的特点在于整个集群绿色创新网络内存在几个核心主体，网络内大量的其他主体与这些核心主体相连接，核心主体的行为会对其他主体的决策行为产生非常重要的影响，而一旦此核心主体的竞争力下降，也会导致整个集群绿色创新网络的衰退。

二是环状的集群绿色创新网络，这种网络拓扑结构的特点是各个主体间的连接首尾形成一个闭合的环。也就是说，各个主体仅与邻接主体之间存在交流和合作，而与集群绿色创新网络中的其他主体没有任何联系。

三是网状的集群绿色创新网络，这种网络拓扑结构的特点在于网络中的每个行为主体之间都存在连接，网络内的各行为主体之间均存在相互交流与合作，绿色创新资源共享比较容易。

四是"混合型"的集群绿色创新网络，这种网络拓扑结构的特点在于网络内会形成各种各样的派系，各个派系行为主体之间有的存在连接，有的彼此孤立。

然而，无论集群绿色创新网络属于哪种类型的网络拓扑结构，网络内各绿色创新主体间协同创新的动力都是相同的，都是为了更好地提升自身的绿色创新能力与绿色竞争优势。由于上述四种类型的集群绿色创新网络内各行为主体的连接存在稀疏与紧密之分，因而可能会存在不同的社会网络结构，如稀疏和密集的网络，他们与绿色创新相关的活动既存在机会也存在威胁。稀疏的集群绿色创新网络是指网络内各行为主体之间没有连接或者连接很少。当集群绿色创新网络中的所有主体彼此连接时，该绿色创新网络被描述为密集的。

一方面，密集的集群绿色创新网络提供了一个基于信任的环境，通过构建声誉机制为核心企业提供治理利益。嵌入密集的集群绿色创新网络中的绿色创新主体更有可能参与绿色创新活动。通过对问题和解决方案的共同理解，集群绿色创新网络内各行为主体之间的交流和学习得到了极大的促进，因而密集的集群绿色创新网络通过提供治理机制、加强信息流动和隐性知识共享、促进共同解决问题等方式，为绿色创新活动提供了很多优势。然而，密集的集群绿色创新网络对集群内企业的绿色创新绩效也存在"黑暗面"，制约了绿色创新活动的有效实施，如密集的集群绿色创新网络阻止其他主体寻找新的合作伙伴，并将他们与外部世界隔离开来，从而导致了一种"锁定"的情况。因此，过度嵌入一个封闭的集群绿色创新网络会抑制企业的绿色创新能力，降低其绿色创新绩效。另一方面，稀疏的集群绿色创新网络支持网络内企业获取新资源和探索提高创新绩效的新机会。来自不同背景和拥有不同观点的主体是开放网络的特征，这些网络提供了信息、思想和知识等绿色创新资源的自由流动。因而网络内企业可以更多地接触到新资源，并具有产生新组合的良好条件。虽然稀疏的集群绿色创新网络通过促进获取新资源为绿色创新提供了好处，但它对绿色创新也有不利影响。稀疏的集群绿色创新网络阻碍了深入理解环境中可用的资源，以及实现绿色创新所需的频繁互动。因此，不同形式的企业社会资本对绿色创新成果表现出不同的利益和风险。

因此，虽然这两种网络结构呈现出相互矛盾的特点，但它们的利益和风险是相辅相成的。成功实现更高绿色创新绩效的集群内企业需要发展两种类型的均衡混合，这些集群内企业能够获得和优化密集的绿色创新网络和稀疏的绿色创新网络的优点，并克服它们的缺点（Alguezaui and Filieri，2010）。

第三节 战略性新兴产业集群绿色创新复杂社会网络的结构体系

一 产业集群绿色创新复杂社会网络的构成要素

战略性新兴产业集群绿色创新网络的核心是以企业之间的网络联系为基础的企业集聚与企业网络的综合，涉及企业、高校或科研机构、政府、用户、供应商、竞争对手、金融机构、环保非政府组织等多个主体。因此，在这样一个结构层次复杂的集群绿色创新网络中，不同的异质性主体相互联系在一起，每个层次上的主体都拥有自身的专业知识、经验技能和专有信息，彼此之间进行协同绿色创新，从而构成了一个复杂的战略性新兴产业集群绿色创新网络构架（见图4-2）。

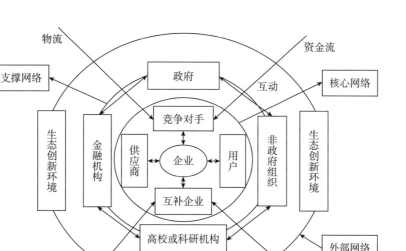

图4-2　集群绿色创新网络构架

集群绿色创新网络内各异质性主体之间连接的纽带不再是单纯的资金纽带或契约关系，而是充满复杂的社会关系和人际关系纽带。通过这个集群绿色创新网络，各层次的异质性主体之间以及主体与环境之间进行着绿色创新资源的交流和共享，不断改变和调整彼此之间的连接方式，从而推动整个集群绿色创新网络的演变。集群绿色创新网络创造将一些关键的绿色创新资源尤其是知识资源吸引到绿色创新网络的资源库中来，绿色创新资源的积累尤其是绿色创新资源的不断创造、使用、转移和共享是集群内企业绿色创新的重要源泉（李星，2011）。

（1）企业。企业是战略性新兴产业集群绿色创新网络中最核心的单元，也是在绿色创新过程中起直接作用的主体。因此，以企业为中心节点的各种网络链接对企业的绿色创新过程将产生重要影响，也是我们研究企业绿色创新过程的基础和重点。企业作为集群绿色创新网络的主体，同时也是集群绿色创新网络的核心。

集群绿色创新网络的复杂性决定了集群内企业的绿色创新活动不是简单的线性过程，而是一个非线性的过程，它是通过与集群绿色创新网络内其他企业之间的协同而产生的。因此，在集群绿色创新网络中，企业之间的物质流、信息流、资金流、人才流在网络中快速流动，不仅有利于新的技术信息、市场信息等的扩散和传播，而且还能使企业感受到集群绿色创新网络内激烈的竞争氛围，从而增强企业绿色创新的压力和动力。同时，企业也可以通过与网络系统中处于不同创新环节的企业进行沟通与协作，从而获得绿色创新整体性的突破，并缩短绿色创新的周期，提高绿色创新的效率。

（2）高校或科研机构。一方面，高校或科研机构与企业之间的关系也许会促进绿色创新的开发和推广。它们不仅可以研发出新的技术，为绿色创新活动提供充足的知识和技能，而且还可以促进这些新知识和新技术在集群绿色创新网络中的扩散或市场价值的实现。因而技术和知识等绿色创新资源对于绿色创新的开发非常有用。当然，那些联合开发的绿色创新更可能会获得成功，因为企业更清楚它们的市场需求和对产品的性能要求（贾卡里略—赫莫斯拉，2014）。另一方面，高校和科研机构培养出的各类人才对于企业的绿色创新和集群绿色创新网络内劳动力市场的集聚与发展具有非常重要的作用。战略性新兴产业是知识密集型产业，对知识、技术具有高度的敏感性，存在强烈的人才资源依赖性，特别是具有战略眼光又能把握高端技术的战略管理人才、科技专家，以及能够落实执行的技术骨干以及负责执行的实施人才，将是战略性新兴产业集群内企业绿色创新的急需资源。由于战略性新兴产业业态尚未完全成熟，人才培养较为模糊且不成体系，存在"低端人才多、骨干人才缺、战略人才稀、人才结构不均衡"等问题，已经成为制约战略性新兴产业内企业绿色创新和发展的关键一环。因此，集群内企业绿色创新发展必须加快高技能人才队伍建设，加大战略性新兴产业人才培养，而这更需要高校或科研机构的有力支撑（中国电子信息产业发展研究院，2014）。

（3）政府。随着经济全球化的发展，集群内企业的绿色创新变得更加复杂，这决定了网络的绿色创新活动已不是单个行为主体所能够独立完成的，而是需要依靠彼此之间的合作才能实现，而集群绿色创新网络内的当地政府及有关公共部门能够促进集群绿色创新网络的形成与演化，在改善集群绿色创新网络的运行等方面发挥着巨大的作用。同时绿色创新的双重外部性要求政府通过制定相关政策来为企业绿色创新的实施提供强有力的支持，比如通过立法或出台强制性条款对绿色产品的生产、购买、使用等方面进行强制性规定；或通过补贴、税收优惠、信贷支持、低息贷款等手段鼓励企业生产绿色产品；或将补贴、税收优惠等手段用于购买者身上，通过刺激购买者绿色消费积极性来拉动绿色产品市场需求，以需求推动新产品的推广和应用。或在绿色产品使用环境方面进行鼓励引导，通过一些费用减免、补贴、优先等政策，提高消费者对绿色产品的使用积极性；或是加强对社会公众的舆论宣传示范，加大对绿色创新产品大规模推广应用；或是完善基础设施建设政策。为推动新兴产业产品的推广应用，发达国家均十分重视完善产业基础设施建设，纷纷出台了相应的基础设施建设政策（李奎、陈丽佳，2011）。

（4）用户。为了开发和实施绿色创新，企业也需要从外部吸引用户，这里的用户主要包括终端消费者、工业客户、公共客户等。用户的突出作用不仅仅是绿色产品的使用者，更多的是用户是绿色产品的直接体验者，他们往往更能发现产品存在的问题，而企业则可以根据这些用户的反馈去完善绿色产品，这也为企业下一步的绿色创新提供了指引。实证研究表明，在产品细分市场中，越接近终端用户，实施绿色创新的压力就越大。因为用户如果不了解消费某个产品对环境带来的影响，或缺乏对产品环境效应的兴趣，而对产品的其他方面（包括价格和质量）更为关注，那么用户环境意识弱也许就会成为绿色创新的障碍。因而对于企业来说，能够辨别哪些用户能够在创新过程的不同阶段做出贡献，以及该怎样和他们打交道就显得很重要。用户行为对于绿色创新的应用及他们对社会造成的影响有着举足轻重的作用。创新应用的速度和规模最终决定其成败。因此，对绿色创新和用户行为中所需要的改变的接受，可以被认为是描述绿色创新特性的关键层面（贾卡里略—赫莫斯拉，2014）。

（5）供应商。供应商是技术信息的关键来源，它对某些绿色创新来说是驱动力，但当企业决定购买一项绿色创新而不是自己内部开发的时候，供应商对绿色创新来说则是障碍，在这种情况下，供应商的作用不仅仅是关键信息提供者，而且在技术改造以及与现行生产体系特点相适应的过程中，也是有效的合作者。此外，一些绿色创新甚至是企业与设备供应商共同开发的。因此，供应商是提供绿色创新信息的关键元素（贾卡里略—赫莫斯拉，2014）。

（6）竞争对手。一方面，如果竞争对手具有较好的环境绩效，也许会刺激工厂领导层采用绿色创新，提高自己在环保方面的声誉，跟上竞争对手的步伐。在绿色创新明显会带来双赢的情况下，如果自己不采用新技术，而竞争对手却采用了，竞争力就会丧失。另一方面，一个强大但创新力不足的对手的既得利益可以加快或者延缓创新进程（贾卡里略—赫莫斯拉，2014）。

（7）金融机构。集群绿色创新网络内的金融机构主要包括当地的国有银行、地方商业银行、各种形式的基金组织以及借贷资本的机构、风险投资机构等。众所周知，绿色创新过程是一个高风险、高成本的过程，而对于集群内企业而言，缺乏足够的风险投资来推动设计方案转变为实际生产，其实施绿色创新的问题尤其大。获得资金是投资绿色创新实践的一个关键变量，无论是对内部开发的创新还是从设备供应商购买的创新，尤其是对资本高度密集的绿色创新。缺乏足够的风险资本，特别是中小企业和初创企业，是阻碍环境技术市场快速发展的主要障碍之一。对于从事绿色创新的中小企业来说，与"正常"创新相比，绿色创新更难以获得融资。金融机构对清洁生产投资的资金供应存在某种偏见。因而获得资金对于集群内企业投资绿色创新尤为重要（Carrillo-Hermosilla et al.，2009）。因此，集群内企业要进行绿色创新，就需要借助集群绿色创新网络内各种金融机构，这种金融机构的存在，尤其是风险投资机构，对集群绿色创新网络内企业的绿色创新融资具有很大的促进作用。

（8）环保非政府组织。环保非政府组织也许会对绿色创新的开发即采用施加直接或间接的压力。这里的环保非政府组织包括工业协会、商会、民间团体（社会公众）等。工业协会与商会是绿色创新备选方案的主要信息来源，卢肯和范罗佩观察认为工业协会对工厂在环保方面的表现和对清洁能源的采用有一定影响。另外，企业也许想要通过环保业绩方面的创新来展示社会意识，从而改善企业形象，提升企业的综合业绩。因而对于需要重大基础设施支持的知名度很高的大型绿色创新，民间团体（社会公众）接受度是这些创新能否成功的关键（贾卡里略—赫莫斯拉，2014）。环保非政府组织（NGO）作为企业和政府外的非营利性组织，已经开始对产业的发展和走向起到了重要的决策作用。如在2010年的中国纸业可持续发展论坛上，NGO作为参会代表，已经在制定中国造纸行业的低碳转型之路提供政策指导和参考意见。又如泰达低碳中心作为促进国际生态合作园建设与发展的NGO组织，于2015年11月成功举办了"智汇国际合作生态园专家行"活动，切实推动了中国生态园区与国际的合作与发展。

二　产业集群绿色创新复杂社会网络的四层次结构模型

以上我们介绍了战略性新兴产业集群绿色创新复杂社会网络的构成要素。这些要素之间存在着各种各样的联系，它们共同构成了一个有效的网络组织——集群绿色创新网络。集群绿色创新的网络化促进了各行为主体之间行动上的相互协同，实现了资源共享、优势互补，从而使得集群绿色创新网络内的企业获得了规模经济和范围经济。

这里，我们将集群绿色创新复杂社会网络划分为四个层次：核心网络层、支撑网络层、外部网络层、绿色创新环境层（李星，2014）。

（1）核心网络层。它是指由以某一企业为核心的彼此相关的多个主体构成的网络，是这些主体在协同竞争过程中形成的一个群落。由于各主体之间的相互作用是集群绿色创新网络中最重要的一种活动，构成了集群绿色创新网络的核心，所以称为"核心网络"。一方面，企业通过与供应商、用户的交流与合作可以获得大量的绿色创新信息源，从而推动企业的绿色产品创新或绿色工艺创新。同时核心网络中主体间的频繁交流，可以促使集群绿色创新网络内企业绿色创新成本的降低。另一方面，企业与竞争对手之间虽然会为了某些共需的资源而产生竞争，但这种竞争属于一种良性竞争，它能促使企业不断改进绿色技术设备，从而有利于绿色创新的产生，因而两者之间形成了一种竞争与合作的关系。另外，由于集群绿色创新内企业的能力的差异性以及产品的复杂性也促使了企业之间的共同合作，这些绿色创新产品不仅使得创新者本身受益，同行企业之间也可以分享绿色创新的成果。总的来说，核心网络内的各行为主体之间通过合作来进行研发与生产，从而降低了由绿色技术创新所带来的风险，进而提高了自身的绿色创新能力。

（2）支撑网络层。即由企业、高校或科研机构、政府、金融机构与非政府组织之间的知识、信息、技术等绿色创新资源的传递所构成的网络。这层网络中的行为主体主要是为核心网络内企业提供知识流、信息流、人才流、资金流，以及咨询培训等服务功能，在核心网络与外部网络之间起着桥梁和纽带的作用，从而实现知识、信息、技术等绿色创新资源等从支撑网络向核心网络的流动和传递。

（3）外部网络层。外部网络主要是指由集群核心网络以外的企业、高校或科研机构、国外产业集群等构成的外部网络。这种外部网络间互动能够为集群网络内成员的创新提供各种新的技术、人员、信息支持，从而有利于本地创新网络的发展和升级。一方面，随着经济全球化，不同地区之间专业化分工不断加强，集群由于自身能力有限，只能完成全球产业链中的某个环节或部分环节，因此，只有通过与外部网络的合作与交流来促进自身的持续发展。另一方面，由于集群内部缺乏与外界的交流，集群内部企业之间长期接触的大多是一些同质性的知识和技术，无法从外界吸收新的能量，这样就会导致知识和技术上的锁定效应，也会降低企业的柔性。

（4）绿色创新环境层（尤建新、邵鲁宁，2017）。绿色创新环境是绿色创新软硬件环境与产业外部环境的有机结合，硬件环境是绿色创新所依托存在的物质基础，软件环境是决定集群绿色创新网络能否健康发展的人文环境。绿色创新的硬件环境是指各创新主体所需物质实体组成的物质基础的集合。这些物质基础以资金或其他价值可度量的形式，如土地、技术、设施设备等，承载绿色创新活动的进行，是战略性新兴产业集群绿色创新网络存在的先决条件。绿色创新软件环境指教育、管理、文化等受人为因素影响，无法以具体价值衡量的环境因素集合。由于软件环境是人为因素导致或构成的，它在集群绿色创新网络中表现为绿色创新主体多方共同作用，经过一段时间自适应与修复后，是稳定的、缓慢改变的绿色创新环境因素。它主要影响产业链上下游的绿色创新主体的自主创新氛围、创新能力与效率、品牌影响力的形成以及价值观的形成和塑造。绿色创新外部环境是指政府政策及其影响下的产业转型、产业发展前景或趋势等因素构成的，不受产业链中多数绿色创新主体控制的环境因素。

第四节 战略性新兴产业集群绿色创新的运行机制

显然，战略性新兴产业集群内企业绿色创新的成功运行，不仅需要我们构建合理的集群绿色创新复杂社会网络，还需要建立一套集群内企业绿色创新的运行机制，我们认为这种运行机制包括集群内企业绿色创新的动力机制、集体学习与绿色资源创生机制、多主体协同机制、自组织演化机制，这四个方面并不是彼此独立工作的，而是存在着紧密的内在联系，它们趋向于相互促进与发展，保障集群内企业绿色创新的成功运行。其中，动力机制是企业是否采取绿色创新行为的决定性条件，它为如何激发企业的绿色创新行为提供方向；集体学习与绿色资源创生机制、多主体间的协同机制是企业开展绿色创新活动的支撑条件，它们为企业如何开展绿色创新提供路径；集群绿色创新网络的自组织演化机制是集体学习与绿色资源创生、多主体协同升级的前提条件，它为集群内企业的绿色创新发展提供新的绿色资源和实现更高质量的协同。

一　产业集群内企业绿色创新的动力机制

近年来，由于面临资源消耗与环境规制的巨大压力，企业的经营方式向低碳、绿色的集约型方式转变已成为一种必然趋势，而要实现这种经营方式转变的关键在于绿色创新。绿色创新可以减少对环境的影响或减少能源使用，因而它们有助于纠正经济活动对外部环境的负面影响（Horbach et al.，2014）。绿色创新是实现企业和整个经济社会发展获得更好环境绩效的关键因素，其重要性程度体现在有助于提高生产过程的材料或能源效率，并减少与产出有关的非期望排放。对于集群内企业而言，为了实现业务的可持续性，企业需在内部过程或大规模的业务生态系统上执行一系列的变更，而这种从个体层面到宏观层面的范式转变，需要理解绿色创新的新驱动因素，作为一种改善和寻找新的商业动力的方式，以最小化负面的环境外部性来保持企业的经济绩效（Azevedo et al.，2014）。尽管很多有前景的绿色创新被开发出来了，其中不少还提高了企业的竞争力，而且具备经济社会效益和环境效益，但它们没有得到充分利用。那么，为什么企业不采用其他公司开发的绿色创新，或者为什么不开发自己的绿色创新（贾卡里略—赫莫斯拉，2014），这可能要归咎于绿色创新驱动力地缺失。

目前，创新和环境经济学领域正在寻求确定驱动绿色创新的因素（Horbach，2008；del Rio Gonzalez，2009；Hurley et al.，2012；Demirel and Kesidou，2012；del Marchi，2012；Horbachet al.，2012；Azevedo et al.，2014）。现有文献中除了强调一系列复杂的不同供给因素、企业特征和需

求因素外，还强调了监管、成本节约和客户利益的重要作用。我们发现，当前和预期中的政府监管对于推动企业减少空气以及水或噪音排放、避免有害物质和提高产品可回收性尤为重要。节约成本是减少能源和材料使用的一个重要动机。客户需求是绿色创新的另一个重要来源，有助于企业改善产品或工艺流程，提高材料的利用效率（Hurley et al., 2012）。倾向于创新领域的研究表明，总体需求因素（Horbach, 2008），以及与环境相关的利益相关方的合作（Wagner, 2007）对绿色创新的产生起着重要的作用。从企业社会责任（CSR）的管理文献来看，社会压力和对环保产品与过程的需求不一定会导致对绿色创新的投资增加，但会限制在绿色创新上的最低投资，这表明企业对"绿色问题"的承诺。其他学者强调了技术和组织能力在促进制造业企业的绿色创新中的重要性（Horbach, 2008）。环境管理系统（EMS）的实施被认为是企业在环境管理方面的强大组织能力的反映，这促进了绿色创新的产生（Wagner, 2007；Horbach, 2008）。环境经济学领域的研究强调了环境监管和旨在打击企业污染活动的标准的重要性（Kesidou and Demirel, 2012）。因此，绿色创新可能由诸如政策干预等外生驱动力和与企业市场和管理战略相关的内生性因素推动。

在接下来第五章研究内容中，我们将进一步分析集群内企业绿色创新的动力机制。重点运用实证分析方法来分析战略性新兴产业集群内企业绿色创新的动力机制，从而揭示驱动集群内企业绿色创新的动力因素，同时分析多因素驱动下集群内企业绿色创新行为的决策对绿色创新的影响。

二 产业集群内的集体学习与绿色资源创生机制

由于全球化带来的挑战，许多企业面临着超越国界的竞争。为了创造持续的竞争优势，企业越来越重视自己独特和持续的资源。面对这种快速的变化，企业应该调整和更新自己的资源以保持竞争优势。为了防止竞争对手模仿或重复，大多数企业通常从外部获取新资源或学习新资源，然后整合新资源与已有资源来开发专门属于企业自身的创新资源。通过对新资源的获取和对已有资源的更新，企业可以获得更好的学习和创新绩效，从而形成可持续的竞争优势（Liao et al., 2016）。创新不是偶发性的活动，而是表现为持续性的过程，持续性创新需要资源作保证，因而资源是企业绿色创新的"血液"和"润滑剂"。

战略性新兴产业集群内的创新资源是通过集群内多主体间各种形式的互动作用创建的,与集群内高校或科研机构、供应商、用户等进行更多合作的企业将会有更多的创新。集群内的创新资源是通过增加竞争和加剧竞争而产生的。集群内从事相同或相关行业的企业的竞争将更加激烈,这将产生一种创新的压力,以便战胜竞争对手。在某种程度上,这是由于集群内的企业彼此更容易看到,因而观察、监测也就更容易和更有效。知识等资源的创生和绿色创新是紧密相连的,因为新资源的创生为集群内企业各种绿色创新行为的发展提供了基础(Malmberg and Power,2005)。与集群绿色创新网络外部的企业相比,网络内的企业由于地理位置上的接近性为企业之间的集体学习提供了便利,从而产生了资源溢出效应。集群内的绿色创新资源是由区域集中、部门专业化产生的。由于资产质量效率、资产存量的互联性和因果不确定性等障碍,跨区域模仿和替代这些资源是非常困难的。因此,这些资源是集群内企业的战略资源和企业竞争力的来源。虽然集群绿色创新的绿色资源是在相互竞争的企业之间共享的,但是在某种程度上,利用这些共享资源中有价值的资源的能力可能是罕见的和不可模仿的,这就取决于企业从共享集群中获取竞争优势资源并将其与现有资源整合,进而创生出新资源的能力。

在接下来的第六章研究内容中,我们将进一步分析集群内企业绿色创新的绿色资源创生机制。重点分析集群内企业绿色创新绿色资源的创生途径与创生过程,绿色资源创生过程中对集群内企业绿色动态能力的要求,以及集群绿色创新网络结构对绿色资源创生过程的影响。

三　产业集群内企业绿色创新的多主体协同机制

由于绿色创新的系统性、复杂性以及不确定性,这就需要集群内绿色创新主体比其他创新更大程度地利用外部合作伙伴的能力。同样,需要确保集群多主体间进行更高程度的互动,共同开发创新并验证其合规性。集群内企业绿色创新多主体间的协同,可以降低交易成本和共享风险,特别是对于以不确定性为特征的投资,并补充其内部绿色资源和绿色技能。与集群内其他主体的合作被证明是有价值的,特别是在高度研发以及隐含知识和技能不属于本企业领域的创新的情况下。与客户共同创新,更常见的是与供应商的共同创新得到了特别关注。与供应商合作可能比开发其他类型的创新,减少总体环境影响和确保投入的环保特征更为重要。集群绿色创新多主体间的协同不仅可以创造新的资源，还可以增加企业的"绿色动态能力"。在市场高度不确定性和技术动荡的背景下，绿色动态能力对绿色创新效益的影响很大，内部先验知识对于选择和开发那些促使绿色创新产生的外部投入更为重要（Lichtenthaler，2009）。因此，集群内企业绿色创新的多主体协同对于改善绿色技术水平，提高集群内绿色创新主体的绿色创新效益与绿色创新能力非常重要（Marchi，2012）。

对于集群内绿色创新主体而言，集群绿色创新网络的结构特性为集群内绿色创新多主体间的协同提供了便利条件，一方面，集群绿色创新网络内的构成要素，即各行为主体可能拥有彼此之间的绿色创新所需的绿色资源，这为集群内企业绿色创新的多主体协同提供了资源基础；另一方面，集群绿色创新网络内各主体间的紧密联系，为集群内企业绿色创新的多主体协同提供了交互基础，有利于增强集群内绿色创新多主体间的信任，从而更好地促进集群内绿色创新多主体的协同并取得合作成功，提升绿色创新协同效应。因此，集群内企业绿色创新的多主体协同机制是集群内绿色创新主体开展绿色创新活动的重要机制。由于集群内绿色创新主体以及主体间联系的动态变化，以及集群绿色创新外部环境的动态演变，集群绿色创新网络的结构也在不断发生演化，从而也会导致集群内企业绿色创新的多主体协同过程发生动态变化（Norat et al.，2017）。

在接下来的第七章研究内容中，我们将进一步分析集群内企业绿色创新的多主体协同机制，重点分析集群内企业绿色创新的多主体协同的博弈过程与利益分配机制的设计，以及多主体协同过程中集群内绿色创新主体间信任的动态变化。

四 产业集群绿色创新网络的自组织演化机制

对于战略性新兴产业集群内企业而言，在绿色创新发展的不同阶段，创新所需配置的资源与能力要求是不一样的，同时外部创新环境也在不断发生变化。因而为了获得绿色创新的进一步发展，集群内企业可能会自主地选择与集群内其他的新主体发生联系来构建新的绿色创新网络，从而导致集群绿色创新网络发生动态演化。集群绿色创新网络的演化是网络内各绿色创新主体为更好地实现绿色创新发展的非平衡自组织过程，各绿色创新主体与绿色创新要素之间通过互动作用促进了集群绿色创新网络的不断重构与发展，形成有序而又不断产生无序的动态非平衡网络系统。

首先，战略性新兴产业集群内企业在进行绿色创新的过程中，需要通过与集群内外部创新网络的互动作用机制来交换、获取、整合和创生各种绿色资源，而这种集群内部创新网络中的互动交流与集群内外部创新网络间的互动交流就表明了集群绿色创新网络是一个开放性的网络系统。其次，集群绿色创新网络结构增加了集群内绿色创新主体间竞争的多样性，而正是在这种系统开放与多样化竞争的条件下，集群绿色创新网络内各行为主体之间存在不平衡，因而集群绿色创新网络是一个远离平衡区的网络系统。再次，虽然集群绿色创新网络内各行为主体之间存在竞争的多样化，而由于绿色创新的双重外部性、新兴产业技术的复杂性，以及集群内中小企业自身能力的有限性，企业往往会选择与其他企业、高校或科研机构进行协同开发新兴绿色技术，因而集群绿色创新网络内各行为主体之间竞争与协同的非线性相互作用，导致了集群绿色创新网络是一个非线性的网络系统。最后，产业集群绿色创新网络内的企业进行绿色创新过程中会出现绿色技术资源、绿色信息与知识资源、绿色政策资源、绿色金融资源、绿色社会资本资源等多方面资源的变化，而这些变化会导致集群绿色创新网络系统的"涨落"。当"涨落"导致集群绿色创新网络系统不稳定时，网络内各行为主体之间的协同关系机制会促使集群绿色创新网络系统呈现出有序时空，这为集群绿色创新网络系统的新有序结构的产生提供了有利条件。

因此，集群绿色创新网络的演化体现了自组织的开放性、非线性、非平衡与涨落等重要特性。我们需要从自组织的角度来分析战略性新兴产业集群绿色创新网络的演化过程，了解战略性新兴产业集群绿色创新网络的自组织演化动因，以及这种自组织演化对集群内企业绿色创新的影响。

在接下来的第八章研究内容中，我们将进一步研究战略性新兴产业集群绿色创新网络的自组织演化机制。重点围绕战略性新兴产业集群绿色创新网络演化的自组织条件、自组织演化的动力机制，以及自组织演化对绿色创新的影响等方面展开研究。

第五节 本章小结

本章对战略性新兴产业集群与绿色创新的关系进行了剖析，认为战略性新兴产业集群是绿色创新的新载体，而绿色创新是实现战略性新兴产业集群可持续发展的重要手段；另外，基于复杂社会网络视角分析了战略性新兴产业集群绿色创新复杂社会网络内涵及其网络结构体系，对集群绿色创新复杂社会网络内企业、高校与科研机构、政府、用户、供应商、竞争对手、金融机构与环保非政府组织等多个绿色创新主体及其在绿色创新中的作用进行了分析，同时提出了集群绿色创新复杂社会网络的四层次结构模型，即核心网络层、支撑网络层、外部网络层与绿色创新环境层；为保障战略性新兴产业集群绿色创新的成功运行，提出了战略性新兴产业集群绿色创新的四个运行机制，即动力机制、集体学习与绿色资源创生机制、多主体协同机制与自组织演化机制。

第五章 战略性新兴产业集群内企业
绿色创新的动力机制分析

绿色创新可能由诸如政策干预等外生驱动力和与企业管理战略相关的内生因素推动，但由于各种原因，在企业微观经济层面上的经验证据仍然很少，因而需要基于微观经济的分析，以便评估在企业层面上绿色创新背后的力量，揭示绿色创新实践出现并被采用的真实原因（Massimiliano Mazzanti and Roberto Zoboli，2006）。因此，我们有必要了解驱动集群内企业绿色创新动力的因素是什么，以及集群内企业绿色创新行为对绿色创新绩效的影响。本章主要分析战略性新兴产业集群绿色创新的第一个运行机制，即战略性新兴产业集群内企业绿色创新的动力机制，主要围绕战略性新兴产业集群内企业的绿色创新行为类型及其对绿色创新效益的影响，集群内企业绿色创新行为的动力因素及这些因素对企业绿色创新的作用机制，多因素驱动下集群内企业绿色创新行为的决策模式与决策机制，以及企业绿色创新行为的决策对绿色创新效益的影响等方面来展开研究。

第一节 战略性新兴产业集群内
企业的绿色创新行为

战略性新兴产业集群的可持续发展源于集群内企业的绿色创新行为，绿色创新被认为是提高集群内企业绿色创新绩效的关键驱动力。然而，绿色创新行为是有风险的，商业成功和非金融可持续效益是不确定和动态复杂的，而且在不断演变。未能有效地管理绿色创新行为可能会导致长期的负面后果，如失去宝贵的资源、客户、竞争力，最终导致组织绩效和声誉的下降。正是在这种绿色创新的背景下，集群内企业往往会采用不同行为来处理环境问题。

一　集群内企业的绿色创新行为类型：主动型或反应型

这里，我们认为集群内企业的绿色创新行为类型主要有两种：主动型绿色创新行为和反应型绿色创新行为。主动型绿色创新行为是集群内企业自愿采取行动，减少业务对环境的影响，通过采用绿色技术创新创造竞争优势。这些创新被视为防止污染的环境行为或自愿行为，这些行为需要获得新技术，需要更多的学习和发展竞争性的组织技能。在这种情况下，集群内企业将环境问题视为获得竞争性收益的机会。除了监测和防止污染之外，集群内企业还寻求市场优势，并消除现有环境问题或未来可能出现的威胁。因此，集群内企业通过创造环境友好型产品和服务来构建可持续价值链。他们专注于减少不可再生和可再生资源的消耗，也开始了解消费者的担忧，并与环保非政府组织合作，检查他们的原材料来源和分销渠道。了解可再生和不可再生资源如何影响企业的绿色创新，结合不同行业的商业模型、技术和法规，创造新的可持续的商业模式，形成新的分销形式和为客户提供价值，最终导致企业采用绿色创新（Maçaneiro and Cunha，2014）。另外，反应型绿色创新行为作为遵守规则的行动，这些行动是通过环境立法从外部强加的，即通过控制污染来确保集群内企业遵守法规。他们投资于纠正技术，以解决生产过程结束时的问题，即管道末端技术，这并不要求集群内企业发展生产新技术或新环境过程的技能或能力。采用反应型绿色创新行为的集群内企业不把环境管理作为优先事项，他们投资只是为了遵守环境法规，它是一种体制上的限制，甚至是一种额外费用形式的威胁。

二　集群内企业的绿色创新行为对绿色创新的影响

绿色创新行为越来越被认为是应对可持续发展挑战的关键驱动力，特别是在满足利益相关者需求方面。集群内企业对创造力、技术管理、利用能力、知识管理、内部组织过程和程序的承诺可以支持绿色创新行为。集群内企业采用创新的过程和技术、保持有效的客户关系、集成各种创新战略，并考虑可持续性创新更有可能解决环境可持续发展问题，实现绿色管理积极乐观的态度，采用环境管理实践。集群内企业的绿色创新产品和绿色服务，以及适应环境变化的能力可以帮助实现超越竞争对手的长期利益。从长远来看，集群内企业也可以通过建立卓越的品牌认知度和客户忠诚度来获得先发优势。因而集群内企业的绿色创新行为可能会产生创新和技术进步，使企业能够利用创新和环境友好型战略，而不仅仅是满足法律或监管标准。将环境问题纳入创新战略的组织动机将导致集群内企业绿色创新绩效的提高，因为这些战略是罕见的、有价值的、难以模仿的和不可替代的（Wijethilake et al.，2018）。因此，拥有优秀产品创新战略的企业比拥有低效战略的企业更有可能获得更高的绿色创新绩效。Hart and Dowell（2010）认为，主动的环境行为依赖于特定的和可识别的过程，需要依赖路径和嵌入的能力，是不可复制或不可模仿的。现有文献提供的经验证据表明，创新战略在支持积极主动的环境行为方面发挥着关键作用，进而获得绩效改善（Eiadat et al.，2008；Hansen et al.，2009；Hart and Dowell，2010；Glavas and Mish，2015）。

因此，积极主动的环境行为必须与其他重要方面，特别是绿色创新相结合，使环境可持续努力成为现实的活动。而集群内企业是积极主动地采取绿色创新还是因环境规制而反应型地采取绿色创新可能会受到多个因素的影响，接下来的章节中，我们重点分析影响集群内企业绿色创新行为的驱动因素。

第二节　战略性新兴产业集群内企业
绿色创新的动力机制模型

近年来，由于面临着资源消耗与环境规制的巨大压力，企业的经营方式向低碳、绿色的集约型方式转变已成为一种必然趋势，而实现这种经营方式转变的关键在于绿色创新。绿色创新可以减少对环境的影响或减少能源使用，因而它们有助于纠正经济活动对外部环境的负面影响。在许多情况下，这些负面的外部影响必须通过监管措施内化，因为相应的绿色创新活动由于市场机会而无法实现。尤其是年轻而充满活力的绿色创新领域，如可再生能源的发展，在经济上也是良性的，因为这些绿色创新可能会带来成本节约（Horbach et al.，2014）。因而绿色创新的动力机制问题成了国内外学者关注的焦点。

目前，创新和环境经济学领域正在寻求确定驱动绿色创新的因素（Horbach，2008；del Rio Gonzalez，2009；Hurley et al.，2012；Demirel and Kesidou，2012；del Marchi，2012；Horbach et al.，2012；Azevedo et al.，

2014)。现有文献中除了强调一系列复杂的不同供给因素、企业特征和需求因素外，还强调了监管、成本节约和客户利益的重要作用。我们发现，当前和预期中的政府监管对于推动企业减少空气、水或噪音排放，避免有害物质排放和提高产品可回收性尤为重要。节约成本是减少能源和材料使用的一个重要动机。客户需求是绿色创新的另一个重要来源，有助于企业改善产品或工艺流程，提高材料的利用效率（Hurley et al.，2012）。倾向于创新领域的研究表明，总体需求因素（Horbach，2008），以及与环境相关的利益相关方的合作（Wagner，2007）对绿色创新的产生起着重要的作用。从企业社会责任（CSR）的管理文献来看，对环保产品的需求不一定会导致对绿色创新的投资增加，但会限制在绿色创新上的最低投资，这表明企业对"绿色问题"的承诺。其他学者强调了技术和组织能力在促进制造业企业的绿色创新中的重要性（Horbach，2008）。环境管理系统（EMS）的实施被认为是企业在环境管理方面的强大组织能力的反映，这促进了绿色创新的产生（Wagner，2007；Horbach，2008）。环境经济学领域的研究强调了环境监管和旨在打击企业污染活动的标准的重要性（Kesidou and Demirel，2012）。

在若干实证研究中，监管已被确定为绿色创新的重要决定因素（Cleff and Rennings，1999；Brunnermeier and Cohen，2003），并被称为"规则推拉效应"（Rennings，2000）。Rennings（2000）将技术推动、监管推动和市场拉动确定为绿色创新的三个决定因素。Del Rio Gonzalez（2005）在西班牙制浆造纸行业的一项调查中将监管压力和企业形象确定为采用清洁技术的主要动力。Rennings（2006）和Khanna et al.（2009）已经证明了环境管理系统对绿色创新的重要性，特别是对于引入节省成本的清洁技术，环境管理系统（EMS）似乎非常重要，因为它们有助于克服企业内部不完整的信息。由于信息不完整，组织和协调问题未实现环境和经济上的良性创新，企业无法重新认识绿色创新的成本节约潜力，例如节约能源或材料，所以环境管理系统（EMS）可以作为检测缺乏信息的工具。Canon de Francia et al.（2007）认为面对新环境法规的要求，企业内部拥有更多技术知识可以缓解企业的弱点。Frondel et al.（2007）认为选择单一的政策工具，政策严格性才是环境创新的一个越来越重要的驱动力，面临严格环境监管更有可能进行环境研发。根据德国面板数据，Horbach（2008）研究表明，通过研发改进技术能力会引发绿色创新。公司特定因素也会影响创新决策，例如知识转移机制和参与网络（Wagner，2009）。Kammerer（2009）将市场拉动因素作为绿色创新的决定因素，并认为从基于资源的企业观点来看，"绿色能力"发挥了重要作用。颜建军（2010）在分析原有影响技术创新动力因素的基础上，构建了一种"未来需求预测—综合期望收益"的绿色创新动力机制模型。张光宇（2010）、董颖（2011）、李晓敏（2012）等学者也分析了企业进行绿色创新的多个影响因素。Yalabik（2011）等认为环境规制、市场竞争与消费者对企业进行绿色创新的投入有着重要影响。Jens Horbach et al.（2011）将绿色创新的决定性因素分为规制和政策决定因素、供给侧决定因素、需求侧决定因素。Jansson et al.（2010）认为个人价值观、信念和规范不仅影响对绿色创新的采用，而且影响诸如资源节约或再循环等绿色削减行为。Kesidou and Demirel（2012）从需求因素、组织能力、环境规制三个方面分析了绿色创新的驱动因素，认为环境相关利益者间的合作在绿色创新中发挥重要的作用。Chiavarino（2011）和 Horbach（2012）认为技术进步与政府规制是企业进行绿色创新的主要驱动因素。Doran and Ryan（2012）运用创新产品函数评价了环境规制、消费者预期对绿色创新的影响。Darnall et al.（2012）研究发现，政府和环境非政府组织的信任促进了消费者绿色购买的意愿，而自发的私营企业绿色索赔不能增加消费者的绿色消费。李婉红等（2013）、樊茂清（2013）、赵荣荣和何现（2013）也分析了环境政策对绿色创新的影响。Jasiński and Tuźnik（2013）以波兰中小企业为例，分析了绿色创新的阻碍因素，包括客户对创新解决方案的信任，与地方行政单位的合作，法规的不断变化，市场竞争的加剧，以及市场营销资金缺乏等方面。Muscio et al.（2013）在对意大利葡萄酒生产商进行大规模调查的基础上，全面分析了意大利葡萄酒行业绿色创新的驱动因素，认为业务特点、企业的科学搜索过程和他们的创新战略是绿色创新的关键因素。Hoogendoorn et al.（2014）从企业规模、服务的市场类型、外部支持、环境立法等几个方面分析了中小企业绿色创新实践的驱动因素。蔡乌赶（2014）等从内外部因素分析了企业进行绿色创新的主要动力要素。雷善玉、王焕冉、张淑慧（2014）认为环保企业绿色创新的驱动因素主要包括企业文化、企业的技术能力与市场导向。Lewandowska（2016）认为企业绿色创新的主要驱动因素包括公共财政支持与环境规制。彭雪蓉、应天煜、李旭（2016）认为政府环保导向、客户环保导向、竞争者环保导向、高管环保意识是影响企业绿色创新的主要驱动因素。张雪梅、陈浩、杨秀平（2016）认为技术推动与政策响应是兰州市工业企业绿色创新的主要驱动力。Savaget 和 Carvalho（2016）通过对 98 个巴西企业的调查，统计分析了规制对激发巴西绿色创新的影响。

因此，综合现有国内外学者的研究成果，我们认为战略性新兴产业集群内企业的绿色创新行为主要受到内在驱动力（绿色供给侧驱动）与外在驱动力（包括政府绿色行为驱动与绿色需求侧驱动）的共同驱使。一方面，内在驱动力体现在战略性新兴产业集群内企业的绿色创新精神与绿色能力，以及绿色创新效益与协同机制效应；另一方面，外在驱动力主要包括政府的绿色激励、政府的绿色监管、公众对绿色产品的偏好、绿色技术的进步、绿色市场的竞争。在这些驱动因素的共同作用下，我国战略性新兴产业集群内企业的绿色创新取得了快速发展，在国际市场上获得了更广泛的市场空间与国际竞争力。在此基础上，我们构建出了战略性新兴产业集群内企业绿色创新的动力机制模型（见图 5-1）。下面，我们对集群内企业绿色创新的驱动因素进行进一步分析。

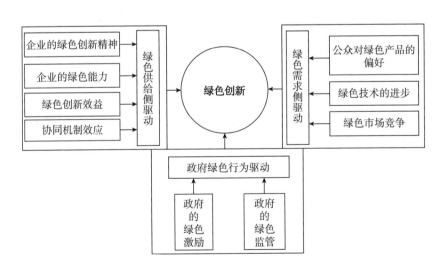

图 5-1　集群内企业绿色创新的动力机制模型

一　政府绿色行为驱动

（一）政府的绿色激励

政府作为绿色市场竞争规则的制定者，其对绿色创新的政策倾向往往会直接影响到战略性新兴产业的未来布局与发展战略，战略性新兴产业在绿色发展过程中，同样需要政府制定各种政策体系来产生绿色创新的激励动力，同时弥补市场失灵等问题（张光宇，2010）。政府在战略性新兴产业集群的形成与发展过程中发挥了重要作用，而企业纷纷选择加入产业集群中的重要原因之一在于政府为集群提供和创造了良好的创新创业环境。那么，对于集群内的绿色创新而言，同样离不开政府的支持，这一点可以从近年来制定并出台的关于加快新兴产业发展与绿色技术发展的各项政策与激励机制得到很好的体现（胡忠瑞，2006）。从世界主要发达国家大力发展低碳经济的历史经验来看，政策法规在低碳经济发展过程中起到了重要支撑作用。为更好地激励集群内企业的绿色创新行为，我国各级政府也先后制定了一系列激励企业进行绿色创新与低碳减排等方面的政策法规，如通过对社会公众进行环境知识的普及，提高社会公众的绿色消费意识，同时通过各种税收减免政策、财政补贴、贷款贴息优惠、公共产品采购政策，以及对绿色技术研发的资助等政策措施来引导和鼓励集群内企业开展绿色创新活动，这为我国发展生态产业集群提供了制度保障，有效激发和鼓励了集群内企业进行绿色创新的动力（王欢芳、胡振华，2011）。同时政府还为集群内企业进行绿色创新提供了有效的法律保障，如知识产权法、专利法、促进科技成果转化法等，这些法律通过激励、指导、教育等手段来推动绿色创新（杨发庭，2014）。另外，各级政府采用各种经济手段来改变集群内企业的生产成本，如将企业的费用支付额与其污染物的排放量相挂钩，以达到激励集群内企业进行绿色创新的目的（王青松，2007）。总之，有一些工具为企业提供了经济刺激，使之在环保方面做得更好，这些"基于市场的"或者"经济方面的"刺激包括税收、废气排放许可和补助。还有些工具是以大众、客户和企业为目标，包括信息和教育措施、环境管理体系、自愿协议。通过此协议，一个行业部门对环境管理部门承诺在一定时间内将污染降低一定的百分比，不达标并不会受到制裁，但是会受到管理部门的威胁（贾卡里略—赫莫斯拉，2014）。

与一般的技术创新活动产生成果不同，绿色创新的产出成果属于一种公共物品，集群内企业在这种创新活动中产生的经济效益强度有限，更多的是环境效益，而这种环境效益无法更好激励企业的绿色创新行为，因而，在此种背景下，政府就需要通过相关的政策措施来弥补企业进行绿色创新所产生的"损失"，从而有效激发企业的绿色创新行为（胡忠瑞，2006）。实践证明，政府的绿色激励机制对集群内企业的绿色创新行为的确起到了积极作用。比如，各级政府通过制定相关环境保护法规来鼓励企业进行绿色创新，运用相关政策手段对企业的绿色创新行为提供各种研发投入支持，同时为避免绿色市场失灵，通过制定相关绿色产品采购政策来保障企业的绿色创新效益，激发企业进行绿色创新的内在动力（王仁文，2014）。所以，政府的支持力度对于激发企业的绿色创新行为具有重要作用。

（二）政府的绿色监管

绿色创新的产生和扩散涉及多种动因，但国家作为绿色创新的诱导者所发挥的作用至关重要。Savaget P and Carvalho（2016）研究调查了98家巴西企业在绿色创新方面的规章制度后发现，监管部门热衷于促进组织和过程的创新，并逐步将政府无法容忍的环境外部性纳入组织内部。大量由监管推动的绿色创新是利用诸如资金和补贴等经济机制产生的，并且产生于主要与供应商的合作安排。规章制度也可能促进高影响的绿色创新，为清洁产品和服务的供应商提供机会。虽然在环境监管对创新的有效影响以及激励方面仍存在争议，但许多研究文献强调创新与监管之间存在正相关关系。这些结果倾向于为所谓的波特假设提供经验支持，根据该假设，设计适当的环境标准可以触发创新，可能部分或大于抵消它们的执行成本。因此，为更好促使企业采取生态化发展战略，政府通过制定一系列禁令与标准等政策措施来监管企业的经营行为，一方面，政府通过加强监管力度，对企业因生产所造成的环境污染等行为进行不同程度的处罚；另一方面，政府通过制定一系列的税收政策，对环境污染超标的企业执行严格的税收政策，提高企业的环境成本，这些都促使企业不得不向生态化发展方向转变，通过绿色创新来减少因污染而引起的成本增加（王莉静，2010）。

在促进重大绿色创新也就是突破程度高的创新时，严格执行法规更为重要。宽松的环境法规不太可能纠正环境或者技术层面的双重外部性问题。尽管任何工具都可以严格执行，但某些措施诸如标准自定和自愿信息披露，通常被认为是偏"软"的，尽管这些措施与任何绿色创新策略中的其他措施组合起来都能起到一定的作用。严格的制度不仅和环境指标的高低程度有关，还与环境法规的执行效力有关。显然，对于追求利益最大化的企业来说，只有在它们相信拒不执行法规的违法行为会被发现并受到严厉惩罚时，才会花成本采取措施改善行为（贾卡里略—赫莫斯拉，2014）。

二　绿色供给侧驱动

（一）集群内企业的绿色创新精神

随着国家可持续发展战略与循环经济的大力提倡，越来越多的社会公众开始关注企业的绿色创新行为（王莉静，2010）。绿色创新常常需要有对环保和创新持特别积极态度的企业文化。这不仅是因为绿色创新从创新的角度看，常常是具有风险性的实践，还因为绿色创新的属性之一是环保（贾卡里略—赫莫斯拉，2014）。在战略性新兴产业集群中，企业的绿色创新精神主要体现在企业对绿色政策的响应、管理者对生态环境的关注、企业家的绿色创新精神。近年来，世界各国都纷纷制定并出台了绿色政策，而这些绿色政策的落地不仅取决于政府的监督与管理，更取决于企业对绿色政策的理解与执行。Wagner and Llerena（2011）指出，企业内部的绿色创新通常是一种自下而上的活动，然而，这需要管理层的后续支持。绿色创新的非正式机制可以替代创新过程中环境方面的系统集成。显然，对绿色政策积极响应的企业更倾向于开展绿色创新活动，特别是对于集群内企业而言，获得政策支持的力度往往要比集群外部企业要多，而且绿色政策在集群内的集中性与在集群绿色创新网络内的快速传播性，都更加有利于集群内企业绿色创新行为的产生。同时，企业管理层面对于环保事务的重视会有助于企业进行绿色创新实践，因为它往往会促使企业采取一个积极的环保策略，会确立环保目标和一个在环保实施方面责任明确的组织结构（贾卡里略—赫莫斯拉，2014）。企业管理者为企业的技术创新战略指明了方向，当企业管理者随时关注生态环境的变化时，他们更多地会考虑到这种生态环境的变化是否会衍生出新的市场需求，因而当新的绿色市场需求出现时，企业管理者就会立即抓住这一机会，推动企业进行绿色研发与技术创新，以提高企业的绿色市场份额，增加企业效益。另外，绿色企业家精神也是集群内企业进行绿色创新的重要前提。绿色企业家精神是一个日益增长的现象，并具有创造解决环境问题所需的创新产品和技术的潜力（York and Venkatara-man, 2010）。绿色企业家精神的其他主要目标包括废物的适当再循环和鼓励使用可再生能源等方面（Uslu et al., 2015）。私营部门投资绿色创业不仅为企业带来期望的促进作用，而且对社会产生积极影响（Silajdz-ic et al., 2014）。在企业进行绿色创新决策的过程中，往往需要企业家具有较强的生态环境意识与高度的社会危机感，他们所考虑的不仅仅是通过绿色创新可以创造出多少经济效益，而更多关注的是绿色创新同时能够带来多大的环境效益（杨发庭，2014）。具有创新精神的企业家往往不会墨守成规，他们会根据市场的动态变化及时调整企业的创新战略，研发新的产品或工艺，以确定企业在绿色产品上的领先优势，提升企业的绿色创新能力，为企业的可持续发展能力提供重要支撑（胡忠瑞，2016）。

（二）集群内企业的绿色能力

这里，企业的绿色能力主要包括企业的资金能力、绿色技术能力、绿色管理能力、绿色组织能力与网络能力。一个企业要想宣称自己是真正可持续发展的，就必须在广泛的业务领域展示自己的技能、知识和能力，例如：它需要长期关注相关的经济、环境和社会影响（Mirchandani and Ikerd, 2008；Borland, 2009；Leon-Soriano, Munoz-Torres and Chalme-ta-Rosalen, 2010）；通过遵守与企业行为相关的规则和程序，公开报道和透明度，实现企业治理的高标准和获得利益相关方参与（Crews D., 2010；Smith and Sharicz, 2011）；通过优化整合产品和工艺的创新、高效和有效的自然和社会资源的使用，维持员工的能力和技能，同时保持一个高水平的员工的满意度和动机（Morsing and Oswald, 2009；Bonn and Fisher, 2011）。

显然，集群内企业的绿色能力越强，企业的绿色创新行为也越容易发生。首先，绿色创新常常需要企业投入巨资，短期内成本也许不能收回。因此，那些资金实力较强的企业更可能会积极地进行绿色创新（贾卡里略—赫莫斯拉，2014）。其次，绿色创新对企业有较高的技能要求，这些技能既可以是企业自身开发的，也可以从其他企业获得。因此，集群内企业在开展绿色创新活动的过程中，同样需要有先进绿色技术的支撑，因而这就需要集群内企业具备研发与运用绿色技术的能力，以满足生产绿色产品或改进绿色工艺的需要。开发绿色创新需要有技术支持。

再次，集群内企业在进行绿色创新的过程中，无论是绿色技术的研发，还是绿色产品的生产与绿色工艺的改进，以及后期绿色产品的上市等方面，都需要投入大量创新资源，这就需要集群内企业具备较强的绿色组织能力与绿色管理能力，从而对整个绿色创新全过程进行合理组织安排与管理，有效保障绿色创新活动的顺利进行与获取较好的绿色创新效益。Kesidou and Demirel（2012）以英国公司为样本展示了组织因素在决定绿色创新投资中的重要性。Horbach et al.（2012）强调了组织能力以及其他一些因素，如何被纳入绿色创新的决定因素。最后，在战略性新兴产业集群这样一个复杂社会网络中，每个集群内企业由于自身的绿色能力以及在网络中的结构中位置不同，集群内企业之间的网络能力也存在较大的差异，这种网络能力就包括该集群内企业绿色创新资源的获取能力、整合优化能力与创生能力。对于集群内企业而言，开展绿色创新活动需要投入大量的创新资源，而集群内集聚着各种可以共享的创新资源，这些资源为集群内企业的绿色创新行为提供了便利，这就取决于集群绿色创新的网络能力，即如何通过与集群绿色创新网络内的政府、高校或科研机构、竞争对手、供应商、用户等多主体间进行有效互动来提高自身获取资源的能力，以及对所获得的资源如何进行有效的资源整合与优化的能力，以创生出新的产出物，从而有效保障集群内企业绿色创新活动的成功。

（三）绿色创新效益

绿色创新被理解为竞争绩效和环境绩效的综合改善。如果说绿色创新是社会的动力，那么经济增长、社会发展和环境完整性就是可持续性的基本要素。绩效是复杂的社会经济过程的结果，具有不同的维度（环境和竞争）和水平（微观和宏观）。新经济不仅是知识经济，也是基于负责任行为的经济。在基于知识的发展中，增长和繁荣的关键在于获取、创造、开发和应用知识，以实现可持续的经济、社会和环境发展（Cabrita et al.，2014）。尽管监管具有激励作用，但绿色创新不能被视为受到监管后的系统性反应。与市场条件和企业技术能力相关的其他因素决定了受监管企业的技术响应。一些实证研究强调，节约成本和提高生产力是决定绿色创新的因素，特别是对于过程环境创新和清洁技术。正如 Frondel et al.（2007）所强调的那样，清洁技术的创新往往受到成本节约和监管的驱动。节约成本是企业绿色创新活动的主要目标之一，特别是能够引发更清洁技术的材料和能源节约（Horbach et al. , 2012）。

对于集群内企业而言，进行绿色创新的主要目的是为了获得更多的绿色创新效益，特别是近年来，在国家大力提倡可持续发展与生态文明建设的背景下，绿色发展成为了共识，人们对绿色产品的关注并不是只局限于产品的生态过程，而是围绕整个产品的生命周期，因此，随着公众整体绿色消费意识的提高，这毫无疑问就会导致企业生产成本的增加，集群内企业必须不断地增加绿色技术的研发投入，借助绿色创新来改善绿色产品生产工艺来抵消生产成本的增加。通过科技成果的转化来拓展企业的绿色市场，提高企业的绿色竞争力和绿色创新效益（张光宇，2010；杨发庭，2014）。另外，集群内企业可以通过引进吸收新的绿色技术或生态工艺流程来生产绿色产品，提高现有产品的市场占有率，也可以通过提高绿色产品的价格来增加企业利润。同时，由于生产产品的资源受到限制，而集群内企业的生态化发展鼓励资源的循环利用，可以有效降低企业生产成本，提高其绿色创新效益（王莉静，2010）。从短期来看，集群内企业在实施绿色创新的过程中会提高其生产成本，但从企业的长远发展来看，由于政府对于绿色发展的大力支持以及社会公众对绿色产品的需求，企业将会在各方面获得优势，从而可以在很大程度上降低企业的绿色创新成本，获得长期效益（王青松，2007）。因而绿色创新效益也可能会影响集群内企业的绿色创新行为。

（四）协同机制效应

在战略性新兴产业集群中，地理位置上的集聚性使得同行业间的竞争更为激烈，提高了彼此之间的竞争强度，特别是在国家大力提倡生态文明建设背景下，集群内的企业急需实施绿色创新战略，通过绿色创新来降低绿色生产成本（蔡铂、聂鸣，2006）。同时，由于绿色创新的双重外部性、新兴产业技术的复杂性，以及集群内中小企业自身能力的有限性，企业往往会选择与其他企业、高校或科研机构进行合作开发新兴绿色技术，通过此种协同创新的方式来实现共享资源与分担风险，因而协同创新也成了集群内企业进行绿色创新的重要动因。

战略性新兴产业集群内普遍存与竞争对手的合作协同关系，而这种协同机制为集群内企业进行绿色创新提供了有力保障，一方面，协同机制能够产生资源溢出效应。在战略性新兴产业集群内，由于每个企业自身所拥有的资源存在差异化，而这种差异化的资源正是企业进行绿色创新所欠缺的，企业之间通过协同机制可以有效实现优势资源的共享与互补，这对于想创新而又缺乏创新资源与能力的企业而言，毫无疑问是"雪中送炭"，因而通过这种协同机制可以整合资源或创生资源，从而创造出新的附加值，实现集群整体绿色创新效益的帕累托最优；另一方面，协同机制能够产生规模效益。随着战略性新兴产业集群发展的不断深入与成熟，集群内企业之间依托各种绿色创新合作，形成了错综复杂的各种纵向与横向网络，这种网络的形成有效促进了各种技术、信息、知识等在网络内的会聚，产生了巨大的资源，同时这种网络关系对于企业的绿色创新本身也是一种资源，所以这些都有利于提升集群内企业的绿色创新能力与创新规模，进而也增强了集群内企业在全球价值链上的竞争优势（张秀生，2005）。因此，战略性新兴产业集群内的协同机制效应也可能会影响集群内企业的绿色创新行为。

三 绿色需求侧驱动

（一）公众对绿色产品的偏好

近年来，社会、投资者和政府在其购买决定中考虑了与环境保护相关的问题（Garrido-Baserba et al.，2016），这一点特别适用于各行各业的商业投资。这样做的结果是，许多企业通过采用环境创新的理念，也就是所谓的绿色创新（Scarpellini et al.，2012），努力实现卓越的环境和经济效益（Del Río et al.，2010）。根据 Popp et al.（2007）和 Horbach（2008）的研究结果，客户需求和公众压力是绿色创新的重要驱动力。与非绿色创新相比，需求拉动效应受到环境政策（如法规或税收）的强烈煽动或支持，这些政策旨在影响消费者的内在和外在动机。

需求拉动理论认为，市场是企业进行绿色创新活动的基础起点，也是绿色创新实现企业最终目标的场所。绿色需求及其所产生的社会绿色市场势必为集群内企业开展绿色创新提供强大动力（张光宇，2010）。显然，对于任何一项绿色创新活动而言，社会公众需求是其进行绿色创新的重要动力，无论是生态产品的设计还是生态工艺流程的改进，其最终目的都是为了满足社会公众对绿色产品的偏好。近年来，随着人们对生活质量要求的提高与绿色消费意识的增强，他们更倾向于在绿色产品上投入更多（杨发庭，2014），而这些绿色消费意识的变化必然会延伸出更多的空白需求，因而在扩大企业的绿色市场的同时，也为企业绿色创新提出了新的方向和要求，特别是在战略性新兴产业集群内，各种从事新兴产业的企业在地理位置上的集聚，为这些新兴绿色消费需求的快速扩散提供了平台，从而可以更快地让集群内的企业知晓公众的绿色消费需求，同时将这些绿色消费需求转化为企业的经营战略和经济效益，有效激发了企业的绿色创新行为。特别是在非绿色市场空间有限的情况下，企业更应该抓住公众的绿色需求来进行绿色创新，以研发设计出满足公众绿色消费需求的生态产品，从而为企业在激烈的竞争中占领更大的市场空间，提高企业的生态竞争力（杨发庭，2014）。当然，站在市场的角度来讲，公众绿色消费意识的增强也将对企业的绿色创新行为起到监督作用（胡忠瑞，2006）。

另外，社会公众对环境的保护意识在不断增强，自身的消费方式与价值观念也发生了较大变化，大部分公众在消费的过程中，考虑的不仅仅是产品给自身健康带来的隐患，同时还会关注产品的消费对其外部生活环境会带来什么样的危害，这对企业产品的生产与管理就提出了更高的要求，这也说明社会公众对绿色产品的需求在逐渐增加，绿色消费终将成为 21 世纪的新消费主流。绿色创新作为一种战略，在保护生态系统的同时为满足购买者的需求提供了巨大的机会。世界各地的消费者越来越多地寻求购买环保、生态友好或绿色的产品和服务。"绿色"标签为企业提供了一种真正的激励，促使企业不断创新，创造新的市场机会，并满足消费者的新要求，从而建立和增强客户资本（Leal‐Millan et al.，2016）。因而集群内企业面对不断变化的绿色市场与绿色需求，唯有以适应市场真实需求为基础，来不断调整自身的经营战略，大力实施绿色生产与绿色管理，才能在激烈的竞争中取得胜利（王莉静，2010）。

（二）绿色技术的进步

在战略性新兴产业集群中，集群内企业在大力实施绿色化进程中，要实现能源与各种资源的高效使用，同时循环使用各种废弃物质，就需要各种绿色技术的支撑（王莉静，2010）。而绿色创新必然能够有效解决经济社会快速发展与环境承载能力的关系。近年来，世界各国，特别是发达国家对环境技术的研发投入在不断增加，也产生了大量的环境技术专利，根据 OECD 数据显示[①]，2014 年，美国的环境技术专利数为285096 件，日本为 265959 件，韩国为 164074 件，中国为 801135 件，从

---

① 参见 OECD 数据库 2014 年数据。

这些数据可以看出，中国在 2014 年的环境技术专利产出比较可观，这也正好反映了我国对生态环境保护与可持续性发展的大力提倡。而这些新的环境技术专利一旦投入企业的实际生产过程中，往往可能会产生新的绿色产品或绿色工艺，从而可能会为其带来新的市场空间和新的经济增长点，或是有效提高企业的绿色生产能力，节约了生产成本，进而产生较强的绿色创新效益。因此，一旦某种新兴技术在市场上投入使用后能够产生的效益强度就会越大。集群作为一个具有特殊网络结构的复杂社会网络，网络内的信息传播迅速，有利于集群内的其他企业快速掌握环境技术信息，提高了集群内企业进行绿色创新的自信心，降低了绿色创新所带来的风险，进而采用这种新的绿色技术进行研发创新活动，以提高自身的绿色创新能力与市场竞争力。同时，绿色技术水平的持续发展，可以为集群内企业开展绿色创新提供便利，比如为集群内企业绿色产品的涌现与绿色工艺流程的改善提供技术支撑，因而绿色技术的发展对推动集群内企业的绿色创新具有重要的作用（胡忠瑞，2006；张光宇，2010）。

（三）绿色市场竞争

目前，在全球绿色经济发展背景下，绿色意识已渗透到生产、贸易、与消费等各个领域，企业间的竞争由原来的"市场竞争"逐渐演变为"绿色市场竞争"，绿色俨然已成为集群内企业竞争的重要手段。绿色创新涉及创建或增强"绿色"产品或"生态高效"的生产工艺，从而改善环境绩效。市场已经认识到了绿色创新的价值，特别是对于产品驱动的举措（Michael Sheppard，2007）。在这种绿色市场竞争环境下，集群内企业与竞争对手比拼的是如何快速占领绿色市场，并如何有效地满足绿色市场所形成的绿色需求，因而集群内企业想要在绿色市场激烈的竞争中获胜，就需要主动采取绿色创新战略以应对市场竞争者，加大对绿色技术的投入积累，大力开展绿色创新，建立自身的绿色优势，从而在有限的绿色市场中提高市场份额，通过这种绿色创新来获取新的创新效益，提高集群整体的竞争能力（王青松，2007；张光宇，2010；王莉静，2010）。因此，绿色市场的竞争压力也可能会影响集群内企业的绿色创新行为。

第三节 产业集群内企业绿色创新的
动力机制的实证研究设计

一 数据来源

为收集研究所用数据，我们先后对北京、广州、武汉、贵阳、济南等地区的高新区企业进行了调查，共发放问卷 575 份，回收问卷 484 份，有效回收率为 84.17%，被调查企业的基本信息如表 5-1 所示。根据表 5-1 的数据显示，被调查企业规模主要是 100 人以内和 100—500 人，这说明我们的调查对象主要是中小企业；所属行业主要涉及装备制造产业、新材料产业、新能源汽车产业、节能环保产业、相关服务业等行业；调查的企业中民营企业占比最高，达到 61.29%；企业的成立年限大多数处于1—5 年。

表 5-1 样本描述

变量	属性	百分比（%）
企业规模	100 人以内	32.26
	100—500 人	38.71
	501—1000 人	3.23
	1000 人以上	25.81
行业	装备制造产业	12.9
	相关服务业	13.23
	新材料产业	9.68
	新能源汽车产业	16.13
	节能环保产业	19.35
	生物产业	16.45
	其他	12.26
所有制性质	跨国企业	12.9
	国有企业	22.58
	民营企业	61.29
	其他	3.23

续表

变量	属性	百分比（%）
企业年龄	1 年以下	3.23
	1—3 年	32.26
	3—5 年	29.03
	5—10 年	16.16
	10 年以上	19.35

二　变量测度

（一）因变量

我们采用绿色过程创新、绿色产品和服务创新来对集群内企业的绿色创新行为进行衡量。

一方面，绿色创新的目的是实现企业的可持续性发展，减少环境影响，通过改进工艺路线、引进新技术来改善资源效率、最大限度地使用可再生资源，并提高再循环能力。因此，为衡量集群内企业的绿色过程创新，我们设计了 5 个问题：贵企业对原有的生产工艺路线进行了改造或替换；贵企业引进了新技术进行产品生产制造；贵企业对原有的工艺流程或核心设备进行了更新以降低新产品生产能耗；贵企业对环境危害大的原材料进行了替换；贵企业对一些资源进行了企业内部的循环再利用，提高了资源的使用效率。

另一方面，对于集群内企业的绿色产品和服务创新，我们设计了 4 个问题：贵企业对绿色产品的环境绩效进行了评价；贵企业在开发绿色产品的过程中考虑到了产品的环境性能；贵企业对产品进行了 ISO14001 或者其他有关环保的认证；贵企业重视研发易循环再利用的绿色产品。

因此，为了衡量集群内企业的绿色创新行为，我们运用上述设计的 9 个问题来进行度量。问卷填写者根据每个问题有 5 个选择"完全不同意"（用数字"1"表示）、"不同意"（用数字"2"表示）、"一般"（用数字"3"表示）、"同意"（用数字"4"表示）、"完全同意"（用数字"5"表示），以下的每个变量都是如此，不再重复提及。

（二）自变量

1. 政府绿色行为驱动

（1）政府的绿色激励。政府作为绿色市场竞争规则的制定者，其对绿色创新的政策倾向往往会直接影响到集群内企业的绿色创新行为，政府对绿色创新的外部支持主要体现在对研发的投入、财政补贴、税收减免、产品公共采购等方面，因此，为评价政府的绿色激励对集群内企业绿色创新行为的影响，我们设计了 3 个问题：政府为贵企业的绿色创新行为提供了研发投入支持与财政补贴、政府为贵企业的绿色创新行为进行了税收减免、政府对贵企业的绿色产品/服务进行了集中采购。

（2）政府的绿色监管。为减少企业生产活动过程中的环境负外部性，政府需通过制定一系列禁令与标准等政策措施来监管企业的经营行为。Manderson and Kneller（2012）对环境法规的严格性进行了具体的衡量，这一标准涵盖了环境政策的差异。因此，我们在评价政府的绿色监管对集群内企业绿色创新行为的影响时，设计了以下两个问题：政府对环境破坏的惩罚对贵企业的绿色创新行为影响很大，以及提高企业新产品的环保标准对贵企业的绿色创新行为影响很大。

2. 绿色供给侧驱动

（1）集群内企业的绿色创新精神。绿色创新常常需要企业内部高度重视环保，同时具有支持革新、对环保和创新持特别积极态度的企业文化，更重要在于企业对绿色政策的响应、管理者对生态环境的关注、企业家的绿色创新精神等方面。因此，为了评价企业的绿色创新精神对集群内企业绿色创新行为的影响，我们设计了以下 8 个问题：贵企业具有较强的社会责任和绿色环保意识；贵企业积极响应并贯彻执行与环保有关的绿色政策；贵企业高层管理者经常关注绿色创新发展趋势的信息；贵企业高层管理者认为环境问题是机会，对企业绿色创新很重要；贵企业相信环境管理与环保可以增加企业声誉；贵企业将研发支出的较高比例投资于绿色创新；贵企业采用了新的环境管理系统（如 ISO14001）；贵企业具有规范的环境管理制度与完善的环境管理体系。

（2）集群内企业的绿色能力。集群内企业要真正实现可持续性发展，在绿色创新的开发与实施过程中就必须在广泛的业务领域展示自己的技能、知识和能力，包括企业的资金能力、绿色技术能力、绿色管理能力、绿色组织能力与网络能力等方面，因此，为了评价集群内企业的绿色能力对集群内企业绿色创新行为的影响，我们设计了以下 7 个问题：企业自身创新技术研发能力对贵企业进行绿色创新很重要；环保技术成熟对贵企业进行绿色创新很重要；贵企业能够快速有效地组织公司相关人员开展绿色创新活动；贵企业中高层管理者具有很强的绿色创新活动管理能力；企业吸收外部技术的能力对贵企业进行绿色创新很重要；企业自身技术人才数量对贵企业进行绿色创新很重要；企业的自有资金和从外部获得更多的资金支持对贵企业进行绿色创新很重要。

（3）绿色创新效益。绿色创新是社会经济和环境绩效改善的综合体现，一些实证研究强调，节约成本和提高生产力是决定绿色创新的因素，特别是对于过程环境创新和清洁技术。因此，为评价绿色创新效益对集群内企业绿色创新行为的影响，我们设计了以下4个问题：绿色创新使贵企业有更好的赢利能力；环保投资带给企业更好的商业回报；绿色创新能够降低贵企业成本；绿色创新能够提高贵企业生产效率。

（4）协同机制效应。战略性新兴产业集群内普遍存在与竞争对手的协同关系，而这种协同机制可以整合优化集群内资源或创生出新资源，创造出新的附加值，产生资源溢出效应与规模效益，从而可以提供更好的绿色产品或服务，提高企业的竞争优势。因此，为评价集群内企业之间的协同机制效应对集群内企业绿色创新行为的影响，我们设计了以下7个问题：投资更为环保的产品和工艺研发，可以提高贵企业的竞争优势；绿色创新使贵企业提供比竞争者更好的产品或服务质量；国内外竞争对手的绿色创新行为给贵企业带来了竞争压力；贵企业与绿色创新利益相关者保持密切的合作，共同进行绿色创新；贵企业通过合作能及时获得绿色创新的资金支持；贵企业通过合作能及时获得政府部门对其绿色创新的支持；贵企业通过合作能及时获得用户对产品环境性能的反馈信息。

3. 绿色需求侧驱动

（1）公众对绿色产品的偏好。市场是企业开展绿色创新活动的起点，也是绿色创新实现企业最终目标的场所。因而对于任何一项绿色创新活动而言，社会公众需求是其进行绿色创新的重要动力，无论是生态产品的设计，还是生态工艺流程的改进，其最终目的都是为了满足社会公众对绿色产品的偏好。因此，为评价公众对绿色产品的偏好对集群内企业绿色创新行为的影响：我们设计了以下4个问题：消费者看重产品或服务是否有环保认证标志对企业绿色创新很重要；客户对产品环保标准的要求对企业实施绿色创新很重要；客户重视产品所蕴含的绿色概念对企业实施绿色创新很重要；消费者收入水平对贵企业进行绿色创新的影响很大。

（2）绿色技术的进步。新的绿色技术一旦投入到企业的实际生产过程中，往往会起到提高资源效率、减少非期望产出、节约企业生产成本的重要作用，从而可能会为其带来新的市场空间和新的经济增长点。因此，为评价绿色技术的进步对集群内企业绿色创新行为的影响，我们设计了以下4个问题：新绿色技术对贵企业的绿色创新具有显著的节能效果；新绿色技术对贵企业的绿色创新具有显著的节约资源投入效果；新绿色技术对贵企业的绿色创新具有显著的碳排放减排效果；新绿色技术给贵企业的绿色创新产生了显著的经济效益。

（3）绿色市场的竞争。市场已经认识到绿色创新的价值，对于企业而言，绿色创新创建"绿色"产品或增强"生态高效"的生产工艺，或许可以借此快速占领绿色市场，获得消费者的认可，改善环境绩效，提高企业的市场竞争优势。因此，为评价绿色市场的竞争对集群内企业绿色创新行为的影响，我们设计了以下3个问题：通过绿色创新能够提高贵企业的绿色市场份额；通过绿色创新能够帮助贵企业树立良好的绿色市场形象；通过开发绿色产品或服务能够增强贵企业绿色市场的竞争优势。

（三）控制变量

1. 企业规模

小企业通常是财务、人力和技术资源禀赋低于大企业的组织。因此，它们可能缺乏开发绿色创新的内部专门知识，或者没有购买他人开发的创新产品。因此，他们不太可能参与绿色创新。此外，他们可能会遭受规模劣势。这意味着更大的公司规模通常与更先进的清洁技术的采用相关（Carrillo-Hermosilla et al.，2009）。同时，大企业拥有的专利数要比小企业多，通常更可能采用革新程度更高的清洁技术，而且大企业可能知名度较大，往往更会受到更高级别消费者的关注，因而大企业的创新活动也有可能更多一些。因此，我们只设计了1个问题：企业自身规模大小对贵企业进行绿色创新影响很大。这里，我们将企业规模分为100人以内、100—500人、501—1000人和1000人以上四个类型。

2. 企业年限

目前，关于企业年限对绿色创新行为的影响存在一定争论，一方面，有的学者认为老企业可能积累了更多的知识、技术和人力资本（尤其是隐性知识）；另一方面，在多年使用相同方法的老企业中，可能存在更多的技术和文化惰性，这使得他们不太愿意参与绿色创新所需的战略、组织和技术变革，特别是在根本性变革方面（Carrillo-Hermosilla et al.，2009）。因此，我们同样只设计了 1 个问题：企业发展年限对贵企业进行绿色创新影响很大。这里，我们将企业年龄分为 1 年以内、1—3 年、3—5 年、5—10 年和 10 年以上。

三 信度及效度检验

（一）信度检验

信度检验结果如表 5-2 所示，变量的 Cronbach's α 系数值大于 0.7，通过了信度检验，这也说明了量表的设计是符合信度要求的。

从表 5-2 可知：信度系数值为 0.958，大于 0.9，说明研究数据信度质量很高。从"项已删除的 α 系数"可以看出，分析项被删除后的信度系数值并没有明显的提升，这说明问卷设计的题项全部均应该保留。从"CITC 值"可以看出，分析项对应的 CITC 值全部均高于 0.4，这说明分析项之间具有良好的相关关系，同时也说明信度水平良好。

表 5-2　　　　　　　　　变量测量及信度检验结果

Cronbach 信度分析			
变量名称	校正项总计相关性（CITC）	项已删除的 α 系数	Cronbach α 系数
绿色创新行为	0.931	0.95	0.958
绿色市场的竞争	0.937	0.951	
绿色技术的进步	0.914	0.951	
公众对绿色产品的偏好	0.798	0.954	
协同机制效应	0.944	0.95	
绿色创新效益	0.8	0.954	
集群内企业的绿色能力	0.871	0.952	
集群内企业的绿色创新精神	0.866	0.953	
政府的绿色监管	0.828	0.954	
政府的绿色激励	0.619	0.96	

续表

Cronbach 信度分析			
变量名称	校正项总计相关性（CITC）	项已删除的 α 系数	Cronbach α 系数
企业规模	0.592	0.96	0.958
企业年限	0.455	0.964	

（二）效度检验

我们采用探索因子分析来检验战略性新兴产业集群内企业绿色创新动力机制的实证量表的效度。效度检验的结果如表 5-3 所示，检验结果表明，KMO 值为 0.827，这也说明变量测度是有效的。

表 5-3 变量测量及因子分析结果

变量名称	因子载荷系数		共同度
	因子 1	因子 2	
绿色创新行为	0.934	0.231	0.926
绿色市场的竞争	0.918	0.288	0.926
绿色技术的进步	0.836	0.415	0.87
公众对绿色产品的偏好	0.786	0.299	0.707
协同机制效应	0.911	0.311	0.927
绿色创新效益	0.772	0.315	0.695
集群内企业的绿色能力	0.902	0.197	0.853
集群内企业的绿色创新精神	0.934	0.107	0.884
政府的绿色监管	0.847	0.221	0.767
政府的绿色激励	0.731	0.004	0.535
企业规模	0.285	0.932	0.95
企业年限	0.134	0.951	0.922
特征根值（旋转前）	8.493	1.469	—
方差解释率（旋转前）	70.775%	12.240%	—
累积方差解释率（旋转前）	70.775%	83.015%	—
特征根值（旋转后）	7.497	2.465	—

变量名称	因子载荷系数		共同度
	因子 1	因子 2	
方差解释率（旋转后）	62.476%	20.538%	——
累积方差解释率（旋转后）	62.476%	83.015%	——
KMO 值	0.827		——
巴特球形值	470.207		——
df	66		——
p 值	0		——

从表 5-3 可知：所有研究项对应的共同度值均高于 0.4，说明研究项信息可以被有效地提取。同时，2 个因子的方差解释率值分别是 62.476%、20.538%，旋转后累积方差解释率为 83.015%＞50%，说明研究项的信息量可以有效地提取出来。因此，上述分析结果表明量表设计是符合信度与效度的要求的。

第四节　产业集群内企业绿色创新的动力机制的实证过程分析

一　理论假设

（一）政府绿色行为驱动

目前，许多学者将规制视为绿色创新的重要决定因素。Frondel et al.（2007）通过研究表明，政策紧缩已成为绿色创新的重要驱动因素，而且环境规制在不同的绿色创新领域所产生的影响也存在差异。Horbach（2008）同样基于专利数据的分析视角，得出了环境规制和减少成本是绿色创新的主要决定因素。王炳成、李洪伟（2009）通过研究发现，国家法规对制造企业的绿色产品创新产生了显著影响。Johnstone and Kalamova（2010）研究发现，基于税收和可交易许可的创新法规比严格的绩效标准或基于技术的控制更有效地诱导绿色创新。Leitner and France（2010）认为合理地制定环境规制可以激励创新的产生，从而补偿创新成本和提高企业的竞争优势，特别是这种新型创新在国际上得到扩散。Rassier and Earnhart（2010）认为严格的水污染规制增加了成本，因而降低了化学制药业上市公司的盈利能力。Brännlund and Lundgren（2010）通过研究发现，CO_2 税收减少了瑞典大多数企业的盈利能力，特别是一些能源产业。Garcia and Mohnen（2010）研究表明，中央政府的支持增加了研发活动的强度，以及创新产品的市场份额。Norman and Klofsten（2010）认为政府干预不仅直接影响创新绩效，而且还会间接影响企业市场知识的提高和改善与第三方的关系。Czarnitzki et al.（2011）认为政府拥有广泛的工具，可以支持公司，如递延税款、减税、研发活动的优惠贷款，以及建立技术实验室和创新集群，进而引发创新绩效的增加。Rennings and Rammer（2011）认为规制会影响到企业绿色创新的方向和进展。Ambec et al.（2011）认为设计良好的规制能激发创新，而且在很多情况下这些创新可以抵消规制成本。Lanoie et al.（2011）通过研究发现，环境规制能激发创新，而且因规制增加的成本可以被这种新的创新部分抵消。Demirel and Kesidou（2011）研究发现，环境规制对末端治理技术、产品创新的投资产生重要影响，但是对清洁技术的影响不大。OFWAT（2011）认为规制可以通过激励企业差异化思考和提供如何改变与采纳他们技术的信息来驱动创新。Chen et al.（2012）认为环保法规是企业进行绿色创新的外部动力。许士春（2012）认为环境规制措施会影响到企业进行绿色创新。许晓燕等（2013）通过研究得出，与"命令—控制型"规制相比，"市场激励型"规制更能激发企业的绿色创新行为。

因此，我们提出以下假设：

H1a：政府的绿色激励与集群内企业的绿色创新行为积极相关。

H1b：政府的绿色监管与集群内企业的绿色创新行为积极相关。

（二）绿色供给侧驱动

关于企业的绿色创新精神的影响方面，Fergussonand Langford（2006）通过研究发现，企业绿色创新行为与企业管理者对环境的关注程度有关，而且两者之间呈正相关关系。Leenders and Chander（2013）研究发现，与外部因素相比，企业的环保意识与产品的质量管理等因素更能激发企业的绿色创新行为。Sarkar（2013）表明，绿色创新行动为工业创造了可持续发展，并改善了绿色增长。关于企业的绿色能力的影响方面，Rennings et al.（2006）、Rehfeld et al.（2007）、Wagner（2008）、

Khanna et al.（2009）认为环境管理系统对绿色创新至关重要。Wagner（2007）和 Horbach（2008）认为环境管理系统（EMS）的实施体现了企业在环境管理方面的强大组织能力，而这种组织能力使得绿色创新更加容易。Yousef Eiadat et al.（2008）、Qui et al.（2010）通过研究也证实了这一研究结论，他们均认为企业管理者对环境的重视程度是企业最终是否采取绿色创新战略，以及实施绿色创新的关键因素之一。当然，也有学者通过研究得出了不同的结论，如 Buyukkeklik et al.（2010）通过研究表明，虽然企业管理者对环境产生了一定的关注，但也并不表示这些企业就采取绿色创新行为。Kemp et al.（2007）认为那些在污染控制、绿色产业设计、效率能源使用等领域建立组织能力的企业最有可能进行绿色创新。Canon de Francia et al.（2007）认为绿色创新需要大量的技术知识，而这些技术知识的可获得性能够促使企业更好地适应新环境规制的需求。Triebswetter et al.（2008）认为企业的创新和知识积累得越多，绿色创新的能力就越大，从事研发活动越多的企业可能被认为拥有更多的绿色创新潜力。Lin and Ho（2008）通过研究物流公司发现，人才资本与组织等因素会影响到物流企业的绿色创新。Horbach（2008）通过研究发现，技术能力和组织能力在激励制造企业绿色创新中发挥着重要作用，提高企业的技术研发能力，可以有效激励企业的绿色创新行为。Wagner（2009）认为创新网络内的知识转移机制会影响到网络内企业的绿色创新决策行为。Kammerer（2009）基于企业资源的视角，认为企业的"绿色能力"在绿色创新决策中发挥着重要的作用。Horbach（2008，2010）认为企业的绿色创新决策受到企业战略的影响。Kesidou and Demirel（2010）认为企业的技术能力和组织能力是绿色创新的重要诱因。关于绿色创新效益的影响方面，Horbach（2008）在研究德国制造业企业中发现，那些期望增加营业额的企业更有可能进行绿色创新。国内部分学者也认为绿色创新可以提高现有产品的市场占有率，减少生产成本，同时通过提高绿色产品的价格来增加企业利润，以提高企业的绿色竞争力和绿色创新效益（王青松，2007；张光宇，2010；王莉静，2010；杨发庭，2014）。李晓敏（2012）认为创新预期成本是企业绿色创新的重要动力。关于协同机制效应的影响方面，胡忠瑞（2006）认为企业间的合作是推动企业进行绿色创新的重要动力。Wagner（2007）在研究德国制造业企业时发现环境相关利益者间的合作是绿色创新中的重要决定因素。Cainelli et al.（2011）认为企业间的竞争与合作关系能够驱动绿色创新。

因此，我们提出以下假设：

H2a：集群内企业的绿色创新精神与集群内企业的绿色创新行为积极相关。

H2b：集群内企业的绿色能力与集群内企业的绿色创新行为积极相关。

H2c：绿色创新效益与集群内企业的绿色创新行为积极相关。

H2d：协同机制效应与集群内企业的绿色创新行为积极相关。

（三）绿色需求侧驱动

许多研究者发现消费者需求是绿色创新的关键驱动因素，Wagner（2007）、Rehfeld et al.（2007）和 Horback（2008）认为需求侧驱动因素在绿色创新扩散阶段产生的作用更大。Van den Bergh（2008）和 Brohmann et al.（2009）认为消费者同样能够驱动企业进行绿色创新。Manget and Münnich（2009）研究发现加拿大、法国、德国、意大利、日本、西班牙、英国和美国的消费者愿意多支付 5%—10% 费用于绿色产品上。Kammerer（2009）基于消费者利益视角，分析了绿色创新的决定性因素，他认为消费者利益在企业进行绿色创新过程中发挥了非常重要的作用。Weng and Lin（2011）通过研究发现，消费者与市场等因素对企业的绿色创新会产生显著影响。当然，也有学者得出了相反的结论。Belin and Oltra（2009）认为需求侧因素一般是创新的诱发因素而不是绿色创新。Kesidou and Demirel（2010）研究发现消费者需求和企业社会责任的社会要求影响企业绿色创新但没有影响投资水平。王欢芳（2011）认为公众低碳消费意识增强会激发企业的绿色创新行为。李晓敏（2012）认为产品的市场需求是企业进行绿色创新的重要驱动因素。关于绿色技术的进步影响方面，陈理飞（2007）、吴勇（2008）认为科技推动是企业进行绿色创新的驱动因素之一。Rehfeld et al.（2007）和 Horback（2008）认为技术推动驱动因素对于绿色创新的初始发展阶段特别重要。Machiba（2010）指出非技术的改变将会导致较高的环境效益。Ekins（2010）and Kesidou（2011）认为绿色技术机制与清洁技术与环境研发或者绿色产品创新有关。在绿色市场竞争方面，国内学者认为集群内企业想要在绿色市场激烈的竞争中获胜，就需要主动采取绿色创新战略以应对市场竞争者，增强对绿色技术的投入积累，大力开展绿色创新（王青松，2007；张光宇，2010；王莉静，2010）。

因此，我们提出以下假设：

H3a：公众对绿色产品的偏好与集群内企业的绿色创新行为积极相关。

H3b：绿色技术的进步与集群内企业的绿色创新行为积极相关。

H3c：绿色市场的竞争与集群内企业的绿色创新行为积极相关。

（四）企业规模

与大企业相比，小企业的资金、人力和技术资源通常较少。因此，它们也许会缺乏专业技能来开发绿色创新，或者缺少必需的内部资金来购买其他企业开发的创新成果。另外，规模小使它们处于劣势。这意味着较大的企业规模通常更可能采用革新程度更高的清洁技术（贾卡里略—赫莫斯拉，2014）。许多研究显示，其他企业特征可能同样会影响到绿色创新的可能性。Rehfeld et al.（2007）和 Wagner（2007）认为大企业拥有的专利数要比小企业多，因而大企业的创新活动也会更多一些。Kammerer（2009）认为大企业可能知名度较大，因而要比小企业更受到更高级别消费者的关注，因此，他们会更愿意试图通过引入绿色创新去减少对环境的影响。Leitner and France（2010）认为当实施严格的环境规制时，较小的企业可能会面临更大的财务负担，因而不太可能会去进行创新。Arago'n-Correa et al.（2008）、Uhlaner et al.（2012），Hoogendoorn et al.（2014）认为企业规模会影响到企业的环境策略，进而影响到企业的绿色创新行为。他们认为中小企业资源的缺乏会阻碍企业对相关利益者的要求做出反应，同时中小企业调整对环境实践的投资比较困难。因此，我们提出以下假设：

H4：集群内企业规模与集群内企业的绿色创新行为积极相关。

（五）企业年限

对于这个变量的影响可能存在争议。一方面，老企业可能积累了更多的知识、技术和人力资本，因而这些企业通常被认为更有能力在内部开发绿色创新。从这个意义上说，这个变量显然与企业的技术实力有关。另一方面，由于老企业会按照同样的固定程序来运行，所以很可能在技术和文化上惰性更大，这就使得他们不太愿意实施绿色创新，特别是根本性的创新所必需的战略创新、体制创新和技术革新（贾卡里略—赫莫斯拉，2014）。Hockerts and Wüstenhagen（2010）认为年轻企业更有可能会从事环境实践活动，Hoogendoorn et al.（2014）也认为企业年限在某种程度上会影响到企业的环境实践。由于不同年龄阶段的企业所拥有的资源、技术的成熟度，以及创新的理念都会发生改变，因而企业的年龄也会影响到其绿色创新行为。因此，我们提出以下假设：

H5：集群内企业年限与集群内企业的绿色创新行为积极相关。

二 实证结果分析

我们利用 SPSS17.0 软件对各变量间的相关性进行了分析（见表 5-4），从表 5-4 可以看出，以相关系数 0.8 作为初步判断，各因变量之间不存在共线性问题。另外，战略性新兴产业集群内企业绿色创新行为的均值为 3.441，政府的绿色激励、政府的绿色监管、集群内企业的绿色创新精神、集群内企业的绿色能力、绿色创新效益、协同机制效应、公众对绿色产品的偏好、绿色技术的进步、绿色市场的竞争的均值均高于 3，说明都保持了较高的强度。

将企业规模、企业年限两个变量进行虚拟变量处理，将它们作为模型的控制变量来考虑，我们采用 OLS 回归分析了政府绿色行为驱动、绿色供给侧驱动、绿色需求侧驱动对战略性新兴产业集群内企业的绿色创新行为的影响。具体结果如表 5-5 所示。

从表 5-5 可知，集群内企业绿色创新行为与企业规模、协同机制效应、公众对绿色产品的偏好、企业的绿色能力与政府的绿色激励 5 项之间呈现出显著性，并且相关系数值均大于 0，但与企业的年限、绿色市场的竞争、绿色技术的进步、绿色创新效益、企业的绿色创新精神、政府的绿色监管之间呈现出不显著，这也意味着集群内企业绿色创新行为与企业规模、协同机制效应、公众对绿色产品的偏好、企业的绿色能力与政府的绿色激励之间存在正相关关系，这也说明我们前面的假设 H1a、H2b、H2d、H3a 和 H4 得到了验证。

根据上述分析结果，我们认为政府的绿色激励、公众对绿色产品的偏好、企业的绿色能力与协同机制效应是影响战略性新兴产业集群内企业绿色创新行为的主要动力因素。当然，集群内企业规模同样会影响集群内企业的绿色创新行为。

表 5-4

描述性统计与相关性分析

Pearson 相关

变量	平均值	标准差	1	2	3	4	5	6	7	8	9	10	11	12
企业绿色创新行为	3.441	1.005	1											
企业规模	2.226	1.175	0.506**	1										
企业年限	3.161	1.186	0.358*	0.782**	1									
绿色市场的竞争	3.71	1.111	0.790**	0.537**	0.374*	1								
绿色技术的进步	3.677	1.218	0.758**	0.594**	0.510**	0.785**	1							
公众对绿色产品的偏好	3.637	1.261	0.635**	0.541**	0.302	0.731**	0.788**	1						
协同机制效应	3.461	1.167	0.783**	0.546**	0.416*	0.785**	0.783**	0.782**	1					
绿色创新效益	3.46	1.233	0.695**	0.484**	0.386*	0.656**	0.735**	0.772**	0.716**	1				
企业的绿色能力	3.774	1.153	0.797**	0.429*	0.296	0.793**	0.783**	0.776**	0.785**	0.764**	1			
企业的绿色创新精神	3.593	1.139	0.764**	0.392*	0.241	0.776**	0.794**	0.789**	0.696**	0.787**	0.680**	1		
政府的绿色监管	3.5	1.252	0.746**	0.442*	0.326	0.773**	0.771**	0.787**	0.715**	0.746**	0.648**	0.753**	1	
政府的绿色激励	3.763	1.3	0.634**	0.189	0.227	0.498**	0.594**	0.611**	0.454**	0.644**	0.590**	0.541**	0.663**	1

* $p<0.05$，** $p<0.01$

表 5-5

OLS 回归结果

	非标准化系数		标准化系数	t	p	VIF	R^2	调整 R^2	F
	B	标准误差	Beta						
常数	1.174	0.416	—	2.821	0.011*	—			
企业规模	0.511	0.232	0.597	2.205	0.041*	9.764			
企业年限	0.306	0.192	0.361	1.595	0.128	8.245			
绿色市场的竞争	0.276	0.396	0.305	0.697	0.495	3.75			
绿色技术的进步	0.329	0.229	0.399	1.44	0.167	8.321			
公众对绿色产品的偏好	0.253	0.189	0.318	2.337	0.019*	9.06	0.888	0.813	11.875（0.000**）
协同机制效应	0.537	0.25	0.623	2.146	0.046*	9.537			
绿色创新效益	0.019	0.137	0.023	0.136	0.893	4.561			
集群内企业的绿色能力	0.728	0.281	0.834	2.594	0.018*	6.61			
集群内企业的绿色创新精神	0.142	0.223	0.161	0.635	0.533	9.258			
政府的绿色监管	0.171	0.152	0.213	1.13	0.273	5.732			
政府的绿色激励	0.184	0.107	0.237	2.71	0.025*	3.093			

因变量：企业绿色创新行为

D-W 值：2.331

* p<0.05，** p<0.01

表 5-6　　战略性新兴产业群绿色创新动机机制驱动假设检验结果

假设	检验结果
H1a：政府的绿色激励与战略性新兴产业集群内企业的绿色创新行为积极相关	支持
H1b：政府的绿色监管与战略性新兴产业集群内企业的绿色创新行为积极相关	不支持
H2a：企业的绿色创新精神与战略性新兴产业集群内企业的绿色创新行为积极相关	不支持
H2b：企业的绿色能力与战略性新兴产业集群内企业的绿色创新行为积极相关	支持
H2c：绿色创新效益与战略性新兴产业集群内企业的绿色创新行为积极相关	不支持
H2d：协同机制效应与战略性新兴产业集群内企业的绿色创新行为积极相关	支持
H3a：公众对绿色产品的偏好与战略性新兴产业集群内企业的绿色创新行为积极相关	支持
H3b：绿色技术的进步与战略性新兴产业集群内企业的绿色创新行为积极相关	不支持
H3c：绿色市场的竞争与战略性新兴产业集群内企业的绿色创新行为积极相关	不支持
H4：企业规模与战略性新兴产业集群内企业的绿色创新行为积极相关	支持
H5：企业年限与战略性新兴产业集群内企业的绿色创新行为积极相关	不支持

第五节　多因素驱动下集群内企业绿色创新行为的决策对绿色创新的影响

从上面的分析结果可以看出，政府的绿色监管与绿色激励被认为是绿色创新的重要决定因素。此外，供给侧因素和需求侧因素对于推动集群内企业的绿色创新也发挥着重要作用。同时企业特定的因素也会影响企业的绿色创新。因此，政府绿色行为、供给侧因素、需求侧因素和公司特定因素影响着集群内企业的绿色创新行为的选择。在许多情况下，尽管绿色创新具有一定的重要性和优势，但集群内企业参与绿色创新并没有取得预期的绿色创新效益（Varadarajan，2015；Abdullah et al.，2015；Ebrahimi and Mirbargkar，2017），这与集群内企业的绿色创新行为的决策有很大关联。因此，本节拟继续分析战略性新兴产业集群内企业绿色创新行为的决策过程以及企业的绿色创新行为决策对绿色创新的影响。

一 战略性新兴产业集群内企业绿色创新行为的决策

(一) 集群内企业绿色创新行为的决策模式

在战略性新兴产业集群内，各绿色创新主体的能力和拥有的资源存在较大的差异，从而使得各绿色创新主体在集群中的地位也不一样。同时各绿色创新主体间的频繁互动，也使得各绿色创新主体之间在绿色创新行为上的决策也是相互影响的，这种相互影响是可以用函数形式表示出来的。在战略性新兴产业集群中，各绿色创新主体在进行绿色创新行为决策时，由于彼此间相互影响作用机制的存在，当集群中大多数绿色创新主体均积极主动地实施绿色创新时，该绿色创新主体通过有效决策，有可能也会跟随同样的决策行为而积极主动地采取绿色创新，这种影响称为大多数影响，用函数 $B_{S \to j}^{Maj}$ 表示。另外，在战略性新兴产业集群中，存在一些核心主体，他们在集群内具有较强的"话语权"，对集群内其他绿色创新主体有着较为重要的影响，因而集群内的其他绿色创新主体往往会跟随这些核心主体而做出相同绿色创新行为的决策，这种影响称为主导影响，用函数 $B_{S \to j}^{k}$ 表示 (Handcock，2003；Rusinowska，2006，2008)。

在战略性新兴产业集群中，假设集群内绿色创新主体采用主动型绿色创新行为时用 $i_k = +1$ 表示，则此类主体的集合为 $i^+ := \{k \in N \mid i_k = +1\}$。集群内绿色创新主体采取反应型绿色创新行为时用 $i_k = -1$ 表示，则此类主体的集合为 $i^- := \{k \in N \mid i_k = -1\}$。下面，我们阐述多数影响函数和主导影响函数(范如国、李星，2009)。

定义 5.1 若 $\left\lfloor \dfrac{n}{2} \right\rfloor \leqslant m \leqslant n$，$i \in I$，集群内绿色创新主体的多数影响函数 $B_{S \to j}^{Maj}$ 可表示为：

$$B_{S \to j}^{Maj} i := \begin{cases} +1_N & if \, |\, i^+ \,| \geqslant m \\ -1_N & if \, |\, i^- \,| < m \end{cases} \tag{5-1}$$

定义 5.2 对于 $k \in N$，k 代表战略性新兴产业集群内的核心主体，这些主体在集群内具有很强的主导地位，则主导影响函数 $B_{S \to j}^{k}$ 可表示为：$(B_{S \to j}^{k} i)_j = i_k$。

正是由于集群内绿色创新主体间相互影响的存在，因而在集群内企业的绿色创新行为的决策过程中，产生了"跟随"与"不跟随"的现象，因此，我们将战略性新兴产业集群内企业的绿色创新行为的决策模式分为"跟随"与"不跟随"两种模式，"跟随"代表集群内企业积极主动地去实施绿色创新行为，从而真正实现集群内企业的可持续性发展，"不跟随"意味着集群内企业作为对环境政策的反应而采取绿色创新行为。这里，我们对战略性新兴产业集群绿色创新的两种决策模式给出如下定义。

假设战略性新兴产业集群内存在 N 个主体和某团体 S（$S \subseteq N$），在影响函数 B 下，如果集群内某团体 S 的绿色创新行为与集群内某绿色创新主体的行为一致，则表示"跟随"，这种集合为：

$$F_B(S) := \{ j \in N \mid \forall i \in I_S [(Bi)_j = i_s] \} \tag{5-2}$$

类似地，如果集群内某团体 S 的绿色创新行为与集群内某绿色创新主体的行为不一致，则表示"不跟随"，这种集合为：

$$\bar{F}_B(S) := \{ j \in N \mid \forall i \in I_S [(Bi)_j = -i_s] \} \tag{5-3}$$

定理 5.1　假设 $B \in \theta$，S、T 是集群内的两个不相关的绿色创新团体，则以下关系式是成立的：

（1）$S \cap T = \phi$，$F_B(S) \cap F_B(T) = \phi$ $\tag{5-4}$

（2）$B \in \theta_{S \to T}$，$F_B(S) = S \cup T$，$\bar{F}_B(S) = \phi$ $\tag{5-5}$

证明：①假设 $F_B(S) \cap F_B(T) \neq \phi$，那么，存在 $j \in F_B(S) \cap F_B(T)$ 满足 $(Bi)_j = i_S = i_T$。由于 $S \cap T = \phi$，因而存在 $i \in I_S \cap I_T$ 使得 $i_S = -i_T$，这就与 $(Bi)_j = i_S = i_T$ 相矛盾，也就是说，原假设是不成立的，也就意味着 $F_B(S) \cap F_B(T) = \phi$。

②假设 $t \in S \cup T$。若 $t \in T$，则 $i \in I_S$，$(Bi)_t = i_S$。若 $t \in S$，则 $i \in I_S$，$(Bi)_t = i_t = i_S$，因而 $t \in F_B(S)$。反之，假设 $t \in F_B(S)$，则 $i \in I_S$，$(Bi)_t = i_S$，因而 $t \in S \cup T$。所以 $F_B(S) = S \cup T$。现在假设 $\bar{F}_B(S) = \phi$，即存在 $(Bi)_j = i_S = i_T$。若 $j \in \bar{F}_B(S)$，则 $i \in I_S$，$(Bi)_j = -i_S$。这也与前面的假设相矛盾，所以原假设不成立，也就说明 $\bar{F}_B(S) = \phi$。

定理 5.1 表明，在战略性新兴产业集群中，如果存在两个绿色创新行为不同的团体，由于集群内绿色创新主体的绿色创新行为的决策会受到团体的影响，那么这两个团体的跟随者的绿色创新行为也是不同的。

（二）集群内绿色创新行为的决策机制

对于战略性新兴产业集群内绿色创新主体而言，无论是选择主动型绿色创新行为还是反应型绿色创新行为，都需要为这些绿色创新行为投入绿色创新资源，而这些绿色创新资源投入的数量和质量则依赖于绿色创新主体在前阶段的绿色创新行为所获得效益与现阶段所拥有的绿色创新资源数量。为简单起见，假设在集群绿色创新的 $t-1$ 阶段，集群内绿色创新主体 i 所获得的绿色创新效益为 $\pi_i(t-1)$，该绿色创新主体在此阶段拥有的绿色创新资源为 G_i。当 $\pi_i(t-1)>0$ 时，集群内绿色创新主体 i 在 t 阶段就会投入 $a_i\pi_i(t-1)$（$a_i\in(0,1)$ 的均匀分布）作为绿色创新的投入（假定投入为 H_i），而这些投入既可以投入到集群内绿色创新主体 i 的主动型绿色创新行为（假定投入为 H_i^1），也可以投入到集群内绿色创新主体 i 的反应型绿色创新行为（假定投入为 H_i^2），而集群内绿色创新主体 i 在每个阶段 t 的绿色创新行为取决于对主动型绿色创新行为投入和反应型绿色创新行为投入的分割系数 λ_i（$\lambda_i\in(0,1)$ 的均匀分布）。另外，为了继续开展 t 阶段的绿色创新行为，假定集群内绿色创新主体 i 还需购买绿色创新资源 $C_i(t-1)$（李星、范如国，2013），因此，我们可以得出：

$$H_i^1(t)=\lambda_i H_i(t)=\lambda_i a_i \pi_i(t-1)$$
$$H_i^2(t)=\lambda_i H_i(t)=(1-\lambda_i)a_i \pi_i(t-1) \tag{5-6}$$

当然，在集群绿色创新发展的不同阶段，集群内绿色创新主体的绿色创新行为可能会发生改变。如果集群内绿色创新主体在采取主动性绿色创新行为后，其绿色创新产品在全球市场占有率呈现了不断上升的趋势，那就说明该绿色创新行为是有效的，这就意味着绿色创新效益在下一阶段的分配更多会倾向于主动型绿色创新行为。因此，集群内绿色创新主体 i 的绿色创新投入的分割系数 λ_i 依赖于其绿色创新产品的市场占有率 η_i，即：

$$\lambda_i(t+1)=\frac{\eta_i(t)-\eta_i(t-1)}{\eta_i(t-1)}\lambda_i(t) \tag{5-7}$$

另外，假定集群内绿色创新主体 i 在 t 阶段投入到主动型绿色创新行为和反应型绿色创新行为上支付的成本分布为 $IN_i(t)$ 和 $IM_i(t)$，如果 $\pi_i(t-1)>0$，则存在以下等式：

$$IN_i(t)=IN_i(t-1)+\lambda_i a_i \pi_i(t-1) \tag{5-8}$$
$$IM_i(t)=IM_i(t-1)+\lambda_i a_i \pi_i(t-1)$$
$$C_i(t)=C_i(t-1)(1-\varphi)+(1-a_i)\pi_i(t-1) \tag{5-9}$$

其中，φ 表示绿色创新资源的贬值率。

对于战略性新兴产业集群内绿色创新主体 i 而言，如果该主体在主动型绿色创新行为上的支付成本 $IN_i(t)$ 超过 $R(C_i(t))$，即 $IN_i(t) \geqslant R(C_i(t))$，则该主体在下一阶段的绿色创新过程中有机会获得新的绿色创新资源 G_i'（G_i' 服从 $R(G, t)$ 上的均匀分布），如果该主体在反应型绿色创新行为上的支付成本 $IM_i(t)$ 超过 $L(C_i(t))$，即 $IM_i(t) \geqslant L(C_i(t))$，则该主体在下一阶段的绿色创新过程中有机会去模仿集群内与其地理位置接近的绿色创新主体的最优绿色技术。因此，我们可以得出集群内绿色创新主体 i 采取主动型绿色创新行为还是反应型绿色创新行为的决策机制为：

若 $IN_i(t) \geqslant R(C_i(t))$，则下列等式成立：

$$G_i(t+1) = \max\{G_i(t), G_i'(t)\} \quad (G_i' \text{服从} R(G, t) \text{上的均匀分布})$$

$$IN_i(t+1) = IN_i(t) - R(C_i(t)) \tag{5-10}$$

若 $IM_i(t) \geqslant L(C_i(t))$，则下列等式成立：

$$G_i(t+1) = \max\{G_i(t), G_i'(t)\}$$

$$IM_i(t+1) = IM_i(t) - R(C_i(t)) \tag{5-11}$$

（三）集群内企业的绿色创新效益

根据上面的分析内容可知，集群内绿色创新主体 i 在实施上述两种绿色创新行为的过程中均需投入一定的资源和付出绿色创新成本，那么，这两种绿色创新行为给集群内企业带来的绿色创新效益就需要我们进一步测算。由于两种绿色创新行为的绿色创新效益计算的过程相同，只是投入的资源数量与付出的成本多少存在差别，所以我们这里以集群内绿色创新主体采取主动型绿色创新行为为例，来分析集群内绿色创新主体的投入所带来的绿色创新效益。

由于集群内绿色创新主体的绿色创新行为有可能会影响到绿色产品的成本变化，或是改变绿色产品的功能。而绿色产品对于消费者的吸引力往往依赖于该绿色产品的功能、价格和环保属性。因此，我们假定集群内绿色创新主体的行为在相邻的两阶段变化不大，则在 $(t, t+1)$ 内集群内绿色创新主体生产的绿色产品的平均价格为：

$$\bar{P}(t) = P^d(t)(1 - \eta_i(t-1)) + P_i(t)\eta_i(t-1) \tag{5-12}$$

其中，$P_i(t)$ 表示绿色产品在 t 的价格，$P^d(t)$ 表示对绿色产品在 t 的平均价格的预测，则 $P^d(t)$ 可表示为：

$$P^d(t) = \bar{P}(t-1)(\bar{P}(t-1)/\bar{P}(t-2))^\omega \tag{5-13}$$

则该绿色产品的销售量为：

$$Q(t) = M(t)/\overline{P}(t)c$$

$$M(t) = Nexp(\phi t)(\overline{P}(t))^k \tag{5-14}$$

其中，$M(t)$ 为绿色产品的销售额，N 为市场的初始规模，ϕ 为市场规模的增长率，k 反映产品平均价格的弹性。

集群内绿色创新主体 i 的绿色产品销售量 $Q_i(t)$ 取决于该绿色产品的市场占有率，即：

$$Q_i(t) = \eta_i(t)Q(t) \tag{5-15}$$

而生产产量 $Q_i(t)$ 所需要的投入为：

$$C_i(t) = Q_i(t)/S(t) \tag{5-16}$$

其中，$S(t)$ 为资本的生产率。

因此，集群内绿色创新主体 i 的期望收入为：

$$\prod_i = Q_i(t)(P_i(t)-V(t))U(Q_i(t)-\chi) \tag{5-17}$$

其中，$V(t)$ 为绿色产品的可变成本，$U(Q_i(t)$ 为绿色产品的单位成本，χ 为绿色产品的固定成本。

对集群内绿色创新主体 i 的绿色创新效益为：

$$\pi_i = \prod_i(t)-(\delta+\varphi)C_i(t)-IN_i(t) \tag{5-18}$$

其中，δ 为投资回报率，φ 为资本贬值率。

另外，对于集群内绿色创新主体而言，采取绿色创新行为后所带来的绿色竞争优势可以用绿色产品的市场竞争力与绿色市场占有率两个指标来反映。

因此，我们假定集群内绿色创新主体 i 绿色产品的竞争力在时间 t 为：

$$f_i(t) = g_i(t)/P_i(t)^\beta \tag{5-19}$$

其中，$g_i(t)$ 为绿色产品在时间 t 的绿色技术竞争力，β 为绿色产品的价格弹性。

则在时间段 $(t, t+1)$ 内绿色产品的平均竞争力为：

$$\overline{f}(t) = f^d(t)(1-\eta_i(t-1))+f_i(t)\eta_i(t-1)$$

$$f^d(t) = \overline{f}(t-1)(\overline{f}(t-1)/\overline{f}(t-2))^\omega \tag{5-20}$$

其中，$f^d(t)$ 为在时间 t 对绿色产品平均竞争力的预测。

集群内绿色创新主体 i 在时间 $(t, t+1)$ 的绿色市场占有率为：

$$\eta_i(t) = \eta_i(t-1)(f_i(t)/\overline{f}(t)) \tag{5-21}$$

二　结果分析

假设集群内绿色创新主体 i 需购买的绿色创新资源 $C_i = 4c$，$c \in U(0,$ 1)，$a_i(t) = 0.3$，$R(C_i) = 0.2(C_i)^3$，$L(C_i) = 0.3(C_i)^3$，G_i' 服从 $U\left(0, 1+\right.$ $\left.\dfrac{t}{1500}\right)$ 分布，$N_0 = 500$，$\phi = 0.02$，$k = -0.4$，$\chi = 0.1$，$\delta = 0.04$，$\varphi = 0.15$，$\beta = 2$。

（一）绿色产品的价格变化趋势

根据图 5-2 的结果显示，集群内绿色创新主体在采取绿色创新行为后，其绿色产品的价格较高，主要原因在于刚投入市场的绿色产品的市场占有率较高，市场竞争程度小，拥有较强的市场竞争优势，因而可以给绿色产品制定较高的价格，以获取较大的绿色创新效益。但图 5-2 的结果也显现了该绿色产品的价格在不断降低。主要原因在于当其他的绿色创新主体看到这种绿色产品所产生的效益后，他们往往会采取模仿创新的方式，生产具有相同或相似功能的绿色产品，从而使得该绿色产品的市场竞争程度变得更加剧烈，竞争对手间为了占领更多的市场，往往就会陷入价格战中，因而绿色产品的市场价格就会呈现出不断下降的趋势。特别是对于战略性新兴产业集群内的绿色创新主体而言，他们的绿

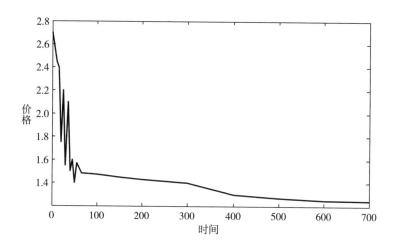

图 5-2　绿色产品的价格变化

色创新举动往往能被竞争对手所知晓，因为集群绿色创新网络的结构特殊性加速了创新信息的扩散，从而更加容易导致模仿创新在战略性新兴产业集群内的产生，而这种模仿行为对于绿色创新的发起者是非常不利的，因为它所投入的成本是巨大的。

（二）绿色产品的单位成本与市场竞争力的变化趋势

根据图 5-3 的结果显示，战略性新兴产业集群内的绿色创新主体在实施绿色创新行为后，绿色产品的平均单位成本呈现了下降的趋势。原因在于绿色创新的实施提高了集群内绿色创新主体的绿色技术能力，从而可以有效提高绿色产品的生产率或改进绿色创新工艺流程，降低了绿色产品的生产成本。

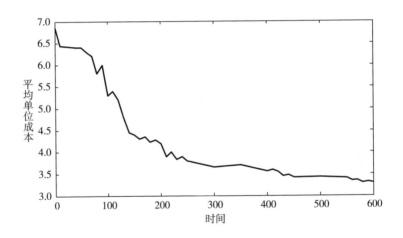

图 5-3　绿色产品的平均单位成本的动态变化

同时，根据图 5-4 的结果显示，战略性新兴产业集群内绿色创新主体生产的绿色产品在投入市场后的平均竞争力呈现出了上升的趋势，原因在于在绿色产品刚投入市场时，往往具有较强的垄断，因而具有较强的市场竞争力，在后期阶段，随着模仿创新的主体出现，会导致市场的竞争的激烈程度加剧，可能会造成率先实施绿色创新的主体的绿色产品的市场竞争力下降，但作为率先实施绿色创新行为的集群内绿色创新主体而言，它往往具有先发优势，而且它可能会在现有基础上进一步对绿色技术或产品进行改进，这种改进的成本不会太高，因而它开发的绿色产品可能会继续保持较高的市场竞争力。

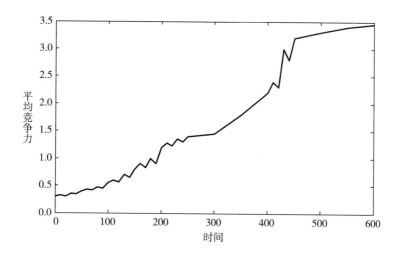

图 5-4　绿色产品的平均竞争力的动态变化

（三）绿色产品的市场占有率的动态变化

根据图 5-5 的结果显示，战略性新兴产业集群内绿色创新主体的绿色产品的市场占有率呈现了先增长后下降的趋势。原因在于作为新研发的绿色产品在投入市场的初始阶段时，该绿色产品所面临的竞争较小，因而能快速占领市场，获得较高的市场占有率。在投入市场的后期阶段，由于市场上不断涌现出模仿创新行为，导致市场上绿色产品的同质化越来

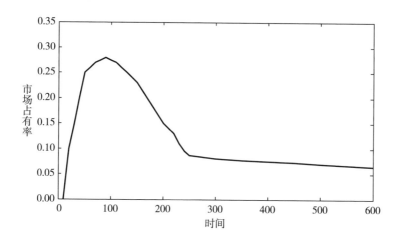

图 5-5　绿色产品的市场占有率的动态变化

越严重，加剧了绿色产品的市场竞争程度，从而使得率先实施绿色创新的绿色产品的市场占有率出现下降的趋势。因此，这也反映了为什么集群内企业需要不断地进行绿色创新，才能维持自身在市场上的竞争优势。

（四）绿色产品的创新效益的变化趋势

根据图5-6的结果显示，战略性新兴产业集群内绿色创新主体在实施绿色创新行为后，它所获得的绿色创新效益呈现了先上升后下降的趋势，这个结果与图5-2至图5-5中结果的变化趋势是相吻合的。在绿色产品投入市场的初始阶段，由于集群内绿色创新主体拥有较大的市场占有率，给绿色产品带来了较高的市场价格和销售量，从而就会产生大量的绿色创新效益。而随着集群内竞争对手的模仿创新行为，这种绿色创新效益就会不断降低，原因在于竞争对手的出现导致了绿色产品市场占有率的下降，从而降低了绿色产品的市场价格和市场销售量，集群内绿色创新主体的绿色创新收入就会降低，同时率先实施绿色创新的集群内绿色创新主体所投入的成本比模仿创新的主体要大得多，从而导致了率先实施绿色创新的主体的绿色创新效益会不断减少。因此，当整个社会从创新中受益时，成本却由创新者独自承担。即使创新者能够成功地进行市场营销，但如果模仿者容易获得相应的知识，同时环境效益具有公益性，那么创新者也很难从创新中获取利润。

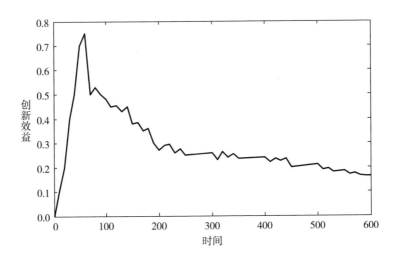

图5-6 绿色产品的创新效益的动态变化

第六节　本章小结

　　本章首先提出了战略性新兴产业集群内企业的两种绿色创新行为：主动型绿色创新与反应型绿色创新，并从理论角度分析了集群内企业的绿色创新行为对绿色创新的影响；其次从政府绿色行为驱动、绿色供给侧驱动、绿色需求侧驱动三个维度构建了集群内企业绿色创新的动力机制模型，并通过实证分析方法对集群内企业绿色创新的动力机制进行了假设检验，得出了影响集群内企业绿色创新行为的动力因素；最后分析了多因素驱动下集群内企业绿色创新行为的决策模式与决策机制以及所产生的绿色创新效益，并运用仿真手段从绿色产品的价格变化趋势、绿色产品的单位成本与市场竞争力的变化趋势、绿色产品的市场占有率变化、绿色创新效益的变化趋势四个维度分析了集群内企业绿色创新行为的决策对绿色创新的影响。

第六章 战略性新兴产业集群内的集体学习与 "宏绿色资源" 创生机制分析

要保障集群内企业绿色创新的实施成功，从而创造持续的竞争优势，离不开企业自己独特的资源。产业集群作为绿色创新的重要表现形式，其创新行为需要从资源的角度来进行研究。特别是在全球化背景下，集群内企业绿色创新能力的提高，归根结底取决于整合集群内外各种资源，这些资源在为集群绿色创新提供"养分"的过程中又被集群内企业通过整合与优化，创生出大量的新资源类型，而这些资源类型又会被反复循环利用并在绿色创新实践中升华，因而集群内会不断重复地涌现出新型资源，我们用"宏绿色资源"来描述集群内企业绿色创新中创生与使用的资源，这种"宏绿色资源"是集群内企业实施绿色创新行为，获取绿色竞争力的重要保障。因此，本章主要分析战略性新兴产业集群绿色创新的第二个运行机制，即战略性新兴产业集群内绿色创新主体间的集体学习与"宏绿色资源"创生机制，重点围绕"宏绿色资源"的内涵及其主要表现形式、集体学习下"宏绿色资源"的创生、"宏绿色资源"创生的绿色动态能力，以及集群绿色创新网络结构、绿色动态能力与绿色创新效益之间的关系等方面展开研究。

第一节 产业集群内企业绿色创新 "宏绿色资源" 的内涵及其主要表现形式

目前，战略性新兴产业呈现出要素市场全球化的重要特征。一方面，科技资源、研发资源在全球范围内配置。另一方面，互联网基础设施的高度发展，缩短了产业链各环节之间的沟通距离，生产要素在全球范围内自由流动和优化配置，进一步提高了生产过程和产品市场全球化水平。

如波音787的研发、设计、生产制造由全球30多个国家、135个地点、180个供应商协同完成，其中，设计由美国、日本、俄罗斯和意大利共同完成，研发和制造涉及美国、日本、法国、英国、意大利、瑞典、韩国、中国等多个国家和地区的顶级供应商。新兴产业的产品市场分布突破国界。我国的光伏产品90%销往国际市场，华为的通信设备产品和解决方案已经应用于全球150多个国家，服务全球运营商50强中的45家及全球1/3的人口，这一特点在新材料产业的表现也十分突出，2010年，我国稀土永磁体出口到99个国家和地区（中国电子信息产业发展研究院，2014）。因此，要素市场的全球化已经成为战略性新兴产业创新发展的重要驱动力，集群内企业绿色创新的成功越来越需要一种动态的新型资源。

集群内企业在开展绿色创新过程中，会构筑自己的绿色创新网络，这种绿色创新网络既是集群内企业实施创新行为的重要载体，也成了集群内企业绿色创新资源整合的重要途径，其本身还构成集群内企业绿色创新的重要资源。制度、文化、社会关系等社会要素作为一种资本形式的存在，支撑着绿色创新网络中广泛的经济关系和经济过程，增加创新资源的可获得性和影响创新活动的成本和收益。战略性新兴产业集群内会聚的资源不仅包括各种有形资源和无形资源，还包括集群内各绿色创新主体间互动、各种资源耦合作用所产生的新型资源。这些资源为集群内企业绿色创新活动的实施提供了基础"养分"，集群内绿色创新主体在获取这些资源的基础上，结合自身实际需求，通过同化、整合，以及与集群内其他主体间的关系和作用机制，又可以创生出许多新的资源形态和新的资源池。这些大量的新资源通过共享，又成了集群内其他绿色创新主体进行绿色创新的基础"养分"，周而复始，就可以在集群内形成巨大的资源池，我们把这种新型动态资源称为"宏绿色资源"（见图6-1）。

我们认为集群内企业绿色创新的"宏绿色资源"主要体现为绿色创新网络资源、绿色社会资本资源、绿色知识和信息资源、绿色政策资源、绿色金融资源、绿色人力资源与绿色技术资源七种新资源形态。

一　绿色创新网络资源

创新与网络的关系是经济学、管理科学和社会学等相关领域最常讨论的问题之一。理论表明，不同的网络对创新有不同的好处（Fukugawa，2006）。在战略性新兴产业集群内，各绿色创新主体在实施绿色创新的过

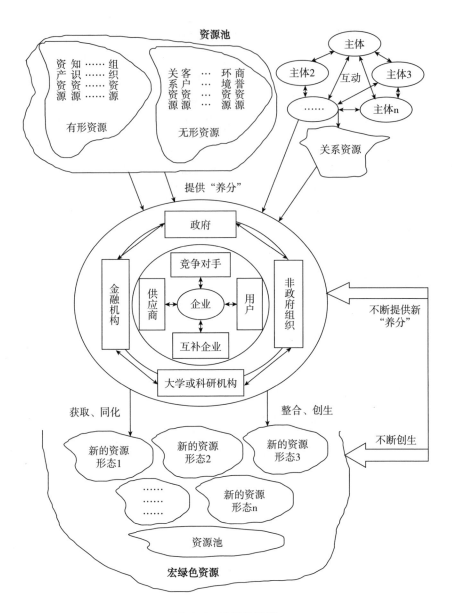

图 6-1　宏绿色资源

程中需构建自身的绿色创新网络，这个绿色创新网络是由政府、企业、大学或科研机构、供应商、竞争对手、用户、金融机构、环保非政府组织等多个绿色创新主体和连接这些主体间的关系组成的，因而这些主体和主体之间的关系就构成了绿色创新网络资源。

一方面，对于集群绿色创新网络内的多主体而言，政府可以为企业的绿色创新提供各种政策资源，包括绿色激励政策和绿色监管政策等，同时为新兴产业的绿色创新提供各种基础设施等；大学或科研机构可以为企业提供各种知识资源、人力资本资源和技术资源等；供应商与竞争对手可以为企业的绿色创新提供各种信息资源和技术资源；金融机构可以为企业的绿色创新提供各种金融资源；用户可以为企业的绿色创新提供各种信息资源；环保非政府组织可以为企业的绿色创新提供各种信息资源和绿色社会资本资源。

另一方面，对于集群绿色创新网络内各绿色创新主体间的关系而言，这些关系本身也是一种资源，存在强联系与弱联系之分。首先，强联系往往能促使集群内各绿色创新主体间维持更长久、更紧密的关系，有助于为绿色创新主体带来"时间经济"，即快速利用绿色市场机会的能力。集群内绿色创新主体间的强联系还将减少监管和谈判协议的时间，不鼓励"搭便车"，降低交易成本。在高度不确定和不安全的情况下，例如在企业的激进式绿色创新中，强联系发挥的作用更大。在动态复杂的环境中，依靠强联系可以减少不确定性和增进集群内绿色创新主体间的相互学习。因此，基于强联系的关系治理结构将促进集群内信任的发展、信息和隐性知识的传递以及共同解决问题。当然，强联系也存在过度嵌入的风险，集群内各绿色创新主体间的密切联系容易受到外部冲击的影响，有可能无视新发展或被"锁定"。弱联系指的是一组不同背景的绿色创新主体在不同的环境中有一些商业联系，不频繁或不规律的接触。这些松散的、非情感性的接触增加了多样性，可以为绿色创新主体提供各种新信息的来源，并提供结识新伙伴的机会。总之，集群内绿色创新主体间的强联系和弱联系作为一种绿色资源，都是有用的，都有助于集群内企业的绿色创新发展，它们在企业绿色创新发展的不同阶段以不同的方式带来好处（Elfring and Hulsink，2003）。

二　绿色社会资本资源

与绿色创新网络资源紧密相连的另外一种资源是绿色社会资本资源。集群内企业获取绿色社会资本资源不仅取决于市场结构，还取决于集群内企业间的互动和学习。与基于机会主义假设的交易成本理论和由此产生的市场失灵条件相比，社会资本理论认为，企业有能力创造和分享知识，从而提高其创新能力。集群内企业创造和分享知识的特殊能力取决于正式和非正式的创新网络。与其他形式的资本不同，绿色社会资本资源嵌入在集群内企业之间的关系结构中，它是集群成功和竞争的主要贡献者（Lisa Neale，2013），主要体现为信任、规范和创新网络等形式。信任是通过反复的集群内企业之间一系列互动作用而逐渐发展起来的，以高度信任为特征的集群内企业更有可能开展绿色创新。适当行为的规范也随着时间的推移而发展，这是一系列互动和资源交换的结果。而创新网络是集群内企业跨越组织边界建立可靠和有效的沟通渠道（Réjean Landry et al.，2002）。

由于绿色社会资本资源更加强调关系网络的重要性，因而集群内企业的绿色创新绩效取决于其整合资源的能力。绿色社会资本资源强化了外部信息对于集群内企业绿色创新的重要性，比如用户、供应商、环保非政府组织等。由于绿色创新资源根植于集群绿色创新网络中，绿色社会资本资源已经成为集群内企业提高其绿色创新绩效的重要资源。为了更好地理解绿色社会资本资源，我们将社会资本划分为企业内部社会资本和企业外部社会资本，内部社会资本是指企业内部和部门之间关系的质量和扩散。外部社会资本是指企业与外部成员间的不同关系。我们认为无论是内部社会资本还是外部社会资本都能改善集群内企业不同的资源库，从而提高集群内企业的绿色创新绩效。特别地，我们认为外部社会资本可以以不同的方式促进相互学习和知识交流。首先，外部社会资本增加了参与者提供他们自身构建的关系网络的意愿，从而促进可供参与方使用的知识数量的增加和知识种类的多样化。其次，通过加强信任和互惠，外部社会资本增加了潜在知识的共享机会。最后，通过增加参与者间的知识共享，社会资本提高了某些特定知识的转移效率（Pirolo and Presutti，2007）。

三 绿色知识和信息资源

在战略性新兴产业集群内，非正式关系是知识传播的关键渠道。地理上的邻近性增加了集群内企业之间接触的频率，从而增加了他们之间的信息交换。集群内的非正式关系以及其他机制有助于维持知识的扩散。影响集群绿色创新过程的不仅是企业的地理邻近性，还有他们的嵌入性。集群是由具有相同文化和知识库的企业与企业家组成的同质社区。知识是一种俱乐部物品，在少数"知识社区"内流通，在这个社区中，声誉和地位在集群内企业间的互动过程中发挥着关键作用。知识不是免费提供的，而是通过物物交换的，交换的前提是信任、相互承诺和长期关系。因此，如果集群内企业利用本地知识库，他们愿意投资于本地知识网络；否则，他们可能会选择在集群之外搜索知识，这在经济全球化中尤其重要。在经济全球化中，集群内企业越来越有机会与集群外部行动者建立联系（Morrison and Rabellotti, 2009）。

一般来讲，集群内企业比其他企业更容易获得信息，这是由于直接集聚效应以及在集聚下的网络过程所决定的。由于信息具有黏性和位置特殊性，并且信息的传输能力会随着距离的增加而衰减，集群内企业将比地理位置偏远的企业更容易获得公共知识。因此，他们倾向于在当地搜索用于创新的信息。此外，集群内企业的地理邻近性增强了对竞争对手的直接观察，可能会增加企业间的相互模仿，无意中产生创新。这种无意的创新甚至可以在没有直接网络联系的情况下进行，从而增加了创新的可能性。集群外的企业既无法获得集群的公共知识，也无法直接观察竞争对手，因此无法利用这些渠道进行创新（Bell, 2005）。

研究表明，知识的转移可从嵌入网络和与网络伙伴的空间邻近性中获得相当大的好处（Fritsch and Slavtchev, 2007）。由于伙伴关系，集群绿色创新网络往往具有密切相关的利益，在这样的绿色创新网络中获得有价值的信息和知识的机会相对较高。除了认知上和技术上的接近性，集群绿色创新网络中的社会接近性还可以简化信息的可信度和可解释性。嵌入绿色创新网络的纽带往往会产生快速而明确的反馈以及共同解决问题的安排，这可能有助于绿色创新网络产生新的解决方案和重新组合想法。此外，集群绿色创新网络内企业间重复的互动可以产生参与者对信任行为的相互期望，这可能大大提高交流的质量和互动的结果。因此，集群绿色创新网络的好处不仅来自交易成本和风险的降低，还来自获取有价值的知识和信息。这意味着网络的嵌入可能会增强网络内企业的绿色创新能力（Fritsch and Kauffeld-Monz, 2010）。因此，集群绿色创新网络的结构特征为网络内知识和信息的聚集与加速扩散起到了非常重要的作用，给集群内企业的绿色创新提供了强有力的绿色知识和信息资源。

四 绿色政策资源

为了克服发展与环境保护之间的权衡，通常规定了两种政策工具来解决两个普遍存在的市场失灵，即环境外部性和绿色创新的公益性。一种政策工具涉及通过征收碳税诱导排放企业内部化和环境外部化；另一种政策工具则涉及提供金融机制，包括对研发的直接补贴、税收或许可避税节省成本和奖励等。因此，政策干预在为研发和创新的最佳投资提供正确的激励，以及为减少温室气体排放提供正确的激励方面发挥着关键作用。政府通常能够通过诱导政策来改变技术变化的方向（Sarr and Noailly，2017）。

近年来，为更好地激励集群内企业的绿色创新行为，我国各级政府也先后制定了一系列激励企业进行绿色创新与低碳减排等方面的政策法规，这为我国发展生态产业集群提供了制度保障，有效激发和鼓励了集群内企业进行绿色创新的动力（王欢芳、胡振华，2011）。同时政府还为集群内企业进行绿色创新提供了有效的法律保障，如知识产权法、专利法、促进科技成果转化法等，这些法律通过激励、指导、教育等手段来推动绿色创新（杨发庭，2014）。所有这些政策在集群内聚集，形成了集群绿色政策资源，为集群内企业的绿色创新提供了较大的政策保障，同时也为集群内企业的绿色创新营造了良好的创新环境。

五 绿色金融资源

由于绿色创新过程是一个高风险、高成本的过程，而对于集群内中小企业而言，缺乏足够的风险投资来推动设计方案转变为实际生产，要实施绿色创新难度很大。获得资金是投资绿色创新实践的一个关键变量，无论是对内部开发的创新还是从设备供应商购买的创新，尤其是对资本高度密集的绿色创新。缺乏足够的风险资本，特别是中小企业和初创企业，是阻碍环境技术市场快速发展的关键因素。

在集群绿色创新网络内，拥有包括当地的国有银行、地方商业银行、各种形式的基金组织以及借贷资本的机构、风险投资机构等金融机构，这些金融机构可以为集群内企业绿色创新的开发和采用提供强有力的资金支持，在集群内形成了绿色金融资源。因此，集群内企业要进行绿色创新，就需要借助于集群绿色创新网络内各种绿色金融资源，这些绿色金融资源的存在，尤其是风险投资机构，对集群内企业绿色创新的开发与利用的资金投入起到了非常重要的作用，有效减少了集群内企业绿色创新的融资困难问题。

六 绿色人力资源

战略性新兴产业是知识密集型产业，对知识、技术具有高度的敏感性，存在强烈的人力资源依赖性，因而人力资源是战略性新兴产业实现持续竞争优势的重要源泉。在战略性新兴产业集群中，拥有大量的大学或科研机构，这为战略性新兴产业集群内企业绿色创新的实施提供了有力的人才资源和强有力的智力支撑，这些将是战略性新兴产业集群内企业绿色创新所急需的绿色人力资源。

在动态和复杂的环境下，绿色人力资源可以通过增加其适应特定环境要求的能力来影响集群内企业绿色创新的有效性。集群内企业的绿色创新战略是通过一系列渐进决策的过程发展而来的，这些决策旨在实现绿色创新的目标，从而使集群内企业逐步地朝着绿色创新期望的方向发展。首先，绿色人力资源可以提高集群内企业在关键的环境变量中感知变化的能力。因为集群内企业面临着日益活跃和竞争激烈的环境，需要密切监测和对环境变化做出迅速战略反应。高水平的绿色人力资源通过分散监测以满足环境的复杂性，提高集群内企业对绿色创新战略的监测能力，监控不再是由一个集中的部门进行，但额外的信息可以通过集群内相关利益相关群体来获取。其次，绿色人力资源拥有能够设计和创造出更多绿色产品的能力以应对环境变化的有效战略。虽然最高管理层有责任确定集群内企业的绿色创新战略方向，但许多下属机构都参与其中并制定有效运作所必需的策略。最后，一旦制定了应对策略，他们就需要快速有效的实施。显然，高水平的绿色人力资源可以为集群内企业提供高度的灵活性来适应新技术和环境。最近的研究表明，认知能力高的个体能力比认知能力低的人更能学习与工作相关的知识。以不断变化的技术和产品为特征的环境需要个人通过不断获取知识来适应新技术。因此，与竞争对手相比，拥有高素质的绿色人力资源（具有高度认知能力）的集群内企业更能有效地推动绿色创新的实施，并取得成功（Wright et al.，2016）。

七　绿色技术资源

战略性新兴产业集群的网络结构特征为集群内技术的共享与流动提供了便利，加快了绿色技术资源的聚集，为集群内企业的绿色创新提供了强有力的技术支撑，同时也为集群内企业的技术研发与技术变革奠定了基础。技术进步不仅能够刺激经济增长，而且能够减少环境外部性，从而使集群内企业能够在节约资源和能源的同时生产更多的产品。清洁技术可以在减少碳排放、提高能源效率方面为社会各阶层带来好处，如改善健康状况，降低资源使用成本，提高生产率和经济增长。技术变革通过降低减排的边际成本来降低环境政策的成本，这在很大程度上取决于投资于能源、效率或清洁技术的机会成本，而不是投资于其他潜在的生产率提高技术。随着新技术的发展，技术变革反而可能提高污染投入的生产率，从而增加边际减排成本。至少，环境监管导致的技术变化可能抵消政策本身的好处。虽然许多技术突破确实提高了企业的利润和社会福利，但它们也前所未有地增加了污染。当然，集群内企业继续创新独立技术更有利可图，因而这些绿色技术资源可以促使集群内企业快速有效地实施绿色创新，提高竞争优势（Sarr and Noailly，2017）。

第二节　集体学习下集群内企业绿色创新"宏绿色资源"的创生

进入 21 世纪，开放创新范式逐渐取代封闭创新范式。开放创新战略提出网络作为资源工厂和助推器的重要性与日俱增。集体学习过程是一种整合来自集群内企业内外部的信息流的方式，它们被转化为资源，并整合到集群内企业的资源储备中，然后通过各种形式的创新来利用这些资源，或者将其集成到另一个生产过程（开发）中（Laperche and Blandine，2016）。在复杂和动态的环境中保持增长和竞争优势需要提高产生创新所需的资源的质量和数量，资源是企业绿色创新战略的关键要素，因而集体学习对于集群内绿色资源的聚集与创生尤为重要。

一　集群内绿色创新主体间的集体学习形式

战略性新兴产业集群内的"宏绿色资源"是通过集群内多主体间以及集群内外部网络之间以各种形式的互动学习创建的，与集群内外部高校或科研机构、供应商、用户等进行更多合作的企业将会有更多的创新。知识等资源的创生和绿色创新是紧密相连的，因为新资源的创生为集群内企业各种绿色创新行为的发展提供了基础。知识等资源的创生对于企业成功创造新市场，快速开发新产品，在新兴技术领域占领主导地位具有重要作用。成功获取外部资源的企业拥有更丰富、更多样的资源库，因而绿色创新能力更强（Malmberg and Power，2005）。因此，集体学习主要体现在集群内部主体以及内外部网络之间的互动学习，并在这种互动学习过程中形成新的绿色资源（见图 6-2）。

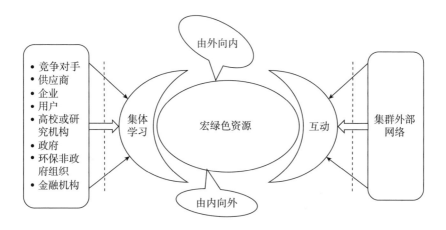

图 6-2　集体学习与"宏绿色资源"创生

（一）核心网络层各绿色创新主体间的互动学习与绿色资源的形成

在核心网络层中，内部成员主要为企业，它们不仅是核心网络层的主体，也是集群绿色创新网络的中心主体。

（1）企业与供应商之间的互动学习。集群是一个柔性专业化的生产系统，许多中小企业将其部分业务分包给其他企业，从而形成了一个基于本地的供应商网络。通过与供应商的交流，企业可以从供应商那里了解到当前有关各种新兴技术与新型设备的相关信息，并且将获得的信息整合到产品绿色创新中去，因此，可以说供应商是企业绿色创新的重要来源，为集群内企业的绿色创新提供了重要的绿色技术资源和绿色信息资源。

（2）企业与用户之间的互动学习。毫无疑问，企业与用户之间的沟通合作可以促使企业获得实现绿色创新所需要的重要知识，如用户对创新成果的应用、完善和开发新产品方面可以提供重要信息源。用户的理念和想法可以很大程度影响一些企业和服务提供商的创新进度和环保方向。总之，企业通过对这些知识与信息的学习与积累，将有助于提高企业的绿色创新能力与绿色创新绩效，从而提高企业在市场上的竞争优势，因而企业与用户之间的互动学习主要为集群内企业的绿色创新提供重要的绿色信息资源。

（3）企业与竞争对手之间的互动学习。众所周知，在集群绿色创新网络中，许多生产同类或相似产品的企业聚集在同一区域，他们之间形成了一种竞争合作关系。因此，在集群绿色创新网络的核心网络层中，尽管企业与供应商或用户之间可以进行不同程度的合作，进而提高企业的绿色创新能力，但网络内企业的竞争者对集群绿色创新网络的发展也起到了非常重要的作用。因为竞争对手的环境策略同样会刺激企业领导层实施绿色创新方案，特别是当这一环境策略的采用提高了企业的绿色创新绩效时，否则企业有可能会丧失竞争优势。因而企业与竞争对手之间的互动学习主要为集群内企业环境策略的制定提供绿色信息资源和绿色技术资源。

（二）支撑网络层与核心网络层间的互动学习与绿色资源的形成

（1）高校或科研机构和企业之间的互动学习。高校或科研机构在集群内企业绿色创新的过程中发挥着非常重要的作用，特别是对于一些知识密集型的战略性新兴产业，由于技术的复杂性以及绿色创新成本高，更需要大学或科研机构为其进行绿色创新提供所需的各种知识存量、技术创新源与高级人才。同时也需要企业与高校或研究机构共同承担某些项目的合作研发，为企业的绿色创新提供智力支撑。因而高校或科研机构和企业之间的互动学习主要为集群内企业的绿色创新提供了绿色知识资源与绿色人力资源。

（2）政府和其他行为主体之间的互动学习。与企业、大学和科研机构一样，企业集群创新网络中的政府部门由于面临着各种社会问题，因而也存在着强烈的合作意愿。在不完全的竞争市场下，市场对于资源配置作用的失灵会影响到集群绿色创新网络内企业主体以及其他创新主体之间的合作关系，此时政府可以通过制定一系列政策来协调集群创新网络中各行为主体的关系及其行为，使得集群绿色创新网络内的创新主体能够更好地获得创新收益。因而政府和集群内其他行为主体之间的互动学习主要为集群内企业的绿色创新提供了集群绿色政策资源。

（3）金融机构与其他行为主体之间的互动学习。在实际的集群发展过程中，由于集群绿色创新网络内的企业更愿意与本地创新网络内的金融机构之间建立各种合作关系，因此，金融机构同样能够支持企业、大学和科研机构进行合作创新，金融机构可以有效地解决绿色创新网络内企业融资难的问题，通过与绿色创新网络的耦合，可以增加绿色创新网络内的金融资本存量，从而保证了绿色创新网络内各行为主体进行绿色创新所需的绿色金融资源。同时，还增强了网络内企业的商业信用，因而也可以促进与网络内的核心企业之间建立长期稳定的合作关系。因而金融机构与其他行为主体之间的互动学习主要为集群内企业的绿色创新提供了绿色金融资源。

（4）环保非政府组织与其他行为主体的互动学习。随着产业低碳发展的不断深化，低碳环保社会组织、产业发展促进组织等环保非政府组织会在国家政策制定、地方政策实施以及民众参与的过程当中发挥重要作用。一方面，环保非政府组织是促进集群绿色创新网络内各行为主体间网络联系的重要纽带，增强了彼此间的信任，从而促使各行为主体以低交易成本和低风险来实现集群绿色创新。另一方面，环保非政府组织一般介于政府和企业之间，它在市场运行中起着政府和企业之间相互联系的纽带作用，以第三方身份对纳入各级政府绿色技术创新的计划项目进行分析、评估、管理和监督，形成一定的制度与规范，从而替政府实行一部分管理职能。同时，还可以帮助政府和市场激活绿色创新资源，进而增强网络创新活力。因而环保非政府组织与其他行为主体的互动学习主要为集群内企业的绿色创新提供了重要的绿色信息资源和绿色社会资本资源。

（三）内部网络与外部网络之间的互动学习及绿色资源的形成

随着经济全球化的发展，从外部获取资源被认为对集群内企业的绿色创新越来越重要，这些企业往往无法在内部产生绿色创新所需的全部资源（Huggins and Johnston，2010；Doran et al.，2012）。非本地化网络或全球网络使企业能够从集群之外的关系中获益。对于某些活动来说，虽然集群内部网络是必不可少的，但长距离的运作可能更有价值。有研究表明，在制造企业、研究机构或竞争对手之间的横向联系中，空间邻近性更为重要，而纵向合作则不那么依赖于空间邻近性，可以在更长的距离内维持和运作（Revilla-Diez，2002）。在集群内企业绿色创新过程中，集群内构建的绿色创新网络和资源被认为是创造和保持绿色创新和绿色竞争力的潜在重要资产。此外，越来越多的证据表明，网络的发展与企业的成长有关，特别是涉及资源流动的网络（Knoben and Oerlemans，2006）。

一般来说，除非当地网络能跟上在其各自区域以外出现的资源，否则它们就有僵化和过时的危险（Ter Wal and Boschma，2011）。即使在那些拥有丰富资源的地区，也有证据表明非本地化网络发挥了更大的作用，因为世界上最先进的地方和区域经济的资源库不一定是本地的，而是位于全球资源网络之内。由于不同形式的区域间接触的存在，资源往往会溢出区域边界，区域间资源流动是绿色创新的重要推动者（Rodriguez-Pose and Crescenzi，2008）。此外，区域外绿色创新的可及性往往与区域增长绩效呈正相关，区域内可用的"资源量"加强了当地创新活动的效果（Rodriguez-Pose and Crescenzi，2008）。同样，资源的流入对一个地区的经济增长有积极的影响，如果邻近地区也表现出高增长率，这种影响就会更大（见图6-3）。

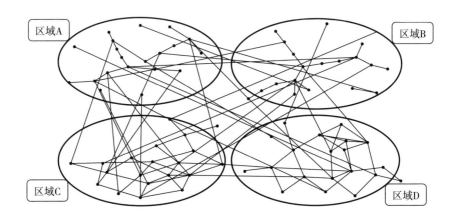

图6-3　集群内外部网络之间资源的流动

　　在这些网络的帮助下，集群内企业不仅可以利用本地知识和专业知识，而且可以利用外部专业知识将其转化为可销售的产品，从而产生新的想法。由于技术动态性，当地环境的贡献是有限的，它们必须得到更广泛的企业间网络的支持，作为获取快速变化的技术和市场机会的信息的一种方式。同时，为了避免由于国内需求下降而造成的问题，需要进行出口导向的活动，这种活动应得到技术转让网络的支持。另外，非区域活动可以为创新管理和区域企业竞争力提供更有力的支持。对于集群内企业而言，不可能仅仅依靠本土化的学习和隐性知识，它们必须得到正式研发能力的补充（Asheim and Isaksen，2002），并通过不同类型的非区域和全球网络获得普遍知识。如果集群内企业加入全球体系，他们将有机会从这种情况的协同效应中获益。几项研究的结果表明，外部联系对于防止技术锁定特别重要（Eraydin，2005），因而绿色创新网络资源（包括内部网络与外部网络）成了集群内企业绿色创新最重要的资源之一。

加强集群本地网络与外部网络的互动，从而获得网络外部全球范围内的各种技术与知识等资源显得尤为重要。通过本地网络与外部网络的互动获得外部的信息和资源，有利于加速本地网络内资源的更新，避免集群本地创新网络的僵化和锁定。另外，利用从集群绿色创新网络外部获得的各种资源可以促使网络内各行为主体具备根据环境的变化调整他们自己行为的能力，从而提高集群整体的绿色创新能力。同时，通过内外部网络知识的交流与互动，有利于绿色创新在战略性新兴产业集群内涌现。一般来说，集群绿色创新内部网络与外部网络互动主要体现在以下两个方面：一方面，为获得市场竞争优势，集群绿色创新网络中实力较强的企业通过向网络外购买各种技术设备，并加以消化和吸收，从而提高自身的绿色创新能力。另一方面，集群绿色创新网络中的行为主体通过与网络外部的大学或科研机构合作，利用他们的资源和人才优势来提高产品与技术的开发能力，从而可以减少自身的绿色创新风险。

因此，集群内外部网络之间的互动学习不仅有助于获得重要的绿色创新网络资源与绿色社会资本资源，同时还有助于从外部网络中获得绿色知识和信息资源、绿色技术资源等绿色创新资源，从而有利于更多绿色资源在集群内聚集与创生。

二　集群内绿色创新主体间的集体学习过程

根据 Mariotti（2012）的研究成果，我们认为集群内绿色创新主体间的集体学习过程分为三个阶段：学习合作、学习共享绿色资源和学习创生绿色资源。

（一）学习合作

在知识经济时代，集群内企业不再孤立地创新，而是通过与其他行为主体进行一系列复杂的互动，因而绿色创新是一个复杂的过程，往往需要集群内企业间以及集群内外部网络间的资源流动。新资源观认为获取新技术、技能或专门知识等资源以便与竞争对手保持同步是企业与其他行为主体建立或进入网络的一个关键原因，这些网络关系是资源在集群内企业间以及集群内外部网络间流动的方式，因而越来越多的集群内企业间的网络以及集群外部网络被视为促进技能、专门知识、技术、研发等流动的渠道。集群内企业通过访问内部网络与外部网络内的资源而获得优势，这意味着集群内企业可能获得的优势取决于网络的资源配置。因此，战略性新兴产业集群内绿色创新主体间的集体学习的第一个过程是关于合作的学习，也就是在互动中学习。

集群内绿色创新主体在与集群内部网络或集群外部网络的主体之间不断交互的过程中，彼此之间会建立各种联系，在合作的过程中，他们会了解这种关系以及如何管理它们。这个学习过程包括确定谁将合作，谁拥有什么能力，以及如何通过合作来利用这些能力。最重要的是，通过参与其他参与者的合作活动，集群内绿色创新主体学会了如何成为集群绿色创新网络的成员，从而获得一个中心位置，并在参与合作活动的同时重构资源（Mariotti，2012），因而集群内绿色创新主体间合作的经验为资源共享过程的发生提供了肥沃的土壤。因此，集群内绿色创新主体间的集体学习本质上是突发性的，并以互动为基础。

与战略性新兴产业集群内外部网络中的利益相关者合作开发互动学习过程的绿色创新主体可以通过检索和吸收来自用户、供应商、竞争对手、政府和其他合作伙伴的相关资源来利用其资源库。通过建立战略联盟、合作或伙伴关系，可以通过共享互补的资源和能力，有效地改善绿色创新的基础。集群内绿色创新主体还可以利用合资企业、企业间的网络、研发联盟协议等来变得更具创新性。另外，集群内绿色创新主体与集群内外部网络内其他主体间的合作可以促进资源的产生，从而提高集群内绿色创新主体的创新成果和整体绩效。同时促进集群内绿色创新主体开展包括用户、供应商、竞争对手、政府和其他合作伙伴在内的以学习为基础的联合活动。在这些活动中，不同的合作参与方分享环境或绿色资源。因此，发展互动学习机制将增强对供应商、用户需求的理解，通过与用户、供应商等之间的绿色资源交流来改善绿色创新绩效，提高集群内绿色创新主体的绿色创新能力（Gema Albort-Morant et al.，2018）。

（二）学习共享绿色资源

在第一个阶段中，我们分析了学习合作，合作是实现绿色资源共享的前提条件。随着集群内绿色创新主体与集群内外部网络中其他主体的互动合作，资源在集群内外部不断传播扩散并被绿色创新主体所采用。将绿色经验和绿色知识等绿色资源有效地传递给集群内外部网络中的其他绿色创新主体，可以有效促使集群内绿色创新主体通过提供绿色服务或生产可持续的产品来获取绿色创新收益。绿色资源共享将有助于绿色服务计划和绿色产品流程的实现，利用集群内绿色创新主体与用户在环境问题上固有的价值，将会带来利润增长，它是集群内绿色创新主体提供绿色服务创新的重要决定因素，绿色资源的可用性允许集群内绿色创新主体利用其设计产品或服务的能力来反映用户的绿色理念。总之，满足这些要求的最佳方式是绿色资源共享（Lin et al.，2016）。因此，战略性新兴产业集群内绿色创新主体间的集体学习的第二个阶段是关于共享绿色资源的学习。战略性新兴产业集群内绿色创新主体间的绿色资源共享是指在不同的绿色创新主体之间，包括集群绿色创新网络内部，以及集群内外部网络之间流动的资源，从而帮助集群内绿色创新主体以最有效的方式使用资源。

绿色资源共享是集群内绿色创新主体快速应对变化、创新和取得竞争成功的关键因素，资源共享也有助于创造新的绿色资源，因而绿色资源共享对集群内的绿色创新具有积极影响（Andreeva and Kianto，2011）。丰田就是一个很好的例子，证明了在企业的供应商网络中有效的资源共享所带来的好处。这家日本汽车制造商在中小供应商网络中处于核心地位。丰田汽车70%以上的汽车价值依赖于供应商，并且有两个主要的部门支持供应商的学习活动（运营管理和咨询部门）。为了促进成员的学习活动，丰田开发了不同的协会，有不同的任务，如现场咨询、员工调动、绩效反馈、过程监控等。这些联系通过网络中频繁的面对面交流和相互的知识交换，在网络中创造了一种共享的身份和高度的信任。信任、共享身份和相互承诺促进了丰田供应商网络中有价值的隐性知识的共享。因此，丰田成功地提高了工人的生产力，减少了库存，并以比竞争对手更快的速度提高了产品质量，这要归功于它管理供应商网络的能力（Dyer and Nobeoka，2000）。

（三）学习创生绿色资源

在第二个阶段中，我们分析了学习共享绿色资源，绿色资源的共享是创生绿色资源的重要基础。集群内绿色创新主体的绿色竞争优势意味着对绿色资源的创生，从而导致绿色创新主体相对于竞争对手的独特地位。对于战略性新兴产业集群内企业的绿色创新而言，不同的绿色创新的活动往往需要不同的绿色资源，而有些核心绿色资源往往是无法通过共享或其他途径来获取的，只能通过将获取的资源与自身所拥有的资源进行整合优化的基础上进行创生来产生新的绿色资源。战略性新兴产业集群为集群内企业学习创生绿色资源提供了重要平台。战略性新兴产业集群不仅可以促进集群内部资源的聚集与共享，还可以通过构建非本地的"管道"，获取集群外部的全球性资源。因此，资源在区域内创生比在区域外更容易，集群内各主体间的互动促进了资源流动，而集群内绿色创新主体在绿色创新的过程中又可以创生出新的资源。它们也需要有意识地构建非本地的"管道"，以利用其所在地区以外的资源。许多企业并不仅仅从地理上邻近的地区获取资源，特别是那些基于创新驱动增长的地区，这些地区的资源通常来自国际。如果当地有可用的资源，集群内企业和其他组织将设法获得这些资源；如果没有，他们将转向别处。越来越多的证据表明，资源越来越多地在区域集群之间流动，从而加强了全球资源的联系（Huggins and Thompson，2015）。因而通过集群内外部的渠道可以促进集群内企业创生出大量的高质量资源，集体学习可以被视为绿色资源创生最重要的工具。因此，战略性新兴产业集群内绿色创新主体间的集体学习的第三个阶段是关于创生绿色资源的学习。

在战略性新兴产业集群中，虽然地理位置的邻近性为集群内绿色创新主体间的集体学习创造了条件，但集群中的集体学习是一个复杂的现象。集群内多主体间的集体学习过程因多主体间进行正式和非正式互动的频繁机会而得到加强（Morrison et al.，2013）。而集群内绿色创新主体间的强联系和弱联系对集体学习的本质产生了重要的影响。弱联系对于集群内非相关资源的传播更为重要，而强联系对于集群内相关资源的传播更为重要。在弱联系中，集群内绿色创新主体可以从不同的资源库中学习，而在强联系中，集群内绿色创新主体可以加深对现有资源的理解。当然，集群内绿色创新主体间的关系强度与信任有关。在集群内绿色创新主体愿意交换信息或知识等资源之前，他们要确保他们的共享伙伴是值得信赖的。集群内绿色创新主体将对机会主义行为非常谨慎，尤其是当交易触及他们的核心资源时。显然，存在强联系的集群内绿色创新主体间会比存在弱联系的主体之间有更多的信任。在关系牢固的情况下，机会主义行为比关系弱的情况下更能影响集群内绿色创新主体的声誉。如果集群内绿色创新主体在一个关系紧密的网络中被认为是不值得信任的合作伙伴，那么这条消息将迅速传播，它对这个实施机会主义的绿色创新主体的影响将是巨大的。因此，尽管集群内绿色创新主体有可能从弱联系中学到很多东西，但对机会主义行为的恐惧，以及由此导致的信任缺失，可能会抑制知识流动。虽然在紧密联系的情况下学习的范围会更小，但我们可以预期，由于集群内绿色创新主体之间的信任增强，在这类互动中会有更多的资源流动（Schoenmakers and Duysters，2006）。

第三节　集体学习下集群内企业绿色创新"宏绿色资源"创生的绿色动态能力分析

一　"宏绿色资源"创生的绿色动态能力的内涵

战略性新兴产业集群内企业绿色创新的"宏绿色资源"是由区域集中和部门专业化产生的。由于资产质量效率、资产存量的互联性和因果不确定性等障碍，跨区域模仿和替代这些资源是非常困难的，因而这些资源是集群内企业的战略资源和企业竞争力的来源。在上一节的研究内容中，我们分析了集群内绿色创新主体间的集体学习过程，但在整个集体学习过程中需要集群内绿色创新主体具有识别外部资源的价值和位置，并建立获取这些资源的管道，同时将通过管道获得的资源成功应用于商业目的的能力（Bathelt et al.，2004）。虽然集群绿色创新的"宏绿色资源"是在相互竞争的企业之间共享的，但是在某种程度上，利用这些共享资源中有价值的资源的能力可能是罕见的和不可模仿的，这就取决于企业从共享集群中获取竞争优势资源并将其与现有资源整合，进而创生出新资源的能力（Li et al.，2015），我们将这种能力称为"宏绿色资源"创生的绿色动态能力。

对于战略性新兴产业集群绿色创新而言，企业不仅需要利用内部资源，还需要利用外部资源来应对不断变化的环境。绿色动态能力强调集群内企业对资源的获取、整合和对创生的不断追求。基于"宏绿色资源"创生的动态能力使集群内企业能够不断更新他们的资源库，从而能够应对不断变化的环境。因此，通过控制资源的变化，绿色动态能力有助于提高集群内企业的绿色创新绩效（Zheng et al.，2011）。"宏绿色资源"创生的绿色动态能力描述的是集群内企业通过关系网络获取、同化、整合、创生并管理新型资源的内部和外部能力，以应对不断变化的环境和绿色产品设计的能力。绿色动态能力对集群内企业绿色创新的成功至关重要，特别是在应对需求增加以及资源和能源短缺的情况下，绿色动态能力会影响集群内企业绿色创新过程的有效发展。研究"宏绿色资源"创生的绿色动态能力，可以了解集群内企业如何创生出新的资源，如何将这些资源转化为技术、组织和商业创新。

绿色动态能力作为集群内企业绿色创新"宏绿色资源"形成的先决条件，主要包括六个维度：关系能力、获取能力、同化能力、整合能力、创生能力与管理能力（见图6-4）。

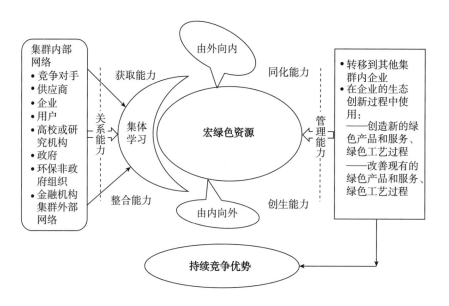

图6-4 绿色动态能力与"宏绿色资源"创生

下面我们对"宏绿色资源"创生的绿色动态能力的六个维度进行界定。

（1）关系能力是指战略性新兴产业集群内绿色创新主体与集群内外部网络中其他主体之间建立和维持某些特定关系的能力，这种关系能力往往取决于绿色创新主体在集群中的中心度，集群内绿色创新主体的中心度越高，表明该绿色创新主体在集群中处于核心地位，集群内外部网络中更多的其他主体往往会想方设法与该主体建立联系，因而该主体就可以掌握更多的资源渠道。

（2）获取能力是指战略性新兴产业集群内绿色创新主体识别和获取外部产生的对其经营至关重要的资源的能力。在资源获取过程中所花费的努力有三个属性可以影响：强度、速度和方向。集群内绿色创新主体识别和收集知识的强度和速度可以决定它获取能力的质量。知识资源积累的方向也会影响集群内绿色创新主体获取外部资源的路径，这些活动的丰富性和复杂性各不相同，这突出了需要在绿色创新主体内部拥有不同领域的专门知识才能成功地获取外部技术。

（3）同化能力是指战略性新兴产业集群内绿色创新主体的惯例和过程，使它能够分析、处理、解释和理解从外部来源获得资源的能力。外部获取的资源可能会给绿色创新主体一定的启发，因为他们明显区别于集群内绿色创新主体自身拥有的资源，这也许会阻碍集群内绿色创新主体对资源的理解。然而，理解促进资源的同化，使集群内绿色创新主体能够处理和内化外部产生的资源。

（4）整合能力是指战略性新兴产业集群内绿色创新主体开发和改进有助于将现有资源与新获得和吸收的资源整合起来的能力。集群内绿色创新主体能够识别两组明显不一致的资源，然后将它们组合起来以得到一个新的模式，这种能力代表了一种整合能力。这种能力来自异类联想过程，它得到的新见解将促进机会的识别。与此同时，它改变了集群内绿色创新主体看待自身和竞争格局的方式，正是在这些不同的活动中，集群内绿色创新主体可以发现新能力。

（5）创生能力是指战略性新兴产业集群内绿色创新主体利用现有资源库创生出新资源的能力，它反映了集群内绿色创新主体将资源纳入其业务的能力。同时，创生反映了集群内绿色创新主体获取知识并将其应用于运营的能力，例如，在新企业中，从市场、竞争者和客户那里获取资源，然后将资源用于创建新的竞争力。类似地，成功的集群内绿色创新主体可能会建立以资源为目标并运用其资源的制度，以加强现有的计划或鼓励企业内部的新计划。

（6）管理能力是指战略性新兴产业集群内绿色创新主体对创生出的资源进行有效处置，从而实现其最大化价值的能力。集群内绿色创新主体在创生出新型资源后，需要对这些资源进行有效管理，即确定哪些资源是可以通过市场交易进行转移的，从而获得相应的效益。同时明确哪些资源用于改善现有的绿色产品和服务、绿色工艺或是用于创造新的绿色产品和服务、绿色工艺，从而为集群内绿色创新主体创造可持续性的竞争优势。

这六个维度之间并不是彼此独立工作的，而是存在着紧密的内在联系，它们趋向于累积发展，并相互构建，形成集群内企业绿色创新"宏绿色资源"创生的绿色动态能力。其中，关系能力是影响资源获取能力的决定性因素，而资源的同化能力和整合能力是资源创生的前提条件，它们提供了资源创生的基础资源，有效的资源获取和整合扩大了资源库。但资源的创生能力和管理能力对绿色创新活动和绿色创新绩效的贡献更大。资源的创生通过新的配置方式将内外部资源转化为新的资源，而资源的管理将实现资源的价值最大化，这将导致更快更有效的绿色创新 (Zheng et al. , 2011)。因此，这六个方面的能力被认为是建立和保持相对于竞争对手的竞争优势的关键，特别是在开放创新不断增长的背景下。在开发创新范式下，集群内企业绿色创新"宏绿色资源"的创生是一个耦合的过程，它混合了由外向内和由内向外的过程。通过与各种参与者（竞争对手、供应商、用户、高校或科研机构、金融机构、环保非政府组织）的合作，企业实现了由外向内，这将有助于充实企业的资源储备。通过由内至外等方式将知识产权转让给其他企业，企业将其知识产权商业化并赋予其价值 (Laperche and Blandine, 2016)。

在战略性新兴产业集群中，企业的能力和资源库是异质性的，它们可能在集群内外资源的交互中扮演不同的角色。集群内拥有较高绿色动态能力的企业更有可能与外部资源渠道建立联系。当集群内企业具有非常相似的绿色动态能力时，基于共同的基础，资源的交换更有可能发生。集群内企业间资源库的差异将导致他们在集群资源交换中发挥不同的作用。因而拥有特别先进资源基础的集群内企业很可能被其他集群内企业视为当地"技术领导者"或"技术早期采用者"，这可能导致领先企业的资源互动在一定程度上的不平衡，因为他们不太可能从拥有"较低"资源库的企业中寻找有用的资源，所以一些企业转移的资源可能比从其他本地企业接收到的资源更多。与此同时，当集群内企业知道他们能够解码和应用获得的知识时，他们有更多的动机去寻求技术建议。因此，虽然水平相似的资源库可能会导致一些企业进行平衡交换，其他拥有"较低"资源库但仍具有显著能力的企业可能吸收的知识多于释放的知识

（Giuliani and Bell，2005）。

二 "宏绿色资源"创生的绿色动态能力对绿色创新效益的影响

近年来，由于外部资源流动的作用越来越重要，绿色动态能力逐渐成为集群内企业获取竞争优势的关键驱动力。尽管从总体上说，内部资源对绿色创新过程至关重要，但在不断变化的资源环境中，外部资源将变得更加重要，而从这些资源流动中获益的能力在确保企业的竞争优势方面起着至关重要的作用。在这种动态的竞争环境中，集群内企业如果想生存，就需要重新配置其资源库。稳定和动荡的资源环境之间的差别取决于探索和开发学习过程的相对重要性。在稳定的资源环境中，集群内企业强调资源的开发，因为他们希望被利用的资源与他们目前的资源库密切相关。相反，在动荡的资源环境中，由于相关资源可能远离现有的资源储备，集群内企业在探索中会产生积极的反应。因此，在动荡的资源环境中，重点是监控外部知识的发展，所以绿色动态能力在一个具有高度动荡和知识产权保护困难的环境中显得更加重要（Escribano et al.，2009）。

集群内企业绿色创新"宏绿色资源"也包含显性资源与隐性资源。很明显，了解不同形式的资源获取对集群内企业绿色创新绩效的贡献是非常重要的。优于其他形式的资源创造，"宏绿色资源"通常被认为是集体过程的产物，其特征是互动主体在获取和吸收资源方面的有意努力与参与。因此，具有更大能力获取优质资源的集群内企业将实现更高的创新效率。如果允许资源在特定的集群绿色创新网络之外"泄露"，资源的排他性可能会受到损害。同样，当集群绿色创新网络中的企业对彼此的资源越来越熟悉时，资源的优势可能会受到损害，负面的网络效应可能会出现，将企业锁定在低价值和低效的绿色创新网络中，从而会抑制新资源的创造和创新。为了继续在创新过程中发挥作用，集群绿色创新网络经常需要不断发展，包括新的成员和配置，以满足不断变化的需求，扩大参与企业的网络资源。因此，具有更大能力管理资源的集群内企业将更有效地获取高级、排他性的资源（Huggins and Thompson，2015）。

战略性新兴产业集群内企业间绩效差异的一个来源是企业对资源和能力的利用的差异。当资源是有价值的、罕见的、独特的，他们可以为企业创造竞争优势。集群内企业有效创建、管理和开发资源的能力也是一种关键资源。因此，作为一组基于资源的能力，绿色动态能力可以成为集群内企业获取竞争优势的来源。绿色动态能力包含的整合和创生能力很可能通过产品和流程创新影响企业绩效。整合能力通过分解过程，帮助集群内企业开发新的感知模式或对现有流程的更改。创生能力则更进一步将资源转化为新产品。在战略性新兴产业集群中，拥有良好的绿色动态能力的企业可能更善于通过发现外部环境中的趋势并将这些资源内化来不断地改进其资源储备。

首先，绿色动态能力帮助集群内绿色创新主体识别更多可用的资源流。换句话说，集群内绿色创新主体感知到的外部资源的数量是其绿色动态能力的增长函数。对于给定数量的已识别的外部资源，集群内绿色创新主体获得创新效益的程度也取决于其绿色动态能力。总的来说，集群内绿色创新主体的绿色动态能力的异质性会转化为外部资源存量相似所带来的好处的差异，这既是因为集群内绿色创新主体能够识别更多的外部资源，也是因为它能够更有效地利用这些外部资源开展绿色创新活动（Escribano et al.，2009），从而提高集群内企业的绿色创新效益。

其次，绿色动态能力在更新企业的资源库和在不断变化的市场中竞争所必需的技能方面发挥着重要作用。具有灵活使用资源的能力的企业可以重新配置其资源基础，以利用新的战略机会。绿色动态能力不仅提高了集群内企业搜索和识别相关资源领域的能力，以及识别关键领域内相关资源和提供者的能力，而且扩大了企业对合作伙伴的地理范围，可以降低过度搜索外部资源的风险。同时，绿色动态能力提高了企业管理外部资源流动的能力以及吸收外来资源的能力。因此，由于先发优势、对客户的响应能力或其他战略优势，这些机会可能有助于集群内企业保持卓越的绿色创新效益。

最后，绿色动态能力帮助企业更有效地跟踪其行业中的变化，从而促进在适当的时候部署必要的能力，如管理能力，它可以改善集群内企业间合作的管理。集群内企业间的合作关系不仅仅是获取外部资源，因为它们是一种正式的合作关系，明确的目标是创造特定的绿色创新成果。因此，为了提高企业的绿色创新绩效，这种合作需要对具有清晰经济市场视角的创新进行指导和管理。同时它还可以增强集群内企业管理协作的能力，使其开发符合未来的绿色技术和客户需求。因此，它可以增加创造经济上可行的绿色创新的可能性，从而提高集群内企业的绿色创新效益（Kobarg et al.，2017）。

三　集群绿色创新网络对"宏绿色资源"创生的绿色动态能力的影响

（一）绿色创新网络内主体对"宏绿色资源"创生的绿色动态能力的影响

集群绿色创新网络内"宏绿色资源"创生的主体涉及企业、高校或科研机构、政府、用户、供应商、竞争对手、金融机构、环保非政府组织等多个绿色创新主体。由各类主体构成的集群绿色创新网络成为"宏绿色资源"创生的重要渠道，因而各类绿色创新主体的能力也就构成了"宏绿色资源"创生的绿色动态能力。

1. 集群内企业对"宏绿色资源"创生的绿色动态能力的影响

集群内企业是战略性新兴产业集群绿色创新网络中最核心的单元，是集群绿色创新的主要开发者和使用者。因此，以企业为中心的各种网络链接对企业的绿色创新过程将产生重要影响。集群绿色创新网络的复杂性决定了集群绿色创新活动是一个非线性的过程，它是通过与集群绿色创新网络内其他企业之间的协同而产生的。因此，在集群绿色创新网络中，企业之间的物质流、信息流、资金流、人才流能否在网络中快速流动，取决于集群内企业自身的绿色能力，即集群内企业如何通过与网络系统中处于不同创新环节的企业进行沟通与协作，从而促进各种资源在集群绿色创新网络内快速扩散与传播，因而集群内企业的绿色能力对"宏绿色资源"的创生有着非常重要的影响。

2. 辅助机构对"宏绿色资源"创生的绿色动态能力的影响

集群绿色创新网络内拥有大量的辅助机构，高校或科研机构、金融机构、政府及其他辅助机构，他们会促进集群内企业绿色创新"宏绿色资源"的形成和使用。集群内企业和辅助机构之间的密切关系体现在提供熟练劳动力、创建新企业、培训和咨询服务以及研发联盟。辅助机构在集群升级和知识传播中发挥着重要作用。通过构建本地网络系统，辅助机构在促进区域发展中发挥着重要作用。辅助机构也是集群外部信息和技术的重要来源，在修正集群路径依赖和帮助集群革命或更新的过程中，辅助机构架起了集群内部企业与集群外部企业之间的桥梁。在促进集体学习、知识和信息传播以及帮助集群成员获取外部资源方面，地方辅助机构也是地方集群内企业的重要代表。另外，地方政府政策和相关规划在集群绿色创新发展中发挥了重要作用，通常是地方政府代表区域集群与其他区域签订合同或协议。政府创新政策和中小企业政策也是创建集群内企业知识流动和网络的重要因素。政府资助的研究协议、基础设施、已发布的计划和政策可视为只有集群成员才能获得的重要共享资源（Li et al.，2015），因而这些辅助机构的能力也将会影响到"宏绿色资源"创生的绿色动态能力。

（二）绿色创新网络结构对"宏绿色资源"创生的绿色动态能力的影响

战略性新兴产业集群绿色创新网络的结构特性同样会影响"宏绿色资源"的创新。我们主要从结构嵌入性和关系嵌入性来进行分析，其中，结构嵌入性关注企业在集群绿色创新网络中的相对位置所带来的好处。关系嵌入性强调集群绿色创新网络中各企业间联系的特点，它将促进深入和广泛的知识交流。一方面，在结构嵌入性（主体和主体间的关系）方面，集群内企业的绿色创新行为需要不同种类的资源。集群内企业可以通过获取和集群内其他主体的相关资源来构建和更新资源库。随着绿色创新过程变得越来越开放和互动，创新者必须具备掌握集群生态网络内各种资源的能力，它们的供应商、客户、竞争对手等的资源都很重要。当集群内的行为主体更加多样化时，企业将有更大的潜力获得绿色创新所需的各种资源。另一方面，在关系嵌入性（信任和承诺）方面。集群内企业间频繁的沟通与交流有助于彼此之间建立信任关系，当企业之间建立了一定程度的信任后，他们不仅更有可能与对方分享和交换资源，而且对从集群内其他主体那里获得有效资源更有信心。信任常常引发互惠行为，因为当信任度高时，集群内企业间更有可能合作，从而提供了资源获取与整合的潜力。另外，集群内各行为主体的持续和成功在很大程度上取决于承诺的存在和强度。企业间的承诺是指合作主体认为企业间的关系非常重要，他们愿意尽最大努力来维持这种关系。企业之间的承诺也是实现其共同目标的决定性因素，这种依附使集群内各企业之间的关系更加紧密，随着时间的推移，他们变得越来越依赖彼此，从而可以提高资源共享和转移的水平。当集群内企业对这段关系做出承诺时，他们会更开放地公开自己的资源储备，而且合作企业更有可能一起工作，通过资源整合与创生帮助彼此实现共同的目标（Zheng et al.，2011）。

第四节 产业集群绿色创新网络结构、"宏绿色资源"创生的绿色动态能力与绿色创新效益

在前面的研究内容中，我们从理论角度分析了"宏绿色资源"创生的绿色动态能力对生态效益的影响，以及集群绿色创新网络结构对集群绿色创新"宏绿色资源"的影响，这里，我们拟通过建模仿真方法从定量的角度来刻画三者之间的关系，从而更好揭示彼此间的规律。

一 模型构建

假设战略性新兴产业集群绿色创新网络是由 N 个绿色创新主体组成的网络，其中，绿色创新主体代表集群绿色创新网络的节点，绿色创新主体间的关系代表集群绿色创新网络的"边"。在上节中，我们在分析集群绿色创新网络结构对宏绿色资源创生的影响时，主要从结构维度和关系维度进行了理论分析，而对网络的结构维度和关系维度的定量刻画一般主要用度分布、聚集系数、平均路径长度等指标，因此，我们用这些指标来标度集群绿色创新网络结构。

一是集群绿色创新网络的度分布。它表示集群绿色创新网络任一节点的度恰好为 k 的概率（张延禄、杨乃定、郭晓，2012）。

$$d(k)=\frac{n_k}{N},\ 0\leqslant k\leqslant N-1 \tag{6-1}$$

其中，n_k 为度为 k 的节点个数，N 为集群绿色创新网络中的节点总数。也可以使用平均度指标 $\bar{d}(k)$，即：

$$\bar{d}(k)=\frac{1}{N}\sum_i k_i \tag{6-2}$$

其中，i 为节点，$1\leqslant i\leqslant N$；k_i 表示节点 i 的度。

二是聚集系数（李星，2011）。它描述了集群绿色创新网络中节点的邻节点之间也互为邻节点的比例。集群绿色创新网络的聚集系数可以表示为：

$$C=\frac{3N_\Delta}{N_3} \tag{6-3}$$

其中，$N_\Delta = \sum\limits_{k>j>i} a_{ij}a_{jk}a_{ik}$ 表示网络中三角形的总数，$N_3 = \sum\limits_{k>j>i} (a_{ij}a_{ik} + a_{ji}a_{jk} + a_{ki}a_{kj})$ 表示网络三元组（缺少一边的三角形）的总数，a_{ij} 表示网络邻接矩阵的矩阵元。

三是平均路径长度。集群绿色创新网络中任意两个不同节点 i 与 j 之间的网络距离 $l(i, j)$ 定义为连接这两个节点的最短路径的边数。网络的平均路径长度 $\overline{l}$ 可表示为（张延禄、杨乃定、郭晓，2012）：

$$\overline{l} = \frac{\sum\limits_{l(i, j) \neq \infty} l(i, j)}{M} \tag{6-4}$$

其中，M 为集群绿色创新网络中所有存在连通路径的"节点对"数量。

对集群内企业而言，开发和采用绿色创新活动不仅需要"宏绿色资源"，同样需要具备创生"宏绿色资源"的绿色动态能力。显然，集群绿色创新网络中每个企业的绿色动态能力存在差异，我们假设网络中任意企业 i 的绿色动态能力为 σ_i，企业 i 在 t 时刻获得的资源积累量 $g_i(t)$ 定义为：

$$g_i(t) = \sigma_i(t) + \sum\limits_{j} \gamma^{l(i,j)} \max\{0, \ \sigma_j(t) - \sigma_i(t)\} \tag{6-5}$$

其中，γ 为资源溢出效率，$0 \leqslant \gamma \leqslant 1$。

集群内企业 i 在 $[t, t+1]$ 期间获得的绿色创新效益 $S_i(t)$ 与资源积累量 $g_i(t)$ 存在如下函数关系：

$$S_i(t) = \sqrt{g_i(t)} \tag{6-6}$$

因此，集群内企业 i 在 $[t, t+1]$ 的平均绿色创新效益可以表示为：

$$H(t) = \frac{1}{N} \sum\limits_{i} s_i(t) \tag{6-7}$$

另外，集群内企业 i 在开发与采用绿色创新的过程中，同样需要支付相应的绿色创新成本。而且集群绿色创新网络中的平均度以及聚集系数也会对其绿色创新成本产生影响，因而集群内企业 i 在 $[t, t+1]$ 付出的绿色创新成本 $C_i(t)$ 可表示为：

$$C_i(t) = H_0 + \sum\limits_{j \in P} [h \cdot l(i, j)]^{c_i d(k)} + \mu \tag{6-8}$$

其中，H_0 为固定成本，h 为单位距离成本系数，μ 为环境成本。

因此，集群内企业 i 在 $[t, t+1]$ 的绿色创新效益函数可表示为：

$$s_i(t) = \sqrt{g_i(t)} - H_0 - \sum_{j \in P} \left[h \cdot l(i, j) \right]^{c_i d(k)} - \mu \tag{6-9}$$

二　模型分析

（一）参数设定

这里，我们假设起始阶段的战略性新兴产业集群绿色创新网络内企业最大规模 $N=40$，企业 i 的绿色动态能力 $\sigma_i \sim U(0, 1)$，资源溢出效率 $\gamma \in (0, 1)$，其中 H_0，h，μ 分别取值为 0.5、0.001、0.5。当 $t=0$ 时，战略性新兴产业集群绿色创新网络主体间不存在关系，为空网络。我们运用 Matlab R2016a 对上述模型进行了仿真分析，具体仿真结果如下。

（二）"宏绿色资源"积累量与各变量之间的关系

1. 集群内企业 i 的"宏绿色资源"积累量的变化

从图 6-5 中可以看出，集群内企业 i 的"宏绿色资源"积累量在不断发生变化，这说明"宏绿色资源"不是固定的，而是随着集群绿色创新网络的动态演化在不断发生变化，这与前面我们所描述的"宏绿色资源"的定义是相吻合的。同时，这也间接反映了集群内企业 i 的"宏绿色资源"创生的绿色动态能力也在不断发生变化，说明集群内企业的行为具有一定的随机性，显然假设集群内企业 i 的绿色动态能力 σ_i 服从 0~1 均匀分布是符合实际的。

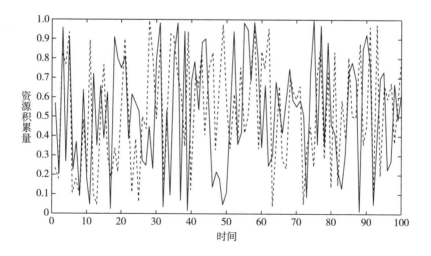

图 6-5　集群内企业 i 资源积累量的变化

2. 集群内企业 i "宏绿色资源" 积累量与网络的平均路径长度之间的关系

假定集群内企业 i 的绿色动态能力为1，企业 j 在 t 时刻的绿色动态能力强于企业 i 的绿色动态能力，资源溢出效率 γ 为 $\frac{1}{2}$，具体仿真结果如图6-6所示。

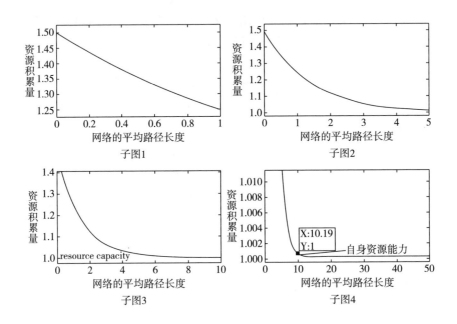

图6-6 集群内企业 i 资源积累量与网络的平均路径长度之间的关系

在图6-6中，子图1中集群绿色创新网络的平均路径长度 $\overline{l} \in [0, 1]$，子图2中集群绿色创新网络的平均路径长度 $\overline{l} \in [0, 5]$，子图3中集群绿色创新网络的平均路径长度 $\overline{l} \in [0, 10]$，子图4中集群绿色创新网络的平均路径长度 $\overline{l} \in [0, 50]$。由此可看出，集群内企业 i 获得的"宏绿色资源"积累量随着集群绿色创新网络的平均路径长度的增大而减小。同时，从子图4中可以看出，在集群绿色创新网络的平均路径为10.19时，集群内企业 i 获得的"宏绿色资源"积累量为1，且无论集群绿色创新网络的平均路径增大多少，集群内企业 i 获得的"宏绿色资源"积累量均为1，保持不变。

在集群绿色创新网络中，网络的平均路径长度越长，意味着网络内各企业之间在资源传递、交流沟通、竞争合作等方面的障碍会更多，从而导致集群内企业资源的获取相对困难，同时资源创生的机会也会减少，也不利于集群内企业"宏绿色资源"创生的绿色动态能力的提高，因而使得集群绿色创新网络内企业的"宏绿色资源"积累量越小。这也说明了集群绿色创新网络的平均路径长度与"宏绿色资源"积累量之间存在负向关系。

3. 集群内企业 i 的"宏绿色资源"积累量与资源溢出效率之间的关系

从图6-7中可以看出，当集群绿色创新网络的平均路径长度 $\overline{l} \in [0, 1]$，集群内企业 i 获得的"宏绿色资源"积累量随着资源溢出效率的增加而增加，并且网络的平均路径长度越短，集群内企业 i 获得的"宏绿色资源"积累量的增速越快。显然，集群绿色创新网络的平均路径长度越小，越有利于加强企业之间的沟通与交流，增强彼此之间的信任强度，从而有利于资源的共享，特别是一些隐性资源，提高了资源的质量，也为集群内其他企业资源的获取提供了渠道。同时资源的溢出效率越大，说明集群内企业在获取资源的速度和可供选择的资源数量方面都存在优势，因而集群内企业获得的"宏绿色资源"积累量就会不断增加。

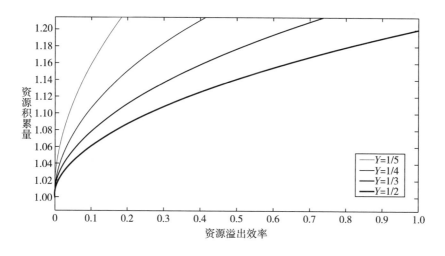

图6-7　$\overline{L} \in [0, 1]$ 时集群内企业 i 资源积累量与资源溢出效率之间的关系

接下来，我们改变集群绿色创新网络的平均路径长度，仿真结果如图 6-8 所示。

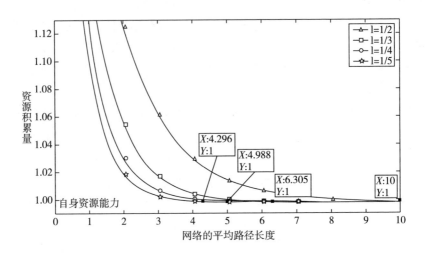

图 6-8 $\overline{L} \in [0, 10]$ 时集群内企业 i 资源积累量与资源溢出效率之间的关系

从图 6-8 中可以看出，当集群绿色创新网络的平均路径长度 $\overline{l} \in [0, 10]$，$\gamma = \dfrac{1}{2}$ 时，在点（10，1）达到平衡；$\gamma = \dfrac{1}{3}$ 时，在点（6.305，1）达到平衡；$\gamma = \dfrac{1}{4}$ 时，在点（4.988，1）达到平衡；$\gamma = \dfrac{1}{5}$ 时，在点（4.296，1）达到平衡。这说明了集群绿色创新网络的平均路径长度足够大时，资源溢出效率越小，集群内企业获得的"宏绿色资源"积累量递减的速度越快。显然，集群绿色创新网络的平均路径长度足够大时，既不利于资源共享的实现，也不利于优质资源在绿色创新网络内的快速流动。同时资源溢出效率越小，也不利于集群内企业对资源的获取与创生。集群内企业获得的"宏绿色资源"积累量就会不断减少。

（三）集群内企业的绿色创新成本与各变量之间的关系

1. 绿色创新成本与网络的平均路径长度之间的关系

假定固定成本 H_0 为 0.5，单位距离成本系数 h 为 0.001，环境成本 μ 为 0.5，仿真结果如图 6-9 所示。

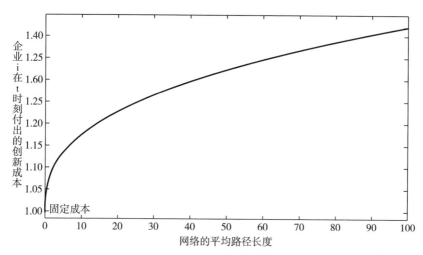

图 6-9　集群内企业 i 的绿色创新成本与网络的平均路径长度之间的关系

从图 6-9 可以看出，集群内企业 i 付出的绿色创新成本随着集群绿色创新网络的平均路径长度的增加而增加。显然，集群绿色创新网络的平均路径长度越大，网络内各企业的资源搜寻与获取成本就越大，沟通成本与合作成本也越大，因而集群内企业的绿色创新成本也越高。

2. 绿色创新成本与网络的平均度之间的关系

从图 6-10 可以看出，子图 1 中集群绿色创新网络的平均路径长度 $\bar{l} > 1$ 时，集群绿色创新网络的平均度越大，集群内企业 i 付出的绿色创新成本越大；子图 2 中集群绿色创新网络的平均路径长度 $\bar{l} \in [0, 1]$ 时，分别选取 $\bar{l} = 1/2$、$\bar{l} = 1/3$、$\bar{l} = 1/4$、$\bar{l} = 1/5$ 四种情况来反映集群内企业 i 付出的绿色创新成本与集群绿色创新网络的平均度之间的关系，从图中可以看出，当集群绿色创新网络的平均路径长度很小时，集群绿色创新网络的平均度越大，集群内企业 i 付出的绿色创新成本越小。在集群绿色创新网络中，网络的平均度越大，表明网络内企业之间的联系数量较多；同时，网络的平均路径长度越小，更有利于集群内企业之间的沟通与交流，有助于彼此之间信任关系的增强与合作的涌现，从而有利于资源的流动与共享，可以有效降低企业资源搜寻与获取的成本，以及合作成本等，因而集群内企业的绿色创新成本就会减少。

3. 绿色创新成本与网络聚集系数之间的关系

从图 6-11 可以看出，子图 1 中集群绿色创新网络的平均路径长度 $\bar{l} > 1$

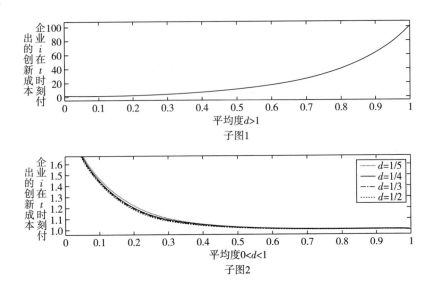

图6-10　集群内企业 i 的绿色创新成本与网络的平均度之间的关系

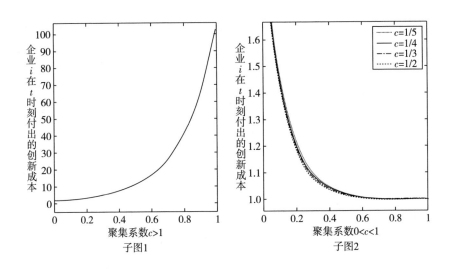

图6-11　集群内企业 i 的绿色创新成本与网络聚集系数之间的关系

时，集群绿色创新网络的聚集系数越大，集群内企业 i 付出的创新成本越大；子图2中集群绿色创新网络的平均路径长度 $\bar{l} \in [0, 1]$ 时，分别选取 $\bar{l} = 1/2$、$\bar{l} = 1/3$、$\bar{l} = 1/4$、$\bar{l} = 1/5$ 四种情况来揭示集群内企业 i 付出的绿色创新成本与集群绿色创新网络的聚集系数之间的关系，从图中可以看出，当集群绿色创新网络的平均路径较小时，集群绿色创新网络的聚集系数越大，集群内企业 i 付出的绿色创新成本越少。原因在于集群绿色创新网络的聚集系数越大，就说明网络内节点的连接数量也越多；同时，集群绿色创新网络的平均路径长度越小，越有利于集群内企业之间的沟通与交流，这同样也会减少资源的获取成本、沟通与合作成本等，从而减少集群内企业的绿色创新成本。

（四）集群内企业的绿色创新效益与各变量之间的关系

1. 绿色创新效益与网络的平均路径长度之间的关系

从图 6-12 中可以看出，集群绿色创新网络的平均路径越大，集群内企业 i 获得绿色创新效益越小。随着集群绿色创新网络的平均路径长度的增大，集群内企业所付出的绿色创新成本就会增加，因而集群内企业的绿色创新效益就会减少，并且集群绿色创新网络的平均路径长度足够大时，集群内企业甚至会出现亏损。

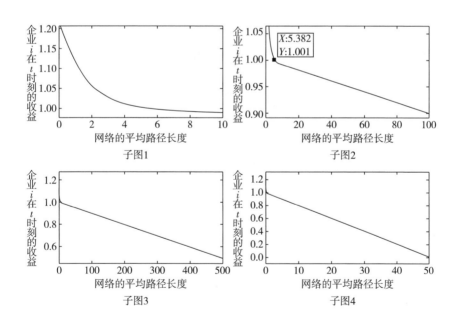

图 6-12　集群内企业 i 的绿色创新效益与网络的平均路径长度之间的关系

2. 绿色创新效益与网络的平均度之间的关系

从图 6-13 中可以看出，集群绿色创新网络的平均路径长度 $\bar{l} \in [0,$

1]时，分别选取 $\bar{l}=1/2$、$\bar{l}=1/3$、$\bar{l}=1/4$、$\bar{l}=1/5$，从图中可以看出，集群绿色创新网络的平均度越大，集群内企业的绿色创新效益越大，且网络的平均路径长度越小，集群内企业的绿色创新效益的增速越大。

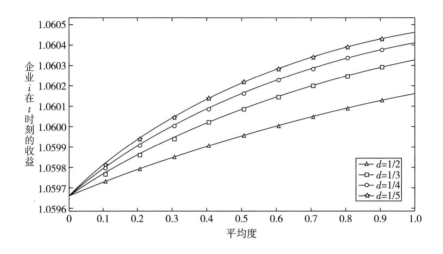

图 6-13 $\bar{L} \in [0, 1]$ 集群内企业 i 的绿色创新效益与网络的平均度之间的关系

此外，从图 6-14 中可以看出，集群绿色创新网络的平均路径长度 $\bar{l} > 1$ 时，集群绿色创新网络的平均度越大，集群内企业的绿色创新效益越小。这也说明了集群内企业绿色创新网络的平均度与集群内企业的绿色创新效益之间的关系会受到集群绿色创新网络的平均路径长度的影响。

3. 绿色创新效益与网络的聚集系数之间的关系

从图 6-15 中可以看出，在子图 1 中，集群绿色创新网络的平均路径长度 $\bar{l} \in [0, 1]$ 时，分别选取 $\bar{l}=1/2$、$\bar{l}=1/3$、$\bar{l}=1/4$、$\bar{l}=1/5$，从图中可以看出，集群绿色创新网络的聚集系数越大，集群内企业的绿色创新效益越大，且网络的平均路径长度越小，集群内企业的绿色创新效益的增速越大。显然，集群绿色创新网络的聚集系数越大，说明集群内企业获取资源的渠道越多，降低了资源的获取成本，从而减少了集群内企业的绿色创新成本。同时，聚集系数越大表明集群内企业之间的合作更加紧密，有利于提高集群内企业的绿色动态能力。这些因素都会导致集群内企业绿色创新效益的提高。

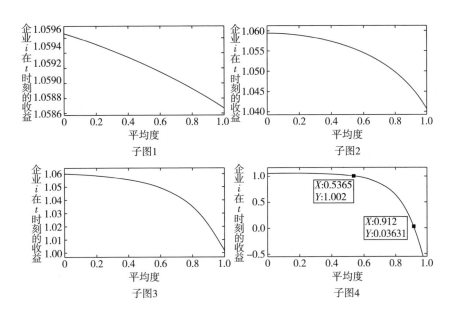

图 6-14　$\overline{L} \in [0, 1]$ 集群内企业 i 的绿色创新效益与网络的平均度之间的关系

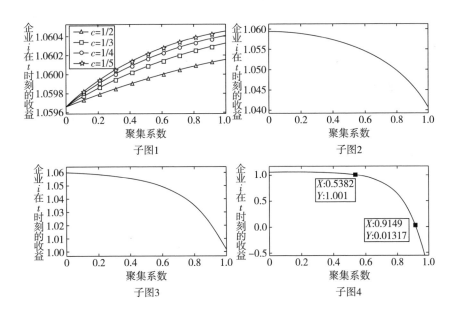

图 6-15　集群内企业 i 的绿色创新效益与网络的聚集系数之间的关系

此外，在子图 2、子图 3 和子图 4 中，集群绿色创新网络的平均路径

长度 $\bar{l}>1$ 时，集群绿色创新网络的聚集系数越大，集群内企业的绿色创新效益越小。从子图 4 可看出，在集群绿色创新网络的聚集系数为 0.912 时，集群内企业 i 的绿色创新收益为 0，并且集群绿色创新网络的聚集系数超过此数值时企业出现亏损。

综合上述分析，集群绿色创新网络内具有更多动态资源的企业，其创新绩效显著优于资源更稳定的企业，这表明创新性的企业更有可能发展新的联系和联盟作为获取和利用最合适和最先进资源的一种手段。因此，尽管网络稳定性通常被认为是一个积极网络，但似乎更具创新性的企业会避免这种网络稳态，因为它可能会扼杀创新。在集群内企业搜索、筛选和选择潜在网络合作伙伴的过程中，对网络资源的投资很可能在其总体投资中占很大比例。换句话说，绿色创新行为的涌现阶段是一个网络资源产生率高和新资源积累率高的时期。通过整合新资源和现有资源的过程，企业不仅提高了绿色动态能力，而且参与了导致增长阶段的第一轮创新。新兴阶段网络资源开发的高频率，能够帮助集群内企业从其他组织获得经济上有益的资源。因此，具有更强绿色动态能力的集群内企业将获得更高的绿色创新效益。总的来说，面向网络的企业往往具有卓越的创新绩效，这为企业的跨组织网络活动与其创新能力之间的联系提供了有力证据。因此，网络的动态演化不仅是一种网络资源，同时也是集群内企业绿色创新的一个重要来源（Huggins and Thompson，2015）。

第五节　本章小结

本章首先提出了战略性新兴产业集群内企业绿色创新"宏绿色资源"的内涵及其主要表现形式，并分析了"宏绿色资源"的七种新型资源形态：绿色创新网络资源、绿色社会资本资源、绿色知识和信息资源、绿色政策资源、绿色金融资源、绿色人力资源与绿色技术资源。其次，分析了集体学习下集群内企业绿色创新"宏绿色资源"的创生，包括集群内绿色创新主体间的集体学习形式与集体学习过程。其中，我们从核心网络层各主体间的互动学习、支撑网络层与核心网络层间的互动学习、内部网络与外部网络之间的互动学习三个维度分析了集体学习形式以及所创生的绿色资源形态。同时从学习合作、学习共享绿色资源与学习创生绿色资源三个维度分析了集体学习过程。再次，提出了集群内企业绿色创新"宏绿色资源"创生的绿色动态能力的内涵，并分析了绿色动态能力对绿色创新效益的影响，以及从集群绿色创新主体与集群绿色创新网络结构两个维度分析了集群绿色创新网络对绿色动态能力的影响。最后，运用建模与仿真方法分析了集群绿色创新网络结构、"宏绿色资源"创生的绿色动态能力与绿色创新效益三者之间的关系。

第七章 战略性新兴产业集群内企业绿色创新的多主体协同机制分析

绿色创新是一个多阶段的过程，需要组织、经济和制度变革。为了应对制度变迁，不同行为者之间的纯粹竞争行为被调整为更协作的方式（Azevedo et al.，2014）。战略性新兴产业集群内存在大量的同质性与异质性企业，地理位置上的邻近性和技术与资源的相似性增强了企业之间的竞争强度，而资源的稀缺性，新兴产业绿色技术创新的复杂性，研发投入的高强度和高风险等特性使集群内企业不断寻求合作以提高竞争优势（刘雅婷，2014），特别是在当今动荡的竞争环境，加上激烈的竞争，虽然创新提供了竞争优势的源泉，但要保证这种竞争优势的可持续性，仅仅拥有创新的产品或资源、能力优势是远远不够的。对于集群内企业来说，竞争能力取决于它们的协同能力。在这种情况下，集群内多主体间的协同允许集群内企业利用资源，有助于保护集群内企业在市场上的竞争地位，研究集群内企业在绿色创新过程中的协同机制是战略性新兴产业绿色创新集群式发展的重要组成部分（Norat et al.，2017）。因此，本章主要分析战略性新兴产业集群绿色创新的第三个运行机制，即战略性新兴产业集群内企业绿色创新的多主体协同机制，重点围绕战略性新兴产业集群内企业绿色创新的多主体协同的产生原因、多主体协同对绿色创新的影响、多主体协同过程中的博弈分析与利益分配机制设计、多主体协同过程中的信任机制等方面展开研究。

第一节 产业集群内企业绿色创新的多主体协同的产生原因

如今，大数据引发的信息海啸已成为创新的催化剂，有证据显示开放式创新正在盛行（见图7-1和图7-2），各新兴产业领域的创新产出（专利数）近几年都在快速的增长，几乎所有战略性新兴产业的企业都在与大学或科研机构、科学家以及其他各方合作，以尽快将其想法推向市场。通过与优势互补的其他组织协同，企业可以加快市场化步伐，可以满足顾客对缩短创新周期的需求。例如，在20世纪90年代的RISC领域，Silicon Graphics 与 NEC、索尼、西门子、Olivetti 和大宇合作，惠普与日立、三星和 Stratus 合作，Sun Microsystems 与东芝、Unisys、AT&T、松

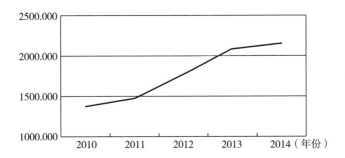

图7-1　各创新领域的专利数量（2004—2014年）

资料来源：参见《2015全球创新报告》。

%	行业	2014年数量	2013年数量	变化百分比
5%	航空航天与国防	62,162	63,080	-1%
12%	汽车	153,872	152,221	1%
3%	生物技术	42,584	39,685	7%
1%	化妆品与健康	11,017	10,197	8%
2%	食品、饮料、烟草	26,333	21,758	21%
6%	家电	71,278	71,118	0%
30%	信息技术	380,325	367,028	4%
7%	医疗器械	93,462	99,290	-6%
2%	石油和天然气	24,158	23,925	1%
9%	制药	111,479	99,950	12%
9%	半导体	112,625	119,099	-5%
13%	通讯	161,739	153,153	6%

图7-2　创新活动概况

资料来源：参见《2015全球创新报告》。

下、飞利浦和富士通合作（Luo，2004）。因而在技术如此密集的新兴产业领域，尤其是在竞争激烈的情况下，投资需求巨大，风险也很大（Canto-no et al.，2009）。

由于集群内绿色创新主体没有足够的资源和能力来进行绿色创新。更重要的是，他们也不愿意独自承担与强大的对手竞争的所有风险。因而集群内绿色创新主体在应对内外环境时需要采取新的绿色创新策略，在这种背景下，多主体间的协同对集群绿色创新活动来说变得非常重要和非常实用，例如进入更大的绿色市场，受益于绿色技术发展和规模经济，吸引高层次的专业人才进入企业等。因此，集群内企业绿色创新的多主体间协同是一种使企业具有许多竞争优势的战略。

一 集群绿色创新网络结构增加了绿色创新主体间竞争的多样性

在战略性新兴产业集群中，同一行业的区域集中活动可以通过短距离和高度专业化相结合产生经济优势。集群内各绿色创新主体之间的整合过程和关系的动态性导致系统效应，从而增强竞争力和集体效率。在战略性新兴产业集群中，集群内绿色创新主体因绿色创新活动的需要会形成一个复杂的集群绿色创新网络，该网络为集群内绿色创新主体提供了竞争优势。在此种情况下，集群内绿色创新主体在当地合作伙伴的支持下进入全球市场，他们在全球竞争战略中的重要性日益上升（Sellitto et al.，2018）。

由于各绿色创新主体嵌入在集群绿色创新网络中，集群绿色创新网络的结构特征促使这些集群内绿色创新主体从绿色创新网络中更容易和更早地获得"宏绿色资源"，更早地获得行业重要发展的知识，以及具备在集群绿色创新网络中控制信息和资源流动的绿色动态能力。特别是对于在集群绿色创新网络中拥有有利地位的绿色创新主体，也就是那些拥有大量连接的主体，这些主体在集群绿色创新网络中的中心度大（中心度是指绿色创新主体在集群绿色创新网络中占据战略地位的程度），以及那些拥有非冗余连接并在结构上高度自治的主体（结构自治度高，结构自治度是指集群绿色创新网络中存在结构洞的程度），因而这些绿色创新主体更容易变得更具竞争力和侵略性，所以在集群绿色创新网络中取得优势地位的绿色创新主体能够更好地通过关系网络发展自己的竞争能力，增加竞争优势。因此，不同企业对集群绿色创新网络内"宏绿色资源"的不同访问程度导致集群内绿色创新主体之间的资源不对称，从而导致竞争行为的差异。显然，集群内绿色创新主体的竞争行为越多或竞争侵略性越强，就越有可能打破行业现状，增加绿色市场份额和盈利能力，提高其绿色竞争优势。

一方面，中心度增强了集群内绿色创新主体间的竞争活动。集群绿色创新网络是"宏绿色资源"流动的管道，对于具有较大中心度的集群内绿色创新主体而言，由于处于大量"宏绿色资源"的汇合处，他们往往会接收大量信息，并且更容易获得环境中重要的新发展。也就是说，具有较大中心度的集群内绿色创新主体通过对竞争环境的了解，更容易获得大量集群绿色创新网络内"宏绿色资源"的机会，以及与竞争对手的议价能力与提高获取"宏绿色资源"的绿色动态能力，从而受益于积极的资源不对称。因此，这些核心主体将拥有更多的竞争机会，从而增加他们试图利用这些机会的可能性，因而他们往往会采取大量的竞争行动。总的来说，集群绿色创新网络内核心主体的资源和声望优势不仅会鼓励他们进行更大的竞争活动，而且还会降低核心主体应对直接竞争的可能性。

另一方面，网络结构自治度增强了集群内绿色创新主体间的竞争多样性。首先，更多地获得多样化和非冗余资源意味着结构自主的集群内绿色创新主体更有可能意识到独特的竞争机会，并利用其资源优势进行更广泛的绿色创新活动。因而"宏绿色资源"流动会给集群内绿色创新主体带来独特的竞争机会，而这些竞争机会由于集群绿色创新网络中"宏绿色资源"的丰富多彩而很容易被利用。其次，获取绿色创新资源和能力的时机很重要。较早获得绿色创新资源将使该集群内绿色创新主体有机会率先行动。一旦发现竞争行动的机会，对不同资源的更快访问将使集群内绿色创新主体能够迅速利用集群绿色创新网络中的"宏绿色资源"。最后，结构自主的集群内绿色创新主体可以从不同的主体学习到更广泛的竞争方法，并利用其不同类型的资源来采取许多不同类型的绿色创新行动。因此，结构自主的集群内绿色创新主体具有以"宏绿色资源"为基础的优势，可以采取多种多样的行动。

因此，在集群绿色创新复杂社会网络中，与集群内绿色创新主体相比，具有高度市场多样性的绿色创新主体更有可能通过获取、处理、创生和使用不同的"宏绿色资源"，进而开展广泛的竞争活动，从结构自主中获取绿色创新效益（Gnyawali，2006）。但这种竞争势必会给其他弱势企业的资源获取带来负面效应。根据 Lotka 和 Volterra 的经典模型，我们构建以下竞争模型来分析集群绿色创新网络内企业在竞争过程中的资源利用情况：

$$\begin{cases} \dfrac{dV_i(t)}{dt} = \gamma_i V_i \left(1 - \dfrac{V_i}{N} - \chi_1 \dfrac{V_j}{N} \right) \\[3mm] \dfrac{dV_j(t)}{dt} = \gamma_j V_j \left(1 - \dfrac{V_j}{N} - \chi_2 \dfrac{V_i}{N} \right) \end{cases} \tag{7-1}$$

其中，$V_i(t)$ 表示企业 i 在集群绿色创新网络中实际利用的资源数量，$V_j(t)$ 表示企业 j 在集群绿色创新网络中实际利用的资源数量，$V_i(t)$、$V_j(t)$ 都是时间 t 的函数。N 表示在一定时间和一定空间内，企业所能达到的资源利用最大饱和容量，即网络的最大规模。在竞争获取资源过程中，企业 i 给企业 j 带来的负面效应为 χ_1，企业 j 给企业 i 带来的负面效应为 χ_2。企业 i 自身的增长率为 γ_i，企业 j 自身的增长率为 γ_j。

这里，我们假设 $\chi_1 = 0.4$，$\chi_2 = 0.9$，$\gamma_i = 2.3$，$\gamma_j = 1.6$，$N = 10$。

初始条件：$V_i(0) = V_j(0) = 0.5$；$V_i(0) = 2$，$V_j(0) = 4$。

于是我们可以得到以下仿真结果（见图 7-3）。

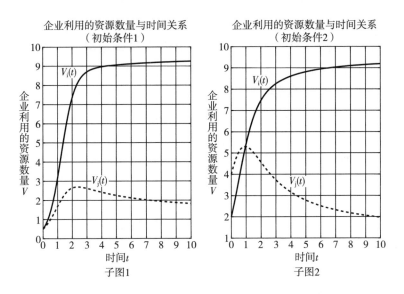

图 7-3　集群绿色创新网络内企业在竞争过程中利用的资源数量与时间关系

图 7-3 中的子图 1 表示初始条件为 $V_i(0) = V_j(0) = 0.5$ 时，企业 i 与企业 j 在集群绿色创新网络中实际利用的资源数量与时间的关系，子图 2 表示初始条件为 $V_i(0) = 2$，$V_j(0) = 4$ 时，企业 i 与企业 j 在集群绿色创新网络中实际利用的资源数量与时间的关系。从图中可以看出，随着时间的推移，企业 i 在集群绿色创新网络中实际利用的资源数量 $V_i(t)$ 在逐渐递增，而且在一定时期后保持一种稳态；企业 j 在集群绿色创新网络中实际利用的资源数量 $V_j(t)$ 在最初阶段会呈现递增趋势，在一定时期后开始递减。

从图 7-4 中可以看出，在两个企业的相互竞争过程中，企业 i 与企业 j 在集群绿色创新网络中实际利用的资源数量总是一个少一个多，并且由于竞争给企业带来的负面效应，使得两个企业在集群绿色创新网络中实际利用资源的数量最终都会在不断减少。

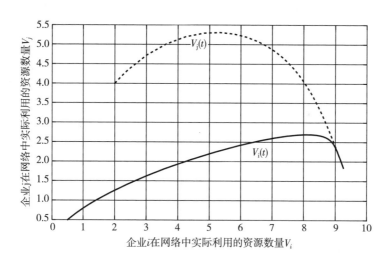

图 7-4　企业 i 与企业 j 在集群绿色创新网络中实际利用的资源数量关系

研究结果表明，在战略性新兴产业集群绿色创新网络中，在竞争初始阶段，两企业在集群绿色创新网络中实际利用的资源数量都会随着时间的增加而增加。随着竞争加剧，集群内企业之间存在着相互的负面效应，具有优势的企业将脱颖而出，它在集群绿色创新网络中能够利用的资源数量将增长得更加迅速，处于劣势方的企业在集群绿色创新网络中能够利用的资源数量将迅速下降。同时，由于竞争所带来的负面效应，竞争企业在集群绿色创新网络中利用资源的数量均会减少。

因此，集群内企业间过多的竞争并不是明智之举，会大大减弱集群内"宏绿色资源"的数量与质量，不利于企业绿色创新活动的开展。只有通过集群内多主体间的协同才有利于"宏绿色资源"的聚集与创生。特别是对于自身能力"小"的中小企业来讲更是如此，他们在无法通过竞争手段获得更多资源的情况下，唯有通过与其他主体间的合作来获取实施绿色创新所需的绿色资源。

二 通过多主体协同获取资源是解决绿色创新"战略缺口"的有效途径

集群内企业绿色创新的成功实施需要绿色创新战略作为指引和提供路径指导，特别是日益增加的环境、社会和经济不确定性迫切需要企业制定和实施以绿色创新为重点的前瞻性战略。而绿色创新战略的实施往往需要新型资源的支持，虽然企业拥有自身的核心优势，但可能缺乏进一步发展的其他资源优势，这样，每一个企业的核心优势距离自己的战略目标就存在着一个"战略缺口"，这为企业管理绿色创新战略的方法带来了冲突和模糊（Wijethilake and Munir，2016）。集群内企业绿色创新的多主体协同作为一种战略联盟，通过与不同领域的绿色创新主体间的协同，聚集和整合互补资源，可以很容易地进入一些绿色市场，而这一策略对资源稀缺的集群内绿色创新主体尤其有帮助。例如，通用汽车和铃木联合技术资源生产汽车，西门子和康宁形成跨职能联盟生产和销售光纤电缆，英特尔和 AMD 合作开发新产品（Asuman Akdoğan et al.，2012）。集群内绿色创新主体也日益认识到，协同是提高绿色竞争力的重要手段。集群内绿色创新多主体的合作安排使集群内绿色创新主体能够将合作对手的技能内化，这些技能体现在合作关系的具体产出中。因此，集群内企业绿色创新的多主体协同不仅是获得彼此技能的一种手段，而且是实际获得合作伙伴的一种机制。同样，我们通过构建以下的协同模型来分析集群内企业在战略联盟中的资源利用情况。

$$\begin{cases} \dfrac{dV_i(t)}{dt} = \gamma_i V_i \left(1 - \dfrac{V_i}{N} + \delta_1 \dfrac{V_j}{N}\right) \\ \dfrac{dV_j(t)}{dt} = \gamma_j V_j \left(1 - \dfrac{V_j}{N} + \delta_2 \dfrac{V_i}{N}\right) \end{cases} \tag{7-2}$$

其中，在协同获取资源的过程中，企业 i 给企业 j 带来的正面效应为 δ_1，企业 j 给企业 i 带来的正面效应为 δ_2。其他参数含义与竞争模型一致。这里，我们假设 $\delta_1 = 0.4$；$\delta_2 = 0.9$；$\gamma_i = 2.3$；$\gamma_j = 1.6$；$N = 10$。初始条件：$V_i(0) = V_j(0) = 0.5$；$V_i(0) = 2$，$V_j(0) = 4$。

于是我们可以得到以下的仿真结果（见图 7-5）。

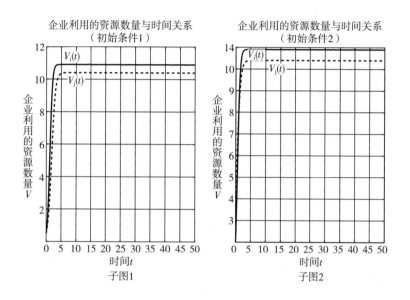

图 7-5　集群网络内企业利用的资源数量与时间关系

图 7-5 中的子图 1 表示初始条件为 $V_i(0) = V_j(0) = 0.5$ 时，企业 i 与企业 j 在集群绿色创新网络中实际利用的资源数量与时间的关系，图 7-5 中的子图 2 表示初始条件为 $V_i(0) = 2$，$V_j(0) = 4$ 时，企业 i 与企业 j 在集群绿色创新网络中实际利用的资源数量与时间的关系。随着时间的递增，企业 i 与企业 j 在集群绿色创新网络中实际利用的资源数量 $V_i(t)$ 和 $V_j(t)$ 均呈现递增趋势，并在一定时期后保持稳定。

从图 7-6 可以看出，在企业的协同过程中，企业 i 与企业 j 在集群绿色创新网络中实际利用的资源数量总是越来越多，并且由于企业 i 与企业 j 带来的正面效应，使得企业 i 与企业 j 在集群绿色创新网络中实际利用的资源数量甚至超过企业所能达到的资源利用最大饱和容量。

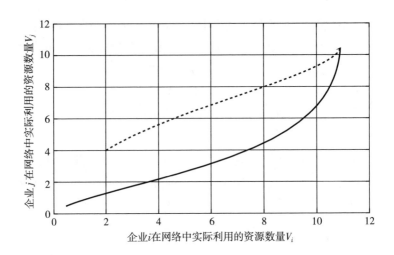

图7-6 企业 *i* 与企业 *j* 在集群绿色创新网络中实际利用的资源数量关系

研究结果表明，集群内企业如果想在全球经济中保持竞争力，解决绿色创新"战略缺口"问题，资源就变得越来越重要。这也正逐渐导致企业将创新模式转变为更加开放的系统，依靠外部网络来管理资源和创新。开放创新范式不是只使用内部研发来支持创新过程，也不是按照垂直整合创新范式将内部研发成果专门用于自己的创新努力，而是整合利用内外部资源来支持创新（Villasalero，2018）。因此，为了实现自身的绿色创新战略，从而保障集群内企业绿色创新的成功，需要通过集群内多主体间的协同来组成战略联盟，获取集群内外部甚至是全球性新型资源，这种新型资源成了集群内企业"熨平"绿色创新"战略缺口"的重要手段。

第二节　产业集群内企业绿色创新的多主体协同对绿色创新的影响

一　多主体协同有利于激发集群内企业绿色创新的动力

一方面，集群内企业绿色创新的多主体协同有利于集群内绿色创新主体获取绿色市场。在战略性新兴产业集群内，当集群内绿色创新主体以提高行业利润，为绿色产品创造更大市场为目标时，往往会选择协同创新进行价值创造。与市场参与者之间的简单联盟相比，与集群内竞争对手之间的协同对绿色创新活动具有至关重要的好处。Quintana Garcia and Benavides-Velasco（2004）提出，与竞争对手的合作会导致更激进的绿色产品开发。Rodrigues et al.（2009）提出，通过增加销售、市场份额、品牌认知度和市场渗透率，与竞争对手间的协同可以为所有相关方带来双赢的局面。同样，Bouncken 和 Fredrich（2012）也观察到，与竞争对手间的协同与企业的整体竞争绩效以及它们在开发绿色创新方面的成功之间存在正相关关系。因此，获得更大的价值，或通过更大的绿色市场为各方实现双赢，是推动竞争主体进入合作关系的主要动机。同时，协同是集群内绿色创新主体应对绿色市场外部环境威胁和市场机遇的有效途径。外部绿色市场环境条件的变化和不稳定会影响到集群内绿色创新主体间的协同战略行为。因此，集群内绿色创新主体的市场环境或绿色制度环境，都可以将竞争对手推入协同关系（Bouncken et al.，2015）。

另一方面，集群内企业绿色创新的多主体协同有利于提高企业的绿色创新绩效。通过协同关系，竞争对手通过共享资源和在某些领域达成共同目标，共同提高创新绩效。同时，他们通过在其他领域采取独立创新行动来提高自己的创新绩效。协同是竞争对手为了共同的利益而共同努力的结果（Luo，2004）。例如，通用汽车公司与丰田汽车公司之间的新联合汽车制造公司是汽车行业协同的早期范例，在全球激烈竞争的同时，该公司在加州的一家工厂进行了合作汽车生产。集群内企业可以通过与竞争对手的协同来产生经济租金并获得卓越的长期绩效，而协同是竞争对手之间最有利的关系。虽然一些学者认为与竞争对手之间的协同可能通过促进共谋或以反竞争的方式塑造行业结构来抑制竞争，但集群内企业可以从竞争—合作关系中获得有价值的资源并增强其竞争能力（Gnyawali，2006）。集群内这种竞争与合作关系可以实现双重利益，即通过合作获得资源，合作伙伴共同创造新知识或相互获取知识，这是进一步发展技术和市场所需要的。同时，竞争提供改进压力。合作伙伴之间相互施压，要求对方利用这一资源更好地创造和进一步开发自己的产品和流程（Vanyushyn et al.，2017）。因此，集群内企业绿色创新的多主体协同有利于激发企业绿色创新的动力。

二 多主体协同有利于促进集群内绿色创新主体间的集体学习与 "宏绿色资源"创生

绿色创新是各种参与者之间相互作用的结果,这符合熊彼特关于创新是现有知识、思想和人工制品的新组合的观点。面对特定问题的企业会向集群内供应商、用户、竞争对手或其他相关参与者寻求帮助(Malmberg and Power, 2005)。集群内不仅仅拥有大量的资源,还存在多个资源池,每个资源池都可能嵌入到更广泛的集群绿色创新网络中。因此,资源和学习的轨迹变成了超越和绕过组织边界的社会和物质关系的异质网络。集群内绿色创新主体间的集体学习是一种复杂的现象。集体学习是集群绿色创新网络内各主体共同行动创造集体资源的过程。它是在特定集群绿色创新网络环境中有用的资源开发和获取,它聚集和整合了集群绿色创新网络内各主体可以创生的所有资源(Mariotti, 2012)。

与集群外部的企业相比,集群内的企业由于地理位置上的接近性具有增强面对面交流的潜力,认知距离短,共同的语言,不同参与者之间的信任关系,容易观察和立即比较等优势,为集群内企业之间的集体学习提供了便利,因而企业之间空间上的邻近性似乎增强了互动学习和创新的过程,从而产生了资源溢出效应。一方面,在战略性新兴产业集群内,企业之间的各种非正式学习可以促使企业获取新的资源而产生资源溢出效应。创新过程中的各种理念、知识、技术等绿色资源的形成,必须通过交流和碰撞。另一方面,创新的理念、知识和技术等绿色资源形成后,又必须通过信息传递到创新分解者,并以一定的形式为创新消费者所吸收和使用,所有这些过程都需要信息参与进来作为媒介。由创新生产者群落提供的绿色资源只有通过应用才能实现价值,在这一过程中,向不同的创新主体提供相关的资源,使更多主体共享资源,从而避免资源的重复创造,促进资源供应链的效益最大化。同时,在资源传播的过程中,也提高了新的资源创生的可能性。因此,集群内企业的绿色创新能力不仅取决于它自身拥有的资源,而且首先取决于在集群绿色创新网络中协调和支持企业之间的合作。在这个意义上,集群绿色创新网络它本身就是资源,不是提供获取能力的途径,而是一种以持久的组织原则为指导的协同模式,这种协同模式有利于"宏绿色资源"的形成。

三　多主体协同有利于提高集群内企业的绿色创新能力

集群内企业之间通过协同创新，可以分担成本，降低风险，实现规模经济。集群内企业也可以积极地汇集他们的研发活动，并获得外部资源，然后他们可以在自己的企业应用这些资源，这可以提高企业资源的有效性和效率，并以较低的总体成本产生双赢的局面。虽然这也可能意味着竞争对手的成本更低，但降低自身成本的好处要大于这种负面影响。集群内企业之间协同的结果是，合作伙伴可以利用集群内企业的经验和专业知识建立共同的资源库（Bouncken et al.，2015）。

一方面，来自拥有不同知识结构的集群合作主体提供互补的战略资源，有助于提高集群内绿色创新主体的绿色创新能力，因为它改善了集群绿色创新网络内跨组织的资源勘探、获取、利用和创生。与合作伙伴结盟可能有利于创新，因为它改善了资源和市场的获取，特别是知识和学习，集群内每个绿色创新主体都能获得更大的互惠优势（Bouncken et al.，2014）。另一方面，当集群内绿色创新多主体间联合获取外部资源时，由于集群内地理位置的接近性和文化的相似性，在集聚和使用资源的过程中，成本较低，因而获得的资源可能更有价值，从而导致资源的创生，可以产生经验并产生积极的学习效果，从而增强吸收、分析和发展有效的能力，将不同资源吸收到新绿色产品和绿色服务中。因此，集群绿色创新多主体协同可以提高集群内绿色创新主体的绿色创新能力，使其更容易从这种协同中获益，并促进绿色创新（Vanyushyn et al.，2017）。

四　多主体协同有利于促进集群内"宏绿色资源"的共享

随着集群内绿色创新多主体间的协同进一步加深，企业之间往往会伴随着更深层次的相互依赖，其特征是累积的信任、相互学习和提升的相互适应。集群内各绿色创新主体间会随着熟悉和信任的增加而逐渐适应对方。有了这样的信心或信任，每个协同绿色创新主体都愿意继续增加合作联系（Luo，2007），集群绿色创新多主体的协同优势使双方能够获得难得的互补资源。与竞争对手的协同降低了开发绿色产品的成本、不确定性和风险，并使集群内绿色创新主体能够获得与竞争对手的协同效应。参与合作协同容易获得外部资源，可以作为一种集体学习机制，在这个过程中，集群内绿色创新主体可以从合作伙伴那里学习关于工作和工作流程的新方法与新技术。此外，它还可以共享可能是竞争优势的关键资源（Asuman Akdoğan and Ayşe Cingšz，2012）。因而集群内绿色创新多主体间的协同促进了"宏绿色资源"跨越企业边界实现共享。

第三节　产业集群内企业绿色创新的
多主体协同的博弈分析

一　集群内企业绿色创新的多主体协同博弈模型

对于集群内绿色创新主体而言，集群绿色创新网络的结构特性为集群内多主体间的协同提供了便利条件，一方面，集群绿色创新网络内的构成要素，即各行为主体可能拥有彼此之间的绿色创新所需的绿色资源，这为集群绿色创新的多主体协同提供了资源基础；另一方面，集群绿色创新网络内各主体间的紧密联系，为集群内企业绿色创新的多主体协同提供了互动基础，有利于增强集群多主体间的信任，从而更好地促进集群内企业绿色创新的多主体协同并取得协同成功，提升绿色创新协同绩效。因此，集群内企业绿色创新的多主体协同机制是集群内绿色创新主体开展绿色创新活动的重要机制。由于集群内绿色创新主体以及主体间联系的动态变化，以及集群绿色创新外部环境的动态演变，集群绿色创新网络的结构也在不断发生演化，从而也会导致集群内企业绿色创新的多主体协同过程发生动态变化，因此，为更好地刻画集群内企业绿色创新的多主体协同过程，我们拟运用动态博弈来进行分析（李星，2011）。

这里，我们假设集群绿色创新网络内存在 n 个主体，考虑这 n 个主体间的绿色创新协同博弈。假定绿色创新协同博弈的初始时间为 t_0，绿色创新协同博弈的结束时间为 T，绿色创新协同过程中集群内绿色创新主体的状态用变量 $x(t)$ 来表示，集群内绿色创新主体的初始状态用 x_0 表示，$X \in R^M$，$x_i(t) \in X_i \in R^M$ 表示集群内绿色创新主体 i 在时间点 t 的状态变量，此状态变量伴随着集群内绿色创新主体间的协同过程与外部环境的变化也在不断改变。$s_i \in S$ 表示集群内绿色创新主体 i 的控制，则 $s_i(t)$ 意味着集群内绿色创新主体在时间 t 的控制。

另外，假定贴现率为 $r(t)$，对于 $t \in [t_0, T]$，在绿色创新过程中，集群内每个绿色创新主体在时间点 t 都会获得一定的效益，同时集群内每个绿色创新主体也会对每个阶段的效益进行比较，因而集群内绿色创新主体需要将不同时间阶段的效益折现到同一个时点进行比较，这就需根据贴现因子 $\exp\left[-\int_{t_0}^{t} r(\theta)d\theta\right]$ 对不同时间阶段的效益进行贴现。对于集群内绿色创新主体 i 而言，它所获得效益分为两个部分：瞬间效益 $f^i[t, x_i(t), s_i(t)]$ 和终点效益 $p^i(x_i(T))$，即：

$$R_i[x_i(t), s_i(t)] = \int_{t_0}^{T} f^i[t, x_i(t), s_i(t)] \exp\left[-\int_{t_0}^{t} r(\theta)d\theta\right]dt + p^i(x_i$$

$$(T)) \exp\left[-\int_{t_0}^{T} r(\theta)d\theta\right] f^i(\cdot) \geq 0, \ p^i(\cdot) \geq 0$$

$$i \in [1, 2, \cdots n] \tag{7-3}$$

而集群内绿色创新主体间博弈状态的动态变化为：

$$\frac{d_{x_i}}{dt} = fg^i[t, x_i(t), s_i(t)], \ x_i(t_0) = x_i^0, \ i \in [1, 2, \cdots n] \tag{7-4}$$

对于集群内每个绿色创新主体而言，由于自身拥有的知识结构和能力，他们在进行绿色创新决策时往往都是理性的。我们考虑战略性新兴产业集群内三个绿色创新主体为开展绿色创新活动而对某绿色技术进行改进的情况，他们可以选择自主绿色创新与协同绿色创新。显然，集群内绿色创新主体在对绿色技术进行改进的过程中需要投入一定的资本，用 $s_i(t)$ 来表示集群内绿色创新主体 i 在时间 t 的投入资本，同时为体现集群内绿色创新主体在投入资本后绿色技术的改进效果，用 $x_i(t) \in X_i \in R^M$ 来反映集群内绿色创新主体 i 在时间 t 拥有的绿色技术水平。另外，假设集群内绿色创新主体 i 在因绿色技术水平的改变而在时间点 t 获得的瞬间效益为 $a_i x_i(t)^{1/2} - c_i s_i(t)$，其中，$a_i$，$c_i$ 都是正常数，$a_i x_i(t)^{1/2}$ 表示集群内绿色创新主体 i 的绿色技术水平为 $x_i(t)$ 时所获得的净运营效益，$c_i s_i(t)$ 表示集群内绿色创新主体 i 的技术改进成本。

为更好地反映集群内绿色创新主体采取自主创新与协同创新策略情况下对绿色技术水平、绿色创新效益等方面的影响，我们接下来会分别对这两种绿色创新策略进行分析。

1. 集群内绿色创新的自主创新策略

根据前面我们所构建的基础模型，我们假设在战略性新兴产业集群内共有 $K_1 \in N$ 个绿色创新主体采取非合作方式。对于这些集群内绿色创新主体而言，他们通过自主绿色创新同样可以获得瞬间效益和终点效益，因此，根据模型（7-1），集群内绿色创新主体 i 在采取自主创新策略后，可以获得的绿色创新效益为：

$$\int_{t_0}^{T} \left[a_i \, x_i(t)^{1/2} - c_i s_i(t) \right] e^{-r(t-t_0)} dt + p_i \left(x_i(T)^{1/2} \right) e^{-r(T-t_0)}, \quad i \in N = \{1, 2, 3\}$$

$$(7-5)$$

其中，p_i 为正常数 $p_i(x_i(T))$ 表示在时间 T 集群内绿色创新主体 i 拥有绿色技术的剩余价值。

显然，集群内绿色创新主体 i 的绿色技术水平 $x_i(t)$ 在改进后会不断发生变化，即：

$$\frac{dx_i}{dt} = \beta_i \left[s_i(t) x_i(t) \right]^{1/2} - \sigma x_i(t)$$

$$(7-6)$$

其中，$\beta_i \left[s_i(t) x_i(t) \right]^{1/2}$ 表示集群内绿色创新主体在投入资本 $s_i(t)$ 后对自身绿色技术的改进，σ 为集群内绿色创新主体所拥有技术的贬值率。

基于杨荣基与彼得罗相（2007）、Bellman（1957）的研究成果，得到以下贝尔曼方程：

$$-U_t^{(t_0)i}(t, x_i(t)) = \max \left\{ \left[a_i \, x_i(t)^{1/2} - c_i s_i(t) \right] e^{-r(t-t_0)} + U_t^{(t_0)i} \left[\beta_i \left[s_i(t) \right. \right. \right.$$
$$\left. \left. \left. x_i(t) \right]^{1/2} - \sigma x_i(t) \right] \right\}$$

$$(7-7)$$

满足边界条件：

$$U^{(t_0)i}(T, x(T)) = p_i (x_i(T)^{1/2} e^{-r(T-t_0)}$$

$$(7-8)$$

其中，$U^{(t_0)i}(t, x(t))$ 表示集群内绿色创新主体 i 在采取自主创新策略后在时间 t（$t \in [t_0, T]$）拥有绿色技术水平为 $x(t)$ 时获得的效益函数。

根据蓬特里亚金最大化原则，可以得出集群内绿色创新主体 i 采取自主创新策略时的投资策略：

$$s_i(t) = \frac{\beta_i^2}{4(c_i)^2} \left[U_{x_i}^{(t_0)i}(t, x_i) e^{-r(t-t_0)} \right]^2 x_i$$

$$(7-9)$$

将式（7-9）代入到式（7-7）、式（7-8）中，可以得到：

$$-U_t^{(t_0)i}(t, x_i(t)) = a_i \, x_i^{1/2} e^{-r(t-t_0)} - \frac{\beta_i^2}{4c_i} \left[U_{x_i}^{(t_0)i}(t, x_i) \right]^2 e^{-r(t-t_0)} x_i + \frac{\beta_i^2}{2c_i}$$
$$\left[U_{x_i}^{(t_0)i}(t, x_i) \right]^2 e^{-r(t-t_0)} x_i - \sigma U_{x_i}^{(t_0)i}(t, x_i) x_i$$

$$(7-10)$$

通过对式（7-10）的求解，可以得到：

$$U_i^{(t_0)}(t, x_i(t)) = [y_i(t)x_i^{1/2} + z_i(t)]e^{-r(t-t_0)} \qquad (7-11)$$

其中，$\dfrac{dy_i}{dt} = \left(r + \dfrac{\sigma}{2}\right)y_i(t) - a_i$；$\dfrac{dz_i}{dt} = rz_i(t) - \dfrac{\beta_i^2}{16c_2}[y_i(t)]^2$。

2. 集群内绿色创新的协同创新策略

显然，在集群内企业绿色创新的多主体协同过程中，由于可以实现"宏绿色资源"、绿色动态能力等多方面的协同，因而集群内各绿色创新主体之间会产生一定的协同效应，而这种效应对于绿色技术水平的改进以及绿色创新效益的提高都会产生重要影响。因此，采取协同创新的集群内绿色创新主体 i 的绿色技术水平 $x_i(t)$ 的变化与采取自主绿色创新策略情况下明显会不同，协同创新情况 $x_i(t)$ 的动态变化可表示为：

$$\frac{dx_i}{dt} = [\beta_i[s_i(t)x_i(t)]^{1/2} + \lambda_j^{[j,i]}[x_j(t)x_i(t)]^{1/2} + \lambda_l^{[l,i]}[x_l(t)x_i(t)]^{1/2} - \sigma$$

$$x_i(t) \qquad (7-12)$$

其中，$x_i(t_0) = x_i^0 \in X_i$，i、j、$l \in \{1, 2, 3\}$，且 $i \neq j \neq l$，$\lambda_j^{[j,i]}[x_j(t)x_i(t)]^{1/2}$ 表示在集群内企业绿色创新的多主体协同效应下，集群内绿色创新主体 l 对集群内绿色创新主体 i 的绿色技术水平的改进所带来的正向影响，$\lambda_l^{[l,i]}[x_l(t)x_i(t)]^{1/2}$ 则表示集群内绿色创新主体 l 对集群内绿色创新主体 i 的绿色技术水平的改进所带来的正向影响。因此，在协同创新情形下，集群内三个绿色创新主体协同创新的整体效益为集群内三个绿色创新主体的协同效益之和：

$$\int_{t_0}^{T} \sum_{i=1}^{3} [a_i x_i(t)^{1/2} - c_i s_i(t)]e^{-r(t-t_0)} dt + \sum_{i=1}^{3} p_i(x_i(T)^{1/2} e^{-r(T-t_0)} dt \qquad (7-13)$$

对于式（7-13）的求解，与前面求解原理一样，于是可以得到以下的贝尔曼方程：

$$-V_t^{(t_0)}(t, x(t)) = \max\left\{ \sum_{i=1}^{3} [a_i x_i(t)^{1/2} - c_i s_i(t)]e^{-r(t-t_0)} dt + \sum_{i=1}^{3} [\beta_i[s_i(t)x_i(t)]^{1/2} + \lambda_j^{[j,i]}[x_j(t)x_i(t)]^{1/2} + \lambda_l^{[l,i]}[x_l(t)x_i(t)]^{1/2} - \sigma x_i(t)\right\} \qquad (7-14)$$

满足边界条件：

$$V_t^{(t_0)}(T, x(T)) = \sum_{i=1}^{3} p_i(x_i(T)^{1/2} e^{-r(T-t_0)} \qquad (7-15)$$

其中，$V_t^{(t_0)}(t, x(t))$ 表示集群内绿色创新主体 i 在采取协同创新策略后在时间 $t(t \in [t_0, T])$ 拥有绿色技术水平为 $x(t)$ 时获得的效益函数。

同理，根据蓬特里亚金最大化原则，可以得出集群内绿色创新主体 i 采取协同创新策略时的投资策略：

$$s_i(t) = \frac{\beta_i^2}{4(c_i)^2} [V_{x_i}^{(t_0)i}(t, x_i) e^{-r(t-t_0)}]^2 x_i \tag{7-16}$$

将式（7-16）代入到式（7-14）、式（7-15）中，可以得到：

$$-V_t^{(t_0)}(t, x(t)) = \sum_{i=1}^{3} a_i x_i(t)^{1/2} e^{-r(t-t_0)} - \frac{\beta_i^2}{4(c_i)^2} [V_{x_i}^{(t_0)i}(t, x_i) e^{-r(t-t_0)}]^2 x_i +$$

$$\sum_{i=1}^{3} \left\{ \frac{\beta_i^2}{2c_i} [V_{x_i}^{(t_0)i}(t, x_i)]^2 x_i + V_{x_i}^{(t_0)i}(t, x_i) [\lambda_j^{[j,i]} \right.$$

$$\left. [x_j(t)x_i(t)]^{1/2} + \lambda_l^{[l,i]} [x_l(t)x_i(t)]^{1/2} - \sigma x_i(t)] \right\} \tag{7-17}$$

通过对（7-17）的求解，我们可以得到：

$$V_t^{(t_0)}(t, x(t)) = [y_1(t)x_1^{1/2} + y_2(t)x_2^{1/2} + y_3(t)x_3^{1/2}] + z(t) e^{-r(t-t_0)} \tag{7-18}$$

其中，$\dfrac{dy_i}{dt} = \left(r + \dfrac{\sigma}{2}\right) y_i(t) - \dfrac{\lambda_i^{[j,i]}}{2} y_j(t) - \dfrac{\lambda_l^{[l,i]}}{2} y_l(t) - a_i$，$\dfrac{dz_i}{dt} = r z_i(t) - \sum_{i=1}^{3} \dfrac{\beta_i^2}{16 c_2}$ $[y_i(t)]^2$。

因此，在集群内三个绿色创新主体均参与协同创新时，集群内绿色创新主体 i 对于改进绿色技术水平的投资策略为：

$$s_i(t, x_i(t)) = \frac{\beta_i^2}{16 c_2} [y_i(t)]^2, \quad i \in \{1, 2, 3\} \tag{7-19}$$

二 集群内企业绿色创新的多主体协同博弈模型的仿真结果分析

（一）参数设置

这里，假设 $r = 0.3$，$\sigma = 0.2$，$a_i = 0.6$，$\beta_i = 0.4$，$c_i = 0.3$，$\lambda_1^{[1,2]} = 0.4$，$\lambda_1^{[1,3]} = 0.6$，$\lambda_2^{[2,1]} = 0.2$，$\lambda_2^{[2,3]} = 0.4$，$\lambda_3^{[3,1]} = \lambda_3^{[3,2]} = 0.4$。

（二）结果分析

1. 集群内绿色创新主体的投资策略对其绿色技术水平改进的影响

根据图 7-7 所反映的结果，集群内绿色创新主体在进行绿色创新的过程中，不管是采取协同绿色创新策略还是自主绿色创新策略，在集群内绿色创新主体投入资本用于绿色技术水平的改进后，集群内绿色创新主体的绿色技术水平均有所提高，只是两种策略下集群内绿色创新主体的绿色技术水平的提高程度有所差异。在 $t \in [1, 2.5]$，在投入资本后，采取自主绿色创新策略的集群内绿色创新主体的绿色技术水平要高于采取协同绿色创新策略，这主要对于集群内企业绿色创新的多主体协同而言，集群内各绿色创新主体之间刚开始的熟悉程度不够，彼此间的信任程度较低，还处于一个磨合的阶段，决策往往难以及时达到一致，也就无法产生较强的绿色创新协同效应，因而绿色技术水平的改进较慢。相反，对于采取自主绿色创新策略的集群内绿色创新主体而言，所有的决策与管理行为都能够自主进行，受到外界的影响较少，自主绿色创新效率明显就要高些，因而集群内绿色创新主体的绿色技术水平改进要快些。在 $t \in [2.5, 10]$，在投入资本后，采取协同绿色创新策略的集群内绿色创新主体的绿色技术水平要明显高于采取自主绿色创新策略的集群内绿色创新主体，而且随着时间的推移，两种策略下集群内绿色创新主体的绿色技术水平的差异越来越大。出现这种结果的原因在于，从长期来看，由于自身绿色创新能力的有限以及外部知识的快速更新，使得集群内绿色创新主体采取自主绿色创新策略的弊端开始显现，绿色技术水平的改变不是那么明显。而对于集群内企业绿色创新的多主体协同而言，彼此间的关系随着长期合作与频繁沟通变得更加紧密，而且对彼此间的能力

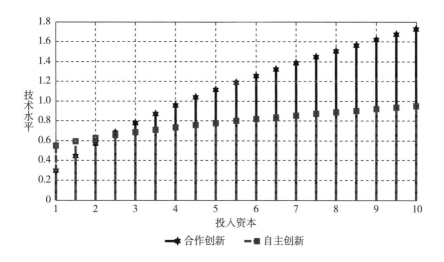

图7-7 不同绿色创新策略下投入资本对绿色技术水平的影响

和企业状况都有了非常清楚的了解，有助于集群内绿色创新主体间协同能力的提升，从而可以更好地促进绿色技术水平的快速提高。

2. 绿色技术水平的改进对集群内绿色创新主体的绿色创新效益的影响

根据图7-8的显示结果，集群内绿色创新主体在进行绿色创新的过程中，不管是采取协同绿色创新策略还是自主绿色创新策略，绿色技术水平的改进都提高了集群内绿色创新主体的绿色创新效益，但协同绿色创新策略下集群内绿色创新主体的绿色技术水平的改进对集群内绿色创新主体的绿色创新效益的影响程度更大。主要原因在于：一方面，集群内企业绿色创新的多主体间协同有助于集群内绿色创新主体获得新的和互补的资源、技能和流程，它通过降低成本和提供规模经济来改善绿色创新绩效，同时降低风险进入新的市场，并获得新的绿色技术机会。另一方面，集群内绿色创新主体为获得更大的绿色创新效益，或通过更大的绿色市场为各方实现双赢，都会采取协同绿色创新策略。同时，外部绿色市场环境条件的变化和不稳定会影响到集群内企业绿色创新的多主体协同战略行为，因而对于产品生命周期短、技术趋同、研发成本高的战略性新兴产业而言，集群内企业绿色创新的多主体协同是集群内绿色创新主体应对绿色市场外部环境威胁和市场机遇，推动绿色技术前沿的有

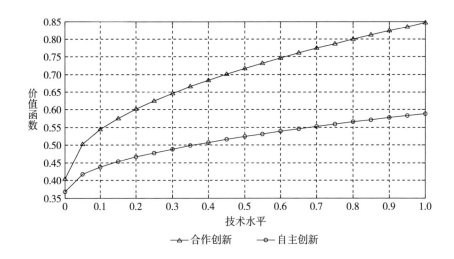

图7-8 不同绿色创新策略下绿色技术水平对绿色创新效益的影响

效途径，从而可以为集群内绿色创新主体赢得绿色市场，提高市场份额，创造共同竞争优势，从而有助于提高集群内绿色创新主体的绿色创新效益。

另外，图7-8的结果也显示，随着绿色技术的继续使用，集群内绿色创新主体不管是采取自主绿色创新策略还是协同绿色创新策略，绿色技术水平的提高对集群内绿色创新主体的绿色创新效益的影响在不断降低。主要原因在于外部环境在不断发生变化，知识更新速度太快，战略性新兴产业的高技术往往价值创造周期较短，这也是为什么集群内绿色创新主体需不断进行创新，以保持企业的可持续竞争优势。

3. 集群内绿色创新主体的绿色创新效益对未来绿色创新投资策略的影响

根据图7-9的结果显示，集群内绿色创新主体在进行绿色创新的过程中，不管是采取协同绿色创新策略还是自主绿色创新策略，当集群内绿色创新主体投入的绿色创新资本为自身带来了创新效益的增加时，它们往往会选择继续进行绿色创新的投入，以获取绿色竞争优势。同时，根据图7-9所显示结果，在集群绿色创新的不同阶段，采取不同绿色创新策略的集群内绿色创新主体对绿色创新的投入力度存在差异，而集群内绿色创新主体要获得相同的绿色创新效益，显然采取自主绿色创新策略的集群内绿色创新主体比采取协同绿色创新策略的绿色创新主体投入的力度要大一些。

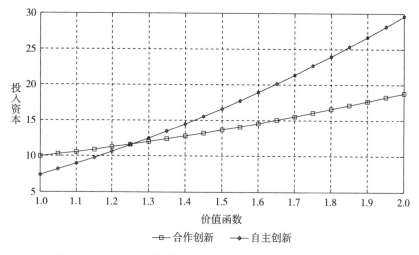

图7-9　不同绿色创新策略下绿色创新收益对投资策略的影响

从上面的分析结果可以看出，集群内企业绿色创新的多主体间协同可以改进集群内绿色创新主体的绿色技术水平，提高集群内绿色创新主体的绿色创新效益，因此，我们需要为战略性新兴产业集群内企业绿色创新的多主体协同营造良好的环境。首先，在战略性新兴产业集群内及时发布各种绿色创新政策，同时根据现有的产业布局，大力引进一些集群绿色创新急需的具有极强竞争力的优势新兴产业。为集群内绿色创新主体的绿色创新提供更为先进的资源，激发集群内绿色创新主体的绿色创新行为。其次，政府要加强对战略性新兴产业集群内企业绿色创新的科技投入，对于战略性新兴产业的绿色技术研发而言，由于技术复杂性程度高，创新风险大，研发投入相当大，而且技术研发周期长，因此，急需政府对绿色技术研发的投入，减轻集群内绿色创新主体的负担。同时，对战略性新兴产业集群内的技术成果与知识产权，要制定完善的产权保护制度（李星，2011）。

三　集群内企业绿色创新的多主体协同的利益分配机制

上一节内容中我们分析了集群内企业绿色创新的多主体协同过程，但集群内企业绿色创新的多主体间协同的达成是有条件的，即存在一个令参与协同的各绿色创新主体均同意的利益分配机制。因此，根据杨和彼得罗相（2007）的研究成果，我们需制定一套集群内企业绿色创新的多主体协同的利益分配机制，假设 $A_N^{t_0}(t) = [A_1^{t_0}(t), A_2^{t_0}(t), \Lambda, A_n^{t_0}(t)]$ 为集群内企业绿色创新多主体协同过程中 n 个绿色创新主体在时间点 $t \in [t_0, T]$ 从协同博弈中所获得的瞬间效益。也就是说，集群内绿色创新主体 $i \in \{1, 2, \Lambda, n\}$ 在时间点 t 可以从分配机制中获得瞬间效益 $A_i^{t_0}(t)$。同时集群内绿色创新主体在协同完成后可以获得终点效益 $p^i(x^*(T))$。因此，根据集群内绿色创新主体 i 在绿色创新协同的过程中所获得的瞬间效益 $A_i^{\tau}(t)$ 和终点效益 $p^i(x^*(T))$，可以制定集群内企业绿色创新的多主体协同的利益分配机制。

这里，$A_i^{t_0}(t)$ 为集群内绿色创新主体 i 根据在时间点 t 的绿色创新协同效益 $\eta^{(t_0)i}(x_N^0, T-t_0)$ 而获得的瞬间效益，那么，$\eta^{(t_0)i}(x_N^0, T-t_0)$ 需满足以下条件。

条件 1：

$$\eta^{(t_0)i}(x_N^0, T-t_0) = \sum_{K_2 \in N} \frac{(k_2-1)! \ (n-k_2)!}{n!} [V^{(t_0)K_2}(x_{K_2}^0, T-t_0) - V^{(t_0)K_2 \backslash i}$$

$$(x_{K_2 \setminus i}^0, \ T-t_0)]$$

$$= \int_{t_0}^{T} A_i(t) \exp\left[-\int_{t_0}^{t} r(\theta) d\theta\right] dt + p^i(x^*(T)) \exp\left[-\int_{t_0}^{T} r\right.$$

$$(\theta) d\theta] \tag{7-20}$$

也就是说，集群内绿色创新主体所分得的绿色创新协同效益 $\eta^{(t_0)i}$ $(x_N^0, \ T-t_0)$ 等于集群内绿色创新主体 i 在 $[t_0, \ T]$ 获得的瞬间效益之和的现值与在协同绿色创新结束时间点 T 获得的终点效益的现值，即满足主体的个体理性。

条件2：

$$\eta^{(t_0)i}(x_N^t, \ T-t) = \sum_{K_2 \in N} \frac{(k_2-1)! \ (n-k_2)!}{n!} [V^{(t)K_2}(x_{K_2}^t, \ T-t) - V^{(t)K_2 \setminus i}$$

$$(x_{K_2 \setminus i}^t, \ T-t)]$$

$$= \int_{t}^{T} A_i(t) \exp\left[-\int_{t_0}^{t} r(\theta) d\theta\right] dt + p^i(x_i^*(T))$$

$$\exp\left[-\int_{t_0}^{T} r(\theta) d\theta\right] \tag{7-21}$$

也就是说，沿着最优轨迹，对于 $i \in N$，$t \in [t_0, \ T]$，集群内绿色创新主体 i 在 $[t, \ T]$ 所分得的绿色创新协同效益 $\eta^{(t_0)i}(x_N^t, \ T-t)$ 等于该绿色创新主体在 $[t, \ T]$ 获得的瞬间效益之和的现值与在协同绿色创新结束时间点 T 获得的终点效益的现值。

条件3：

$$\eta^{(t_0)i}(x_N^{t^*}, \ T-t_0) = \eta^{(t)i}(x_N^{t^*}, \ T-t) \exp\left[-\int_{t_0}^{t} r(\theta) d\theta\right] \tag{7-22}$$

也就是说，沿着最优轨迹，在同一个时间点和状态下，每个集群内绿色创新主体在原绿色创新协同博弈中所获得的效益和在往后开始的绿色创新协同博弈中所获得的效益，进行相应的贴现后，都必须相等。

为了使集群内企业绿色创新的多主体协同整体实现帕累托最优，所有绿色创新主体所获得的瞬间效益 $A_N^{t_0}(t) = [A_1^{t_0}(t), \ A_2^{t_0}(t), \ \Lambda, \ A_n^{t_0}(t)]$ 需满足以下条件：

$$\sum_{i=1}^{n} A_i(t) = \sum_{i=1}^{n} f^i[t, \ x_N^{t^*}, \ \phi_i^{(t_0)N^*}(t, \ x_N^{t^*})], \ t \in [t_0, \ T] \tag{7-23}$$

也就是说，对于 $t \in [t_0, \ T]$，所有集群内绿色创新主体所获得的效益之和，都必须等于所有集群内绿色创新主体在总联盟 N 中采用的最优协同绿色创新策略时所获得的瞬间效益的总和，即满足集群整体的集体理性。

第四节 产业集群内企业绿色创新的多主体协同的信任机制

一 集群内绿色创新主体间的信任对多主体协同的影响

对于集群内企业绿色创新的多主体间协同过程中，协同成功的一个关键维度是信任。在信任的基础上，集群内绿色创新主体之间调整他们的流程和产品，以实现彼此之间更好的匹配，共享资源，并消除或尽量减少不安全和不确定性的来源，同时为创建和增强持续的战略业务关系带来了更高层次的信任。当集群内绿色创新主体间相互信任时，他们更容易适应关系的需要（Asuman Akdoğan and Ayşe Cingšz, 2012）。因此，信任是集群绿色创新多主体协同的基石。许多研究强调了协同中的信任作为一种减少基于共同价值观的机会主义的手段的重要性。信任作为一种社会润滑剂，可以改善集群绿色创新多主体间的互动，促进共同价值观的发展。信任也会影响集群绿色创新多主体间协同与绿色创新效应之间的关系。在高度信任的情况下，集群内绿色创新主体会更积极地探索新思想、设计理念和技术，促进集群内绿色创新主体之间形成牢固的纽带，激励他们在创新上努力工作，并将创新推进到极限。因此，集群内绿色创新主体在高度信任的条件下，通过集群绿色创新多主体协同实现更大的激进式绿色创新。在一个高度信任环境中，集群内绿色创新主体也会采用协同的方式进行渐进式绿色创新，这种创新比低信任机会主义风险更小（Bouncken and Fredrich, 2014）。

在前面的分析内容中，我们已经提到信任促使集群内绿色创新主体内部的工作更容易，使集群绿色创新多主体间的协同成为可能。在不确定性和复杂性日益增加的环境中，信任被认为是控制集体组织行动和降低交易成本的一种有效机制。集群内绿色创新主体之间日益密切和频繁的协作（联合研发、即时生产或关系营销）要求不同集群内绿色创新主体之间有高度的信任。信任可以作为集群内绿色创新主体间关系的另一种控制机制，如支持集体战略的形成、促进经济活动的协调、促进资源的公开交流与组织间的学习、减少组织间冲突的管理，有助于显著降低交易成本等。此外，集群内绿色创新主体间的信任可以提高集体效率，鼓励信息和知识的共享和披露，降低交易成本。信任一旦建立，就会稳定交换关系，而交换关系又会随着时间的推移大大增加增进信任的机会（Niu，2008）。

由于集群内主体的绿色创新行为紧密地嵌入在因绿色创新而构建的集群绿色创新网络中，因而集群内绿色创新主体的绿色创新行为也会受到这种网络环境的影响，集群内绿色创新主体间的信任存在于这种绿色创新网络中，因此，集群内企业绿色创新的多主体间协同依赖于这种集群绿色创新网络内各主体间的信任，这种信任不同于一般组织间的信任，它往往具有一定的持久性，因而这种信任机制可以减少集群内企业绿色创新的多主体协同过程中的复杂性与不确定性，降低集群内绿色创新主体间的交易成本，同时还能够阻止集群内企业绿色创新的多主体协同过程中的机会主义行为或其他道德风险的发生。

二 集群内多主体协同过程中信任的动态性分析

在协同绿色创新过程中，集群内绿色创新主体间的信任关系是动态变化的。在协同绿色创新的初始阶段，各集群内绿色创新主体间的联系更多是基于合同的维持，彼此间的信任关系较弱，此阶段往往容易发生机会主义行为而导致集群内绿色创新主体间协同绿色创新的中止，而随着集群内企业绿色创新的多主体协同进一步加深，彼此之间的信任关系会得到增强。当然，集群内绿色创新主体间的信任关系状态也不是一直在产生变化，在某个阶段彼此间的信任关系有可能会保持不变，我们把这个时间段称为集群内绿色创新主体之间某种信任关系状态的逗留期，这可以帮助我们更好地认识到集群内企业绿色创新的多主体协同过程中信任的动态性（李星，2011）。

（一）模型构建

为更好刻画集群内企业绿色创新的多主体间协同过程中信任关系的变化，我们用 H_1 和 H_2 表示集群内绿色创新主体间信任关系好的两种状态，同时存在信任关系差的 m 个状态 W_1，Λ，W_m，在集群内企业绿色创新的过程中，集群内绿色创新主体间的信任关系在上述这些状态之间发生改变，在这个转变的过程中，我们主要设定两种转变方式：一种是集群内绿色创新主体间的信任关系始终维持在一个较好的水平，这种转变方式称为良性转移，即在 H_1 和 H_2 之间的转移；另一种是集群内绿色创新主体间的信任关系水平较之原先变得更低，这种转变方式称为恶性转移，即 H_1 或 H_2 向 W_1、Λ、W_m 的转移。也就是说，在任意时刻 t_1，集群内绿色创新主体处于状态 H_α，在 $(t_1,\ t_2)$ 内，集群内绿色创新主体的状态可能在 H_α 和 H_β 之间发生变化，也有可能向 W_δ 转变。而集群内绿色创新主体间信任关系状态的转向取决于转变的良性强度 $v_{\alpha\beta}$ 与恶性强度 $u_{\alpha\delta}$，下面我们首先对 $v_{\alpha\beta}$ 与 $u_{\alpha\delta}$ 做出如下界定：

定义 7.1 对于任意的 ε，$t_1 \leqslant \varepsilon \leqslant t_2$，

$v_{\alpha\beta}\Delta + o\ (\Delta) = Pr\{$集群内绿色创新主体间信任关系状态在时刻 ε 为 H_α，在时刻 $\varepsilon + \Delta$ 的状态为 $H_\beta\}$，$\alpha \neq \beta$；α、$\beta = 1,\ 2$。

$u_{\alpha\delta}\Delta + o(\Delta) = Pr\{$集群内绿色创新主体间信任关系状态在时刻 ε 为 H_α，但在时刻 $\varepsilon + \Delta$ 的状态为 $W_\delta\}$，$\alpha = 1,\ 2$；$\delta = 1,\ 2,\ \Lambda,\ m$。

关于集群内绿色创新主体间信任关系的良性转移与恶性转移，我们做出如下界定：

定义 7.2 $P_{\alpha\beta}(t_1,\ t_2) = Pr\{$集群内绿色创新主体间信任关系状态在时刻 t_1 状态为 H_α，在时刻 t_2 的状态为 $H_\beta\}$，$\beta = 1,\ 2$ 为集群内绿色创新主体间信任关系状态的良性转移概率。

定义 7.3 $Q_{\alpha\delta}(t_1,\ t_2) = Pr\{$集群内绿色创新主体间信任关系状态在时刻 t_1 状态为 H_α，而在时刻 t_2 状态为 $W_\delta\}$，$\alpha = 1,\ 2$；$\delta = 1,\ 2,\ \Lambda,\ m$ 为集群内绿色创新主体间信任关系的恶性转移概率。

基于此，在集群内企业绿色创新的多主体间协同过程中，我们将集群内绿色创新主体间信任关系状态的动态变化过程表示为：

$$\frac{\partial}{\partial t}P_{\alpha\alpha}(t_1,\ t_2) = P_{\alpha\alpha}(t_1,\ t_2)v_{\alpha\alpha} + P_{\alpha\beta}(t_1,\ t_2)v_{\beta\alpha}$$

$$\frac{\partial}{\partial t}P_{\alpha\beta}(t_1,\ t_2) = P_{\alpha\alpha}(t_1,\ t_2)v_{\alpha\alpha} + P_{\alpha\beta}(t_1,\ t_2)v_{\beta\beta},\ \alpha \neq \beta;\ \alpha,\ \beta = 1,\ 2$$

$$(7-24)$$

$$Q_{\alpha\delta}(t_1,\ t_2) = \int_{t_2}^{t_1}P_{\alpha\alpha}(t_1,\ t_2)u_{\alpha\delta}dt + \int_{t_2}^{t_1}P_{\alpha\beta}(t_1,\ t_2)u_{\beta\delta}dt \qquad (7-25)$$

同时，我们令：

$$P_{\alpha\alpha}(t_1,\ t_2) = K_{\alpha\alpha}e^{\gamma(t_2-t_1)}$$

$$P_{\alpha\beta}(t_1,\ t_2) = K_{\alpha\beta}e^{\gamma(t_2-t_1)}$$

$$(7-26)$$

将式（7-26）代入式（7-24）中，可以得到：

$$(\lambda-v_{\alpha\alpha})K_{\alpha\alpha}-v_{\beta\alpha}K_{\alpha\beta}=0$$
$$(\lambda-v_{\beta\beta})K_{\alpha\alpha}-v_{\beta\alpha}K_{\alpha\beta}=0 \tag{7-27}$$

显然，要使 $K_{\alpha\alpha}$ 和 $K_{\alpha\beta}$ 有解，当且仅当：

$$\begin{vmatrix} \lambda-v_{\alpha\alpha} & -v_{\beta\alpha} \\ -v_{\beta\alpha} & \lambda-v_{\beta\beta} \end{vmatrix}=0 \tag{7-28}$$

因此，可以求解出：

$$\lambda_1=\frac{1}{2}\left[v_{11}+v_{22}+\sqrt{(v_{11}-v_{22})^2+4v_{12}v_{21}}\right]$$

$$\lambda_2=\frac{1}{2}\left[v_{11}+v_{22}-\sqrt{(v_{11}-v_{22})^2+4v_{12}v_{21}}\right] \tag{7-29}$$

同时，我们可以得出集群内绿色创新主体间信任关系状态在 H_α 和 H_β 之间的转移概率：

$$P_{\alpha\alpha}(t_1, t_2)=\sum_{i=1}^{i=2}\frac{\lambda_i-v_{\beta\beta}}{\lambda_i-\lambda_j}e^{\lambda_i(t_2-t_1)} \tag{7-30}$$

$$P_{\alpha\beta}(t_1, t_2)=\sum_{i=1}^{i=2}\frac{v_{\alpha\beta}}{\lambda_i-\lambda_j}e^{\lambda_i(t_2-t_1)} \quad \alpha\neq\beta; i\neq j; \alpha, \beta=1, 2 \tag{7-31}$$

关于式（7-25）的求解，它与式（7-24）有关，因为集群内绿色创新主体间的信任关系状态可以由 H_α 转移到 W_δ 或通过 H_β 转移到 W_δ。因此，我们将式（7-30）与式（7-31）代入式（7-25）中，可以得出：

$$Q_{\alpha\delta}(t_1, t_2)=\sum_{i=1}^{i=2}\frac{e^{\lambda_i(t_2-t_1)}-1}{\lambda_i(\lambda_i-\lambda_j)}[(\lambda_i-v_{\beta\beta})u_{\alpha\delta}+v_{\alpha\beta}u_{\beta\delta}]$$

$$\alpha\neq\beta; i\neq j; \alpha, \beta=1, 2; \delta=1, 2, \Lambda, m \tag{7-32}$$

另外，令 $t_1=0$ 以及 t 是区间长度，那么，式（7-30）、式（7-31）、式（7-32）可以表示为：

$$P_{\alpha\alpha}(0, t)=\sum_{i=1}^{i=2}\frac{\lambda_i-v_{\beta\beta}}{\lambda_i-\lambda_j}e^{\lambda_i t} \tag{7-33}$$

$$P_{\alpha\beta}(0, t)=\sum_{i=1}^{i=2}\frac{v_{\alpha\beta}}{\lambda_i-\lambda_j}e^{\lambda_i t} \quad \alpha\neq\beta; i\neq j; \alpha, \beta=1, 2 \tag{7-34}$$

$$Q_{\alpha\delta}(0, t)=\sum_{i=1}^{i=2}\frac{e^{\lambda_i t}-1}{\lambda_i(\lambda_i-\lambda_j)}[(\lambda_i-v_{\beta\beta})u_{\alpha\delta}+v_{\alpha\beta}u_{\beta\delta}] \tag{7-35}$$

定理 7.1 对于任意的 τ，$\tau\in(0, t)$，集群内企业绿色创新的多主体协同过程中各主体之间信任关系状态的良性转移过程是一个马尔可夫过程，即满足：

$$P_{\alpha\alpha}(0,\ t)=P_{\alpha\alpha}(0,\ \tau)P_{\alpha\alpha}(\tau,\ t)+P_{\alpha\beta}(0,\ \tau)P_{\beta\alpha}(\tau,\ t) \tag{7-36}$$

$$P_{\alpha\beta}(0,\ t)=P_{\alpha\alpha}(0,\ \tau)P_{\alpha\beta}(\tau,\ t)+P_{\alpha\beta}(0,\ \tau)P_{\beta\beta}(\tau,\ t) \quad \alpha\neq\beta;\ \alpha,\ \beta=1,\ 2 \tag{7-37}$$

证明：将式（7-33）和式（7-34）代入式（7-36）中：

$$\sum_{i=1}^{i=2}\frac{\lambda_i-v_{\beta\beta}}{\lambda_i-\lambda_j}=\left[\sum_{i=1}^{i=2}\frac{\lambda_i-v_{\beta\beta}}{\lambda_i-\lambda_j}e^{\lambda_i\tau}\right]\left[\sum_{i=1}^{i=2}\frac{\lambda_i-v_{\beta\beta}}{\lambda_i-\lambda_j}e^{\lambda_i(t-\tau)}\right]+$$
$$\left[\sum_{i=1}^{i=2}\frac{v_{\alpha\beta}}{\lambda_i-\lambda_j}e^{\lambda_i\tau}\right]\left[\sum_{i=1}^{i=2}\frac{v_{\beta\alpha}}{\lambda_i-\lambda_j}\right]e^{\lambda_i(t-\tau)} \tag{7-38}$$

展开式（7-38）右边的第一项，于是得到：

$$\left[\sum_{i=1}^{i=2}\frac{\lambda_i-v_{\beta\beta}}{\lambda_i-\lambda_j}e^{\lambda_i\tau}\right]\left[\sum_{i=1}^{i=2}\frac{\lambda_i-v_{\beta\beta}}{\lambda_i-\lambda_j}e^{\lambda_i(t-\tau)}\right]=\left[\frac{\lambda_1-v_{\beta\beta}}{\lambda_1-\lambda_2}e^{\lambda_1\tau}+\frac{\lambda_2-v_{\beta\beta}}{\lambda_2-\lambda_1}e^{\lambda_2\tau}\right]$$
$$\left[\frac{\lambda_1-v_{\beta\beta}}{\lambda_1-\lambda_2}e^{\lambda_1(t-\tau)}+\frac{\lambda_2-v_{\beta\beta}}{\lambda_2-\lambda_1}e^{\lambda_2(t-\tau)}\right]$$
$$=\sum_{i=1}^{i=2}\left(\frac{\lambda_i-v_{\beta\beta}}{\lambda_i-\lambda_j}\right)^2e^{\lambda_i\tau}-\frac{(\lambda_1-v_{\beta\beta})(\lambda_2-v_{\beta\beta})}{(\lambda_2-\lambda_1)^2}\sum_{\substack{i=1\\i\neq j}}^{2}e^{\lambda_i\tau+\lambda_j(t-\tau)} \tag{7-39}$$

展开式（7-39）右边的第二项，于是得到：

$$\left[\sum_{i=1}^{i=2}\frac{v_{\alpha\beta}}{\lambda_i-\lambda_j}e^{\lambda_i\tau}\right]\left[\sum_{i=1}^{i=2}\frac{v_{\beta\alpha}}{\lambda_i-\lambda_j}\right]e^{\lambda_i(t-\tau)}=\left[\frac{v_{\alpha\beta}}{\lambda_1-\lambda_2}e^{\lambda_1\tau}+\frac{v_{\alpha\beta}}{\lambda_2-\lambda_1}e^{\lambda_2\tau}\right]$$
$$\left[\frac{v_{\beta\alpha}}{\lambda_1-\lambda_2}e^{\lambda_1(t-\tau)}+\frac{v_{\beta\alpha}}{\lambda_2-\lambda_1}e^{\lambda_2(t-\tau)}\right]$$
$$=\sum_{i=1}^{i=2}\frac{v_{\alpha\beta}v_{\beta\alpha}}{(\lambda_i-\lambda_j)^2}e^{\lambda_i\tau}-\frac{v_{\alpha\beta}v_{\beta\alpha}}{(\lambda_2-\lambda_1)^2}\sum_{\substack{i=1\\i\neq j}}^{2}e^{\lambda_i\tau+\lambda_j(t-\tau)} \tag{7-40}$$

因此，将式（7-39）和式（7-40）合并，式（7-38）的右边为：

$$\sum_{i=1}^{i=2}\left(\frac{\lambda_i-v_{\beta\beta}}{\lambda_i-\lambda_j}\right)^2e^{\lambda_i\tau}-\frac{(\lambda_1-v_{\beta\beta})(\lambda_2-v_{\beta\beta})}{(\lambda_2-\lambda_1)^2}\sum_{\substack{i=1\\i\neq j}}^{2}e^{\lambda_i\tau+\lambda_j(t-\tau)}+$$

$$\sum_{i=1}^{i=2}\frac{v_{\alpha\beta}v_{\beta\alpha}}{(\lambda_i-\lambda_j)^2}e^{\lambda_i\tau}-\frac{v_{\alpha\beta}v_{\beta\alpha}}{(\lambda_2-\lambda_1)^2}\sum_{\substack{i=1\\i\neq j}}^{2}e^{\lambda_i\tau+\lambda_j(t-\tau)}$$

$$=\sum_{i=1}^{i=2}\frac{(\lambda_i-v_{\beta\beta})^2+v_{\alpha\beta}v_{\beta\alpha}}{(\lambda_i-\lambda_j)^2}e^{\lambda_i\tau}-\frac{(\lambda_1-v_{\beta\beta})(\lambda_2-v_{\beta\beta})+v_{\alpha\beta}v_{\beta\alpha}}{(\lambda_2-\lambda_1)^2}\sum_{\substack{i=1\\i\neq j}}^{2}e^{\lambda_i\tau+\lambda_j(t-\tau)}$$

$$= \sum_{i=1}^{i=2} \frac{(\lambda_i - v_{\beta\beta})^2 + v_{\alpha\beta}v_{\beta\alpha}}{(\lambda_i - \lambda_j)^2} e^{\lambda_i t} = \sum_{i=1}^{i=2} \frac{\lambda_i - v_{\beta\beta}}{\lambda_i - \lambda_j}$$

因此，式（7-36）是成立的。同理，也可以证明式（7-37）是成立的。

定理 7.2　对于任意的 τ，$\tau \in (0, t)$，集群内企业绿色创新的多主体协同过程中各主体之间信任关系状态的恶性转移过程也是一个马尔可夫过程，即满足：

$$Q_{\alpha\delta}(0, t) = Q_{\alpha\delta}(0, \tau) + P_{\alpha\alpha}(0, \tau)Q_{\alpha\delta} + P_{\alpha\beta}(0, \tau)Q_{\beta\delta}(\tau, t)$$
$$\alpha \neq \beta; \ \alpha, \beta = 1, 2 \tag{7-41}$$

证明：假定时刻 $t=0$ 处于良性状态的集群内绿色创新主体在 t 时刻处于恶性状态的概率为 $Q_{\alpha\delta}(0, t)$。因此，这种动态变化过程可能会有三种情况：

（1）假定 $\tau \in (0, t)$，则集群内绿色创新主体间的信任关系状态有可能在时间 τ 或 τ 之前已经从良性状态转移到恶性状态，这种状态转移的概率为 $Q_{\alpha\delta}$。

若集群内绿色创新主体间的信任关系状态在时间 τ 为状态 H_α 或 H_β，而在 (τ, t) 内转变为 W_δ，就会出现以下两种情况：

（2）当集群内绿色创新主体间的信任关系状态在时间 τ 为 H_α，而在 (τ, t) 内转变为 W_δ。则这种状态转移的概率为 $P_{\alpha\alpha}(0, \tau)Q_{\alpha\delta}(\tau, t)$。

（3）当集群内绿色创新主体间的信任关系状态在时间 τ 为 H_β，而在 (τ, t) 内转变为 W_δ。则这种状态转移的概率为 $P_{\alpha\beta}(0, \tau)Q_{\beta\delta}(\tau, t)$。

因此，把上述这三种情况的概率合起来，可以得到：

$$Q_{\alpha\delta}(0, t) = Q_{\alpha\delta}(0, \tau) + P_{\alpha\alpha}(0, \tau)Q_{\alpha\delta} + P_{\alpha\beta}(0, \tau)Q_{\beta\delta}(\tau, t)$$
$$\alpha \neq \beta; \ \alpha, \beta = 1, 2$$

接下来，我们分析在集群内绿色创新主体间信任关系的转化过程中，彼此间的信任关系状态在某个阶段保持不变的情况。这里，我们假设任意时间段 t 内，集群内绿色创新主体间信任关系的初始状态为 H_α，令 $f_{\alpha\beta}(t)$ 为集群内绿色创新主体间信任关系状态在 H_β 的逗留期，$g_{\alpha\delta}(t)$ 为集群内绿色创新主体间信任关系状态在 W_δ 的逗留期。

定义 7.4　对于任意的 τ，$\tau \in (0, t)$，$f_{\alpha\beta}(t)$ 和 $g_{\alpha\delta}(t)$ 可表示为：

$$f_{\alpha\beta}(t) = \int_0^t P_{\alpha\beta}(0, \tau)d\tau \tag{7-42}$$

$$g_{\alpha\delta}(t) = \int_0^t Q_{\alpha\delta}(0, \tau) d\tau \tag{7-43}$$

将式（7-33）、式（7-34）和式（7-35）代入 $P_{\alpha\beta}(0, \tau)$ 和 $Q_{\alpha\delta}(0, \tau)$，于是可以得到：

$$f_{\alpha\alpha}(t) = \int_0^t \sum_{i=1}^{i=2} \frac{\lambda_i - v_{\beta\beta}}{\lambda_i - \lambda_j} e^{\lambda_i \tau} d\tau = \sum_{i=1}^{i=2} \frac{\lambda_i - v_{\beta\beta}}{\lambda_i(\lambda_i - \lambda_j)} (e^{\lambda_i t} - 1) \tag{7-44}$$

$$f_{\alpha\beta}(t) = \int_0^t \sum_{i=1}^{i=2} \frac{v_{\alpha\beta}}{\lambda_i - \lambda_j} e^{\lambda_i \tau} d\tau = \sum_{i=1}^{i=2} \frac{v_{\alpha\beta}}{\lambda_i(\lambda_i - \lambda_j)} (e^{\lambda_i t} - 1) \tag{7-45}$$

$$g_{\alpha\delta}(t) = \int_0^t \sum_{i=1}^{i=2} \frac{e^{\lambda_i t} - 1}{\lambda_i(\lambda_i - \lambda_j)} [(\lambda_i - v_{\beta\beta}) u_{\alpha\delta} + v_{\alpha\beta} u_{\beta\beta}] d\tau$$

$$= \sum_{i=1}^{i=2} \frac{1}{\lambda_i} (e^{\lambda_i t} - 1) \frac{(\lambda_i - v_{\beta\beta}) u_{\alpha\delta} + v_{\alpha\beta} u_{\beta\delta}}{\lambda_i(\lambda_i - \lambda_j)} \tag{7-46}$$

（二）仿真结果分析

假设 $v_{11} = -0.4$，$v_{12} = 0.2$，$u_1 = 0.2$，$v_{21} = 0.4$，$v_{22} = -0.6$，$u_2 = 0.2$。由式（7.21）可以得出 $\lambda_1 = -0.2$，$\lambda_2 = -0.8$。因此，集群内绿色创新多主体间信任状态的转移概率和逗留期的结果如图 7-10 与图 7-11 所示。

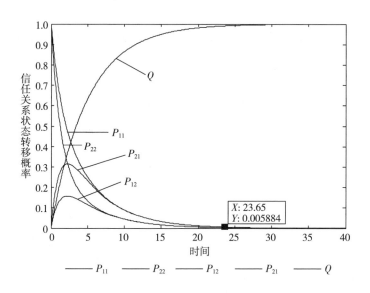

图 7-10　信任状态转移概率第一次仿真

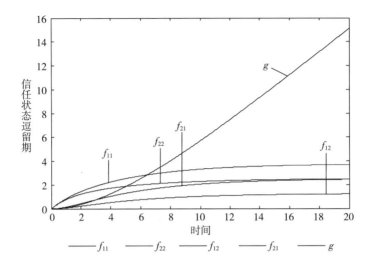

图 7-11　信任状态逗留期第一次仿真

图 7-10 中的曲线 P_{11}、P_{12}、P_{21}、P_{22} 和 Q 反映了集群内企业绿色创新的多主体协同过程中，集群内绿色创新主体间信任关系的变化转变的概率。从图 7-10 中可以看出，集群内绿色创新主体在协同绿色创新过程中，彼此之间的信任关系在不断发生变化，这种变化主要体现在三个方面。

一是集群内绿色创新主体间信任关系变得越来越好（见图 7-10 中的曲线 P_{11}、P_{22}），即信任关系状态发生了良性转移，出现这种情况的原因在于集群内绿色创新主体间在协同绿色创新的过程中更加了解对方，从而增强了彼此间的信任关系；二是集群内绿色创新主体间的信任关系发生了恶化（见图 7-10 中的曲线 Q），即信任关系状态发生了恶性转移，出现这种情况的原因可能在于集群内绿色创新主体在协同绿色创新的过程中由于某一方的机会主义行为或发生了其他不道德行为，从而导致了集群内绿色创新主体间的信任变弱或是变得不信任；三是集群内绿色创新主体间的信任关系不稳定，在某一个阶段集群内绿色创新主体间的信任关系得到了增强，而在另一个阶段集群内绿色创新主体间的信任关系出现了恶化情况（见图 7-10 中曲线 P_{12} 和 P_{21}）。但不管上述哪种情况，最终集群内绿色创新主体间的信任关系状态达到了一种稳态。

图 7-11 反映了集群内企业绿色创新的多主体协同过程中，集群内绿

色创新主体间在某种信任关系状态的持续时间。从图 7-11 可以看出，随着协同绿色创新的进行，集群内绿色创新主体间的信任关系会变得比较稳定（见图 7-11 中的曲线 f_{11}，f_{12}，f_{21}，f_{22}），那么他们在这种信任关系状态的逗留时间就会长一些。这与我们前面得出的结论是一致的。

接下来，我们改变参数 v_{11} 和 v_{12} 的值，然后将两次的分析结果进行比较。

假设 $v_{11}=-0.8$，$v_{12}=0.6$，$u_1=0.2$，$v_{21}=0.4$，$v_{22}=-0.6$，$u_2=0.2$。同样可以得出 $\lambda_1=-0.2$，$\lambda_2=-1.2$。仿真的结果如图 7-12 和图 7-13 所示。

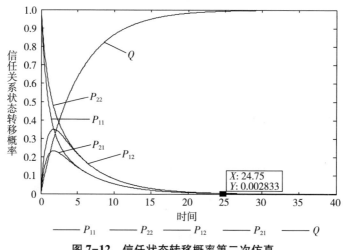

图 7-12　信任状态转移概率第二次仿真

在改变参数后，通过比较图 7-10 和图 7-12，我们发现，将参数 v_{12} 的值从 0.2 提高到 0.6 后，集群内绿色创新多主体间的信任关系达到稳态的时间延长了，第一次仿真时集群内绿色创新主体间信任关系达到稳态的时间为 23.65，而第二次仿真时集群内绿色创新主体间信任关系达到稳态的时间为 24.75，也就是说，当促进集群内绿色创新主体之间的信任关系发生转变的力度加大后，集群内绿色创新主体间的信任关系也不稳定，因而想要达到稳定状态就会相对难一些，这对于集群内企业绿色创新活动的开展是极为不利的。同时，通过比较图 7-11 和图 7-13，我们发现，在参数 v_{11} 和 v_{12} 的值发生改变后，f_{11} 和 f_{21} 的信任关系状态逗留期缩短了，而 f_{22} 和 f_{12} 的信任关系状态的逗留期则延长了。

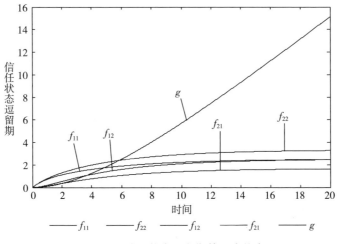

图 7-13　信任状态逗留期第二次仿真

三　主要建议

通过上述分析结果可以看出，集群内绿色创新主体在协同绿色创新过程中，集群内绿色创新主体间的信任关系会不断发生变化，而要使集群内企业绿色创新的多主体协同实现既定的目标，就必须促使集群内绿色创新主体间的信任关系不断增强，这样才能保证集群内企业的绿色创新取得成功，真正地实现多赢。因此，提出以下建议（李星，2011）。

（1）强化战略性新兴产业集群内协同绿色创新主体间的信任，保证集群内多主体协同绿色创新的开展。对集群内绿色创新主体来讲，建立集群绿色创新网络内各主体间良好的信任关系非常重要，因此，一方面，在集群绿色创新网络内建立正式的交流机制，以促进"宏绿色资源"在集群绿色创新网络内聚集、创生、扩散与共享，增强集群内绿色创新主体间的协同关系；另一方面，随着"互联网＋物联网"等新兴技术的发展，借助这些技术在集群创新网络内建立多样化的信心技术沟通渠道，从而促进集群内各绿色创新主体之间互动的广度与深度，为集群内绿色创新主体良好的信任关系奠定基础。另外，为促进集群内绿色创新主体间的非正式交流与沟通创造条件和平台，为集群内绿色创新主体间信任关系的增强营造氛围。

（2）加强战略性新兴产业集群内绿色创新主体的信用体系建设。特别是对于集群绿色创新网络内核心主体，对这些绿色创新主体要加强守信行为的引导，借助这些绿色创新主体在集群绿色创新网络中的核心地位，对集群绿色创新网络内其他绿色创新主体的信用方面建立起标杆效应，从而提高集群绿色创新网络的整体信任，这将有助于集群内各绿色创新主体间的信任关系的增强，以促进集群绿色创新多主体间协同的产生。同时，在战略性新兴产业集群内建立起一种能为各绿色创新主体认可的信用体系的社会制度性安排与制度性承诺，促使集群内绿色创新主体自觉遵守相关制度，为集群绿色创新网络内各绿色创新主体间信任关系的增强提供制度保障。而对于战略性新兴产业集群内绿色创新主体的机会主义等不道德行为，需要制定相应的惩治机制，提高他们的道德成本，甚至要求他们退出战略性新兴产业集群，为集群绿色创新营造良好的信任氛围。

第五节　本章小结

本章首先从集群绿色创新网络结构增加了绿色创新主体间竞争的多样性，通过协同获取资源是解决绿色创新"战略缺口"的有效途径两大方面分析了战略性新兴产业集群内企业绿色创新的多主体协同的产生原因。其次，从多主体协同有利于激发企业绿色创新的动力，有利于促进集群内绿色创新主体间的集体学习与"宏绿色资源"创生，有利于提高集群内企业的绿色创新能力，有利于促进集群内"宏绿色资源"的共享四个方面分析了集群内企业绿色创新的多主体协同对绿色创新的影响。再次，构建了集群内企业绿色创新的多主体协同的微分博弈模型，并运用仿真手段从投资策略对绿色技术水平改进的影响，绿色技术水平的改进对绿色创新效益的影响，绿色创新效益对未来绿色创新投资策略的影响三个方面比较分析了协同绿色创新策略与自主绿色创新策略。同时为保证集群内企业绿色创新的多主体协同的成功，设计了一套多主体协同的利益分配机制。最后，分析了集群内企业绿色创新主体间的信任对多主体协同的影响，构建了集群内多主体协同过程中信任的动态演化模型，并利用仿真手段分析了多主体协同过程中信任的动态演化过程和演化规律。

第八章　战略性新兴产业集群绿色创新网络的自组织演化机制分析

对于战略性新兴产业集群内企业而言，在绿色创新发展的不同阶段，创新所需配置的资源与能力要求是不一样的，同时外部创新环境也在不断发生变化。为了获得绿色创新的进一步发展，集群内企业可能会自主地选择与集群内其他的新主体发生联系来构建新的绿色创新网络，从而导致集群绿色创新网络发生动态演化，这种演化是集群内企业在绿色创新过程中的一种自组织行为。在前面章节的分析结果中，我们得出了集群绿色创新网络会对企业绿色创新的集体学习与"宏绿色资源"创生、多主体协同产生影响，进而影响了集群内企业的绿色创新效益，那么，集群绿色创新网络的动态演化对网络企业的绿色创新又会产生怎样的影响呢？因此，了解战略性新兴产业集群绿色创新网络的自组织演化动因，以及这种自组织演化对集群内企业绿色创新的影响，显得尤为重要，本章主要分析战略性新兴产业集群绿色创新的第四个运行机制，即战略性新兴产业集群绿色创新网络的自组织演化机制。重点围绕战略性新兴产业集群绿色创新网络演化的自组织条件、自组织演化的动力机制、自组织演化对绿色创新的影响等方面展开研究。

第一节　战略性新兴产业集群绿色创新网络演化的自组织条件

在前面的分析内容中，我们提出了战略性新兴产业集群内企业为获取各种绿色创新资源和绿色服务来开发和采用绿色创新，往往会自主地与企业、用户、供应商、高校或科研机构、政府、环保组织机构、金融机构等具有一定利益相关关系的群体建立各种联系并构成绿色创新网络，借助这一绿色创新网络系统，网络内各绿色创新主体之间相互作用，导致集群的涌现、演化及功能的实现。集群绿色创新网络不仅是对企业内部资源的整合，而且企业依托并充分利用集群绿色创新网络，搜寻实施绿色创新所需的集群外部的绿色资源，构造和培养自身的核心竞争能力，推动集群绿色创新进程及目标实现。因此，集群绿色创新网络的演化是网络内各绿色创新主体为更好地实现绿色创新发展的相互作用的开放式的非线性、非平衡自组织过程，各绿色创新主体与绿色创新要素之间通过互动作用促进了集群绿色创新网络的不断重构与发展，形成动态非平衡网络系统，所以，集群绿色创新网络的演化体现了自组织的开放性、非线性、非平衡与涨落等重要特性。

一　集群绿色创新网络是一个开放性的网络系统

在前面的分析内容中，我们已经提出了战略性新兴产业集群内企业在进行绿色创新的过程中，需要通过与集群内外部创新网络的互动机制来交换、获取、整合和创生各种绿色资源，而这种集群内部创新网络中的互动交流与集群内外部创新网络间的互动交流就表明了集群绿色创新网络是一个开放性的网络系统。

一方面，集群内部创新网络中各绿色创新主体之间存在互动。企业与供应商之间的互动，可以从供应商那里了解到当前有关各种新兴技术与新型设备的相关信息，并且将获得的信息整合到产品的绿色创新中去；企业与用户之间的互动，可以从用户那里获得对创新成果的应用、完善和开发新产品方面的重要信息；企业与竞争对手之间的互动，可以了解竞争对手的环境策略，从而刺激企业领导层实施绿色创新方案；企业和高校或科研机构之间的互动可以为绿色创新提供所需的各种知识存量、技术创新源与高级人才；企业与政府之间的互动，可以获得政府制定的一系列政策，从而为绿色创新提供集群绿色政策资源；企业与金融机构之间的互动，可以有效地解决绿色创新网络内企业融资难的问题，增加集群绿色创新网络内的金融资本存量；企业与环保非政府组织之间的互动可以促使企业以低交易成本和低风险来实现集群绿色创新。

另一方面，集群内外部创新网络之间也存在频繁的互动。随着经济全球化的发展，从外部获取资源被认为对集群内企业的绿色创新越来越重要，这些企业往往无法在内部产生绿色创新所需的全部资源（Huggins and Johnston，2010；Doran et al.，2012）。非本地化网络或全球网络使企业能够从集群之外的关系中获益。在这些网络的帮助下，集群内企业不仅可以利用本地知识和专业知识，而且可以利用外部专业知识将其转化为可销售的产品，从而产生新的想法。非区域活动可以为创新管理和区域企业竞争力提供更有力的支持。如果集群内企业加入全球体系，他们将有机会从协同效应中获益。通过集群本地创新网络与外部创新网络的互动，从而获得网络外部全球范围内的各种技术与知识等资源显得尤为重要，有利于加速本地创新网络内资源的更新，避免集群本地创新网络的僵化和锁定。另外，利用从集群绿色创新网络外部获得的各种资源可以促使网络内各行为主体具备根据环境的变化调整他们自己行为的能力，从而提高集群整体的绿色创新能力。

二　集群绿色创新网络是一个远离平衡区的网络系统

在前面的分析内容中，我们分析了集群绿色创新网络结构增加了集群内绿色创新主体间竞争的多样性，而正是在这种系统开放与多样化竞争的条件下，集群绿色创新网络内各行为主体之间都存在不平衡，因而集群绿色创新网络是一个远离平衡区的网络系统。

在集群绿色创新网络中，往往存在一些拥有大量连接的主体，这些主体在集群绿色创新网络中的中心度大，以及一些拥有非冗余连接并在结构上高度自治的主体，因而这些绿色创新主体更容易变得更具竞争力和侵略性，所以在集群绿色创新网络中取得优势地位的绿色创新主体能够更好地通过关系网络发展自己的竞争能力，增加竞争优势。一方面，中心度增强了集群内绿色创新主体间的竞争活动。集群绿色创新网络是"宏绿色资源"流动的管道，对于具有较大中心度的集群内绿色创新主体而言，由于处于大量"宏绿色资源"的汇合处，他们往往会接收大量信息，并且更容易获得环境中重要的新发展。也就是说，具有较大中心度的集群内绿色创新主体通过对竞争环境的了解，更容易获得大量集群绿色创新网络内"宏绿色资源"的机会，以及与竞争对手的议价能力与提高获取"宏绿色资源"的绿色动态能力，从而受益于积极的资源不对称。因此，这些核心主体将拥有更多的竞争机会，从而增加他们试图利用这些机会的可能性，因而他们往往会采取大量的竞争行动。总的来说，集群绿色创新网络内核心主体的资源和声望优势不仅会鼓励它们进行更大的竞争活动，而且还会降低核心主体应对直接竞争的可能性。另一方面，网络结构自治度增强了集群内绿色创新主体间的竞争多样性。首先，更多地获得多样化和非冗余资源意味着结构自主的集群内绿色创新主体更有可能意识到独特的竞争机会，并利用其资源优势进行更广泛的绿色创新活动。因而"宏绿色资源"流动会给集群内绿色创新主体带来独特的竞争机会，而这些竞争机会由于集群绿色创新网络中"宏绿色资源"的丰富性而很容易被利用。其次，获取绿色创新资源和能力的时机很重要。较早获得绿色创新资源将使该集群内绿色创新主体有机会率先行动。一旦发现竞争行动的机会，对不同资源的更快访问将使集群内绿色创新主体能够迅速利用集群绿色创新网络中的"宏绿色资源"。

三　集群绿色创新网络是一个非线性的网络系统

在上一小节的研究内容中，我们分析了集群绿色创新网络内各行为主体之间竞争的多样化，而由于绿色创新的双重外部性、新兴产业技术的复杂性，以及集群内中小企业自身能力的有限性，企业往往会选择与其他企业、高校或科研机构进行协同开发新兴绿色技术，因而集群绿色创新网络各行为主体之间是一种竞争与协同的关系。也正是因为集群绿色创新网络内各行为主体之间存在竞争与协同的非线性相互作用，导致了集群绿色创新网络是一个非线性的网络系统。

一方面，与非竞争对手相比，集群绿色创新网络内的竞争对手可能拥有更常见或类似的知识库，这使得成功的知识共享和集成更加容易，并支持新知识和新绿色产品的生成。此外，它们通常面临相同的市场条件、客户需求和不确定性问题，这些问题支持对未来变化的相同看法，并有助于开发对集群内所有利益相关者都有利的绿色创新。因此，与市场参与者之间的简单联盟相比，战略性新兴产业集群内部竞争对手之间的协同对绿色创新活动具有至关重要的好处。集群内竞争与协同关系跟企业的整体竞争绩效以及它们在开发绿色创新方面的成功之间存在正相关。尽管具有诱人的优势，但集群内各行为主体之间的协同也并非没有特定的风险和挑战，尤其是在绿色创新活动中的合作。集群内各行为主体之间充满了机会主义和知识泄露的风险（Bouncken et al.，2015）。

另一方面，集群绿色创新网络内各行为主体之间在建立了竞争与协同关系后，竞争和协同的要素组合并不是一直保持不变的，而是动态变化的。首先，当相关的市场条件和内部需求发生变化时，期望的协同或竞争水平也会随之改变。其次，各行为主体之间的竞争与协同关系是一种松散耦合的关系，在这种关系中，参与者保持一定的相互依赖，而不丧失组织的独立性。最后，集群绿色创新网络内还存在许多其他竞争者，尤其是追随者或后来者，他们的加入对于集群绿色创新网络内各行为主体之间现有的关系会产生新的威胁。为应对这些威胁，集群绿色创新网络内各行为主体之间的竞争与协同关系可能会发生变化（luo，2007）。

四　集群绿色创新网络是一个在"涨落"中达到有序的网络系统

产业集群绿色创新网络内的企业进行绿色创新过程中会出现绿色技术资源、绿色信息与知识资源、绿色政策资源、绿色金融资源、绿色社会资本资源等多方面资源的变化，而这些变化会导致集群绿色创新网络系统的"涨落"。当"涨落"导致集群绿色创新网络系统不稳定时，网络内各行为主体之间的协同关系机制会促使集群绿色创新网络系统呈现出有序时空，这为集群绿色创新网络系统的新有序结构的产生提供了有利条件。

"涨落"在集群绿色创新网络的发展过程中一直存在。企业在绿色创新的过程中，为获得更多的外部资源，会与集群内其他行为主体之间建立各种联系，从而形成了绿色创新网络，这种网络有助于降低企业的绿色创新成本、创生"宏绿色资源"、促进各绿色创新主体间的协同，为企业的绿色创新创造了良好的氛围。然而，集群绿色创新网络内这种的正效应并不是无限扩大的，它为集群绿色创新网络内企业带来专业化分工进而形成稳定结构的同时，也会促使绿色创新网络内企业形成一种惰性。而且随着集群绿色创新网络的不断增长和规模的不断扩大，集群绿色创新网络内的企业之间产生自我增强和自我保护的锁定效应，从而将产生负的集群绿色创新网络效应而导致绿色创新网络的僵化。

一般来讲，引起集群绿色创新网络变化的方式主要有三种：一是现有的集群绿色创新网络中有新的绿色创新主体的加入而引起绿色创新网络结构的改变。新加入集群绿色创新网络内的绿色创新主体通过与其他行为主体建立联系，可以实现资源的共享，从而获取绿色创新所需的"宏绿色资源"。二是当集群绿色创新网络中某些绿色创新主体缺乏创新或者表现欠佳，或是由于绿色创新主体自身的道德问题或机会主义行为的发生，那么，集群绿色创新网络内其他行为主体就会中断与该行为主体之间的协同，使得该绿色创新主体被强迫退出现有的集群绿色创新网络，从而导致集群绿色创新网络结构的改变。三是集群绿色创新网络内原有的绿色创新主体根据自身绿色创新状况与外部环境的动态变化需要重新建立新连接或是断开原有连接，从而导致集群绿色创新网络结构的改变。因此，在这些集群绿色创新网络结构发生改变的过程中，网络系统的"涨落"也一直都在发生。

第二节　战略性新兴产业集群绿色创新网络自组织演化的动力分析

一　优化绿色创新资源，促进新型绿色资源的聚集与创生

集群绿色创新网络在进行自组织演化后，网络内的绿色创新主体有机会重新建立一些新的关系，从而为获取和利用新型资源创造了机会。正如嵌入性观点所主张的那样，获得外部创新资源跟企业与集群绿色创新网络内其他参与者的互动特征相关，因而集群绿色创新网络是资源与创新的源泉。在我们看来，通过自组织演化后的集群绿色创新网络内企业可以通过与集群内其他主体的邻近性产生密集的结构和牢固的联系更好地塑造社会网络。因此，集群绿色创新网络内企业可以利用现有的机遇，通过分享高质量的资源以及通过合作交换获益。由于集群内企业间的关系对企业产生的不仅仅是邻近效应，集群内企业还享有许多外部企业所没有的关系，因此，通过集群绿色创新网络的自组织演化，网络内的企业能够从外部中获取更多的社会资本，这是他们获得资源、机会和权利的途径。因此，集群绿色创新网络的自组织演化促进了更多绿色资源的聚集，为企业在绿色创新实践中创生出新型资源提供了基础（Morales et al.，2007）。

中小企业进行绿色创新的劣势在于它们自身能力有限而缺乏绿色创新资源，但集群内的企业通过地理位置上的邻近和合作，可以弥补中小企业自身绿色创新资源的不足，同时又可以发挥自身所具备的优势。这种互补可以说是中小企业各自优势资源的组合，这种组合产生的集体创新效率和绿色创新能力可能远远超过大企业。因此，中小企业要解决绿色创新资源方面所处劣势的这种困境，只有通过集群绿色创新网络在进行自组织演化的过程中，与网络内其他企业间建立起新的联系，从而获得自身发展所需的各种稀缺资源，并将这种从外部获得的优势资源与自

身拥有的资源结合起来，创生出开展绿色创新活动所需的新型资源，从而促进集群内企业不断地持续发展和完善（李星，2011）。

二　增强企业间的信任，促进多主体协同绿色创新的升级

集群绿色创新网络在自组织演化过程中，提高了网络内绿色创新主体间的互动学习频率，促进了彼此间信任关系的增强。信任关系被认为可以降低企业间的交易成本，因为当信任关系存在时，企业会减少机会主义的发生。从地理学的角度来看，企业之间在空间上的邻近性会在长期内促进这种信任关系，从而导致一个充满信心、冒险和合作的本地商业环境（Iammarino and Mccann，2006）。

在不确定性和复杂性日益增加的环境中，信任被认为是控制集体组织行动和降低交易成本的一种重要机制。除了集群内部的信任之外，各绿色创新主体之间日益密切和频繁的协同要求不同绿色创新主体之间具有高度的信任，因而信任被认为具有若干外在的经济优势。信任可以作为集群内各绿色创新主体间关系的另一种控制机制，如支持集体战略的形成、促进经济活动的协调、促进信息和知识的公开交流，以及集体学习、减少组织间冲突的管理（李星，2011）。同时，基于信任的绿色创新网络为集群成员提供关键资源、隐性知识和行为规范、标准或惯例，以及高级信息和技术。集群绿色创新网络内的信任所产生的这些优势是很难替代的，它们会促进集群绿色创新网络内企业的绿色创新绩效。基于信任的集群绿色创新网络加速了绿色资源的创生和交换，加快了更多的业务合作，使得各绿色创新主体之间的工作更容易，从而促进了集群内企业间的协同绿色创新（Li et al.，2015）。

由于绿色创新的系统性、信任性和复杂性，要开展绿色创新活动，各绿色创新主体间的协同创新升级可能比引入其他类型的创新更重要，这意味着与集群合作伙伴开展的活动具有更高的互补性。随着集群内企业试图缩短生产周期并提高可回收性，与供应商和企业用户的相互依赖性正在增加。与供应商合作对于确保在市场可能无法提供的投入或具有环保性能的组件非常重要，验证它们是否满足要求或相应地修改内部生产过程。因此，对于战略性新兴产业集群绿色创新而言，绿色创新主体间的协同创新的升级显得尤为重要，而集群绿色创新网络内企业间的信任促进了绿色创新主体之间的协同创新升级（Marchi，2012）。

三 降低绿色创新成本，优化绿色创新效益

首先，集群绿色创新网络演化的"自组织"往往是为了创建更有利于企业绿色创新的新型网络，在这种网络中，一些"不作为"的主体可能被迫退出集群绿色创新网络或是被断开了连接，新型的集群绿色创新网络更可能与各绿色创新主体建立起长期合作关系，从而有利于节约网络内绿色创新主体的绿色创新费用。另外，集群绿色创新网络通过自组织演化后，可以吸引外部特定的资源加入到集群绿色创新网络中，网络内的绿色创新主体就可以获得这种外部优势资源。因而网络内的企业拥有绿色创新所需的重要技能和知识的本地高质量人才资源，相关的绿色技术知识和思想"在空气中传染"，并最终可能影响网络中的所有参与主体。即使是知名的企业和创新组织，似乎也能从绿色创新网络中获得更多的利益。同时也可以促进具有这种特定需求的企业在集群绿色创新网络内的聚集，为网络内企业的进一步合作提供了可能。所以新型的集群绿色创新网络内更加鼓励信息和知识的共享和披露，降低企业的绿色创新成本（Niu，2008）。

其次，新型的集群绿色创新网络通过建立的新网络联系能更好地提高整个创新网络的对外议价能力，从而有效降低整个区域对外的交易成本。在新型的集群绿色创新网络内，存在一些领头企业或核心企业，而这些企业一般都占有较高的市场占有率，因而他们在进行原材料或各种半成品的采购时，就可以实现大量批购。而且对于同一产品，集群绿色创新网络内部也存在大量的其他供应商，这对集群绿色创新网络外部的供应商也构成了替代威胁，因此，这些因素都可以增强集群绿色创新网络内企业的讨价还价资本，从而可以有效降低企业的绿色创新成本（李星、范如国，2013）。

最后，集群绿色创新网络的自组织演化有利于企业获得外部规模经济效应。

一方面，在新型的集群绿色创新网络内，企业通过与新主体建立联系可以共享更多的基础设施，从而可以降低企业的绿色创新成本和绿色创新风险。另一方面，集群绿色创新网络的自组织演化更好地促进了企业之间的良好互动与交流，从而可以促进集群绿色创新网络内企业间产生一种协同效应，而这种协同效应可以促使企业获得网络内大量的共享资源，包括网络内信息的共享。而对于集群绿色创新网络内中小企业而

言，获得信息的能力是有限的，而且获得一定的信息所需的成本也是巨大的，因此，集群绿色创新网络内企业间的协同效应大大降低了企业绿色创新过程中的各种交易费用与进行绿色创新的各种不确定性因素。另外，以专业化分工为基础形成的集群绿色创新网络内部，聚集了各种配套服务的专业化市场，比如人才市场、资金市场、技术市场等，而这些市场能够为单个企业提供各种辅助性服务，从而使其产生规模经济。

第三节　战略性新兴产业集群绿色创新网络的自组织演化对绿色创新的影响

在上节的研究内容中，我们从理论的角度分析了集群绿色创新网络的自组织演化对网络内企业的绿色创新效益与多主体协同绿色创新的影响。接下来，我们通过构建数理模型来分析集群绿色创新网络的自组织演化对集群内企业绿色创新的影响。

一　集群绿色创新网络的自组织演化模型的构建

在战略性新兴产业集群绿色创新网络的自组织演化过程中，网络内绿色创新主体往往会对支付的成本与获得的效益进行比较，来决定是否会与其他主体建立联系。这里，我们假设战略性新兴产业集群绿色创新网络内存在 N 个绿色创新主体，假设在 t 时刻集群绿色创新网络内绿色创新主体 i 与其他主体建立联系后获得的效益为 $\pi_i(t)$。显然，当 $\pi_i(t) > 0$ 时，更有利于促进集群绿色创新网络内各绿色创新主体之间的连接。因此，绿色创新主体 i 是否与网络内其他主体建立联系，取决于这种连接给它所创造的效益（范如国、李星，2010）。另外，集群绿色创新网络内绿色创新主体之间是否建立联系还取决于主体在网络中的地位以及它所受到的外部影响。由于网络内绿色创新主体拥有的资源和地位等都不一样，因而他们所倾向的连接主体也会存在差异，我们用 $x_i(t)$，$x_i(t) \in [0, 1)$ 来表示在 t 时刻绿色创新主体 i 对某种连接的倾向程度。由于集群绿色创新网络内绿色创新主体的策略选择往往会受到集群绿色创新网络的外部影响，因而 $x_i(t)$ 的取值也在不断发生变化，集群绿色创新网络中的绿色创新主体在这种外部影响下可能会调整其连接的主体。下面，我们对集群绿色创新网络中绿色创新主体的地位及外部影响力进行界定。

定义 8.1 在战略性新兴产业集群绿色创新网络中，绿色创新主体 i 在网络中的地位用 $d_i = \dfrac{k_i}{\sum\limits_j k_j}$ 来衡量，其中，$\sum\limits_j k_j$ 表示集群绿色创新网络中所有主体的度。

定义 8.2 在 t 时刻，战略性新兴产业集群绿色创新网络中绿色创新主体 j 对绿色创新主体 i 的影响用 $f_j^i(t) = \dfrac{k_j}{\sum\limits_{<i,\,l>} k_l} x_j(t)$ 来表示，其中，$\sum\limits_{<i,\,l>} k_l$ 代表集群绿色创新网络中主体 i 所有最近的邻节点度的总和，k_j 表示主体 j 在集群绿色创新网络中的度。

定义 8.3 在 t 时刻，战略性新兴产业集群绿色创新网络中的联盟 S 对主体 i 的影响用 $f_s^i(t) = P\dfrac{k_i}{\sum\limits_j k_j} x_s(t)$ 来表示，其中，P 表示联盟 S 在集群绿色创新网络中的影响力。

在本书中，我们假定集群绿色创新网络自组织演化的规则如下（范如国、李星，2010）。

（1）新绿色创新主体加入集群绿色创新网络：在初始阶段，我们假设集群创新网络内存在 n_0 个孤立的主体，每隔一个时间段 T，在集群绿色创新网络中新增一个绿色创新主体，并假定该主体的度为 s（$s \leqslant n_0$），同时将这 s 条边连接到集群绿色创新网络内现有的 s 个不同的绿色创新主体上。因而在集群绿色创新网络内存在 s 个其他绿色创新主体与该主体共同开展绿色创新活动。

（2）集群绿色创新网络内各主体间的择优连接：在每次的集群绿色创新网络的自组织演化过程中，从网络内随机地选择某一绿色创新主体 i 与它最邻近的绿色创新主体 j 进行连接，并实施绿色创新活动。我们假定集群绿色创新网络内被选择的绿色创新主体 i 与其最邻近的新绿色创新主体之间的连接概率 $p_i(s_i)$ 和绿色创新主体 i 的度 s_i 成正比，即满足：

$$p_i = \frac{\eta_i s_i}{\sum_j \eta_j s_j}。$$

通过这种择优连接机制，集群绿色创新内绿色创新主体 i 的绿色创新状况会发生变化。在集群绿色创新网络的自组织演化过程中，网络内的绿色创新主体有三种绿色创新策略选择：要么保持目前的绿色创新状态不变，要么从网络中任意选择两个绿色创新主体，并保持与他们的偏好相同。如果集群绿色创新网络内主体 i 获得的效益小于上述三种绿色创新策略所产生的平均效益，那么，该绿色创新主体将选择集群绿色创新网络内与其最相邻的绿色创新主体所偏好的绿色创新水平。

（3）集群绿色创新网络各绿色创新主体间的重连接：在每次集群绿色创新网络的自组织演化过程中，以既定的概率 ϕ 与网络内的其他绿色创新主体进行随机连接，并重复上述择优连接过程。

因此，在集群绿色创新网络进行自组织演化的过程中，集群绿色创新网络内各绿色创新主体的邻接网络和外部网络也在不断发生改变，它们对绿色创新主体的影响程度也在不断发生变化：

当 $|\bar{x}_i(t) - x_i(t)| \leqslant \varepsilon$

$$
\begin{cases}
x_i(t+1) = x_i(t) + \dfrac{x_i(t)}{k_i} \sum\limits_{<i,\,j>} f_i(t) + f_s^i(t) x_i(t) & |P - x_i(t)| \leqslant \varepsilon \\[3mm]
x_i(t+1) = x_i(t) + \dfrac{x_i(t)}{k_i} \sum\limits_{<i,\,j>} f_i(t) - f_s^i(t) x_i(t) & |P - x_i(t)| > \varepsilon
\end{cases}
$$

$$(8-1)$$

当 $|\bar{x}_i(t) - x_i(t)| > \varepsilon$

$$
\begin{cases}
x_i(t+1) = x_i(t) - \dfrac{x_i(t)}{k_i} \sum\limits_{<i,\,j>} f_i(t) + f_s^i(t) x_i(t) & |P - x_i(t)| \leqslant \varepsilon \\[3mm]
x_i(t+1) = x_i(t) - \dfrac{x_i(t)}{k_i} \sum\limits_{<i,\,j>} f_i(t) - f_s^i(t) x_i(t) & |P - x_i(t)| > \varepsilon
\end{cases}
$$

$$(8-2)$$

其中，ε 表示集群绿色创新网络中的绿色创新主体对其邻近网络与外部网络的可接受的信任水平。

二　仿真与结果分析

（一）集群绿色创新网络自组织演化过程中绿色创新效益的变化

1. 集群绿色创新网络自组织演化过程中网络整体的平均效益变化

我们假设 $N = 200$，$<k> = 18.76$，$p = 0.65$，$T = 1.85$，$T_0 = 100$。仿真结果如图 8-1 和图 8-2 所示。

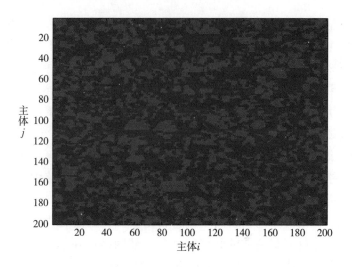

图8-1　集群绿色创新网络的自组织演化过程

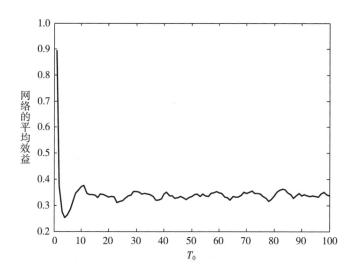

图8-2　集群绿色创新网络整体的平均效益变化

图8-1揭示了集群绿色创新网络的自组织演化过程。从图8-1可以看出，在集群绿色创新网络进行自组织演化的过程中，网络内各绿色创新主体间在不断进行互动学习，并在这种不断学习过程中优化自身的策略以实现帕累托最优。同时，网络内各绿色创新主体间的信任关系在这种互动学习中也得到了增强，而这种信任关系对于绿色创新主体间的互

动是有益的，最终会实现多赢的局面，因为他们往往会有利于促进集群绿色创新网络内绿色创新主体间合作协同的涌现，使得彼此间的关系更加稳定，进而促进了集群绿色创新网络整体的信任也达到一种稳态，这对集群绿色创新网络实现稳定的整体效益是有利的。因此，从图8-2中可以看出，在集群绿色创新网络自组织演化的过程中，网络整体的平均收益的变化幅度在前期比较大，但是在后期的变化幅度变得比较稳定，虽然网络内绿色创新主体依旧会不断通过改变或建立新联系来实现自身的目标，但是不会像初始阶段那样激烈，因为他们在稳定的集群绿色创新网络中目的性会更强，更倾向于采取择优连接机制，从而获取绿色创新所需资源。因此，从上面的分析可以看出，集群绿色创新网络的自组织演化有助于提高集群绿色创新网络的整体效益。

2. 集群绿色创新网络自组织演化过程中主体获得的平均效益的变化

接下来，我们考虑集群绿色创新网络的自组织演化过程中，在前面我们设置的三种绿色创新策略选择下，网络内的绿色创新主体获得的平均效益情况。具体仿真结果如图8-3所示。

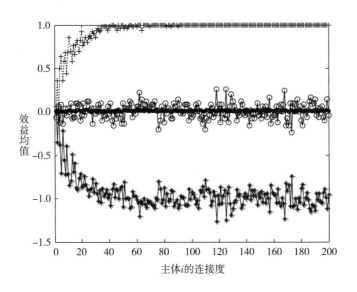

图8-3　绿色创新主体 i 获得效益的均值变化

从图8-3中可以看出，集群绿色创新网络内绿色创新主体在采取不同的绿色创新策略时，获得的绿色创新效益也是不同的。其中，图8-3

的"绿线"代表的是绿色创新主体保持当前的绿色创新状态，因而该绿色创新主体获得的平均效益就比较稳定。图 8-3 中的"黑线和蓝线"代表的是绿色创新主体从网络中任意选择两个绿色创新主体，并保持与他们相同的偏好，"黑线"反映了绿色创新主体在与绿色创新网络内其他绿色创新主体建立新联系并采取相同的绿色创新策略后，它获得的绿色创新效益在不断增加，最后趋于平稳，说明了该主体与新建立联系的主体之间产生了较好的协同效应，或是新主体在集群绿色创新网络具有较高的地位，从而通过与新主体的协同绿色创新可以获取更多的绿色创新资源，提高了自身的绿色创新效益，真正产生了"1+1>2"的效果。"蓝线"则反映了绿色创新主体在与绿色创新网络内其他绿色创新主体建立新联系并采取相同的绿色创新策略后，它获得的绿色创新效益在不断减少，最后也趋于平稳，说明了该主体与新主体之间没有产生较好的协同作用，或是新主体自身的绿色创新资源也比较有限，从而无法为绿色创新提供有效支撑。

（二）集群绿色创新网络的自组织演化对绿色创新多主体协同的影响

1. 集群绿色创新网络自组织演化过程中绿色创新主体的策略选择

参数设置与前面相同，从图 8-4 可以看出，在集群绿色创新网络的自组织演化过程中，绿色创新主体 j 的策略选择会受到绿色创新主体 i 的影响，而且随着网络自组织演化的进一步进行，绿色创新主体 j 和绿色创新主体 i 选择相同策略的概率越来越大，最后两者采取的策略达到一致。这说明了在集群绿色创新网络的自组织演化过程中，绿色创新主体之间通过不断的互动，增强了彼此间的信任，从而有利于促进彼此间绿色创新策略的协同，特别是当该绿色创新策略有利于提高绿色创新效益的情况下。同时也说明了绿色创新主体在选择绿色创新策略时会受到外部创新联盟或个体行为的影响，特别是在集群绿色创新网络内存在较大影响力的创新联盟或个体的情形下，这种影响更为明显。因此，从上面的分析可以看出，集群绿色创新网络的自组织演化有助于增强企业间的信任，促进绿色创新主体间的协同创新。

接下来，我们考虑在 $T_0 = 3500$，$\phi = 0.55$、$\phi = 0.3$、$\phi = 0.1$ 三种情况下集群绿色创新网络的自组织演化对绿色创新多主体间协同的影响，其他参数设置与前面相同，仿真结果如图 8-5 所示。

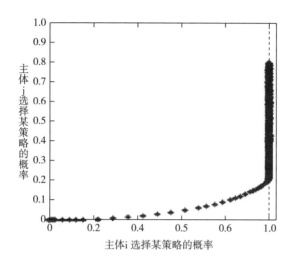

图 8-4 网络内绿色创新主体的策略选择

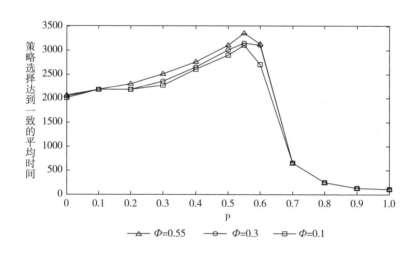

图 8-5 策略选择达到一致的平均时间与参数 p 的关系

从图 8-5 可以看到，在随机重连概率 $\phi=0.55$，$\phi=0.3$，$\phi=0.1$ 三种情况下，在战略性新兴产业集群绿色创新网络自组织演化的过程中，网络内绿色创新主体均在 $p=0.55$ 时策略选择达到一致的平均时间最长，达到一个峰值。而当 $p<0.55$ 时，集群绿色创新网络中绿色创新主体的策略选择达到一致的平均时间随着 p 值的增加而被延长；而当 $p>0.55$ 时，集群绿色创新网络中绿色创新主体的策略选择达到一致的平均时间随着 p

值的增加而急剧地缩短，这也意味着存在一个临界值 $p_c = 0.55$。在这个临界值周围，存在着一个阶段的转变，即集群绿色创新网络中绿色创新主体策略选择达到一致的平均时间由延长转变为缩短。因此，在集群绿色创新网络的自组织演化过程中，随着网络内绿色创新主体间的不断互动学习，彼此之间更加熟悉和了解，有利于促进绿色创新多主体间的协同产生，从而使得网络内部分绿色创新主体间的绿色创新策略的选择达成一致。

2. 集群绿色创新网络内绿色创新主体间的信任对多主体协同的影响

我们考虑在 $T_0 = 10000$，$\varepsilon = 0.2$ 和 $\varepsilon = 0.5$ 的情况下，集群绿色创新网络的自组织演化对绿色创新多主体的协同所产生的影响，其他参数设置同样与前面的相同，具体仿真结果如图 8-6a 和图 8-6b 所示。

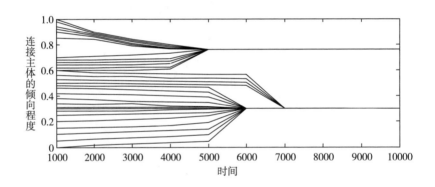

图 8-6a　绿色创新主体的连接主体倾向的变化（$\varepsilon = 0.2$）

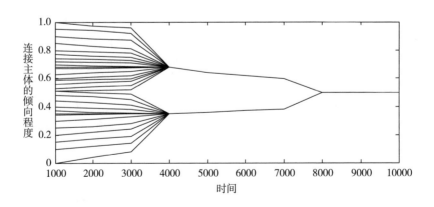

图 8-6b　绿色创新主体的连接主体倾向的变化（$\varepsilon = 0.5$）

从图 8-6a 可以看出，在 $\varepsilon = 0.2$ 的情况下，集群绿色创新网络在自组织演化过程中刚开始形成了三个绿色创新协同联盟，每个联盟内的绿色创新主体都倾向于相同的绿色创新策略，而在绿色创新协同联盟间的互动作用机制的影响下，其中的两个绿色创新协同联盟都倾向于某个共同的绿色创新策略而形成了一个更大的绿色创新协同联盟，最终集群绿色创新网络内形成了两个绿色创新协同联盟。

从图 8-6b 可以看出，在 $\varepsilon = 0.5$ 的情况下，集群绿色创新网络在自组织演化过程中刚开始形成了两个绿色创新协同联盟，但最终在两个联盟的互动作用机制的影响下，这两个绿色创新协同联盟都选择了相同的绿色创新策略，因而整个集群绿色创新网络最终形成了一个巨大的绿色创新协同联盟。因此，集群绿色创新网络的自组织演化有利于绿色创新多主体协同的产生，同时网络内绿色创新主体间的信任对绿色创新多主体协同的产生也发挥了积极作用。

第四节　本章小结

本章首先分析了战略性新兴产业集群绿色创新网络演化的自组织条件，我们认为集群绿色创新网络是一个开放性的网络系统、远离平衡区的网络系统、非线性的网络系统，并在"涨落"中达到有序的网络系统。其次，我们分析了集群绿色创新网络自组织演化的动力，我们认为这种动力主要体现于优化绿色创新资源，促进新型绿色资源的聚集与创生、增强企业间的信任，促进多主体协同绿色创新的升级、降低绿色创新成本，优化绿色创新效益。最后，分析了集群绿色创新网络的自组织演化对绿色创新的影响，构建了集群绿色创新网络的自组织演化模型，并利用仿真手段分析了集群绿色创新网络自组织演化过程中绿色创新效益的变化，以及集群绿色创新网络的自组织演化对绿色创新多主体协同的影响。

第九章 战略性新兴产业集群内企业 绿色创新的支持政策

　　在前面我们分析战略性新兴产业集群内企业绿色创新的动力机制时，已经验证了集群内企业的绿色创新行为不仅取决于绿色供给侧驱动与绿色需求侧驱动，还取决于政府的绿色监管与绿色激励，而这些监管与激励源自政府所制定的绿色创新政策，其根本目的在于约束集群内企业经营过程中的负外部性行为的同时，激发集群内企业的绿色创新行为，为集群内企业的绿色创新活动的实施提供创新平台和保障，从而减少集群内企业创新活动的负外部性，提高绿色创新效益。关于政策驱动的绿色创新如何影响创新和企业成功，一直存在着争论。2001 年，哈佛商学院经济学家和战略学教授迈克尔·波特宣称，精心设计的规章制度实际上可以提高竞争力。在那之前，几乎所有经济学家都认为绿色创新政策要求企业减少创新活动的负外部性必然限制了它们的选择，因而降低了它们的利润（Ambec et al., 2013）。虽然创新活动通常会对企业的竞争力和增长产生积极的影响，但这可能与绿色创新政策驱动的创新有所不同。绿色创新活动的主要作用是减少负外部性，而减少负外部性可能会使生产者的成本增加，也不会为他们带来额外收入，对于管道末端技术和清洁生产技术等绿色技术都有可能导致更高的生产成本（Rennings and Rammer, 2011）。因此，本章主要分析战略性新兴产业集群内企业绿色创新的支持政策，重点围绕战略性新兴产业集群内企业绿色创新政策的效果，绿色创新政策存在的问题与产生原因，提出绿色创新的支持政策等方面展开研究。

第一节 战略性新兴产业集群内企业绿色创新政策的效果分析

市场本身并不激发绿色创新的推广。尽管一些绿色创新从商业角度来说非常有吸引力并因此被采用，但其他一些创新则并非如此（贾卡里略—赫莫斯拉，2014）。近年来，在中央政府的大力推动下，各省纷纷制定了积极的产业政策和环境政策来重点扶持新兴产业，地区支持性政策也不断完善。那么，这些政策对战略性新兴产业集群内企业绿色创新产生的效果究竟如何呢？本节我们主要解决这个问题。

一 数据来源与变量测度

（一）数据来源

本节我们的数据收集与第 5 章分析动力机制所用的是同一份问卷，因此，数据来源是相同的。为收集研究所用数据，我们先后对北京、广州、武汉、贵阳、济南等地区的高新区企业进行了调查，共发放问卷 575 份，回收问卷 484 份，有效回收率为 84.17%，被调查企业的基本信息如表 9-1 所示。根据表 9-1 的数据显示，被调查企业规模主要是 100 人以内和 100—500 人，这说明我们的调查对象主要是中小企业；所属行业主要涉及装备制造产业、新材料产业、新能源汽车产业、节能环保产业、相关服务业等行业；调查的企业中民营企业占比最高，达到 61.29%；企业的成立年限大多数处于 1—5 年。

表 9-1 样本描述

变量	属性	百分比（%）
企业规模	100 人以内	32.26
	100—500 人	38.71
	501—1000 人	3.23
	1000 人以上	25.81
行业	装备制造产业	12.9
	相关服务业	13.23
	新材料产业	9.68

续表

变量	属性	百分比（%）
行业	新能源汽车产业	16.13
	节能环保产业	19.35
	生物产业	16.45
	其他	12.26
所有制性质	跨国企业	12.9
	国有企业	22.58
	民营企业	61.29
	其他	3.23
企业年龄	1 年以下	3.23
	1—3 年	32.26
	3—5 年	29.03
	5—10 年	16.16
	10 年以上	19.35

（二）变量测度

1. 因变量

本书中的因变量为战略性新兴产业集群内企业的绿色创新效益，我们采用竞争绩效和环境绩效两个变量来对绿色创新效益进行测度。

（1）环境绩效

根据 ISO 14001 环境管理体系标准，环境绩效是企业通过环境管理获得的收益。大多数关于环境绩效的定量研究都集中在企业的生产过程。有些已将范围扩大到包括绿色产品及其在企业社会责任中的作用，环境绩效是其中的一部分。在一项关于环境新产品开发的调查中，Pujari（2004）发现，大多数企业都试图减少其产品的影响，使其"更清洁"而不是真正可持续，他认为衡量产品成功与否的标准，将是通过确立市场份额，取代其他不那么环保的产品，这意味着绿色产品必须在不牺牲预期功能的情况下展示出良好的"生态性能"（Michael Sheppard，2007）。绿色创新政策在促进集群内企业的产品与技术的开发集中于环境保护新领域方面发挥了重要作用，特别是绿色创新政策中关于可循环再造性、更高的能源效益或减少废气、废水及噪音排放的规定，都会激发集群内企业的绿色创新行为朝着这方面去解决问题。因此，绿色创新政策可能会促进集群内企业绿色创新环境绩效的产生。为衡量战略性新兴产业集群内企业绿色创新的环境绩效，我们在问卷中设计了 6 个问题。问卷填写者根据每个问题有 5 个选择"完全不同意"（用数字"1"表示）、"不同意"（用数字"2"表示）、"一般"（用数字"3"表示）、"同意"（用数字"4"表示）、"完全同意"（用数字"5"表示），以下的每个变量都是如此，不再重复提及。

（2）竞争绩效

绿色创新环境政策的出台改变了传统经济活动的条件，集群内企业从中或许可以找到提供新产品或服务的机会，以此来应对这些条件的变化，特别是当集群内企业意识到现有的产品或技术水平无法遵守现有的政策规定时，他们往往需要考虑对现有产品进行改善或开发新的产品、新的服务和新的技术，因而绿色创新的环境政策鼓励集群内企业在经营活动过程中开发绿色产品和绿色技术创新。另外，绿色创新的环境政策能够有效刺激集群内企业的投资活动，同时激励集群内企业在环境保护领域制定新的或明显改进的程序，其目的在于更广泛意义上的合理化或提高质量。另外，绿色创新政策促进了旨在就环境问题向企业提供咨询的新服务的发展，比如从事环境认证或评估环境政策，因而绿色创新政策可以促进新的服务的发展（Rennings and Rammer，2011）。综上所述，绿色创新政策有利于提高集群内企业绿色创新的竞争绩效。为衡量战略性新兴产业集群内企业绿色创新的竞争绩效，我们在问卷中设计了 7 个问题。

2. 自变量

本书中的自变量为战略性新兴产业集群内企业的绿色创新政策。在市场经济中，市场主体进行创新的基本动机是为了获取经济利益或以其他方式增强市场地位。当政策改变投资回报率，使之有利于改善环境的创新时，这些政策就能成功地诱导绿色创新。一个国家政府可以利用各种政策工具，试图改善环境，诱导企业进行绿色创新（Ekins，2010）。目前，根据 Ekins（2010）、Francesco Crespi et al.（2015）的研究成果，我们将绿色创新政策工具分为四类。

（1）基于市场的工具

这些工具包括排放交易、环境税费、保证金返还制度、补贴、绿色采购、责任和赔偿等（EEA，2006）。这些工具可以鼓励集群内企业朝着污染控制方向努力，因为这将成为它们自己的利益所在，并允许它们共同实现政策目标。这些手段往往被认为对绿色创新具有积极的鼓励作用。

（2）命令与控制工具

它由非市场的工具构成，旨在界定与技术、环境表现、压力或结果有关的法律标准。这些工具通过对不符合标准的行为者施加惩罚来改变投资回报率，而这些标准有时被视为比基于市场的工具发出的激励信号更不积极（Costantini et al.，2015）。

（3）自愿协议工具

政府与企业之间的自愿协议。协议可以是一个具体的目标，或具体项目的实施，旨在改善环境性能。该协议可以对不遵守协定的行为者进行制裁。当污染排放不能在源头得到充分监测，或当生产过程的投入或产出不明确时，应在基于市场的工具下来考虑使用自愿协议工具。因此，这些工具主要被视为对现有政策的补充（Carrillo - Hermosilla et al.，2009）。

（4）基于信息的工具

以信息为基础的手段是提高消费者对商品或现有替代产品的环境影响的认识，例如生态标签，它告知消费者市场上产品的环境内容，或产品的能源使用或其温室气体排放等信息。这些措施可以通过向消费者推广更环保高效的产品来改变投资回报率，它们还可以改善企业形象和声誉。基于信息的工具要求企业向其社区或一般公众通报其环境产出，并希望提高企业的环境意识，增加公众压力，以减少其生产过程的环境影响。证据表明，这些工具在大企业和具有环境意识的社区的环境中最有效（Carrillo-Hermosilla et al.，2009）。

因此，我们以"基于市场的工具、命令与控制工具、自愿协议工具和基于信息的工具"来对战略性新兴产业集群内企业绿色创新政策进行测度。其中，"基于市场的工具"用"市场性政策、补贴性政策"来衡量，"命令与控制工具"用"行政管制、约束性政策"来衡量，"自愿协议工具"用"自愿举措"来衡量，"基于信息的工具"用"信息性政策"来衡量。同时，我们在问卷设计中也考虑了绿色创新政策的执行情况（用"执法程度"来衡量）与合理性（用"政策互补、政策执行的合理时限"），共设计了9个问题。

二　信度及效度检验

对战略性新兴产业集群内企业的绿色创新效益（竞争绩效和环境绩效）与战略性新兴产业集群内企业的绿色创新政策进行信度及效度的检验。

（一）信度检验

信度检验结果如表9-2所示，变量的Cronbach's α系数值大于0.7，通过了信度检验，这也说明了量表的设计是符合信度要求的。

表9-2　　　　　　　　　　**变量测量及信度分析**

Cronbach 信度分析			
变量	校正项总计相关性（CITC）	项已删除的 α 系数	Cronbach α 系数
竞争绩效	0.687	0.963	
环境绩效	0.719	0.962	
行政管制	0.844	0.958	
约束性政策	0.88	0.957	
市场性政策	0.886	0.957	
补贴性政策	0.882	0.957	0.962
自愿举措	0.865	0.957	
信息性政策	0.809	0.959	
执法程度	0.802	0.959	
政策互补	0.843	0.958	
政策执行的合理时限	0.818	0.959	

从表9-2可知：信度系数值为0.962，大于0.9，说明研究数据信度质量很高。从"项已删除的α系数"可以看出，分析项被删除后的信度系数值并没有明显的提升，这说明问卷设计的题项全部均应该保留。从"CITC值"可以看出，分析项对应的CITC值全部均高于0.6，这说明分析项之间具有良好的相关关系，同时也说明信度水平良好。

（二）效度检验

我们采用探索因子分析来检验战略性新兴产业集群内企业绿色创新政策与绿色创新效益的实证量表的效度，效度检验的结果如表9-3所示，检验结果表明，KMO值为0.828，这也说明变量测度是有效的。

表 9-3　　　　　　　　　　　变量测量及因子分析结果

变量	因子荷载		共同度
	因子 1	因子 2	
竞争绩效	0.272	0.902	0.887
环境绩效	0.305	0.904	0.911
行政管制	0.648	0.6	0.779
约束性政策	0.839	0.377	0.846
市场性政策	0.808	0.432	0.84
补贴性政策	0.838	0.383	0.848
自愿举措	0.636	0.656	0.835
信息性政策	0.751	0.406	0.729
执法程度	0.797	0.318	0.737
政策互补	0.885	0.243	0.843
政策执行的合理时限	0.86	0.243	0.799
特征根值（旋转前）	8.051	1.004	—
方差解释率%（旋转前）	73.187%	9.127%	—
累积方差解释率%（旋转前）	73.187%	82.315%	—
特征根值（旋转后）	5.774	3.281	—
方差解释率%（旋转后）	52.491%	29.823%	—
累积方差解释率%（旋转后）	52.491%	82.315%	—
KMO 值	0.828		—
巴特球形值	409.797		
df	55		—
p 值	0		

从表 9-3 可知：所有研究项对应的共同度值均高于 0.4，说明研究项信息可以被有效地提取。同时，2 个因子的方差解释率值分别是 52.491%、29.823%，旋转后累积方差解释率为 82.315%>50%，说明研究项的信息量可以有效地提取出来。因此，上述分析结果表明量表设计是符合信度与效度的要求的。

三　理论假设

绿色创新政策可以在限制经济活动对自然环境的有害影响方面发挥

重要作用，然而，它们也会给企业带来巨大的成本。目前关于绿色创新政策对绿色创新效益的影响，主要存在以下几个方面的结论。

一是绿色创新政策对绿色创新效益产生了正向作用。Porter（1991）认为环境监管并不是对所有企业进行统一的惩罚，而是为一些企业提供了变得更具竞争力的机会，从而改善了它们的财务绩效。Porter and Claus van der Linde（1995a，1995b）认为，如果法规设计合理并具有一定程度的灵活性，环境政策可能会导致创新成本节约超过合规成本。Newell et al.（2002）研究表明，除了能源价格，政府的能源效率标准也对待售车型的平均能源效率产生了显著影响。Smia（2002）的研究表明，管制对芬兰纸浆和造纸行业的技术扩散，特别是管道末端技术的扩散，产生了显著的影响。Becker and Englmann（2005）的一项调查结果表明，到目前为止，化学工业对环境法规的反映似乎是实施末端创新和产生集成创新的最重要原因。Popp（2006）的研究结果表明，由于需要国内研发部门将环境技术应用于当地市场，跨境环境技术转让将会放缓。环境政策可以通过对创新的影响来改善企业的环境和财务绩效的观点被称为波特假说或双赢假说（Ambec and Barla，2006）。Zhu et al.（2007）通过研究证实了环境监管对财务回报存在积极影响。Eiadat et al.（2008）利用约旦公司的数据调查了环境创新是否会调节法规与经济绩效之间的关系。他们发现波特假说得到了强有力的支持。Black et al.（2010）研究了创新对规制与经济绩效关系的调节作用。他们发现，在法规更灵活的情况下，创新会积极地调节这种关系，但在法规不那么灵活的情况下则不会，这暗示了法规设计和被监管方（企业）的创新能力所发挥的重要作用。Demirel and Kesidou（2011）采用 OECD 框架分析了外部政策工具和企业内部特定因素的作用，以激励三种不同类型的绿色创新。研究结果表明，管道末端技术和集成清洁生产技术主要是由设备升级动机驱动的，以提高效率，而环境法规在促进管道技术和环境的终结方面是有效的。Jūratė Jaraitė and Corrado Di Maria（2012）探讨了欧盟 ETS 在试行阶段的环境效益与生产力提升绩效。研究结果表明，碳定价导致环境效益的增加，并导致技术前沿的向外转移。Nesta et al.（2014）对 OECD 国家进行了实证分析，发现基于补贴的环境政策在竞争市场中表现更好。这些工作实际上促进了环境和竞争政策的共同实施。基于市场的工具比其他工具提供了更长期和更持久的创新激励，因而更具活力的环境政策工具被认为比静态工具更有效（de Serres et al., 2011）。除此之外，当环境政策的时间跨度较长时，其创新效果更强（Schmidt et al., 2012）。Colombelli et al.（2015）研究了绿色创新对企业成长过程的影响，特别关注了瞪羚企业。在越来越严格的环境监管框架形成的背景下，他们认为诱因机制刺激了绿色技术的采用，增加了对提供绿色创新的上游公司生产的技术的衍生需求。研究结果证实，绿色创新可能增强一般性创新对企业增长的影响，这尤其适用于瞪羚企业。绿色创新的环境政策对推动绿色创新的重要意义也得到了国内学者研究的证实。主要代表性学者有：赵红（2007，2008）、王兵等（2008）、白雪洁和宋莹（2009）、李强（2009）、许冬兰和董博（2009）、白雪洁（2009）、潘佳佳（2009）、黄平和胡日东（2010）、程华和廖中举（2010）、周力（2010）、王国印（2011）、张成（2011）、熊艳（2011）、刘安国等（2011）、沈能（2012）、王竹君等（2012）、高爽等（2012）、张建民（2012）、郭永芹（2012）、张天悦（2014）等。

二是绿色创新政策对绿色创新效益产生了反作用或不显著。Strasser（1997）认为传统的环境监管往往阻碍了清洁技术的创新和扩散。他指出，企业为应对监管刺激而开发或采用新技术的程度是一个合理可知和可预测的过程，因此，监管机构可以制定有意识地支持环境技术的环境政策。Anderson（2001）强调，"标准"环境政策工具不足以诱导绿色创新，还需要对此类创新的直接支持，其主要原因在于创新的正外部性和标准政策的执行与新技术的市场渗透之间的长期滞后。Filbeck and Gorman（2004）、黄德春和刘志彪（2006）、Lanoie（2007）、Marcus Wagner（2007）、Pandej Chintrakarn（2008）、Rassie and Earnhart（2010）等研究发现，环境监管导致较低的财务回报。Triebswetter and Wackerbauer（2008）研究发现，环境监管既没有改善绩效，也没有显著损害绩效。他们的结论是，监管只是创新的众多驱动因素之一，监管驱动的创新对竞争力的影响与其他压力驱动的创新类似。Broberg et al.（2013）通过评估环境政策对生产力的静态和动态影响来检验波特假说。研究结果表明，环境法规会导致财务损失。另外，Jaffe and Palmer（1997）、AIPay and Kerkvhct（2002）、Triebswetter and Hitchens（2005）、张其仔、郭朝先、孙天法（2006）、Sanyal（2007）、柯文岚等（2011）、王岭（2012）等学者通过研究表明，环境政策对创新绩效的影响不显著。

三是不同类型的绿色创新政策对绿色创新效益的影响。经济手段（收费、税收和可交易许可）往往被视为优于直接监管（命令与控制）。Jaffe（2002）的结论是，在鼓励采用和传播具有成本效益的新技术方面，基于市场的工具比命令与控制工具更有效。Requate（2005）在一项关于环境政策工具对采用和发展先进减排技术所提供的激励的最新发展的调查和讨论中得出结论，在竞争条件下，基于市场的工具通常比命令与控制工具表现得更好。此外，如果监管机构目光短浅，税收可能比可交易许可提供更强的长期激励。Johnstone（2005）认为税收比可交易许可更有利于环境创新。Ashford（2005）认为，需要一种"命令与控制"型的环境政策来实现生态终端能源效率的改善。如果阻碍绿色创新的主要因素不是金融因素，那么经济手段也可能不太合适。例如，利用 MEI 能源模型（Elzenga and Ros，2004）进行的模拟也考虑了非经济因素，结果表明，在短期内激励实施节能措施方面，自愿协议和法规可能比金融工具（如收费和补贴）更有效。Rennings et al.（2010）分析了监管是否存在对创新的长期影响，以及不同类型的规制对创新环境效益的影响是否不同。研究结果表明，在创新对若干环境效益的影响方面，监管的类型有所不同。另外，国内学者也研究了不同绿色创新的环境政策类型对绿色创新效益的影响，主要代表学者有：赵红（2007）、马士国（2008）、马富萍等（2011）、许士春（2012）、马富萍等（2012）、聂爱云等（2012）、周华（2012）、许士春等（2012）、贾瑞跃等（2013）、原毅军等（2013）、李婉红等（2013）、张倩等（2013）、王小宁等（2014）等学者。

从现有学者的分析结果来看，支持绿色创新政策对绿色创新效益产生正向作用的研究结果较多，同时分析不同类型的绿色创新政策对绿色创新效益产生的影响研究也比较多。基于此，我们在分析战略性新兴产业集群内企业的绿色创新政策与绿色创新效益之间的关系时，我们既考虑绿色创新政策的不同类型，同时先假设战略性新兴产业集群内企业的绿色创新政策对绿色创新效益（环境绩效和竞争绩效）具有正向作用。

因此，结合前面的变量设置，我们构建战略性新兴产业集群内企业的绿色创新政策与绿色创新效益之间的关系假设如表9-4所示。

表 9-4 理论假设

环境绩效假设	竞争绩效假设
H1：行政管制对企业环境绩效有正向作用	H10：行政管制对企业竞争绩效有正向作用
H2：约束性政策对企业环境绩效有正向作用	H11：约束性政策对企业竞争绩效有正向作用
H3：市场性政策对企业环境绩效有正向作用	H12：市场性政策对企业竞争绩效有正向作用
H4：补贴性政策对企业环境绩效有正向作用	H13：补贴性政策对企业竞争绩效有正向作用
H5：自愿举措对企业环境绩效有正向作用	H14：自愿举措对企业竞争绩效有正向作用
H6：信息性政策对企业环境绩效有正向作用	H15：信息性政策对企业竞争绩效有正向作用
H7：执法程度对企业环境绩效有正向作用	H16：执法程度对企业竞争绩效有正向作用
H8：政策互补对企业环境绩效有正向作用	H17：政策互补对企业竞争绩效有正向作用
H9：合理时限对企业环境绩效有正向作用	H18：合理时限对企业竞争绩效有正向作用

四 实证结果分析

根据假设，将战略性新兴产业集群内企业的绿色创新效益划分为环境绩效和竞争绩效两个部分，我们利用 SPSS17.0 软件对各变量间的相关性进行了分析（见表 9-5），从表 9-5 可以看出，各因变量之间不存在共线性问题，同时 VIF 值都小于 10，进一步说明了各变量间不存在共线性。解释变量之间均呈现出显著性，并且相关系数值均大于 0，意味着共 11 项之间有正相关关系。

我们采用 OLS 回归分析对战略性新兴产业集群内企业的绿色创新政策（行政管制、约束性政策、市场性政策、补贴性政策、自愿举措、信息性政策）及其政策的执行情况（执法程度）与合理性（政策互补、政策执行的合理时限）对绿色创新效益的影响进行了验证（见表 9-6）。

从表 9-6 可以看出，补贴性政策、自愿举措与政策互补对战略性新兴产业集群内企业绿色创新的环境绩效与竞争绩效具有显著正向作用。其余政策对战略性新兴产业集群内企业的绿色创新效益的作用均不显著。假设 H1、H2、H3、H6、H7、H9、H10、H11、H15、H16、H18 均未通过验证（见表 9-7）。假设 H4、H5、H8、H12、H13、H14 与 H17 通过检验。这说明并非所有绿色创新政策都能够有效激励企业的技术创新，因而政策更应该朝着创造创新氛围的方向努力，而不是直接推动某项具体绿色创新，经济工具而不是直接管制更适合于这项任务。

表 9—5　描述性统计与相关性分析

Pearson 相关

	平均值	标准差	1	2	3	4	5	6	7	8	9	10	11
竞争绩效	3.41	1.133	1										
环境绩效	3.419	1.028	0.769**	1									
行政管制	3.581	1.285	0.698**	0.680**	1								
约束性政策	3.71	1.189	0.590**	0.553**	0.747**	1							
市场性政策	3.677	1.222	0.615**	0.589**	0.781**	0.797**	1						
补贴性政策	3.677	1.275	0.549**	0.598**	0.789**	0.782**	0.794**	1					
自愿举措	3.516	1.151	0.676**	0.759**	0.775**	0.771**	0.786**	0.776**	1				
信息性政策	3.677	1.194	0.506**	0.589**	0.626**	0.777**	0.795**	0.718**	0.793**	1			
执法程度	3.645	1.142	0.448*	0.614**	0.645**	0.732**	0.680**	0.720**	0.728**	0.794**	1		
政策互补	3.871	1.432	0.536**	0.521**	0.712**	0.761**	0.757**	0.798**	0.649**	0.677**	0.746**	1	
合理时限	3.774	1.431	0.538**	0.512**	0.726**	0.744**	0.720**	0.744**	0.620**	0.619**	0.745**	0.792**	1

* p<0.05 ** p<0.01

表9-6

OLS 回归结果

回归分析结果（因变量：环境绩效）

变量	非标准化系数 B	标准误差	标准化系数 Beta	t	p	VIF	R²	调整 R²	F
常数	0.952	0.492	–	1.937	0.066	–			
行政管制	0.109	0.24	0.136	0.453	0.655	5.11			
约束性政策	-0.179	0.308	-0.207	-0.581	0.567	7.213			
市场性政策	0.163	0.339	0.194	0.48	0.636	9.252			
补贴性政策	0.082	0.325	0.102	2.253	0.028*	9.225	0.631	0.472	3.986 (0.004**)
自愿举措	0.738	0.323	0.826	2.283	0.033*	7.442			
信息性政策	-0.33	0.332	-0.383	-0.994	0.331	8.439			
执法程度	0.299	0.25	0.332	1.198	0.244	4.38			
政策互补	0.092	0.433	0.129	2.213	0.038*	9.673			
合理时限	-0.102	0.419	-0.142	-0.243	0.81	8.377			

因变量：环境绩效

D-W 值：1.701

* $p<0.05$ ** $p<0.01$

回归分析结果（因变量：竞争绩效）

变量	非标准化系数 B	标准误差	标准化系数 Beta	t	p	VIF	R²	调整 R²	F
常数	0.976	0.574	–	1.699	0.104	–			
行政管制	0.278	0.28	0.316	0.994	0.332	5.11			
约束性政策	0.222	0.36	0.233	0.618	0.543	7.213			
市场性政策	0.314	0.396	0.339	0.792	0.437	9.252			
补贴性政策	0.499	0.379	0.561	2.315	0.021*	9.225	0.585	0.408	3.294 (0.012*)
自愿举措	0.651	0.377	0.662	2.126	0.039*	7.442			
信息性政策	-0.371	0.387	-0.391	-0.957	0.349	8.439			
执法程度	-0.089	0.292	-0.09	-0.306	0.763	4.38			
政策互补	0.288	0.506	0.363	1.569	0.045*	9.673			
合理时限	-0.112	0.49	-0.142	-0.229	0.821	8.377			

因变量：竞争绩效

D-W 值：1.657

* $p<0.05$ ** $p<0.01$

表 9-7　　　　　　　　　假设检验结果

假设	检验结果
H1：行政管制对企业环境绩效有正向作用	不支持
H2：约束性政策对企业环境绩效有正向作用	不支持
H3：市场性政策对企业环境绩效有正向作用	不支持
H4：补贴性政策对企业环境绩效有正向作用	支持
H5：自愿举措对企业环境绩效有正向作用	支持
H6：信息性政策对企业环境绩效有正向作用	不支持
H7：执法程度对企业环境绩效有正向作用	不支持
H8：政策互补对企业环境绩效有正向作用	支持
H9：合理时限对企业环境绩效有正向作用	不支持
H10：行政管制对企业竞争绩效有正向作用	不支持
H11：约束性政策对企业竞争绩效有正向作用	不支持
H12：市场性政策对企业竞争绩效有正向作用	不支持
H13：补贴性政策对企业竞争绩效有正向作用	支持
H14：自愿举措对企业竞争绩效有正向作用	支持
H15：信息性政策对企业竞争绩效有正向作用	不支持
H16：执法程度对企业竞争绩效有正向作用	不支持
H17：政策互补对企业竞争绩效有正向作用	支持
H18：合理时限对企业竞争绩效有正向作用	不支持

第二节　战略性新兴产业集群内企业绿色
创新政策存在的问题及原因

　　基于上面分析结果，接下来我们主要分析战略性新兴产业集群内企业的绿色创新政策问题的产生原因以及提出对下一步制定绿色创新政策的思考。

一　产业集群内企业绿色创新政策存在问题的产生原因

　　一般来讲，产生这种结果的原因主要体现在两个方面：绿色创新政策本身；绿色创新主体的意愿，即被监管企业的意愿。

（一）绿色创新政策本身

首先，绿色创新政策设计的不灵活。基于波特假设，政策需要"创新友好型"，即以灵活性作为创新的核心原则。灵活的政策有利于创新，鼓励集群内企业开发合适的新流程或产品以满足监管要求，而不灵活的政策规定的流程或产品难以实现特定的结果。灵活的政策往往具有更高的市场治理水平，而不灵活的政策则以等级治理的要素为主。如果绿色创新政策规定任何企业想要生产某种特定的产品或必须使用某种技术来减少其污染，那么该企业将被迫支付污染控制设备的费用。显然，这种不灵活的绿色创新政策并不能有效激励集群内企业的创造力和绿色创新。而灵活的绿色创新政策只规定了期望的结果，而把"如何做"留给了企业，只要具有挑战性的污染预防目标能得以实现，企业可以根据自身的实际来采取行动。因此，灵活的绿色创新政策可以促进集群内企业采取动态和创新的路线，或采取保守的路线部署传统战术。而不灵活的政策，通过严格的规定，可能会扼杀鼓励集群内企业的绿色创新（Ramanathan et al. , 2016）。

其次，绿色创新政策体系的不完善，创新政策考虑较少，缺乏系统性。由于我国关于战略性新兴产业集群绿色创新发展起步较晚，在市场培育、市场准入制度、市场标准制定以及商业模式的培育方面均处于逐渐探索与完善阶段（刘大勇，2013）。同时，在部分绿色创新政策制定过程中，由于信息的有限性，制定出来的政策本身存在问题，如政策支持不公平现象。另外，战略性新兴产业集群绿色创新的复杂性表明绿色创新政策需要覆盖创新过程的不同阶段，从发明到扩散。支持研发的创新政策可能有利于发明阶段，命令与控制政策制定的技术标准可能影响发明和创新阶段，生态标签等信息政策可以成为生态扩散过程的中心。由于绿色创新是受"双重外部性"影响的"特殊"创新，传统的创新政策由于其自身的特殊性，可能不足以促进绿色创新的开发和采用，因此需要针对绿色创新的发展制定专门的创新政策。忽视将环境政策和创新政策结合起来的必要性，可能导致"反弹效应"或技术锁定等现象的产生（Francesco Crespi et al. , 2015）。

最后，绿色创新政策的执行存在问题。战略性新兴产业集群内企业的绿色创新政策在实际运用过程中仍存在信息不对称、政策上传下达效率不足、政府与企业之间协调不足等问题，导致绿色创新政策的执行效果欠佳。另外，战略性新兴产业集群内企业绿色创新的扶持政策在落实过程中，由于受到传统机制及观念的影响，会产生一定的政策偏差，甚至产生不容忽视的负面影响（中国工程科技发展战略研究院，2018）。

（二）绿色创新主体的意愿

集群内企业作为绿色创新的主体，如何选择应对环境政策或其他压力，以改善其环境绩效，是我们值得考虑的问题。如果绿色创新政策足够灵活，集群内企业可以选择采取一种动态的方法来改善环境绩效，比如重新设计污染生产过程，也可以采取节能、废物管理等环境管理措施，或者选择支付绿色创新的环境政策带来的越来越多的税收和征费。一般来说，如果集群内企业采取一种动态的方法，灵活的绿色创新政策可以为创新提供机会，从而改善创新绩效。企业的竞争优势在于独特的过程，这些过程体现了企业的能力，包括企业的组织能力和创新能力等。从这个方面来看，具有开发创新解决方案的能力和意愿，以及执行这些解决方案所必需的管理系统的灵活性，可以被视为宝贵的能力。具有这种能力的企业将能够利用灵活的规章制度重新配置其资源。少数研究调查了企业应对绿色创新政策的战略选择，他们的结论是，以积极主动的方式配置资源的企业将从绿色创新政策的要求中获得更多的好处，并能够更好地应对这些要求（Ramanathan et al.，2016）。

除了能力之外，集群内企业管理者对绿色创新的态度也会影响到企业应对绿色创新政策的战略选择。绿色创新往往需要一种总体上有利于变革、在环境保护和创新方面特别积极主动的企业文化。这是因为从创新的角度来看，绿色创新往往是一种冒险的做法，而且绿色创新的属性之一是环境保护的维度，为了进行这类创新，企业必须在内部高度重视这一维度，特别是在缺乏鼓励采用绿色创新的严格环境政策的情况下。一个强烈抵制变革的企业文化将使参与绿色创新变得不可能，创新组织内部的文化变化是鼓励绿色创新的一个重要因素。集群内企业对环境问题的管理承诺将有助于参与绿色创新实践，企业的战略以及 CEO 和管理团队的愿景对参与绿色创新也具有决定性作用。另外，绿色创新的复杂性也会影响到集群内企业实施绿色创新的意愿。绿色创新可能具有不同程度的复杂性，这可能会影响它们被企业采用的可能性。一个复杂的绿色创新可能需要对现有员工进行额外的培训，或者它可能会增加企业对专业、高技能人力资源的需求，或者它可能需要设备（技术）供应商和企业之间更紧密的关系。所有这些方面都增加了集群内企业实施技术的难度或增加了成本。绿色创新往往是由相互依赖的部分组成的复杂技术系统，替换一部分涉及替换整个系统，这种代价往往是很大的，而且使得这种替换没有吸引力（Carrillo-Hermosilla et al.，2009）。

二 产业集群内企业绿色创新政策制定的思考

鉴于目前战略性新兴产业集群内企业的绿色创新政策存在的问题，我们认为在绿色创新政策的制定过程中可以综合考虑以下几个因素（贾卡里略—赫莫斯拉，2014）。

1. 绿色创新政策的制定要具有一定的灵活性

一方面，在制定绿色创新政策时要意识到绿色技术改革的各种障碍。实现高效和有效的监管和鼓励创新是一个复杂的活动，环境保护手段的组合在很大程度上取决于企业的经营环境，促进绿色创新的有效政策应考虑到各种阻碍绿色创新的障碍。只有确定了这些障碍，政策制定者才能影响绿色创新的速度和方向。另一方面，绿色创新政策的目标不仅仅是促进绿色创新，而是要保护环境。实际上，绿色创新是减轻生产和消费活动所造成的环境压力的必要工具。因此，绿色创新政策应该从它们改善环境和创新两方面的成本效益和有效性角度对此加以评价。除了识别哪些政策工具更有利于鼓励有效的环保和创新且成本合理，还应该考虑应怎样以低成本高效益和富有成效的方式促进环保。

2. 绿色创新政策的制定要综合环境政策与创新政策

有证据表明，各国在制定环境政策时通常不只采用一种手段，而是采用多种手段的组合，这种组合通常被称为"政策组合"或"工具组合"。由于所有列出的环境工具类型都能刺激绿色创新，因为有一种趋势是将它们全部组合在一种混合政策中，这在原则上能够纠正国家的主要市场失灵和机构能力（De Serres et al.，2011）。绿色创新是一个复杂的过程，这个过程涉及技术变革的所有阶段：发明、创新和融合。传统的线性视角是从发明到传播的"逻辑连续体"，技术变革的系统视角强调各阶段之间的相互关系和相互反馈。这种创新过程概念对绿色创新政策的影响是直接的，工具应该在技术变革过程的所有阶段促进绿色创新，尽管有些工具在处理某些阶段可能比其他工具更有效。因此，尽管所有这些阶段都是绿色创新过程的一部分，但每一个阶段都可能需要不同的政策。

环境政策传统上侧重于污染和废物的处理，因而主要侧重于管道末端的解决方案，而不是整个生产和处理过程。因此，环境政策对创新的影响相对有限，因为严格的规章和标准并没有给企业足够的动力去进行管道末端以外的创新，尽管这些政策在很大程度上有助于减少环境影响。要实现绿色创新的潜力，绿色创新需要采取行动，确保创新的整个周期是有效的，政策范围也应包括从研发投资到支持现有技术和突破性技术的商业化。一项更加注重创新的环境政策可以通过应用新技术更容易地改善环境质量，并降低环境措施的成本。环境政策与创新政策的一体化可以帮助减轻经济增长与环境压力的脱钩，从而实现环境和社会经济目标，同时受益于日益增长的生态工业的新市场机会（Machiba，2010）。

3. 环境政策与创新政策要具有互补性

由于绿色创新存在不同类型的障碍，并且可能相互作用并相互关联，因此应该结合不同类型的绿色创新政策。同时，在应用某些政策时，应考虑到具体政策之间的相互作用，促进协同效应或融合。另外，要坚持互利共赢的绿色创新。双赢的绿色创新是指回报期非常短的创新，即在非常短的时间内降低成本或增加收益，从而使投资迅速回收。由于这些创新对采用它们的企业和环境都有明显的好处，所以它们应该首先被开发、创新和采用，并以信息提供的形式进行一些政策推动。

第三节　战略性新兴产业集群内企业绿色创新的支持政策

综合前面的分析，一套完整的战略性新兴产业集群内企业绿色创新的支持政策应体现以创新为导向的综合环境政策，加强环境政策和创新政策之间的协调，以促进绿色创新的发展（Francesco Crespi et al.，2015）。因此，我们从引导规制性绿色创新政策、激励性绿色创新政策、保障性绿色创新政策三个方面来分析战略性新兴产业集群内企业绿色创新的支持政策。

一 引导规制性绿色创新政策

（一）引导产业政策转向集群政策，打造"生态型"战略性新兴产业集群

在前面的研究内容中，我们已经提出了民营企业作为极具创新精神的市场主体，已经成为战略性新兴产业创新发展的主体，而现阶段我国民营企业的科技实力弱小，以企业为主体的节能环保技术创新体系尚未完全形成，科研、设计力量薄弱，自主开发能力差，产学研结合不够紧密。节能技术的发展、推广和应用远远低于国外发达国家，关键技术科技成果转化率低（中国工程科技发展战略研究院，2014）。因此，我国应以产业集聚区为载体，以培育和发展战略性新兴产业集群为方向，利用产业集聚区来为战略性新兴产业集群发展提供各种保障，增强战略性新兴产业集群的全球竞争优势（刘大勇，2013）。

通过科学制定战略性新兴产业集群发展规划，实现集群"生态集体效率"。引导中小企业集聚发展，将战略性新兴产业集群作为促进区域中小企业发展的优先战略，把战略性新兴产业集群建设纳入当地经济社会发展的整体规划，避免短期行为的负面影响，将培育地方战略性新兴产业集群作为每一届政府持之以恒的事业来做，通过规划引导企业集聚和创新方向，将产业政策转变为战略性新兴产业集群和区域创新政策，实现从产业支持政策向集群政策的转变。加强对"生态型"战略性新兴产业集群的研究，及时制定引导中小企业集聚和促进战略性新兴产业集群发展的政策措施和行动计划，逐步加大公共财政对战略性新兴产业集群内企业绿色创新的支持力度（李星，2011）。自 2004 年起，法国在多个地区建立了"竞争力集群"，与企业、研究机构和培训机构合作开展创新项目，重点关注一个或多个已确定的市场。71 个集群中有几个目前正在执行共同的环境技术项目，这些项目在可再生能源和能源效率方面或在具体部门具有高增长潜力，给各区域带来了增长和就业机会，并通过提高国际知名度增强了法国的吸引力（CarrilloHermosilla et al.，2009）。

（二）引导在战略性新兴产业集群内构建参与绿色创新的行动者网络

在前面的研究内容中，我们证实了集群绿色创新网络对集群内企业绿色创新的影响，因而鼓励绿色创新的关键在于引导各种绿色创新网络的建立，在企业和作为中间牵线人的政府之间分享信息和知识。丹麦的清洁技术开发项目就是一个案例，丹麦环保机构在挑选有利于环境项目

及选择合适的合作伙伴方面发挥了积极的作用，该项目将遭遇环境问题的企业与能够提供问题解决方案的企业，以及研究机构连接到一起，建立了一个由技术供应商、用户和研究机构组成的网络（Carrillo-Hermosilla et al.，2009），该网络对环境项目的合作实施发挥了重要作用。

鉴于集群绿色创新网络和多主体的协同机制对绿色创新的重要性，许多政策方案都寻求通过要求研究项目的协同机制和支持创新网络发展来影响创新的结构。为了提高产品和服务的整体可持续性，绿色创新活动需要解决整个价值链。政府可以发挥促进创新网络建设的作用，特别是通过公私合作和绿色创新网络平台。到目前为止，一些网络专门针对新环境技术和解决方案的开发，如英国技术战略委员会负责促进技术驱动的创新，在很大程度上依赖网络来推动英国企业内部的创新，并且已经建立创新平台，会聚政策、企业、政府采购和资源，为社会问题提供创新解决方案。该创新平台专注于特定领域的创新，以确定可用的杠杆和资金来源，包括两个低影响开发建筑和低碳汽车等环境相关领域的创新平台，低碳汽车创新平台提供 4000 万英镑支持低碳汽车的研发和商业化。通过构建知识转移网络以增加技术转移到英国企业的深度和广度，该知识转移网络聚集了来自商业、大学、研究机构、金融和技术机构的人员，通过知识转移来刺激创新（Machiba，2010）。因此，对于战略性产业集群内企业的绿色创新而言，政府引导构建绿色创新网络尤为重要。

（1）引导构建"独联体"式战略性新兴产业集群绿色创新网络。要实现战略性新兴产业集群的可持续发展，提高集群自身的绿色创新能力，尤其是利用集群绿色创新网络这一创新平台对绿色创新的支撑作用，必须推动集群绿色创新网络的培育与发展，促进集群绿色创新网络内部集体学习，增强集群整体绿色创新能力，构建由企业、高校或科研机构、政府、用户、供应商、竞争对手、金融机构、环保非政府组织组成战略性新兴产业集群"独联体"式绿色创新网络，设立各集群内绿色创新主体组成的"独联体"董事会，极大地提高政府公共投入的规模经济效应，对于集群内企业绿色创新"宏绿色资源"的整合与创生意义重大。所谓"独联体"式战略性新兴产业集群绿色创新网络就是通过在战略性新兴产业集群内各绿色创新主体间建立起来的研发活动、产品设计、生产过程等关联创新网络。

为更好体现战略性新兴产业集群"独联体"式绿色创新网络的价值，需平等对待集群绿色创新网络内各绿色创新主体的权力与利益，通过集群内各绿色创新主体之间的协调，形成相互制约的绿色创新协同机制，否则会影响各绿色创新主体开发和采用绿色创新的积极性，从而引发集群内企业绿色创新的失败。因此，政府引导构建集群"独联体"式绿色创新网络时，还应引导促进集群外部绿色创新网络的构建，加强与外部网络的联系（李星，2011）。

（2）引导融入全球价值链，实现集群绿色创新网络的国际化。一方面，来自不同国家的合作伙伴提供互补的战略资源，有助于提高企业的绿色创新能力。与国际合作伙伴结盟可能有利于绿色创新，因为合作伙伴可以提供获得更多样化绿色创新资源的途径（Sampson，2007）。Sok and O'cass（2011）发现伙伴企业之间的资源和能力互补与企业创新绩效呈正相关关系，因而他们认为国际联盟对绿色创新更为重要。另一方面，从国际联盟中获得的资源可能比从国内联盟中获得的资源更有价值，从而有利于"宏绿色资源"创生和创新绩效的提高。此外，与国际企业合作的经验，例如与客户或供应商合作的经验，开发了管理国际合作竞争的重要能力。地理的多样性可以产生经验并产生积极的学习效果，从而增强吸收、分析和发展有效的绿色动态能力。因此，与国际企业有许多合作关系的企业，其发展经验可能会提高其国际合作能力，使其更容易从这种联盟中获益，并促进绿色创新（Vanyushyn et al.，2017）。因此，政府要积极引导战略性新兴产业集群内企业绿色创新的国际化。

（三）通过征税、排污权交易、保证金返还制度等政策工具推动绿色创新

排污征税、排污权交易、保证金返还制度等绿色创新政策通过市场来发挥作用，这些工具对集群内企业的绿色创新行为所产生的动力效果取决于征税标准与相应规制措施等多个因素。当前，由于我国对企业的排污收费标准很低，导致大部分企业不愿意通过绿色创新手段来解决污染问题，降低了排污征税对企业污染排放的限制作用。因此，我们需要重新调整有关政策，从而更好约束企业对环境的副作用行为，激发集群内企业的绿色创新行为（秦书生，2012）。

一方面，对被管理的集群内企业为向环境中排放的每单位污染物支付一定数额的费用，污染者应该为他们所造成的环境破坏付出代价。适

当征收环境税和收费是合理的，例如对集群内企业的污染活动征税，这有利于促使集群内企业内化那些因环境破坏而分摊给社会的外部成本。一种方式是碳税，可以规定二氧化碳（二氧化碳当量）排放的价格，污染者必须为其排放支付费用。另一种方式是对集群内企业生产过程的投入征税，不仅可以对二氧化碳排放征税，还可以对其他排放征税（Francesco Crespi et al.，2015）。这种环境税可在经济与环境政策一体化方面发挥潜在的重要作用，一是将环境损害的成本纳入产生这些成本的产品、服务或活动的价格中，在环境政策中实现成本效益；二是激励生产者和消费者摆脱对环境有害的行为，从而减少损害；三是使各污染者的边际减排成本均等，由于每个生产者都面临同样的激励，他们将采取行动来平衡整个税基的环境改善边际成本，从而实现成本的改善；四是环境税所产生的收入可以用来改善环境，使其超出激励作用，或实现公共政策的其他目标，同时允许减少其他税收（Ekins et al.，1999）。因此，为了减少总支出，集群内企业将有动力开发或采用绿色创新。

　　另一方面，在排污权交易制度下，管理机构制定一个在某个日期前必须完成的环境指标（也就是一定水平的污染物排放），发放与该指标所允许的污染物排放数量相等的许可证。这些许可证免费向被管理集群内企业发放（也就是该企业在某个基准年的污染物排放量），但是企业也会被要求在拍卖交易中为所购买的许可支付费用（Carrillo-Hermosilla et al.，2009）。碳排放交易与碳排放配额制度是促进我国战略性新兴产业发展的重要途径。通过碳排放交易与碳排放配额制度可以使战略性新兴产业集群内企业通过拍卖碳额度提高市场竞争力（李奎、陈丽佳，2011）。因此，在此绿色创新政策工具下，集群内企业也有可能会开发或采用绿色创新。

　　另外，为更好约束企业面对绿色创新的消极态度，可以制定保证金返还制度。保证金返还制度有两个方面的含义：一是"缴纳保证金"。为可能的污染前端支付费用。二是"返还保证金"。只要证明污染未发生，保证金就可退还（Carrillo-Hermosillaet al.，2009）。显然，该绿色创新政策工具对于促进集群内企业的绿色创新行为具有积极的作用，因为不管集群内企业是否开发或采用绿色创新，都需要缴纳一定的保证金，因而一旦集群内企业没有采取相关政策措施来减少污染物的排放，或者集群内企业实施了绿色创新活动但并未达到规定的污染物排放标准，都无法获得提前缴纳的保证金，这对于集群内企业来讲损失的不光是费用，更多的是集群内企业自身的形象和声誉，甚至会进入政府的"黑名单"，这对集群内企业造成的打击显然是致命的。因此，保证金返还制度也有可能促使集群内企业开发或采用绿色创新。

（四）制定技术标准和绩效标准，激励集群内企业的绿色创新行为

对于集群内企业而言，他们往往会倾向于消极地看待环境政策，认为这些政策增加了创新成本并对其竞争力产生不利影响。但灵活和精心设计的标准将有助于通过创造需求来传播先进的环境技术和环保产品，这些标准通过在企业内部和消费者之间创造需求来刺激可持续制造和绿色创新。

标准和标准化过程在集群内企业的绿色技术变革中起着关键作用。标准是市场参与者与政府之间自愿签订的协议，因此，一是制定技术标准，可以要求企业采用特定的技术来解决既定的环境问题；二是制定绩效标准，可以要求企业将其环境影响保持在可接受的水平内。如日本经济产业省（METI）于 1998 年推出的"最佳员工计划"为企业设定了绩效目标。它采用动态的标准制定和修订过程，以当前产品的最高能效作为基准，而不是设定固定的目标。这种灵活、动态的标准设置在制造商之间创造了积极的激励和竞争，以提高他们的产品性能，而不需要财政支持，也不偏向可能导致创新惯性的现有或过时技术（Machiba，2010）。与绩效标准相比，技术标准对绿色创新的激励作用更弱，技术标准指定一个部门的企业必须采用一项技术，这样就没有足够的激励来应用或开发其他技术。而绩效标准允许在如何实现监管目标方面拥有更大的空间，它要求企业将污染物的排放控制在一定限度内（排放标准），或者将污染物浓度控制在可接受范围内（环境标准），但都允许企业以它们自己认为更佳的方式来执行法规，也就是说，它们不要求企业采用一项具体的技术，因而为集群内企业的绿色创新提供了一定空间（Carrillo-Hermosilla et al.，2009）。

因此，政府可以通过政策来推动标准化进程，环境政策标准往往是特定清洁技术背后的驱动力，这些标准是实施环境政策的"标准方式"，并促使知识跨境转移和技术的国际传播。标准在技术变革中的作用表明，政府可以利用标准制定作为激励集群内企业绿色创新的手段，它们是实施空气质量管制和废物处理等不同领域的环境政策的关键政策工具，它

们创造了绿色市场需求，促使企业不仅提供基于现有知识和技术的解决方案，而且开发减少环境影响的新产品、服务和技术（Vollebergh et al.，2013）。因而政府通过标准的制定，可以有效激发集群内企业的绿色创新行为。

二　激励性绿色创新政策

（一）完善知识产权制度，加大对绿色创新知识产权的保护力度

尽管环境政策很可能是对新的研究活动的一种刺激，创新系统应该配备足够的科学和技术知识，以便创造性地应对政策约束的变化（Costantini and Crespi，2008）。由于市场无法确定分配给研究活动的正确资源数量，因而我们需要制定知识产权制度，使现有的知识产权制度发挥作用，或者在现有制度不发挥作用的情况下建立新的知识产权制度。通过对发明创造垄断，使知识成为一种"商品"，使其利益完全适合企业。近年来，战略性新兴产业的知识产权管理在国际竞争市场上扮演着越来越重要的角色，知识产权公共服务对于战略性新兴产业绿色创新具有重要的促进作用。美国、德国、日本等主要发达国家，纷纷加快了知识产权战略布局。美国作为专利战略的创始国高度重视专利权的获得，力求从知识产权的政府支持与垄断性布局两个方面，助推新兴产业的发展。美国政府于2009年首次颁布《美国国家创新战略》，其中强调了知识产权制度的平衡性，在鼓励创新者的同时吸引关键的资本投资，为不同机构的知识产权服务提供了借鉴。德国作为高度发达的工业强国，其新兴产业的发展离不开政府的大力资助、法律体系的完善以及司法制度的高效。德国政府长期致力于推进知识产权战略与新兴产业发展战略的高度融合（中国工程科技发展战略研究院，2018）。

由于战略性新兴产业集群具备较强的绿色技术创新实力，在战略性新兴产业集群内企业的绿色创新过程中，核心技术和关键技术突破会产生一批亟须保护的知识产权，因而需要加大对绿色创新知识产权保护力度，从而真正为战略性新兴产业集群内企业的绿色创新营造良好的市场环境（刘大勇，2013）。一是加快国内外知识产权布局工作，处于世界领先水平的优势专利要在具有市场潜力的海外国家提前布局。二是加大国内战略性新兴产业集群内企业绿色创新知识产权保护力度，以信息化技术开展网络监督和监管。三是研究知识产权的动向，对国内外战略性新兴产业绿色创新的专利进行检索分析，掌握战略性新兴产业绿色创新的

技术"瓶颈",为大学或科研机构提供支持,提高绿色技术开发成功率。四是整合统计渠道,统一建立健全战略性新兴产业绿色创新综合信息平台,开展数据收集、加工、分析、展示、交易等多项工作,完善绿色创新成果信息统计数据库,提供全方位的数据服务(中国电子信息产业发展研究院,2014)。通过加强对战略性新兴产业集群内企业绿色创新知识产权管理与服务能力,可以有效提高我国战略性新兴产业集群内绿色技术的扩散速度,激励集群内企业的绿色创新动力,更好地促进战略性新兴产业的可持续发展。同时对于衍生战略性新兴产业创新链和产业链,推动绿色创新成果产业化和市场化有着非常重要的影响。因此,对于知识密集型的战略性新兴产业集群内企业绿色创新而言,知识产权管理与服务不仅可以保护集群内企业的专利所有权,还可以促进绿色创新技术与绿色创新知识在集群绿色创新网络内流动,有效提升战略性新兴产业集群内企业的绿色创新效率(中国工程科技发展战略研究院,2018)。

(二)完善政府绿色采购政策,鼓励将绿色产品纳入公共采购决策

战略性新兴产业的绿色产品的市场推广是推动经济绿色转型升级,促进经济高质量增长的新生力量,而新绿色产品在进入市场的初期面临研发技术成熟度较低、产品的成本与市场同类产品相比缺乏竞争力、不易被消费者认可等多方面问题,在这种情况下,就需要通过政府绿色采购的方式来支持绿色产品的市场推广。政府绿色采购对绿色产品的推广起着较为直接的促进作用,并且效果十分显著,是发达国家刺激绿色技术创新最为重要的政策工具之一。在一些发达国家,政府绿色采购能占到 GDP 的 10%—15%,对创新的作用甚至大于政府直接的 R&D 投入的作用。他们将绿色公共采购看作绿色创新的驱动因素,并开始强调采购是刺激绿色创新的一种有效方式。如美国等发达国家普遍采用政府采购的方法,对新兴产业产品进行一定程度的扶持,以政府采购推动产品市场推广应用,从而拉动产业的发展。韩国政府制定的采购政策在推动本国汽车产业、IT 产业上起到了非常重要的作用,使得三星、LG 等本土企业迅速成为能与国际垄断企业竞争的国际大企业。因此,我国应认真研究战略性新兴产业绿色创新的政府绿色采购政策,以政府绿色采购政策对战略性新兴产业的绿色创新产品进行扶持,推动绿色创新成果的市场化进程(李奎、陈丽佳,2011)。

首先，对于一些特定部门，实行强制性绿色产品采购。为了促进集群内企业绿色创新产品采购的顺利进行，发布一些强制性指令，要求某些特定部门采取措施来实现指定目标，通过某些部门采购来提高能源效率。另外，制定绿色产品采购目录清单，与相关部门签订协议，要求他们优先采购目录清单中的绿色产品，当然也允许采购部门考虑绿色产品额外的环境影响。

其次，对于大多数部门，实行绿色产品采购的自愿原则。通过制定绿色产品采购标准来促进绿色采购，鼓励采购部门在采购项目中纳入各种环境规范。例如，2006 年，欧盟委员会提出了一项可持续发展战略，其中包含了关于绿色产品采购的规定。该战略为 2010 年设定了一个目标"使欧盟的绿色环保水平达到平均水平"。为达到这一目标，欧盟委员会建议制定一套统一的绿色采购标准，并呼吁在更广泛的产品领域制定更好的采购规范（Hart，2015）。

最后，制定绿色产品采购的实现框架。一是出台一些法律法规，鼓励更多地将环境因素作为评价标准的一部分加以考虑，甚至鼓励采购对环境影响很少或没有有害影响的产品和服务，或者促进节约能源和循环经济的产品。二是建立监管机构。采用绿色产品采购最重要的是需要相关监管机构，以强制执行政策。监管当局的职责应包括为有效实施绿色产品采购实践设计指南、流程、程序和模板。此外，它们有助于通过执法弥补立法和执行之间的差距。三是制定生态标签计划。绿色产品采购面临的主要挑战之一是缺乏获取和识别绿色产品的途径。在绿色产品采购实施方面取得进展的大多数国家都是从一系列标签方案开始的。在欧洲、美国和亚洲，采用不同的标签系统公布了一系列标准的评级准则。公共采购人员使用这些标准来评估特定产品的可持续性表现，并将其与其他替代品进行比较。因此，推行标签计划亦可提高用户对环保产品的认识。四是加强教育，增强意识。除了设立环保标签计划外，政府亦应举办多项教育活动，与市民分享环保标签计划的最佳做法和好处，这将提高公职人员、供应商和市民对绿色采购的认识。政府应向公营机构的环保专业人士及采购人员提供强制性的环保指引培训。政策制定者、法律制定者和政府公职人员应该参加各种非正式的教育会议，以提高他们对绿色产品采购的认识。其他利益相关者可以通过广播、电视和广告牌上的宣传活动了解绿色产品采购的好处（Eyo et al.，2013）。

（三）健全绿色创新的财税政策，加大对绿色创新研发、设计与开发的支持

战略性新兴产业集群绿色创新过程是一个长期、持续的过程，往往需要更多的政策"保驾护航"，而这些政策的执行需要巨大的政府投入，因而需要进一步健全关于集群内企业绿色创新的财税政策，这些是由政府资助用来支付绿色创新开发和首次商业应用所需的部分成本（如通过共同投资试点和示范项目），也是减轻绿色创新双重外部性问题的重要工具（Carrillo-Hermosilla et al.，2009）。

首先，设立绿色创新专项资金。绿色创新专项资金政策是指中央或地方根据公共财政资金的支出原则，面向战略性新兴产业绿色创新而单独设立的专项资金。一是加大对集群内企业绿色创新的研发投入。研究与发展活动是绿色创新的核心，是环境技术发展的必要条件。目前，大多数研发项目似乎都是针对部门或技术的，而且很少将研发投资转向环境或绿色创新上（Machiba，2010）。二是设立推广应用专项资金，加快推广一些绿色创新产品进入市场（中国电子信息产业发展研究院，2014）。

其次，对绿色创新进行财政补贴。政府可以通过财政补贴政策，改变资源配置结构和供需结构的政府支出，发挥少量资金的引导效应，聚集社会资本和民营资本投入到战略性新兴产业的绿色创新过程中，放大财政资金的效用。财政补贴既可以向企业发放，也可以向消费者发放，包括投资补贴（给予开发或应用绿色创新的企业一次性经费支持，作为部分或者全部先期投入）、生产补贴（对应用新绿色创新所实现的每单位产量的资助）和消费补贴等各种方式。同时，将财政补贴作为奖励，鼓励企业在战略性新兴产业绿色创新过程中的研发投入，鼓励采购战略性新兴产业绿色产品（中国电子信息产业发展研究院，2014）。目前，研发补贴对企业创新活动的实际影响并不明确，因为公共补贴有可能挤占私人投资，因而针对公共研发激励的潜在缺陷，公共补贴的分配程序很重要。就向研发活动分配公共补贴而言，可以设计两种主要机制：与税收支出有关的自动程序、根据研究项目的质量评估自行制定程序（Carrillo-Hermosilla et al.，2009）。另外，政府还可以通过补贴直接支持企业和个人消费者购买特定的生态产品和服务，以刺激需求。比如法国推出了个人汽车奖惩计划，以支持消费者购买更环保的汽车，同时

鼓励制造商开发低排放汽车。根据每公里二氧化碳排放量，可向购车者提供补贴或罚款。此外，设立"超级奖金"，为消费者提供补贴（Machiba，2010）。

最后，对绿色创新活动进行税收优惠。税收优惠是激励集群内企业加大绿色创新研发投入的有效手段。从美国等发达国家鼓励企业加大研发投入的政策来看，税收优惠政策起到了非常重要的激励作用。特别是对集群内企业的绿色创新而言，由于资金、创新复杂性等多方面因素的影响，大多数企业不愿意在绿色创新研发上投入大量资金。而研发费用减免、研发费用加计扣除等政策本质上是将研究开发费用提前扣除，起到了免税的作用。集群内企业对绿色创新研发投入越多，税收抵免额度就越大，这在很大程度上激励了集群内企业对绿色创新的研发投入。因此，借鉴国外经验，我国应更加积极研究制定鼓励集群内企业加大对绿色创新研发投入的税收优惠政策。一是针对战略性新兴产业产品的特点，对于缺乏进项税抵扣的产品，实行增值税部分减免；二是根据我国战略性新兴产业的发展情况，及时调整出口退税目录，进一步完善退税政策，增强行业竞争力；三是对于战略性新兴产业的企业，给予绿色创新研发费用一定的扣除，或者针对绿色产品制定所得税优惠目录（李奎、陈丽佳，2011）。

（四）完善绿色创新的金融政策支持体系

获得资金是投资绿色创新实践的一个关键变量，无论是对内部开发的创新还是从设备供应商购买的创新，尤其是对资本高度密集的绿色创新。因此，对绿色创新的金融支持力度是战略性新兴产业集群内企业绿色创新发展的关键，我国应进一步完善集群内企业绿色创新的金融支持政策，为战略性新兴产业绿色创新发展提供保障。

首先，加大对战略性新兴产业集群内企业绿色创新的信贷投资力度。针对战略性新兴产业绿色创新的特殊性，金融信贷应发挥其主要融资渠道的作用，加大资金投放力度，以满足战略性新兴产业在绿色创新研发、生产、销售全生产链的资金需求，通过金融中介服务机构的桥梁作用，联合银行、基金、信托共同支持战略性新兴产业集群内企业的绿色创新活动。由于金融机构在参与战略性新兴产业集群内企业绿色创新过程中，除了面临本身的非系统风险外，可能还面临众多的系统性风险。因此，对符合条件的金融机构应给予适当的财政贴息、风险补贴和税收优惠政策，以降低金融机构的风险损失，提高金融机构对战略性新兴产业集群内企业绿色创新扶持的积极性。同时，对鼓励开展战略性新兴产业集群内企业绿色创新贷款和担保业务的金融机构、风险投资机构和担保机构，可以对他们实行一定程度的税收减免；另外，鼓励采用知识产权质押融资方式。对于战略性新兴产业集群内企业的绿色创新而言，以知识产权质押来获得银行贷款是解决融资难的一条有效渠道。因此，建立完善知识产权质押机制，鼓励集群内企业采用绿色创新知识产权质押融资方式将大大缓解战略性新兴产业融资难的问题。同时，结合战略性新兴产业不同领域的不同特征及其发展阶段制定不同的信贷策略，对金融机构向战略性新兴产业绿色创新的信贷投入给予政策支持（中国电子信息产业发展研究院，2014）。

其次，创立集群绿色创新网络融资的"蜂窝煤模式"。与传统企业相比，集群内企业融资的渠道主要通过非正式社会网络，但是集群绿色创新网络中的这种非正规金融对企业起到的金融支撑作用是非常有限的。因此，应该在集群绿色创新网络中构建集群信用合作的"小世界"网络，即通过与战略性新兴产业集群内具有一定社会资本的社会网络进行合作，借助它们所拥有的信用资源在集群绿色创新网络内建立信用合作网络"小世界"，从而可以成功地解决战略性新兴产业集群内企业绿色创新融资中的"麦克米伦缺口"问题。信用合作网络"小世界"是由集群绿色创新网络内多个行为主体基于互惠合作目的而自主建立起来的一种合作金融机制，这种"小世界"对集群中的借款人具有很强的约束力。例如，在集群绿色创新网络内，需要发放贷款给予某核心大企业存在配套生产的企业，此时通过该核心企业就可以提高对该借款的配套企业约束力，这主要在于集群绿色创新网络中存在有很多中介服务机构，如行业协会的存在能够在提高集群绿色创新网络内各行为主体的市场应变能力，以及协调各行为主体之间的行为等方面起到较强的约束作用，因而如果通过行业协会来向集群绿色创新网络内的企业发放贷款，那么对这些借款企业也会产生较强的约束力（李星，2011）。

三 保障性绿色创新政策

（一）为战略性新兴产业集群内企业的绿色创新提供基础设施

某些类型的基础设施对创新活动至关重要，特别是运输和通信基础设施日益被认为是经济成功和提高生产力的关键因素。尽管少数国家将信息和通信技术基础设施作为绿色创新措施加以考虑，但到目前为止，这一领域还不是国家创新政策的核心（Machiba，2010）。

因此，为更好促进战略性新兴产业集群内企业的绿色创新，一方面，加快完善产业基础设施建设。基础设施缺乏是制约战略性新兴产业集群内企业绿色创新的一个重要因素。以电动汽车为例，充电基础设施和电动汽车的大规模推广陷入了互相依赖但谁也不能先动的"死锁"矛盾中。没有充电基础设施，厂商出于配套设施缺乏的考虑不敢大规模生产电动汽车，而没有大规模的电动汽车使用，充电设施建设就面临成本巨大、风险高的难题，这样两者就形成了互相掣肘的死结。这就需要政府通过制定相应政策，积极参与基础设施建设来予以解决。二是保障公共基础设施的财政资金投入。公共基础设施的财政资金投入保障政策主要是指政府应当持续安排一定的资金投入到战略性新兴产业集群内企业绿色创新的配套设施建设中。同时，对公共基础设施的财政资金投入必须与战略性新兴产业集群内企业绿色创新过程同步，从而为战略性新兴产业集群内企业绿色创新的发展提供良好的环境和必要的前提基础。国内外发展的经验表明，政府重要的经济职能是要承担公共基础设施的建设任务，战略性新兴产业集群内企业绿色创新需要有较为完善的公共基础配套设施（李奎、陈丽佳，2011）。

（二）为战略性新兴产业集群内企业的绿色创新提供人才支撑

如果应用绿色创新碰到的难题是缺少专业的人力资源来熟练运用绿色创新，那么，一个提供培训的工具将会非常有效。因此，通过教育和培训操作人员、工人和管理人员来提高企业的技术实力可以鼓励绿色创新。不少国家和地区已经开展这种项目，如中国台湾定期针对不同部门为企业组织清洁生产培训研讨会（Carrillo-Hermosilla et al.，2009）。教育和培训方案对于开发提供绿色创新解决方案所需的人力资本和为"绿色工作"创造潜在劳动力至关重要。一些国家已采取措施将环境教育纳入学校课程或职业培训的主流。一些国家也开始注重为新兴的环境创造具体的技能和知识渊博的劳动力行业（Machiba，2010）。因此，集群内企业绿色创新发展必须加快高技能人才队伍建设，加大战略性新兴产业人才培养（中国电子信息产业发展研究院，2014）。

首先，完善人才政策，强化人才顶层规划。建立人才引进、使用、流动、激励保障等一系列政策，形成完整配套的政策体系。一是围绕战略性新兴产业绿色创新发展重点，确定人才尤其是领军人才的规划目标；二是设立战略性新兴产业人才专项资金，实施"人才特区"制度；三是实施人才"柔性流动"政策，鼓励企业采取岗位、项目、任务聘用等多种方式。

其次，注重培养新兴产业领军人才，加强人才队伍建设。一是完善创新环境，为创新人才提供良好的科研氛围，鼓励科研人员从事原始创新；二是提高科技人才收入，使科研人员收入与社会支出相匹配；三是建立科研人才专业晋升渠道，改变传统"行政化"体系；四是组织专业培训、技术研讨等，鼓励领军人才将知识经验向青年传承；五是可以考虑在高校设立战略性新兴产业相关专业学科，为新兴产业提供急需的专业人才，同时在学校特设专门针对新兴产业发展急需的学科，诸如材料学、环境资源学、纳米材料与技术、物联网、资源循环与科学工程学等，这些学科要从科学研究、人才培养、学科建设等方面紧扣战略性新兴产业的绿色创新发展。

最后，加大政策扶持，创新人才培养。一是制定富有吸引力的人才引进政策；二是努力构建海内外专家引智平台，加快海外人才引进，抓住与国外企业经济技术合作的良好机遇，培养战略性新兴产业关键领域紧缺人才；三是加大人才创业扶持力度（李奎、陈丽佳，2011；中国电子信息产业发展研究院，2014）。

（三）为战略性新兴产业集群内企业的绿色创新提供市场配套服务

首先，提供绿色创新的市场信息服务。阻碍绿色创新应用的一个关键因素是企业缺乏技术能力或实力，这可以通过提供给企业关于新绿色创新方面的信息来增强。政府这种提供技术信息和建议的措施，对于缺少相关专业技术人员的中小型企业尤为重要。信息应该作为其他管理工具的补充，而不是作为独立的工具使用（Carrillo-Hermosilla et al.，2009）。政府可以在传播有关环境问题和绿色创新的知识和信息方面发挥重要作用。到目前为止，有关环境问题的资料主要通过互联网网站提供。大多数为中小企业提供的咨询服务都没有明确针对环境问题，更不用说绿色创新了（Machiba，2010）。另外，通过制定利基战略为决策者和消费者提供信息，提高他们对新技术的经济成本、技术可行性以及社会接受度的认识。在开发阶段的绿色创新，甚至是那些已适合推向商业市场的创新，常常受困于成本较高、品质认知度较低或实际品质较差，以及不为潜在用户所熟悉等问题，因而需要制定利基战略，通过补贴来创造利基市场，以促进新兴的具有潜力的绿色创新的开发和应用。利基战略为技术开发带来经济资助，使整体成本下降，不同利益相关者参与技术开发，消除这一过程中的不确定性。不同角色（企业、用户和公共管理机构）之间的紧密合作也会受到鼓励（Carrillo-Hermosilla et al.，2009）。

其次，制定一系列政策措施，加大对绿色创新成果的市场推广。公众缺乏对绿色产品的了解导致了绿色产品难以大规模推广应用，因而社会公众对绿色产品的认识需要政府和企业进行宣传和推广。一是采取强制推广政策。即通过立法或出台强制性条款对绿色产品的生产、购买和使用等方面进行强制性规定。这类政策由于其强制约束性，对新产品的应用推广效果最为显著，因此也成为西方国家推动战略性新兴产业绿色产品的重要政策手段。例如，美国、德国、英国等国家都通过了相应的法案，对新能源的生产、购买和使用等方面进行了强制性的规定，有力地推动了本国新能源产业的发展。二是采取强制购买政策。即规定以财政资金为主的政府采购必须购买指定的绿色产品的政策。政府强制购买政策，在推动绿色产品的推广应用、扩大新产品市场需求方面作用显著，已成为各国积极推动新兴产业的重要手段。三是采取鼓励生产政策。即政府通过补贴、税收优惠、信贷支持、低息贷款等手段鼓励集群内企业生产绿色产品的政策。各国针对新兴产业绿色产品的推广和应用，都制定了大量的补贴和税收优惠政策，实施效果十分明显。四是采取鼓励购买政策。即将补贴、税收优惠等手段用于购买者身上，通过刺激购买者消费积极性来拉动市场需求，以需求推动绿色产品的推广和应用。五是采取鼓励使用政策。即在战略性新兴产业绿色产品使用环节进行鼓励引导，通过费用减免、补贴、优先等政策，提高消费者对绿色产品的使用积极性。

最后，以市场化手段改革绿色创新成果转化机制。成果转化一直是我国科技研发的薄弱环节，科技与产业"两张皮"现象较为明显，由于科研机构与市场的脱节，不能有效地引入市场的力量，使得大多数创新成果只能"束之高阁"。从国外的经验来看，以市场化手段来推动创新成果的转化才是最为有效的途径。因此，在战略性新兴产业集群内企业的绿色创新过程中，要突破传统科研体制的弊端，在研发项目立项、参与等环节就引入企业等市场力量，以产学研等合作形式进行绿色创新成果的研究开发和推广（李奎、陈丽佳，2011）。

（四）加强绿色创新平台建设，突破产业关键技术

加快战略性新兴产业绿色创新平台建设是创新人才培养的需要，是创新团队建设的需要，是提升共性技术研发的需要，是战略性新兴产业绿色创新发展的需要，同时也是打造中国经济升级版的需要（中国电子信息产业发展研究院，2014）。

首先，组建各大战略性新兴产业研究院。针对战略性新兴产业的各个核心领域，组建专门的研究院。其次，多渠道协同支持。以企业为主体，整合政府、用户、金融机构等绿色创新参与者的主要资源，设立战略性新兴产业创新研发资金。探索战略性新兴产业创新模式和创新机制，在核心技术和关键技术领域，开展绿色创新参与者有组织的协同创新工作，建立战略性新兴产业创业联盟，共享知识产权。再次，对关键技术研究实行项目倾斜。战略性新兴产业绿色创新的关键技术研究项目具有投资规模大、技术水平难度太、风险大、投资收益回收慢等特点，不少企业基于投资效益角度的考虑，并不热衷于对战略性新兴产业绿色创新关键技术的研究。因此，激励企业及科研单位对战略性新兴产业绿色创新关键技术的研究开发，提高战略性新兴产业的核心竞争力十分重要。对战略性新兴产业的投资，更需要集体的协作，政府的财政资助以及各个科研机构的优势资源互补。最后，对重大技术突破进行重奖。对于集群内企业而言，技术的研发投入风险大、成本高、潜在的不确定性强，研发后的技术成果转化缺乏有效的交易和应用机制；对于科研机构来说，其研究开发在没有适当的激励措施的前提下，仅靠政府的研发投入支持，缺乏技术推广转化为生产力后的经济收益补偿，很难对高校或科研机构的研究开发起到推动作用。因而科学有效的研究开发成果奖励机制，对于发展战略性新兴产业是不可或缺的推动力。同时，推动风险投资的发展，为战略性新兴产业领域的重大技术创新和突破，以及技术扩散提供补贴和奖励等（李奎、陈丽佳，2011；中国电子信息产业发展研究院，2014）。政府奖励可以被视为另一种经济手段。例如，在台湾地区，每年都有奖项颁发给那些通过采用清洁技术而在环境绩效方面取得最佳改善的公司。

第四节　本章小结

本章首先将绿色创新政策工具划分为"基于市场的工具、命令与控制工具、自愿协议工具与基于信息的工具"四个类型，从实证的角度验证分析了现有战略性新兴产业集群内企业的绿色创新政策对绿色创新效益（竞争绩效与环境绩效）的影响；其次，对战略性新兴产业集群内企业绿色创新政策存在的问题与产生原因进行了分析，并提出了未来制定集群内企业绿色创新的政策思考；最后，从引导规制性绿色创新政策、激励性绿色创新政策、保障性绿色创新政策三个维度提出了集群内企业绿色创新的支持政策。

参考文献

艾志红：《基于绿色技术创新的激励性规制》，《湖北经济学院学报》，2010 年第 2 期。

敖莹莹：《企业绿色技术创新的激励问题研究》，硕士学位论文，暨南大学，2015 年。

毕克新、杨朝均、黄平：《中国绿色工艺创新绩效的地区差异及影响因素研究》，《中国工业经济》2013 年第 10 期。

卞继红：《低碳经济模式下我国产业集群发展问题思考》，《生态经济》2011 年第 1 期。

蔡铂、聂鸣：《产业集群的创新机理研究》，《研究与发展管理》2006 年第 1 期。

蔡乌赶：《基于多元二元选择模型的企业生态创新影响因素研究》，《东南学术》2014 年第 1 期。

蔡跃洲：《推动绿色创新的政策选择及东亚区域合作》，《中国科技论坛》2012 年第 9 期。

曹东、赵学涛、杨威杉：《中国绿色经济发展和机制政策创新研究》，《中国人口·资源与环境》2012 年第 5 期。

曹虹剑、余文斗：《中国战略性新兴产业国际竞争力评价》，《经济数学》2017 年第 1 期。

曹慧、石宝峰、赵凯：《我国省级绿色创新能力评价及实证》，《管理学报》2016 年第 8 期。

曹如中、刘长奎、曹桂红：《基于组织生态理论的创意产业创新生态系统演化规律研究》，《科技进步与对策》2011 年第 2 期。

曹如中、史健勇、郭华等：《区域创意产业创新生态系统演进研究：动因、模型与功能划分》，《经济地理》2015 年第 2 期。

曹志文：《战略性新兴产业集群的协同创新路径选择》，《农村经济与科技》2015 年第 5 期。

陈蠡：《培育和发展战略性新兴产业的现实背景和战略意义》，《学习月刊》2010 年第 13 期。

陈锦其、徐明华：《战略性新兴产业的培育机制：基于技术与市场的互动模型》，《科技管理研究》2013 年第 2 期。

陈力华：《农业企业生态创新行为及其绩效研究》，硕士学位论文，西北农林科技大学，2016 年。

陈丽：《海洋生物制药自主创新生态系统分析及构建》，《中国集体经济》2008 第 3 期。

陈玲、林泽梁、薛澜：《双重激励下地方政府发展新兴产业的动机与策略研究》，《经济理论与经济管理》2010 年第 9 期。

陈柳钦：《战略性新兴产业自主创新问题研究》，《中国地质大学学报（社会科学版）》2011 年第 3 期。

陈秋红：《福建产业集群创新生态系统的发展及其升级途径》，《泉州师范学院学报》2011 年第 6 期。

陈斯琴：《企业技术创新生态系统研究》，硕士学位论文，北京工业大学，2008 年。

陈文锋、刘薇：《区域战略性新兴产业发展质量评价指标体系的构建》，《统计与决策》2016 年第 2 期。

陈衍泰、孟媛媛、张露嘉、范海霞：《产业创新生态系统的价值创造和获取机制分析——基于中国电动汽车的跨案例分析》，《科研管理》2015 年 S1 期。

陈艳莹、游闽：《技术的互补性与绿色技术扩散的低效率》，《科学学研究》2009 年第 4 期。

陈瑜、谢富纪：《基于 LotkaVoterra 模型的光伏产业生态创新系统演化路径的仿生学研究》，《研究与发展管理》2012 年第 3 期。

程华、廖中举：《中国环境政策演变及其对企业环境创新绩效影响的实证研究》，《技术经济》2010 年第 11 期。

程玉桂：《农产品加工产业集群内企业竞合关系分析——基于生态位理论》，《江西社会科学》2013 年第 6 期。

程郁、王胜光：《培育战略性新兴产业的政策选择——风能产业国际政策经验的比较与借鉴》,《中国科技论坛》2011 年第 3 期。

戴宁:《企业技术创新生态系统研究》,硕士学位论文,哈尔滨工程大学,2010 年。

邓龙安、刘文军:《产业技术范式转移下区域战略性新兴产业自适应创新管理研究》,《科学管理研究》2011 年第 4 期。

邓龙安、刘文军:《区域战略性新兴产业自适应创新管理研究》,《科学管理研究》2011 年第 2 期。

狄乾斌、周乐萍:《中国战略性新兴产业培育与发展路径探讨》,《经济与管理》2011 年第 7 期。

丁塑:《论绿色创新系统的结构和功能》,《科技进步与对策》2009 年第 15 期。

丁塑:《作为复杂适应系统的绿色创新系统的特征与机制》,《科技管理研究》2008 年第 2 期。

董树功:《战略性新兴产业评价指标体系的——基于产业特征的分析与思考》,《城市经济》2012 年第 1 期。

董颖、石磊:《"波特假说"——生态创新与环境管制的关系研究述评》,《生态学报》2013 年第 3 期。

董颖、石磊:《生态创新的内涵、分类体系与研究进展》,《生态学报》2010 年第 9 期。

董颖:《企业生态创新机理研究》,浙江大学出版社 2013 年版。

杜静:《产业集群发展的绿色创新模式研究》,博士学位论文,中南大学,2010 年。

杜智涛、李玲娟:《企业间竞争合作关系演化动因研究》,《商业研究》2010 年第 12 期。

段小华:《战略性新兴产业的投入方式、组织形式与政策手段》,《改革》2011 年第 2 期。

樊茂清:《促进企业绿色技术创新的碳税政策选择》,《税务研究》2013 年第 8 期。

方芳:《战略性新兴产业业绩评价指标体系设置——以节能环保产业为例》,《财会月刊》2015 年第 23 期。

费钟琳、魏巍:《扶持战略性新兴产业的政府政策——基于产业生命周期的考量》,《科技进步与对策》2013 年第 3 期。

冯赫：《关于战略性新兴产业发展的若干思考》，《经济研究参考》2010 年第 4 期。

冯奎：《中国发展低碳产业集群的战略思考》，《对外经贸实务》2009 年第 10 期。

冯志军：《中国工业企业绿色创新效率研究》，《中国科技论坛》2013 年第 2 期。

付超超：《湖北省战略性新兴产业培育研究》，硕士学位论文，武汉理工大学，2013 年。

傅羿芳、朱斌：《高科技产业集群持续创新生态体系研究》，《科学学研究》，2004 年第 22 期。

高爽、魏也华、陈雯：《环境规制对无锡市制造业结构优化与绩效的影响》，《湖泊科学》2012 年第 24 期。

高雪：《耦合视角下吉林省战略性新兴产业发展对策》，硕士学位论文，长春理工大学，2014 年。

龚常、颜建军：《基于经济发展方式转变的生态创新动力机制研究》，《世界科技研究与发展》2014 年第 6 期。

顾桂芳、胡恩华、李文元：《企业创新生态系统治理研究述评与展望》，《科技进步与对策》2017 年第 5 期。

顾海峰：《战略性新兴产业演进的金融支持体系及政策研究——基于政策性金融的支持视角》，《科学学与科学技术管理》2011 年第 7 期。

顾骅珊：《构建产业集群创新生态系统，推动浙江经济转型升级》，《消费导刊》2009 年第 3 期。

郭继东、杨月巧、马志超：《企业绿色技术创新激励机制研究》，《科技管理研究》2018 第 20 期。

郭述禹：《山东省战略性新兴产业发展情况介绍》，《信息技术与信息化》，2011 年第 4 期。

郭晓丹、何文韬、肖兴志：《战略性新兴产业的政府补贴、额外行为与研发活动变动》，《宏观经济研究》2011 年第 11 期。

郭晓丹、何文韬：《战略性新兴产业规模，竞争力提升与"保护性空间"设定》，《改革》2012 年第 2 期。

郭晓丹、宋维佳：《战略性新兴产业的进入时机选择：领军还是跟进》，《中国工业经济》2011 年第 5 期。

韩晶、宋涛：《基于绿色增长的中国区域创新效率研究》，《经济社会体制比较》2013 年第 3 期。

韩晶：《中国区域绿色创新效率研究》，《财经问题研究》2012 年第 11 期。

何花：《珠三角基于企业突破性创新战略的新兴产业培育途径》，《科技管理研究》2010 年第 3 期。

贺团涛、曾德明：《知识创新生态系统的理论框架与运行机制研究》，《信报杂志》2008 年第 6 期。

贺正楚、吴艳、周震虹：《战略性新兴产业评估指标的实证遴选及其应用》，《中国科技论坛》2011 年第 5 期。

贺正楚、吴艳：《战略性新兴产业的评价与选择》，《科学学研究》2011 年第 5 期。

贺正楚、张训、陈文俊：《战略性新兴产业的产业选择问题研究》，《湖南大学学报（社会科学版）》2013 年第 1 期。

贺正楚、张训、周震虹：《战略性新兴产业的选择与评价及实证分析》，《科学学与科学技术管理》2010 年第 12 期。

侯海东、张会议：《自组织视域下的京津冀区域战略性新兴产业协同发展研究》，《管理研究》2013 年第 11 期。

侯延刚：《河北省推动战略性新兴产业发展的财政政策研究》，硕士学位论文，河北大学，2011 年。

胡斌：《企业生态系统的动态演化及运作研究》，博士学位论文，河海大学，2006 年。

胡海峰、胡吉亚：《美日德战略性新兴产业融资机制比较分析及对中国的启示》，《经济理论与经济管理》2011 年第 8 期。

胡京波、欧阳桃花、谭振亚等：《以 SF 民机转包生产商为核心企业的复杂产品创新生态系统演化研究》，《管理学报》2014 年第 8 期。

胡俊：《上海市战略性新兴产业政策的评价研究》，硕士学位论文，上海工程技术大学，2016 年。

胡星：《依托科技园区推动战略性新兴产业集群发展》，《经济研究导刊》2011 年第 31 期。

胡振华、黎春秋、熊勇清：《基于"AHP-IE-PCA"组合赋权法的战略性新兴产业选择模型研究》，《科学学与科学技术管理》2011 年第

7 期。

胡忠瑞：《企业绿色技术创新的动力机制与模型研究》，硕士学位论文，中南大学，2006 年。

胡祖光、章丹：《网络嵌入性对技术创新网络形成结构的影响——基于中国企业的分析》，《科学学研究》2010 年第 8 期。

华绵阳：《制造业低碳技术创新的动力源探究及其政策涵义》，《科研管理》2011 年第 6 期。

华文：《集思广益：战略性新兴产业的科学内涵与领域》，《新湘评论》2010 年第 11 期。

华振：《我国绿色创新能力评价及其影响因素的实证分析——基于DEA-Malmquist 生产率指数分析法》，《技术经济》2011 年第 9 期。

黄海霞、陈劲：《创新生态系统的协同创新网络模式》，《技术经济》2016 年第 8 期。

黄乐：《战略性新兴产业集群式发展的路径研究》，《北方经贸》2016 年第 4 期。

黄鲁成、罗晓梅、苗红、吴菲菲、娄岩：《战略性新兴产业发展效应评价指标及标准》，《科技进步与对策》2012 年第 12 期。

黄鲁成、张静、吴菲菲、苗红、娄岩、罗晓梅：《战略性新兴产业的全局性评价指标及标准明细》，《统计与决策》2013 年第 5 期。

黄平、胡日东：《环境规制与企业技术创新相互促进的机理与实证研究》，《财经理论与实践》2010 年第 1 期。

黄昕、潘军：《关于汽车工业生态系统的几点思考》，《商业研究》2002 年第 4 期。

黄玮强、庄新田：《复杂社会网络视角下的创新合作与创新扩散》，中国经济出版社 2012 年版。

黄晓杏：《绿色创新的机理研究》，博士学位论文，南昌大学，2016 年。

黄幸婷、杨爆：《后危机时代战略性新兴产业发展研究——基于核心技术联盟知识创造过程的视角》，《中国科技论坛》2010 年第 8 期。

纪承：《产业集群的创新生态：组织演化与治理构架》，《学习与实践》2015 年第 10 期。

贾卡里略—赫莫斯拉：《生态创新：社会可持续发展和企业竞争力提

高的双赢》，上海科学技术出版社 2014 版。

贾瑞跃、魏玖长、赵定涛：《环境规制和生产技术进步：基于规制工具视角的实证分析》，《中国科学技术大学学报》2013 年第 3 期。

江西省战略性新兴产业发展报告课题组：《江西省战略性新兴产业发展报告》，经济科学出版社 2014 版。

姜达洋、李宁：《从美国经验看中国战略性新兴产业低端化问题》，《华东经济管理》2013 年第 1 期。

蒋石梅、张爱国、孟宪礼、张旭军：《产业集群产学研协同创新机制——基于保定市新能源及输变电产业集群的案例研究》，《科学学研究》2012 年第 2 期。

焦俊、李垣：《基于联盟的企业绿色战略导向与绿色创新》，《研究与发展管理》2011 年第 1 期。

金国辉、魏雪：《以绿色发展为创新导向的内蒙古包头装备制造产业激励政策研究》，《科技创新与应用》2018 年第 4 期。

金倩倩：《长春市战略性新兴产业集聚评价及发展对策研究》，硕士学位论文，吉林大学，2015 年。

康翠玉、陈彪：《产业集聚视角下战略性新兴产业发展的对策与建议》，《东北师范大学学报（哲学社会科学版）》2016 年第 6 期。

雷善玉、王焕冉、张淑慧：《环保企业绿色技术创新的动力机制——基于扎根理论的探索研究》，《管理案例研究与评论》2014 年第 4 期。

李勃昕：《中国战略性新兴产业发展研究》，博士学位论文，西北大学，2013 年。

李海波、李苗苗：《中国战略性新兴产业创新集聚发展机制——以淄博市新型功能陶瓷材料产业为例》，《技术经济》2016 年第 7 期。

李恒毅、宋娟：《新技术创新生态系统资源整合及其演化关系的案例研究》，《中国软科学》2014 年第 6 期。

李恒毅：《技术创新生态系统协同发展研究》，博士学位论文，中南大学，2014 年。

李红梅：《黑龙江省战略性新兴产业发展研究》，硕士学位论文，哈尔滨商业大学，2013 年。

李健：《基于低碳的制造业绿色创新体系绩效测度与评价研究》，硕士学位论文，哈尔滨理工大学，2012 年。

李洁琳：《钢铁企业生态创新绩效评价研究》，硕士学位论文，长沙理工大学，2015 年。

李娟娟：《战略性新兴产业成长中的产学研联盟创新研究》，硕士学位论文，浙江师范大学，2013 年。

李奎、陈丽佳：《基于创新双螺旋模型的战略性新兴产业促进政策体系研究》，《中国软科学》2012 年第 12 期。

李奎、陈丽佳：《广东战略性新兴产业促进政策研究》，华南理工大学出版社 2011 年版。

李姝：《中国战略性新兴产业发展思路与对策》，《宏观经济研究》2012 年第 2 期。

李启明：《企业绿色技术创新的激励机制研究》，硕士学位论文，浙江大学，2010 年。

李锵：《山东省战略性新兴产业发展问题研究》，硕士学位论文，山东师范大学，2012 年。

李巧华、唐明凤：《企业绿色创新：市场导向抑或政策导向》，《财经科学》2014 年第 2 期。

李巧华：《生产型企业绿色创新：影响因素及绩效相关》，博士学位论文，西南财经大学，2014 年。

李素峰、严良、牛晓耕：《矿产资源密集型区域可持续发展模式的系统动力学仿真研究》，《数学的实践与认识》2014 年第 4 期。

李素峰、严良、谢军安：《矿产资源密集型区域生态创新系统驱动机制研究》，《科技管理研究》2015 年第 20 期。

李素峰：《矿产资源密集型区域生态创新影响因素及协同机制研究》，博士学位论文，中国地质大学，2016 年。

李婉红、毕克新、曹霞：《环境规制工具对制造企业绿色技术创新的影响——以造纸及纸制品企业为例》，《系统工程》2013 年第 10 期。

李婉红、毕克新、孙冰：《环境规制强度对污染密集行业绿色技术创新的影响研究——基于 2003—2010 年面板数据的实证检验》，《研究与发展管理》2013 年第 6 期。

李婉红、毕克新、孙冰：《环境规制强度对污染密集行业绿色技术创新的影响研究》，《研究与发展管理》2013 年第 6 期。

李婉红：《环境规制工具对制造企业绿色技术创新的——以造纸及纸

制品企业为例》，《系统工程》2013 年第 10 期。

李文丽、陈景诩：《运用知识产权推动战略性新兴产业发展的对策》，《经济纵横》2014 年第 11 期。

李晓敏：《资源型区域绿色技术创新动力机制研究》，硕士学位论文，山西财经大学，2012 年。

李星、范如国：《产业集群内创新行为涌现与创新决策过程演化分析》，《现代财经》2013 年第 6 期。

李星：《产业集群创新网络内多主体间的互动机制研究——以美国硅谷高新技术产业集群为例》，《商业经济研究》2014 年第 19 期。

李星：《企业集群创新网络内多主体间的合作机理研究》，博士学位论文，武汉大学，2011 年。

李杨、沈志渔：《战略性新兴产业集群的创新发展规律研究》，《经济与管理研究》2010 年第 10 期。

李怡娜、叶飞：《制度压力、绿色环保创新实践与企业绩效关系——基于新制度主义理论和生态现代化理论视角》，《科学学研究》2011 年第 12 期。

李桢、刘名远：《中国战略性新兴产业培育与发展支撑体系建设研究》，《经济与管理》2012 年第 2 期。

梁岳：《山东省战略性新兴产业与经济增长的关系研究》，硕士学位论文，青岛科技大学，2016 年。

廖中举、程华：《企业环境创新的影响因素及其绩效研究——基于环境政策和企业背景特征的视角》，《科学学研究》2014 年第 5 期。

凌志鹏：《基于技术生态位角度的产业集群协同创新效率影响研究》，《企业改革与管理》2016 年第 7 期。

刘兵、汪昕、王铁骊、陈甲华：《湖南战略性新兴产业集群发展的组织模式研究——关于湖南核电产业集群供应链发展的思考》，《南华大学学报》2012 年第 2 期。

刘大勇著：《战略性新产业集群发展研究——以河南省为例》，中国经济出版社 2013 版。

刘冬华、李俊杰、陈亮：《中国工业生态技术创新效率评价——基于2011—2014 年省际面板数据》，《吉林工商学院学报》2017 年第 1 期。

刘红霞：《战略性新兴产业集群建设问题思考》，《商业时代》2011

年第 26 期。

刘红玉、彭福扬、吴传胜：《战略性新兴产业的形成机理与成长路径》，《科技进步与对策》2012 年第 11 期。

刘洪昌：《中国战略性新兴产业的选择原则及培育政策取向研究》，《科学学与科学技术管理》2011 年第 3 期。

刘鸿宇、杨彩霞、陈伟、王海晶：《云计算产业集群创新生态系统构建及发展对策》，《求索》2015 年第 11 期。

刘华志：《基于产业链的视角江西省战略性新兴产业集群生态创新的内在机理分析》，《中国战略新兴产业》2017 年第 48 期。

刘晖、刘轶芳、乔晗：《我国战略性新兴产业创新驱动发展路径研究》，《管理评论》2014 年第 12 期。

刘莎：《我国战略性新兴产业发展的问题与对策研究》，硕士学位论文，吉林大学，2014 年。

刘思峰等：《战略性新兴产业生长机理研究》，科学出版社 2014 年版。

刘铁、王九云：《区域战略性新兴产业选择过度趋同问题分析》，《中国软科学》2012 年第 2 期。

刘雅君：《东北地区产业集群生态创新研究》，《社会科学战线》2012 年第 12 期。

刘艳：《中国战略性新兴产业集聚度变动的实证研究》，《上海经济研究》2013 年第 2 期。

刘勇：《河南省战略性新兴产业发展研究》，硕士学位论文，河南大学，2011 年。

刘玉莹：《多层次战略性新兴产业创新生态系统模式研究》，《经济界》2017 年第 3 期。

刘玉莹：《战略性新兴产业多层次创新生态系统演化路径研究》，《生产力研究》2017 年第 6 期。

刘玉忠：《后危机时代中国战略性新兴产业发展战略的选择》，《中国科技论坛》2011 年第 2 期。

刘志阳、程海狮：《战略性新兴产业的集群培育与网络特征》，《改革》2010 年第 5 期。

刘志阳、苏东水：《战略性新兴产业集群与第三类金融中心的协同演进机理》,《学术月刊》2010 年第 12 期。

刘志阳、姚红艳:《战略性新兴产业的集群特征、培育模式与政策取向》,《重庆社会科学》2011 年第 3 期。

柳剑平、郑光凤:《环境规制、研发支出与全要素生产率——基于中国大中型企业的面板数据》,《工业技术经济》2013 年第 11 期。

柳卸林、高太山:《中国区域创新能力报告》,科学出版社 2014 年版。

柳卸林、高伟、吕萍、程鹏:《从光伏产业看中国战略性新兴产业的发展模式》,《科学学与科学技术管理》2012 年第 1 期。

龙跃:《基于生态位调节的战略性新兴产业集群协同演化研究》,《科技进步与对策》2018 年第 3 期。

龙跃:《战略性新兴产业集群协同发展的综述与评析》,《重庆工商大学社会科学版》2018 年第 1 期。

吕波:《战略性新兴产业:形成动因、培育路径及未来发展建议》,《改革与战略》2011 年第 7 期。

吕岩威、孙慧:《中国战略性新兴产业技术效率及其影响因素研究》,《数量经济技术经济研究》2014 年第 1 期。

吕一博、蓝清、韩少杰:《开放式创新生态系统的成长基基因——基于 iOS、Android 和 Symbian 的多案例研究》,《中国工业经济》2015 年第 5 期。

罗慧芳:《新兴产业集群内知识创新网络的构建与分析》,《商业时代》2012 年第 27 期。

马冰:《基于生态创新视角的集群可持续发展模式研究》,硕士学位论文,暨南大学,2006 年。

马富萍、茶娜:《环境规制对技术创新绩效的影响研究——制度环境的调节作用》,《研究与发展管理》2012 年第 1 期。

马富萍、郭晓川、茶娜:《环境规制对技术创新绩效影响的研究——基于资源型企业的实证检验》,《科学学与科学技术管理》2011 年第 8 期。

马林、黄燮:《绿色创新能力及其溢出效应与经济增长实证研究:基于协同演进视角》,《生态经济(学术版)》2014 年第 1 期。

马士国:《环境规制工具的选择与实施》,《世界经济文汇》2008 年第 6 期。

孟玉静：《战略性新兴产业集群推进产业结构升级和经济发展方式转变的研究》，《商业时代》2011 年第 3 期。

牟绍波：《战略性新兴产业集群式创新网络及其治理机制研究》，《科技进步与对策》2014 年第 1 期。

穆一戈：《长三角战略性新兴产业协同发展模式与机制研究》，硕士学位论文，上海工程技术大学，2015 年。

聂爱云、何小钢：《企业绿色技术创新发凡：环境规制与政策组合》，《改革》2012 年第 4 期。

聂洪光：《生态创新理论研究现状与前景展望》，《哈尔滨工业大学学报（社会科学版）》2012 年第 3 期。

钮钦、谢友宁：《战略性新兴产业集聚区社会效益评价及实证研究》，《华北金融》2013 年第 2 期。

欧光军、杨青、雷霖：《国家高新区产业集群创新生态能力评价研究》，《科研管理》2018 年第 8 期。

潘晶晶：《战略性新兴产业创新能力评价研究》，硕士学位论文，陕西师范大学，2015 年。

裴长洪、郑文：《发展新兴战略性产业：制造业与服务业并重》，《当代经济》2010 年第 1 期。

彭树远：《山西省绿色创新效率研究》，硕士学位论文，太原理工大学，2014 年。

彭雪蓉、黄学：《企业生态创新影响因素研究前沿探析与未来研究热点展望》，《外国经济与管理》2013 年第 9 期。

彭雪蓉、刘洋、赵立龙：《企业生态创新的研究脉络、内涵澄清与测量》，《生态学报》2014 年第 22 期。

彭雪蓉、魏江：《生态创新、资源获取与组织绩效——来自浙江省中小企业的实证研究》，《自然辩证法研究》2014 年第 5 期。

彭雪蓉、应天煜、李旭：《如何驱动企业生态创新——基于制度理论与利益相关者理论的个案研究》，《自然辩证法通讯》2016 年第 5 期。

彭雪蓉：《利益相关者环保导向、生态创新与企业绩效：组织合法性视角》，博士学位论文，浙江大学，2014 年。

乔晓楠、李宏生：《中国战略性新兴产业的成长机制研究》，《经济社会体制比较》2011 年第 2 期。

秦书生：《以绿色技术创新促进生态文明建》，《环境保护》2013 年第 15 期。

秦书生：《基于生态文明建设的企业绿色技术创新》，《理论导刊》2010 年第 10 期。

任家华：《基于低碳经济理念的产业集群生态创新研究》，《科技管理研究》2010 年第 23 期。

任耀、牛冲槐、牛彤、姚西龙：《绿色创新效率的理论模型与实证研究》，《管理世界》2014 年第 4 期。

芮明杰：《战略性新兴产业发展的新模式》，重庆出版社 2014 年版。

申俊喜：《创新产学研合作视角下我国战略性新兴产业发展对策研究》，《科学学与科学技术管理》2012 年第 2 期。

申俊喜：《基于战略性新兴产业发展的产学研创新合作研究》，《科学管理研究》2011 年第 6 期。

沈能、刘凤朝：《高强度的环境规制真能促进技术创新吗？——基于"波特假设"的再检验》，《中国软科学》2012 年第 4 期。

施卫东、卫晓星：《战略性新兴产业集群研究综述——基于演化视角的分析框架》，《经济问题探索》2013 年第 5 期。

宋歌：《战略性新兴产业集群式发展研究》，博士学位论文，武汉大学，2013 年。

宋马林、王舒鸿、汝慧萍：《基于省际面板数据的 FDI 绿色创新能力统计分析》，《中国软科学》2010 年第 5 期。

宋马林、王舒鸿：《中国新兴生物企业的生产效率及其不确定性——基于 DEA 和神经网络模拟的面板数据分析》，《科学学与科学技术管理》2010 年第 10 期。

宋晓利：《战略性新兴产业集聚发展特征及演进模式》，《人民论坛》2014 年第 20 期。

孙飞：《辽宁绿色技术创新财政支持研究》，硕士学位论文，沈阳大学，2013 年。

孙慧：《中国战略性新兴产业集聚度演变与空间布局构想》，《地域研究与开发》2013 年第 4 期。

孙远远：《河南省战略性新兴产业发展路径研究》，硕士学位论文，郑州大学，2012 年。

汤鹏主：《战略性新兴产业发展中的政府行为动力机制及其路径选择研究》，《湖北社会科学》2012 年第 10 期。

陶金国、王雪、乐萍、邱珺：《战略性新兴产业竞争力实证分析——以航空航天器制造业为例》，《财贸研究》2015 年第 5 期。

田钢、张永安：《集群创新网络演化的动力模型及其仿真研究》，《科研管理》2010 年第 1 期。

童伟伟、张建民：《环境规制能促进技术创新吗？——基于中国制造业企业数据的再检验》，《财经科学》2012 年第 11 期。

涂文明、刘敦虎：《战略性新兴产业区域集聚的范式演进与实现机理》，《科技进步与对策》2015 年第 2 期。

涂文明：《我国战略性新兴产业区域集聚的发展路径与实践模式》，《现代经济探讨》2012 年第 9 期。

万熊婷：《战略性新兴产业协同创新能力评价研究——以江西省绿色光源产业为例》，硕士学位论文，南昌大学，2015 年。

王兵、吴延瑞、颜鹏飞：《环境管制与全要素生产率增长：APEC 的实证研究》，《经济研究》2008 年第 5 期。

王国印、王动：《波特假说、环境规制与企业技术创新——对中东部地区的比较分析》，《中国软科学》2011 年第 1 期。

王海龙、连晓宇、林德明：《绿色技术创新效率对区域绿色增长绩效的影响实证分析》，《科学学与科学技术管理》2016 年第 6 期。

王宏起、汪英华、武建龙：《新能源汽车创新生态系统演进机理基于比亚迪新能源汽车的案例研究》，《中国软科学》2016 年第 4 期。

王欢芳、何燕子：《国家级战略性新兴产业集聚区的布局与协同发展研究》，《工业经济论坛》2016 年第 3 期。

王欢芳、何燕子：《战略性新兴产业集群式发展的路径探讨》，《经济纵横》2012 年第 10 期。

王欢芳、胡振华：《低碳产业集群的动力机制及实现路径分析》，《经济体制改革》2011 年第 5 期。

王欢芳：《我国产业集群低碳发展水平及升级模式研究》，博士学位论文，中南大学，2013 年。

王进：《产业群聚、知识共享、生态创新与企业竞争优势关系的实证研究》，《软科学》2014 年第 9 期。

王君：《京津冀战略性新兴产业协同发展研究——基于区域经济一体化背景》，《当代经济》2014 年第 16 期。

王俊豪、李云雁：《民营企业应对环境管制的战略导向与创新行为》，《中国工业经济》2009 年第 9 期。

王莉静：《我国企业生态化系统及发展模式研究》，博士学位论文，哈尔滨工程大学，2010 年。

王利政：《我国战略性新兴产业发展模式分析》，《中国科技论坛》2011 年第 1 期。

王琳：《江西省战略性新兴产业集群生态创新经济效益激励分析》，《中国战略新兴产业》2017 年第 32 期。

王娜、王毅：《产业创新生态系统组成要素及内部一致模型研究》，《中国科技论坛》2013 年第 5 期。

王七萍：《基于 DEA 的安徽省绿色创新效率测度》，《安徽科技学院学报》2015 年第 1 期。

王启万、王兴元：《战略性新兴产业集群品牌生态系统研究》，《科研管理》2013 年第 10 期。

王青松：《基于多元主体的我国企业绿色技术创新研究》，硕士学位论文，西北工业大学，2007 年。

王仁文：《基于绿色经济的区域创新生态系统研究》，博士学位论文，中国科学技术大学，2014 年。

王相平：《战略性新兴产业集群开放式创新能力评价指标体系研究》，《经济体制改革》2014 年第 6 期。

王小宁、周晓唯：《青海省环境规制对技术创新的影响研究》，《青海师范大学学报（哲学社会科学版）》2014 年第 2 期。

王新新：《战略性新兴产业的理论研究及路径选择》，《科技进步与对策》2012 年第 8 期。

王叶军：《后危机时代京津冀战略新兴产业的发展路径——基于京津冀都市圈的实证研究》，《经济与管理》2012 年第 4 期。

王永富：《广西构筑战略性新兴产业集群的对策研究》，《改革发展》2012 年第 1 期。

王勇：《战略性新兴产业概述》，世界图书出版公司 2010 年版。

王郁蓉：《我国各区域企业绿色技术创新绩效比较研究》，《技术经济》2012 年第 10 期。

王钰辉：《战略性新兴产业区域集聚和区位优势研究》，《财经问题研究》2014 年第 6 期。

王竹君、温玉涛、周长富：《环境规制对技术创新影响的理论分析》，《南京财经大学学报》2012 年第 3 期。

魏锋、冯柏明、王健：《西江经济带汽车产业集群生态创新：绩效评价与优化路径》，《学术论坛》2017 年第 2 期。

吴福象、王新新：《行业集中度、规模差异与创新绩效——基于 GVC 模式下要素集聚对战略性新兴产业创新绩效影响的实证分析》，《上海经济研究》2011 年第 7 期。

吴金希、李宪振：《地方政府在发展战略性新兴产业中的角色和作用》，《科学学与科学技术管理》2012 年第 8 期。

吴劲松：《战略性新兴产业基础知识》，合肥工业大学出版社 2011 年版。

吴绍波、顾新：《战略性新兴产业创新生态系统协同创新的治理模式选择研究》，《研究与发展管理》2014 年第 1 期。

吴绍波等：《新兴产业创新生态系统的协同创新机制研究》，经济科学出版社 2017 版。

伍春来、赵剑波、王以华：《产业技术创新生态体系研究评述》，《科学学与科学技术管理》2013 年第 7 期。

武建龙、王宏起：《战略性新兴产业突破性技术创新路径研究——基于模块化视角》，《科学学研究》2014 年第 4 期。

武瑞杰：《区域战略性新兴产业的评价与选择》，《科学管理研究》2012 年第 2 期。

席艳玲：《产业集聚、区域转移与技术升级——理论探讨与基于中国制造业发展的经验证据》，博士学位论文，南开大学，2014 年。

肖江平：《如何构筑我国战略性新兴产业集群的政策支撑体系》，《商业时代》2011 年第 4 期。

肖仁桥、丁娟、钱丽：《绿色创新绩效评价研究述评》，《贵州财经大学学报》2017 年第 2 期。

肖兴志、谢理：《中国战略性新兴产业创新效率的实证分析》，《经济管理》2011 年第 11 期。

肖兴志：《中国战略性新兴产业发展报告 2013—2014》，人民出版社 2014 年版。

肖艳：《区域战略性新兴产业选择的评价指标体系及模型构建》，《社会科学战线》2012 年第 10 期。

谢玉姣：《促进绿色技术创新的财税政策研究》，硕士学位论文，西南财经大学，2010 年。

熊兴华：《战略性新兴产业选择的实证研究——以浙江省为例》，《决策与信息》2015 年第 11 期。

熊艳：《基于省际数据的环境规制与经济增长关系》，《中国人口·资源与环境》2011 年第 5 期。

熊勇清、郭兆：《战略性新兴产业培育和发展中的利益关系及协调机制》，《求索》2012 年第 7 期。

熊勇清、黎春秋：《传统产业优化升级模式研究：基于战略性新兴产业培育外部效应的分析》，《中国科技论坛》2011 年第 5 期。

熊勇清、李世才：《战略性新兴产业与传统产业耦合发展研究》，《财经问题研究》2010 年第 10 期。

熊勇清、曾丹：《战略性新兴产业的培育与发展：基于传统产业的视角》，《重庆社会科学》2011 年第 4 期。

熊正德、林雪：《战略性新兴产业上市公司金融支持效率及其影响因素研究》，《经济管理》2010 年第 11 期。

徐建中、贯君：《基于二元语义组合赋权的制造企业绿色创新能力评价模型及实证研究》，《运筹与管理》2017 年第 4 期。

徐建中、曲小瑜：《装备制造业环境技术创新效率及其影响因素研究——基于 DEA-Malmquist 和 Tobit 的实证分析》，《运筹与管理》2015 年第 1 期。

徐晔、周才华：《我国生物医药产业环境技术效率测度区域比较研究》，《江西财经大学学报》2013 年第 5 期。

许士春、何正霞、龙如银：《环境规制对企业绿色技术创新的影响》，《科研管理》2012 年第 6 期。

许箫迪、王子龙、张晓磊：《战略性新兴产业的培育机理与政策博弈研究》，《研究与发展管理》2014 年第 1 期。

许晓燕、赵定涛、洪进：《绿色技术创新的影响因素分析——基于中国专利的实证研究》，《中南大学学报》2013 年第 2 期。

许亚庆：《我国战略性新兴产业发展研究》，《学术交流》2013 年第 2 期。

颜建军：《企业绿色技术创新动力机制模型研究》，《湖南商学院学报》2010 年第 4 期。

颜永才：《产业集群创新生态系统的构建及其治理研究》，博士学位论文，武汉理工大学，2013 年。

杨东、柴慧敏：《企业绿色技术创新的驱动因素及其绩效影响研究综述》，《中国人口·资源与环境》2015 年 S2 期。

杨发庭：《绿色技术创新的制度研究》，博士学位论文，中共中央党校，2014 年。

杨宏呈：《基于突破性创新视角的战略性新兴产业发展研究》，博士学位论文，华中科技大学，2013 年。

杨慧、宋华明、刘小斌：《全过程界面管理视阈下新兴产业发展政策研究——鉴于美、日、西欧等发达国家经验》，《科学学研究》2011 年第 5 期。

杨荣基、彼得罗相、李颂志：《动态合作——尖端博弈论》，中国市场出版社 2007 版。

杨燕、邵云飞：《生态创新研究进展及展望》，《科学学与科学技术管理》2011 年第 8 期。

姚成：《安徽省战略性新兴产业绿色创新能力的统计研究》，硕士学位论文，安徽财经大学，2016 年。

姚晓芳、李晓、龙丹：《合肥市战略性新兴产业研发投入与产出现状及效率分析》，《科技进步与对策》2013 年第 4 期。

尤建新、邵鲁宁：《产业创新生态系统——理论与案例》，清华大学出版社 2017 年版。

余江、陈凯华：《中国战略性新兴产业的技术创新现状与挑战——基于专利文献计量的角度》，《科学学研究》2012 年第 5 期。

余凌、杨悦儿：《产业技术创新生态系统研究》，《科学管理研究》2012 年第 5 期。

虞佳妮：《浙江省战略性新兴产业集聚对经济增长影响的统计研究》，

硕士学位论文，浙江财经大学，2017 年。

喻登科、涂国平、陈华：《战略性新兴产业集群协同发展的路径与模式研究》，《科学学与科学技术管理》2012 年第 4 期。

喻登科、周荣：《战略性新兴产业集群全要素网络模型及要素共享机制研究》，《科技进步与对策》2016 年第 3 期。

袁丹、雷宏振：《集群内企业间知识转移策略——基于演化博弈理论的分析》，《技术经济》2014 年第 1 期。

原毅军、刘柳：《环境规制与经济增长：基于经济型规制分类的研究》，《经济评论》2013 年第 1 期。

岳朝龙：《我国中东部区域技术创新效率的比较研究》，《安徽工业大学学报》2012 年第 5 期。

曾繁华、王飞：《技术创新驱动战略性新兴产业跃迁机理与对策》，《科技进步与对策》2014 年第 23 期。

曾世宏、王小艳：《环境政策工具与技术吸收激励：差异性、适应性与协同性》，《产业经济评论》2014 年第 1 期。

张唱品、王俊洋：《培育光伏战略性新兴产业的对策研究》，《经济纵横》2011 年第 2 期。

张成、陆肠、郭路：《环境规制强度和生产技术进步》，《经济研究》2011 年第 2 期。

张春玲、吴红霞、刘遵峰：《低碳经济下区域战略性新兴产业评价与选择》，《生态经济》2013 年第 5 期。

张钢、张小军：《国外绿色创新研究脉络梳理与展望》，《外国经济与管理》2011 年第 8 期。

张钢、张小军：《基于计划行为理论的绿色创新战略影响因素分析》，《商业经济与管理》2013 年第 7 期。

张钢、张小军：《绿色创新研究的几个基本问题》，《中国科技论坛》2013 年第 4 期。

张钢、张小军：《企业绿色创新战略的驱动因素：多案例比较研究》，《浙江大学学报》2014 年第 1 期。

张光宇：《企业绿色技术创新动力机制研究》，硕士学位论文，哈尔滨工业大学，2010 年。

张健民：《安徽省战略性新兴产业选择和发展研究》，硕士学位论文，安徽工业大学，2012 年。

张洁：《河北省战略性新兴产业发展的科技政策现状与对策分析》，《河北经贸大学学报》2012 年第 6 期。

张金艳：《陕西战略性新兴产业集群集聚度研究》，硕士学位论文，陕西科技大学，2015 年。

张利飞：《高科技产业技术创新生态系统耦合理论综评》，《研究与发展管理》2009 年第 3 期。

张利飞：《高科技企业创新生态系统平台领导战略研究》，《财经理论与实践》2013 年第 4 期。

张琳彦：《中国战略性新兴产业集聚及其影响因素的实证分析》，《中国数量经济学 2014 年年会》，2014 年。

张明秋：《河北省战略性新兴产业发展研究》，硕士学位论文，河北科技大学，2013 年。

张倩、曲世友：《环境规制对企业绿色技术创新的影响研究及政策启示》，《中国科技论坛》2013 年第 7 期。

张倩：《环境管制与煤炭企业竞争力关系的理论研究》，《资源开发与市场》2013 年第 3 期。

张倩：《环境规制对绿色技术创新影响的实证研究——基于政策差异化视角的省级面板数据分析》，《工业技术经济》2015 年第 7 期。

张沙清、马琳、欧清明：《面向生态产品创新的广东模具产业集群发展思路研究》，《价值工程》2018 年第 3 期。

张少春：《中国战略性新兴产业发展与财政政策》，经济科学出版社2010 年版。

张少杰、林红：《"金砖五国"服务业国际竞争力评价与比较研究》，《中国软科学》2016 年第 1 期。

张烁、程家瑜：《我国战略性新兴产业发展阶段研究》，《中国科技论坛》2011 年第 6 期。

张天悦：《环境规制的绿色创新激励研究》，博士学位论文，中国社会科学院，2014 年。

张伟、李虎林、安学兵：《利用 FDI 增强我国绿色创新能力的理论模型与思路探讨》，《管理世界》2011 年第 12 期。

张伟：《利用外资增强山东省城市绿色创新能力的路径与对策研究》，

《科学与管理》2011 年第 3 期。

张雪梅、陈浩、杨秀平：《基于 SEM 的工业企业生态创新动力机制研究——来自兰州市的调查数据》，《科技管理研究》2016 年第 18 期。

张亚峰：《基于多层次灰色评价的河南省战略性新兴产业发展战略研究》，《科技管理研究》2013 年第 4 期。

张延禄、杨乃定、郭晓：《R&D 网络的自组织演化模型及其仿真研究》，《管理科学》2012 年第 3 期。

张耀辉、张韵、钟书华：《基于产业链的生态创新》，《科技管理研究》2014 年第 5 期。

张逸昕、林秀梅：《中国省际绿色创新效率与系统协调度双演化研究》，《当代经济研究》2015 年第 3 期。

张银银、邓玲：《以创新推动传统产业向战略性新兴产业升级》，《经济纵横》2013 年第 6 期。

张隅品、王俊洋：《培育战略性新兴产业的政策述评》，《科学管理研究》2011 年第 4 期。

张运生、韦小彦、王吉斌：《高科技企业创新生态系统技术标准许可定价策略研究》，《科技进步与对策》2013 年第 22 期。

张运生、邹思明、张利飞：《基于定价的高科技企业创新生态系统治理模式研究》，《中国软科学》2011 年第 12 期。

张运生：《高科技产业创新生态系统耦合战略研究》，《中国软科学》2009 年第 2 期。

张运生：《高科技企业创新生态系统技术标准许可定价研究》，《中国软科学》2010 年第 9 期。

张运生：《高科技企业技术创新生态系统边界与结构解析》，《软科学》2008 年第 1 期。

张运生：《高科技企业创新生态系统管理理论及应用》，湖南大学出版社 2010 年版。

张志勤：《欧盟绿色经济的发展现状及前景分析》，《全球科技经济瞭望》2013 年第 1 期。

张治河、黄海霞、谢忠泉：《战略性新兴产业集群的形成机制研究》，《科学学研究》2014 年第 1 期。

张治河、潘晶晶、李鹏：《战略性新兴产业创新能力评价、演化及规律探索》,《科研管理》2016 年第 3 期。

章丹、胡祖光:《基于仿真的技术创新网络的无标度特征》,《系统工程》2011 年第 1 期。

赵放、曾国屏:《多重视角下的创新生态系统》,《科学学研究》2014年第 12 期。

赵红:《环境规制对产业技术创新的影响——基于中国面板数据的实证分析闭》,《产业经济研究》2008 年第 3 期。

赵红:《环境规制对中国产业技术创新的影响》,《经济管理》2007年第 21 期。

赵进:《产业集群生态系统的协同演化机理研究》,博士学位论文,北京交通大学,2011 年。

赵立祥、杨海龙:《基于结构方程模型的企业节能减排驱动力研究——以北京光机电一体化企业为例》,《华东经济管理》2014 年第3 期。

赵伟峰:《我国装备制造业协同创新生态系统运行研究》,博士学位论文,哈尔滨工程大学,2017 年。

赵玉林、石璋铭:《战略性新兴产业资本配置效率及影响因素的实证研究》,《宏观经济研究》2014 年第 2 期。

赵昭:《中部六省绿色技术创新比较研究》,硕士学位论文,合肥工业大学,2013 年。

赵中建、王志强:《欧洲国家创新政策热点问题研究》,华东师范大学出版社 2012 年版。

郑秋莹、姚唐、邱琪、穆琳、曹花蕊:《企业营销战略思想的嬗变——从竞争到竞合的博弈分析》,《现代管理科学》2013 年第 2 期。

郑小勇:《创新集群的形成模式及其政策意义探讨》,《外国经济与管理》2010 年第 2 期。

中国电子信息产业发展研究院:《2013—2014 年中国战略性新兴产业发展蓝皮书》,人民出版社 2014 年版。

中国工程科技发展战略研究院:《2015 中国战略性新兴产业发展报告》,科学出版社 2014 年版。

钟榴、郑建国:《制度同构下的绿色管理驱动力模型与创新路径研究》,《科技进步与对策》2014 年第 12 期。

种孟楠：《企业绿色技术创新能力评价研究》，硕士学位论文，中国海洋大学，2015 年。

周材华：《我国战略性新兴产业环境技术效率的测度研究》，硕士学位论文，江西财经大学，2014 年。

周程、周辉：《合成氨何以在德国率先实现了产业化——兼论我国战略性新兴产业的培育政策取向》，《科学学与科学技术管理》2011 年第3 期。

周华：《基于中小企业技术创新激励的环境工具设计》，《科研管理》2012 年第 5 期。

周曙东：《企业环境行为影响因素研究》，《统计与决策》2011 年第22 期。

周宛君：《京津冀战略性新兴产业协同发展研究》，硕士学位论文，天津工业大学，2016 年。

周永高：《高新技术产业集聚对区域经济增长的促进作用》，硕士学位论文，浙江财经大学，2013 年。

朱迪：《美国创新在衰退》，机械工业出版社 2010 年版。

朱桂龙、蔡朝林、许治：《网络环境下产业集群创新生态系统竞争优势形成与演化：基于生态租金视角》，《研究与发展管理》2018 年第4 期。

朱建峰、郁培丽、石俊国：《绿色技术创新、环境绩效、经济绩效与政府奖惩关系研究——基于集成供应链视角》，《预测》2015 年第 5 期。

朱建峰：《环境规制、绿色技术创新与经济绩效关系研究》，博士学位论文，东北大学，2014 年。

朱瑞博：《中国战略性新兴产业培育及其政策取向》，《改革》2010年第 3 期。

朱迎春：《政府在发展战略性新兴产业中的作用》，《中国科技论坛》2011 年第 1 期。

Abadie, L., Ortiz, R., & Galarraga, I., "Determinants of Energy Efficiency Investments in the US", *Energy Policy*, Vol. 45, 2012, pp. 551-566.

Abdullah, M., Zailani, S., Iranmanesh, M., & Jayaraman, K., "Barriers to Green Innovation Initiatives Among Manufacturers: The Malaysian Case", *Review of Managerial Science*, Vol. 10, No. 4, 2015, pp. 683-709.

Adner, R. , Kapoor, R. , "Value Creation in Innovation Eco-Systems: How the Structure of Technological Interdepen-Dence Affects Firm Performance in New Technology Gen-Erations", *Strategic Management Journal*, No. 31, 2010, pp. 306-333.

Adner R. , "Match Your Innovation Strategy to Your Innovation Ecosystem", *Harv Bus Rev*, Vol. 84, No. 4, 2006, pp. 98-107.

Adomavicius G. , Bockstedt J. , Gupta A. , *Modeling Supply-Side Dynamics of IT Components, Products, and Infrastructure: An Empirical Analysis Using Vector Autoregression*, Maryland: INFORMS, 2012.

Adomavicius G. , Kwon Y. O. , "New Recommendation Techniques for Multicriteria Rating Systems", *IEEE Intelligent Systems*, Vol. 22, No. 3, 2007, pp. 48-55.

Aguilera-Caracuel J. , Ortiz-De-Mandojana N. , "Green Innovation and Financial Performance: An Institutional Approach", *Organization & Environment*, Vol. 26, No. 4, 2013, pp. 365-385.

Ahuja G. , "Collaboration Networks, Structural Holes, and Innovation: A Longitudinal Study", *Administrative Science Quarterly*, Vol. 45, No. 3, 2000, pp. 425-455.

AIpay E. Bueeola S. Kerkvliet J. , "Produetivity Growth and Environmental Regulation in Mexican and U. S. Food Manufacturing", *LAmerican Journal of Agricultural Economics*, Vol. 84, No. 4, 2002, pp. 887-901.

Alcorta, L. , Brazilian, M. , Simone, G, & Pedersen, A. , "Return on Investment From Industrial Energy Efficiency: Evidence From Developing Countries", *Energy Efficiency*, Vol. 7, No. 1, 2012, pp. 43-53.

Alguezaui S. , Filieri R. , "Investigating the Role of Social Capital in Innovation: Sparse Versus Dense Network", *Journal of Knowledge Management*, Vol. 14, No. 6, 2010, pp. 891-909.

Almirall E. , Lee M. , Majchrzak A. , "Open Innovation Requires Inte-grated Competition Community Ecosystems: Lessons Learned FromCivic Open Innovation", *Business Horizons*, No. 3, 2014, pp. 391-400.

Ambec, Stefan, Cohen, Mark A, Elgie, Stewart, et al. , "The Porter Hypothesis at 20: Can Environmental Regulation Enhance Innovation and Competitiveness?", *Review of Environmental Economics and Policy*, Vol. 7, No. 1, 2013, pp. 2–22.

Amores-Salvado, J. , Martin-de Castro, G. , Navas-Lopez, J. E. , "Green Corporate Image: Moderating the Connection Between Environmental Product Innovation and Firm Performance", *Journal of Cleaner Production*, Vol. 83, 2014, pp. 356–365.

Andreeva T. , Kianto A. , "Knowledge Processes, Knowledge-Intensity and Innovation: A Moderated Mediation Analysis", *Journal of Knowledge Management*, Vol. 15, No. 6, 2011, pp. 1016–1034.

Angela Triguero, "Drivers of different types of eco-innovation in European SMEs", *Ecological Economics*, 2013.

Arago'n-Correa, J. A. , Hurtado-Torres, N. , Sharma, S. , &Garcı'a-Morales, V. J. , "Environmental strategy and performance in small firms: A resource-based perspective", *Journal of Environmental Management*, Vol. 86, No. 1, 2008, pp. 88–103.

Arimura N. , Kaibuchi K. , "Neuronal Polarity: From Extracellular Signals to Intracellular Mechanisms", *Nature Reviews Neuroscience*, Vol. 8, No. 3, 2007, pp. 194–205.

Arundel, A. , "Kemp R Measuring Eco-Innovation", *Ur1I-MERIT Research Memorandum*, 2009.

Asheim B. , Gertler M. S. , *The Geography of Innovation: Regional Innovation Systems. In: Fagerberg J. , Mowery D. C. , Nelson R (eds) The Oxford Handbook of Innovation*, Oxford: Oxford University Press, 2005, pp. 291–317.

Audretsch D. , "Agglomeration and the Location of Innovative Activity", *Oxf Rev Econ Policy*, Vol. 14, No. 2, 1998, pp. 18–29.

Azevedo S. G. , Brandenburg M. , Carvalho H. , et al. , *Eco-Innovation and the Development of Business Models*, Berlin: Springer International Publishing, 2014.

A. Asuman Akdoğan, Ayşe Cingšz. , "An Empirical Study on Determining the Attitudes of Small and Medium Sized Businesses (SMEs) Related to Coopetition", *Procedia-Social and Behavioral Sciences*, Vol. 58, No. 58, 2012, pp. 252–258.

Baek C. , Jung E. Y. , Lee J. D. , "Effects of Regulation and Economic Environment on the Electricity Industry's Competitiveness: A Study Based on OECD Countries", *Energy Policy*, Vol. 72, No. C, 2014, pp. 120-128.

Bajardi P. , Poletto C. , Ramasco J. , et al. , "Human Mobility Networks, Travel Restrictions, and the Global Spread, of 2009 H1N1 Pandemic", *Plos One*, Vol. 6, No. 1, 2011, p. e16591.

Baker R. , "Institutional Innovation, Development and Environmental Management: an Administrative Trap Revisited", *Public Administration and Development*, Vol. 9, No. 1, 2006, pp. 29-47.

Barbieri E. , Tommaso M. R. D. , Bonnini S. , "Industrial Development Policies and Performances in Southern China: Beyond the Specialized Industrial Cluster Program", *China Economic Review*, Vol. 23, 2012, pp. 613-625.

Bartlett D. , Trifilova A. , "Green Technology and Eco-Innovation: Seven Case-Studies From A Russian Manufacturing Context", *Journal of Manufacturing Technology Management*, Vol. 21, No. 8, 2010, pp. 910-929.

Bathelt H. , Malmberg A. , Maskell P. , "Clusters and Knowledge: Local Buzz, Global Pipelines and the Process of Knowledge Creation", *Progress in Human Geography*, Vol. 28, No. 1, 2004, pp. 31-56.

Beise, M. , Rennings, K. , "Lead Markets and Regulation: a Framework For Ana-Lyzing the International Diffusion of Environmental Innovations", *Ecological Economics*, Vol. 52, 2005, pp. 5-17.

Bell G G. , "Clusters, networks, and firm innovativeness", *Strategic Management Journal*, Vol. 26, No. 3, 2005, pp. 287-295.

Bellman, R. , *Dynamic Programming*, Princeton: Princeton University Press, 1957.

Bernauer T. , Engel S. , Kammerer D. , et al. , "Explaining Green Innovation: Ten Years after Porter's Win–Win Proposition: How to Study the Effects of Regulation onCorporate Environmental Innovation?", *Politische Vierteljahresschrift*, Vol. 39, 2007, pp. 323-341.

Berrone P. , et al. , "Necessity as the Mother of "Green" Inventions: Institutional Pressures and Environmental Innovations", *Strategic Management Journal*, Vol. 43, No. 4, 2014, pp. 717-736.

Blandine Laperche, Fabienne Picard. , "Environmental Constraints, Product-Service Systems Development and Impact on Innovation Management: Learn From Manufacturing Firms in French Context", *Journal of cleaner production*, Vol. 53, No. 15, 2013, pp. 118-128.

Bonn, I and Fisher, J. , "Sustainability: the Missing Ingredient in Strategy", *Journal of Business Strategy*, Vol. 32, No. 1, 2011, pp. 5-14.

Boons F. , Wagner M. , "Assessing the Relationship Between Economic and Ecological Performance: Distinguishing System Levels and the Role of Innovation", *Ecological Economies*, Vol. 68, No. 7, 2009, pp. 1908-1914.

Borland, H. , "Conceptualising Global Strategic Sustainability and Corporate Trans – Formational Change", *International Marketing Review*, Vol. 26, No. 4/5, 2009, pp. 554-572.

Bossink, B. , "The Interorganizational Innovation Processes of Sustainable Build-ing: a Dutch Case of Joint Building Innovation in Sustainability", *Building and Environment*, Vol. 42, 2007, pp. 4086-4092.

Boudreau K. J. , "Open Platform Strategies and Innova-tion: Granting Access vs. Devolving Control", *Management Science*, Vol. 56, No. 10, 2010, pp. 1849-1872.

Bouncken R. B. , Fredrich V. , "Coopetition: Performance Implications and Management Antecedents", *International Journal of Innovation Management*, Vol. 16, No. 5, 2014, p. 1250028.

Broberg T. , Marklund P. O. , Samakovlis E. , et al. , "Testing the Porter Hypothesis: The Effects of Environmental Investments on Efficiency in Swedish Industry", *Journal of Productivity Analysis*, Vol. 40, No. 1, 2013, pp. 43-56.

Broekel T. , Brenner T. , "Regional Factors and Innovativeness: an Empirical Analysis of Four Germanindustries", *Ann Reg Sci*, Vol. 47, 2011, pp. 169-194.

Brunnereier, S. B. Cohe, M. A. , "Determinants of Environmental Innovation in US Manufacturing Industries", *Journal of Environmental Economics and Management*, Vol. 3, No. 2, pp. 278-293.

Brunnermeier, S. B. , M. A. Cohen, "Determinants of Environmental Innovation in US Manufacturing Industries", *Journal of Environmental Economics and Management*, Vol. 45, No. 2, 2003, pp. 278-293.

Brännlund, R. and T. Lundgren, "Environmental Policy and Profitability: Evidence from Swedish Industry", *Environmental Economics and Policy Studies*, Vol. 12 No. 1-2, 2010, pp. 59-78.

Buyukkeklik, A. et al., "An Investigation of Environmental Sensitivity and Innovativeness (in Turkish). Suleyman Demirel University", *The Journal of Faculty of Economics and Business Administrations*, Vol. 5, No. 3, 2010, pp. 373-393.

Cabigiosu A., Camuffo A., *Beyond the "Mirroring" Hypothesis: Product Modularity and Interorganizational Relations in the Air Conditioning Industry*, Maryland: INFORMS, 2012.

Cabrita M. D. R., Cruz-Machado V., Matos F., *How to Make Eco-innovation a Competitive Strategy: A Perspective on the Knowledge-Based Development*, Berlin: Springer International Publishing, 2014.

Cabrita M. D. R., Cruz-Machado V., Matos F., *How to Make Eco-innovation a Competitive Strategy: A Perspective on the Knowledge-Based Development. Eco-Innovation and the Development of Business Models*, Berlin: Springer International Publishing, 2014.

Cai W. G., Zhou X. L., "On the Drivers of Eco-Innovation: Empirical Evidence From China", *Journal of Cleaner Production*, Vol. 79, No. 5, 2014, pp. 239-248.

Canon de Francia, J., C. Garces-Ayerbe, M. Ramirez-Aleson, "Are More Innovative Firms Less Vulnerable to New Environmental Regulation?", *Environmental and Resource Eco-nomics*, Vol. 36, 2007, pp. 295-311.

Caputo, M. R., "Comparative Statics of a Monopolistic Firm Facing Price-cap and Command-and Control Environmental Regulations", *Energy Economics*, Vol. 46, 2014, pp. 464-471.

Carrillo-Hermosilla J., Del Río P., Könnölä T., "Diversity of Eco-Innovations: Reflections From Selected Case Studies", *Journal of Cleaner Production*, Vol. 18, No. 10, 2010, pp. 1073-1083.

Casanueva C., Castro I., Galn J. L., "Informational Networks and Innovation in Mature Industrial Clusters", *Journal of Business Research*, Vol. 66, No. 5, 2013, pp. 603-613.

Ceccagnoli, M., Foman, C., Huang, P., & Wu, D. J., "Co-Creation of Value in a Platform Ecosystem: The Case of Enterprise Software", *MIS Quarterly*, Vol. 36, No. 1, 2012, pp. 263-290.

Chen Y. S., "The Driver of Green Innovation and Green Image-Green Core Competence", *Journal of Business Ethics*, No. 3, 2008, pp. 531-543.

Chen Y. S., "The Influence of Green Innovation Performance on Corporate Advantage in Taiwan", *Journal of Business Ethics*, No. 4, 2006, pp. 331-339.

Chen Y. T., Rong K., Xue L., "Evolution of Collaborative Innovation Network in China's Wind Turbine Manufacturing Industry", *International Journal of Technology Management*, Vol. 65, No. 5, 2014, pp. 262-299.

Chen Yu-Shan. Chang Ching-Hsun. Wu Feng Shang., "Origins of Green Innovations: the Differences Between Proactive and Reactive Green Innovations", *Management Decision*, Vol. 50, No. 3, 2012, pp. 368-398.

Chen Y. S., Chang C. H., "The Determinants of Green Product Development Performance: Green Dynamic Capabilities, Green Transformational Leadership, and Green Creativity", *Journal of Business Ethics*. Vol. 116, 2013, pp. 107-119.

Cheng, C. C., Shiu, E. C., "Validation of a Proposed Instrument for Measuring Eco-Innovation: An Implementation Perspective", *Tecnovation*, Vol. 32, No. 6, 2014, pp. 329-344.

Chesbrough, H., *Open innovation. The new imperative for creating and profiting from technology*, Boston: Harvard Business School Press, 2003.

Chiavarino B., Crestoni M. E., Maître P, et al., "Determinants of Eco-innovations by Type of Environmental Impact: The Role of Regulatory Push/Pull, Technology Push and Market Pull", *Zew Discussion Papers*, Vol. 78, No. 32, 2011, pp. 112-122.

Chou, C. J., et al., "Green Practices in the Restaurant Industry From an Innovation Adoption Perspective: Evidence From Taiwan", *International Journal of Hospital*, Vol. 31, No. 3, 2012, pp. 703-711.

Chou, D., & Chou, A., "Awareness of Green IT and its Value Model",

Journal of Computer Standards and Interfaces, Vol. 34, 2012, pp. 447-451.

Claude-GaudillatV, Quelin B V. , "DynamicCompetition and Development of New Competencies", *Enhancing Inter-Finn Net-works and Inter-organizational Strategies*, No. 3, 2003, p. 137.

Clausen T. H. , "External Knowledge Sourcing From Innovation cCooperation and the Role of Absorptive Capacity: Empirical Evidence From Norway and Sweden Technology Analysis", *Strategic Management Journal*, Vol. 25, 2013, pp. 57-70.

Cleff, T. , K. Rennings, "Determinants of Environmental Product and Process Innova-tion-Evidence from the Mannheim Innovation Panel and a Follow-Up Telephone Survey", *European Environment*, Vol. 9, No. 5, 1999, pp. 191-201.

Colwell S. R. , Joshi A. W. , "Corporate Ecological Responsiveness: Antecedent Effects of Institutional Pressure and Top Management Commitment and Their Impact on Organizational Performance", *Business Strategy and the Environment*, Vol. 22, 2013, pp. 73-91.

Costantini V. , Crespi F. , Martini C. , et al. , "Demand-Pull and Technology-Push Public Support for Eco-Innovation: The Case of the Biofuels Sector", *Research Policy*, Vol. 44, No. 3, 2015, pp. 577-595.

Costantini, Valeria, Mazzanti, et al. , "Environmental Performance, Innovation and Spillovers. Evidence From a Regional NAMEA", *Ecological Economics*, Vol. 89, No. 4, 2013, pp. 101-114.

Cowan R. , Jonard N. , Zimmermann J. B. , *Bilateral Collaboration and the Emergence of Innovation Networks*, Maryland: Informs, 2007.

Crews, D. , "Strategies For Implementing Sustainability: Five Leadership Challenges", *Advanced Management Journal*, Vol. 75, No. 2, 2010, pp. 15-21.

Csutora, M. , "From Eco-Efficiency to Eco-Effectiveness? The Policy-Performance Paradox", *Society and Economy*, Vol. 33, No. 1, 2011, pp. 161-181.

Csutora, M. , "One More Awareness Gap? The Behavior-Impact Gap Problem", *Journal of Consumer Policy*, Vol. 35, No. 1, 2012, pp. 145-163.

Cuerva M. C. , Triguero-Cano á, Córcoles D. , "Drivers of Green and Non-Green Innovation: Empirical Evidence in Low-Tech Smes", *Journal of Cleaner Production*, Vol. 68, 2014, pp. 104-113.

Czarnitzki, D. , Hanel, P. , & Rosa, J. M. , "Evaluating the Impact of R&D Tax Credits on Innovation: A Microeconometric Study on Canadian Firms", *Research Policy*, Vol. 40, No. 2, 2011, pp. 217-229.

Dai J. , Montabon F. L. , Cantor D. E. , "Linking Rival and Stakeholder Pressure to Green Supply Management: Mediating Role of top Management Support Transportation", *Research*, Vol. 71, 2014, pp. 173-187.

Daniel P Forbes, David A Kirsch. , "The Study of Emerging Indus-tries: Recognizing and Responding to Some Central Problems", *Journal of Business Venturing*, Vol. 26, No. 5, 2011, pp. 589-602.

Daskalakis M. , *Behavioral Determinants of Environmental Innovation: A Carnegie-Based Approach*, Berlin: Springer International Publishing, 2016.

De Marchi V. , "Environmental Innovation and R&D Cooperation: Empirical Evidence From Spanish Manufacturing Firms", *Research Policy*, Vol. 41, No. 3, 2012, pp. 614-623.

Del Rio Gonzalez, P. , "The Empirical Analysis of the Determinants For Environmental Technological Change: A Research Agenda", *Ecological Economics*, Vol. 68, 2009, pp. 861-878.

Del Rio, P. , Carrillo-Hermosilla, J. , Konnola, T. , "Policy Strategies to Promote Eco Innovation", *Ind. Ecol.* , Vol. 14, 2010, pp. 541-557.

Delmas M. , Toffel M. , "Stakeholders and Environmental Management Practices: an Institutional Framework", *Business Strategy and the Environment*, Vol. 13, 2004, pp. 209-222.

Demirel P. , Kesidou E. , "Stimulating Different Types of Eco-Innovation in the UK: Government Policiesand Firm Motivations", *Ecol Econ*, Vol. 70, No. 8, 2012, pp. 1546-1557.

Demirel P. , Kesidou E. , "Stimulating Different Types of Eco-Innovation in the UK: Government Policies and Firm Innovations", *Ecological Economics*, Vol. 70, No. 8, 2011, pp. 1546-1557.

Dhanaraj, C. and Parkhe, A. , "Orchestrating Innovation Networks",

Academic of Management Review, Vol. 31, No. 3, 2006.

Diederich H. , *Environmental Policy and Renewable Energy Equipment Exports*, Berlin: Springer Fachmedien Wiesbaden, 2016.

Doran J. , Ryan G. , "Regulation and Firm Perception, Eco-Innovation and Firm Performance", *European Journal of Innovation Management*, Vol. 15, No. 4, 2012, pp. 421-441.

Dougherty, D. and Dunne, D. D. , "Organizing Ecologies of Complex Innovation", *Organization Science*, Vol. 22, No. 5, 2011.

Díaz-García, C. , González-Moreno, á. , Sáez-Martínez, F. J. , "Eco-Innovation: Insights From a Literature Review", *Innov. Manag. Policy*, Vol. 17, No. 1, 2015, pp. 6-23.

Ebrahimi P. , Mirbargkar S. M. , "Green Entrepreneurship and Green Innovation for SME Development in Market Turbulence", *Eurasian Business Review*, Vol. 7, No. 4, 2017, pp. 1-26.

Eiadat Y. , A Kelly, F. Roche, H. Eyadat. , "Green and Competitive. An Empirical Test of the Mediating Role of Environmental Innovation Strategy", *Journal of World Business*, Vol. 43, No. 1, 2008, pp. 131-145.

Eickelpasch A. , Lejpras A. , Stephan A. , "Locational and Internal Sources of Firm Competitive Advantage: Applying Porter's diamond model at the firm level", *J StrategManag Educ*, Vol. 2, 2011, p. 129.

Eisenmann T. , Parker G. , Van Alstyne M. , "Platform Envelopment", *Strategic Management Journal*, No. 32, 2011, pp. 1270-1285.

Ekins P. , "Eco-Innovation For Environmental Sustainability: Concepts, Progress and Policies", *International Economics & Economic Policy*, Vol. 7, No. 2-3, 2010, pp. 267-290.

Elfring T. , Hulsink W. , "Networks in Entrepreneurship: The Case of High-Technology Firms", *Small Business Economics*, Vol. 21, No. 4, 2003, pp. 409-422.

Endrikat J. , Guenther E. , Hoppe H. , "Making Sense of Conflicting Empirical Findings: A Meta-Analytic Review of the Relationship Between Corporate Environmental and Financial Performance", *European Management Journal*, Vol. 32, No. 5, 2014, pp. 735-751.

Eraydin A, Bilge ArmatliKöroğlu, "Innovation, Networking and the New Industrial Clusters: the Characteristics of Networks and Local Innovation Capabilities in the Turkish Industrial Clusters", *Entrepreneurship & Regional Development*, Vol. 17, No. 4, 2005, pp. 237-266.

Escribano A., Fosfuri A., TribóJosep A., "Managing External Knowledge Flows: The Moderating Role of Absorptive Capacity", *Research Policy*, Vol. 38, No. 1, 2009, pp. 96-105.

EY E., Leonu Y. Y., "Combining Resource-Based nd Evolutionary Theory to Explain the Genesis of Bio-Net-Works", *Industry and Innovation*, Vol. 15, No. 6, 2008, pp. 669-689.

Fergusson, H., Langford, D. A., "Strategies for Managing Environmental Issues in Construction Organizations", *Engineering Construction and Architectural Management*, Vol. 13, No. 2, 2006, pp. 171-185.

Fragkias M., "Urban Institutional Innovation and Dynamics as a Response to Global Environmental Change", *Earth Environ Science*, No. 6, 2009, pp. 33.

Fransman, M., *The New ICT Ecosystem: Implications for Policy and Regulation*, Cambridge: Cambridge University Press, 2007.

Fritsch M., Kauffeld-Monz M., "The Impact of Network Structure on Knowledge Transfer: an Application of Social Network Analysis in the Context of Regional Innovation Networks", *Annals of Regional Science*, Vol. 44, No. 1, 2010, pp. 21-38.

Frondel M., Horbach J., K., "What Triggers Environmental Management and Innovation? Empirical Evidence for Germany", *Ecological Economics*, Vol. 66, 2008, pp. 153-160.

Frondel, M., J. Horbach, K. Rennings, "End-of-Pipe or Cleaner Production? An Empirical Comparison of Environmental Innovation Decisions Across OECD Countries", *Business Strategy and the Environment*, Vol. 16 No. 8, 2007, pp. 571-584.

Fukugawa N., "Determining Factors in Innovation of Small Firm Networks: A Case of Cross Industry Groups in Japan", *Small Business Economics*, Vol. 27, No. 2-3, 2006, pp. 181-193.

Fussler C. , James P. , *A breakthrough discipline for innovation and sustainability*, London: Pitman Publishing, 1996.

Garcíapozo A. , Sánchezollero J. L. , Marchantelara M. , "Eco-Innovation and Management: an Empirical Analysis of Environmental Good Practices and Labour Productivity in the Spanish Hotel Industry", *Innovation*, Vol. 17, No. 1, 2015, pp. 58-68.

Garrido-Baserba M. , Reif R. , Molinos-Senante M, Larrea L, CastilloA, Verdaguer M, Poch M. , "Application of a Multi-Criteriadecision Model to Select of Design Choices for WWTPs", *CleanTechnol Environ Policy*, Vol. 18, No. 4, 2016, pp. 1097-1109.

Gauselmann A. , Marek P. , "Regional determinants of MNE's Location Choice in Post-Transition Economies", *Empirica*, Vol. 39, 2012, pp. 487-511.

Gawer A. , Cusumano M. A. , "Industry Platforms and Ecosystem Innovation", *Journal of Product Innovation Management*, Vol. 31, No. 3, 2014, pp. 417-433.

Geels F. W. , "Technological Transitions as Evolutionary Reconfiguration Processes: a Multi-level Perspective and a Case-study", *Research policy*, Vol. 31, No. 8, 2002, pp. 1257-1274.

Geffen, C. , Rothenberg, S. , "Suppliers and Environmental Innovation-the Automotive Paint Process", *International Journal of Operations & Production Management*, Vol. 20, 2000, pp. 166-186.

Gema Albort-Morant, Antonio Leal-Millán, Gabriel CepedaCarrion, JorgHenseler. , "Developing Green Innovation Performance by Fostering of Organizational Knowledge and Coopetitive Relations", *Rev Manag Sci*, Vol. 12, 2018, pp. 499-517.

Ghisetti C. , Marzucchi A. , Montresor S. , "The Open Eco-Innovation Mode. An Empirical Investigation of Eleven European Countries", *Research Policy*, Vol. 44, No. 5, 2015, pp. 1080-1093.

Giuliani E. , Bell M. , "The Micro-Determinants of Meso-Level Learning and Innovation: Evidence from a Chilean Wine Cluster", *Research Policy*, Vol. 34, No. 1, 2005, pp. 47-68.

Gnyawali, D. R. , "Impact of Co-Opetition on Firm Competitive Behavior: An Empirical Examination", *Journal of Management*, Vol. 32, No. 4, 2006, pp. 507-530.

Gouda, S. K. , Jonnalagedda S, Saranga H. , "Design for the Environment: Impact of Regulatory Policies on Product Development", *European Journal of Operational Research*, Vol. 248, No. 2, 2016, pp. 558-570.

Goulder, P. J. R. , Watkins D I. , "Impact of MHC Class I Diversity on Immune Control of Immunodeficiency Virus Replication", *Nature Reviews Immunology*, Vol. 8, No. 8, 2008, pp. 619-630.

Gray, W. B. , Shadbegian R J. , "Plant Vintage, Technology, and Environmental Regulation", *Journal of Environmental Economics and Management*, Vol. 46, No. 3, 2003, pp. 384-402.

Greg Filbeck, Raymond F. Gorman, "The Relationship Between the Environmental and Financial Performance of Public Utilities", *Environmental and Resource Economics*, No. 4, 2004, pp. 137-157.

Hamamoto M. , "Environmental Regulation and the Productivity of Japanese Manufacturing Industries", *Resource and Energy Economics*, Vol. 28, No. 4, 2006, pp. 299-312.

Hashino T. , Otsuk K. , "Cluster-Based Industrial Development in Contemporary Developing Countries and Modern Japanese Economic History", *Jouranl of the Japanese and International Economics*, Vol. 30, 2012, pp. 19-32.

Helen Walker, Lutz Preuss. , "Fostering Sustainability Through Sourcing From Small Businesses: Public Sector Perspectives", *Journal of Cleaner Production*, Vol. 16, 2008, pp. 1600-1609.

Helling R. , "Driving Innovation Through Life-cycle Thinking", *Clean Technol Environ Policy*, Vol. 17, No. 7, 2015, pp. 1769-1779.

Hojnik J. , Ruzzier M. , "What Drives Eco-innovation? A Review of an Emerging Literature", *Environmental Innovation & Societal Transitions*, Vol. 19, 2016, pp. 31-41.

Hoogendoorn B. , Guerra D. , Zwan P. V. D. , "What Drives Environmental Practices of SMEs?", *Small Business Economics*, Vol. 44, No. 4, 2014, pp. 759-781.

Horbach, J. , et al. , "Determinants of Eco-Innovations by Type of Environmental Impact - The Role of Regulatory Push/pull, Technology Push and Market Pull", *Ecological Economics*, Vol. 78, 2014, pp. 112-122.

Horbach, J. , "Do Eco-Innovations Need Specific Regional Characteristics? An Econometric Analysis For Germany", *Review of Regional Research*, Vol. 34, No. 1, 2014, pp. 23-38.

Horbach, J. , "Determinants of Environmental Innovation - New Evidence From German Panel Data Sources", *Research Policy*, Vol. 37, 2008, pp. 163-173.

Horbach, J. , "Determinants of Environmental Innovation - New Evidence From German Panel Data Sources", *Res. Policy*, Vol. 37, 2008, pp. 163-173.

Horbach, J. , "The Impact of Innovation Activities on Employment in the Environmental Sector - Empirical Results for Germany at the Firm Level, in: JahrbüCher Für Na-Tionalökonomie und Statistik", *Journal of Economics and Statistics*, Vol. 230, No. 4, 2010, pp. 403-419.

Horvathova, E. , "The Impact of Environmental Performance on Firm Performance: Short-Term Costs and Long-Term Benefits?", *Ecological Economics*, Vol. 84, 2012, pp. 91-97.

Hu C. , Xu Z. , Yashiro N. , "Agglomeration and Productivity in China: Firm Level Evidence", *China Economic Review*, Vol. 33, 2015, pp. 50-66.

Huggins R. , Thompson P. , "Entrepreneurship, Innovation and Regional Growth: a Network Theory", *Small Business Economics*, Vol. 45, No. 1, 2015, pp. 103-128.

Iammarino S. , Mccann P. , "The Structure and Evolution of Industrial Clusters: Transactions, Technology and Knowledge Spillovers", *Research Policy*, Vol. 35, No. 7, 2006, pp. 1018-1036.

Ironica A. , Baleanu V. , Edelhauser E. , Irimie S. , "TQM and Business Excellence. Annals of the University of Petrosani", *Economics Issue*, Vol. 10, No. 4, 2010, pp. 125-134.

Isik M. , "Incentives for Technology Adoption Under Environmental Policy Uncertainty: Implications for Green Payment Programs", *Environmental and*

Resource Economics, Vol. 27, No. 3, 2004, pp. 247-263.

Jacobides M. G., Knudsen T., Augier M., "Benefitingfrom Innovation: Value Creation, Value Appropriationand the Role of Industry Architectures", *Research Policy*, Vol. 35, No. 8, 2006, pp. 1200-1221.

Jaegul Lee, Francisco M. Veloso, David A. Hounshell, Edward S. Rubin, "Forcing Technological Change: ACase of Automobile Emissions Control Technology Development in the US", *Technovation*, No. 4, 2010, pp. 249-264.

Jana Stoever, John P. Weche, "Environmental Regulation and Sustainable Competitiveness: Evaluating the Role of Firm-Level Green Investments in the Context of the Porter Hypothesis", *Environmental & Resource Economics*, No. 1, 2015, pp. 1-27.

Jansson J., Marell A., Nordlund A., "Green Consumer Behavior: Determinants of Curtailment and Eco-Innovation Adoption", *J Consum Mark*, Vol. 27, No. 4, 2010, pp. 358-370.

Jansson J., "Consumer Eco-Innovation Adoption: Assessing Attitudinal Factors and Perceived Product Characteristics", *Bus Strategy Environ*, Vol. 20, 2011, pp. 192-210.

Jasiński A. H., Tuźnik F., "Barriers for Eco-Innovations: A Case Study of a Small Firm in Poland", *Foundations of Management*, Vol. 5, No. 1, 2013, pp. 27-32.

Jens Horbach, Vanessa Oltra, Jean Belin, "Determinants and Specificities of Eco-Innovations Compared to Other Innovations—An Econometric Analysis for the French and German Industry Based on the Community Innovation Survey", *Cahiers Du Gretha*, Vol. 33, No. 6, 2012, pp. 81-83.

Jens Horbach, "Determinants of Environmental Innovation—New Evidence From German Panel Data Sources", *Research Policy*, No. 1, 2008, pp. 163-173.

Jorge M. L., Madueño J. H., Martínez-Martínez D, et al., "Competitiveness and Environmental Performance in Spanish Small and Medium Enterprises: is There a Direct Link?", *Journal of Cleaner Production*, Vol. 101, 2015, pp. 26-37.

Jūratė Jaraitė, Corrado Di Maria, "Efficiency, Productivity and Environmental Policy: A Case Study of Power Generation in the EU", *Energy Economics*, Vol. 34, No. 5, 2012, pp. 1557-1568.

Kammerer D. , "The Effects of Customer Benefit and Regulation on Environmental Product Innovation: Empirical Evidence From Appliance Manufactures in Germany", *Ecological Economics*, Vol. 68, No. 8-9, 2009, pp. 2285-2295.

Kapoor R. , Lee J. M. , "Coordinating and Competing in Ecosystems: How Organizational Forms Shape New Technology Investments", *Strategic Management Journal*, No. 3, 2013, pp. 274-296.

Kemp R. , "Ten Themes for Eco - Innovation Policies in Europe", *S. A. P. I. EN. S*, No. 4, 2011, pp. 12-23.

Kesidou E. , Demirel P. , "On the Drivers of Eco-Innovations: Empirical Evidence From the UK", *Research Policy*, Vol. 41, No. 5, 2012, pp. 862-870.

Khanna M. , Deltas G. , Harrington D. R. , "Adoption of Pollution Prevention Techniques: the Role of ManagEment Systems and Regulatory Pressures", *Environmental and Resource Economics*, Vol. 44, No. 1, 2009, pp. 85-106.

Khanna, M. , G. Deltas, D. R. Harrington, "Adoption of Pollution Prevention Tech-niques: The Role of Management Systems and Regulatory Pressures", *Environmental and Resource Economics*, Vol. 44, 2009, pp. 85-106.

Kim H. , Lee J. N. , Han J. , "The Role of IT in Business Ecosystems", *Communications of the ACM*, Vol. 53, No. 5, 2010, pp. 151-156.

Kirkwood, J. , & Walton, S. , "What Motivates Ecopreneurs to Start Businesses?", *International Journal of Entrepreneurial Behavior & Research*, Vol. 16, No. 3, 2010, pp. 204-228.

Kneller R. , Manderson E. , "Environmental Regulations and Innovation Activity in UK Manufacturing Industries", *Resource and Energy Economics*, Vol. 34, No. 2, 2012, pp. 211-235.

Kobarg S. , Stumpf Woller Sheim J. , Welpe I. M. , "University-Industry Collaborations and Product Innovation Performance: the Moderating Effects of Absorptive Capacity and Innovation Competencies", *Journal of Technology*

Transfer, Vol. 4, 2017, pp. 1−29.

Kowalska A. , "Implementing Eco − Innovations. Determinants Andeffects", *Ann Polish Assoc Agric Agribus Econ*, Vol. 16, No. 3, 2014, pp. 153−158.

Lanoie P. , Laurent−Lucchetti J. , Johnstone N. , et al. , "Environmental Policy, Innovation and Performance: New Insights on the Porter Hypothesis", *Journal of Economics & Management Strategy*, Vol. 20, No. 3, 2011, pp. 803−842.

Lanoie P. , Patry M. , Lajeunesse R. , "Environmental Regulation and Productivity: Testing the Porter Hypothesis", *Journal of Productivity Analysis*, Vol. 20, No. 3, 2008, 3pp. 121−128.

Lanoie P. , J. Liaurent−Lucchetti, N. Johnstone and S. Amber, "Environmental Policy, Innovation and Performance: New Insights on the Porter Hypothesis", *Journal of Economics & Management Strategy*, Vol. 20, No. 3, 2011, pp. 803−842.

Laperche, Blandine, "Large Firms' Knowledge Capital and Innovation Networks", *Journal of the Knowledge Economy*, No. 4, 2016, pp. 1−18.

Lee S. Y. , Klassen R. D. , "Drivers and Enablers that Foster Environmental Management Capabilities in Small and Medium−Sized Suppliers in Supply Chains", *Production and Operations Management*, Vol. 17, 2008, pp. 573−586.

Leenders Mark A. A. M. , Chandra Yanto, "Antecedents and Consequences of Green Innovation in the Wine Industry: the Role of Channel Structure", *Technology Analysis and Strategic Management*, Vol. 25, No. 2, 2013, pp. 203−218.

Leiter A. M. , Parolini A. , Winner H. , "Environmental Regulation and Investment: Evidence From European Industry Data", *Ecological Economics*, Vol. 70, No. 4, 2011, pp. 759−770.

Leitner, A. , W. Wehrmeyer and C. France, "The Impact of Regulation and Policy on Eco−Innovation−the Need for a New Understanding", *Management Research Review*, Vol. 33, No. 11, 2010, pp. 1022−1041.

Lejpras, A. , Stephan, A. , "Locational Conditions, Cooperation, and Innovativeness: Evidence from Research and Company Spin-Offs", *The Annals of Regional Science*, Vol. 46, No. 3, 2011, pp. 543-575.

Leon-Soriano, R., Munoz-Torres, M. J. and Chalmeta-Rosalen, R., "Methodology for Sustainability Strategic Planning and Management", *Industrial Management & Data Systems*, Vol. 110, No. 2, 2010, pp. 249-268.

Leten B. Vanhaverbeke W., Roijakkers N., "IP Models to OrchestrateInnovation Ecosystems: IMEC, a Public Research Institute in Nano-Electronics", *California Management Review*, No. 4, 2013, pp. 51-64.

Lewandowska M. S., *"Policies to Promote Eco-innovation: Results for Selected CEE Countries and Germany"*, Berlin: Springer International Publishing, 2016.

Li H., De Zubielqui G. C., O'Connor, Allan, "Entrepreneurial Networking Capacity of Cluster Firms: a Social Network Perspective on How Shared Resources Enhance Firm Performance", *Small Business Economics*, Vol. 45, No. 3, 2015, pp. 523-541.

Li Y., Su Z., Liu Y., "Can Strategic Flexibility Help Firms Profit From Product Innovation?", *Technovation*, Vol. 30, 2010, pp. 300-309.

Lichtenthaler U., "Determinants of Proactive and Reactive Technology Licensing: A Contingency Perspective", *Research Policy*, No. 1, 2010, pp. 55-66.

Lichtenthaler, U., "Absorptive Capacity, Environmental Turbulence, and the Complementarity of Organizational Learning Processes", *The Academy of Management Journal*, Vol. 52, 2009, pp. 822-846.

Lin Chieh-Yu, Ho Yio-Hui, "An Empirical Study on Logistics Service Providers' Intention to Adopt Green Innovations", *Journal of Technology Management and Innovation*. Vol. 3, No. 1, 2008, pp. 17-26.

Lin, Y. H., Tseng, M. L., Chen, C. C., & Chiu, A. S. F., "Positioning Strategic Competitiveness of Green Business Innovation Capabilities Using Hybrid method", *Expert Systems with Applications*, Vol. 38, No. 3, 2011, pp. 1839-1849.

Lungu M., Lanza M., Rba T., et al., "The Small Project Observatory: Visualizing Software Ecosystems", *Science of Computer Programming*, Vol. 75,

No. 4, 2010, pp. 264-275.

Ma Ding, Ye Jianmu, "Eco-Innovation Determination Based on Structural Equation Modeling: Identifying the Mediation and Moderation Effect", *International Journal of Management Science and Business Administration*, Vol. 1, No. 3, 2015, pp. 17-29.

Machiba T., "Eco - innovation for Enabling Resource Efficiency and Green Growth: Development of an Analytical Framework and Preliminary Analysis of Industry and Policy Practices", *International Economics & Economic Policy*, Vol. 7, No. 2-3, 2010, pp. 357-370.

Machiba, "Sustainable Manufacturing and Eco-Innovation: First Steps in Building a Common Analytical Framework", *Dstind*, Vol. 16, 2008, pp. 5-38.

Makara A., Smol, Kulczycka J., Kowalski Z., "Technological, Environmental and Economic Assessment of Sodium Tripolyphos-Phate Production-a Case Study", *J Clean Prod*, Vol. 133, 2016, pp. 243-251.

Malecki E. J., "Connecting Local Entrepreneurial Ecosystems to Glob-al Innovation Networks: Open Innovation, Double Networks and Knowledge Integration", *International Journal of Entrepreneur-ship & Innovation Management*, No. 1, 2011, pp. 36-59.

Mantovani A., Ruiz-Aliseda F., "Equilibrium Innovation Ecosys-tems: The Dark Side of Collaborating With Complementors", *Management Science*, No. 2, 2016, pp. 534-549.

Marchi V. D., "Environmental Innovation and R&D Cooperation: Empirical Evidence from Spanish Manufacturing Firms", *Research Policy*, Vol. 41, 2012, pp. 614-623.

Marlete Beatriz Maçaneiro, Cunha S K D., "*Contextual Factors as Drivers of Eco-Innovation Strategies*", Berlin: Springer International Publishing, 2014.

Martin R., P S., "Path Dependence and Regional Economic Evolution", *The Journal of Economic Geography*, No. 6, 2006, pp. 395-437.

Mayangsaria L., Novanib S., Hermawan P., "Batik Solo Industrial Cluster Analysis as Entrepreneurial System: a Viable Cocreation Model Perspective", *Procedia Social and Behavioral Sciences*, Vol. 169, 2015, pp. 281-288.

Mazzanti M., Zoboli R., "Complementarities, Firm Strategies and Eco-

Innovation: Empirical Evidence for a District – Based Manufacturing System", *Environmental Sciences*, Vol. 5, No. 1, 2008, pp. 17–40.

Mc Gahan A. , Argyres N. , Baum J. , "Context, Technology and Strategy: Forging New Perspectives on the Industry Life Cycle", *Advances in Strategic M anagement*, No. 21, 2004, pp. 1–24.

Menguc B. , Auh S. , Ozanne L. , "The Interactive Effect of Internal and External Factors on a Proactive Environmental Strategy and its Influence on a Firm's Performance", *Journal of Business Ethics*, Vol. 94, 2010, pp. 279–298.

Mirchandani, D. and Ikerd, J. , "Building and Maintaining Sustainable Organizations", *Organization Management Journal*, Vol. 5, No. 1, 2008, pp. 40–51.

Montalvo C. C. , "Sustainable Production and Consumption Systems–Cooperation for Change: Assessing and Simulating the Willingness of the Firm to Adopt/Develop Cleaner Technologies: The Case of the In – Bond indUstry in Northern Mexico", *Journal of Cleaner Production*, Vol. 11, No. 4, 2003, pp. 411–426.

Morrison A. , Rabellotti R. , "Knowledge and Information Networks in an Italian Wine Cluster", *European Planning Studies*, Vol. 17, No. 7, 2009, pp. 983–1006.

Morrison A. , Rabellotti R. , Zirulia L. , "When Do Global Pipelines Enhance the Diffusion of Knowledge in Clusters?", *Economic Geography*, Vol. 89, No. 1, 2013, pp. 77–96.

Morsing, M. and Oswald, D. , "Sustainable Leadership: Management Control Systems and Organizational Culture in Novo Nordisk A/S", *Corporate Governance*, Vol. 9, No. 1, 2009, pp. 83–99.

Nambisan S. , Baron R A. , "Entrepreneurship in Innovation Ecosystems: Entrepreneurs' Self–regulatory Processes and Their Implications for New Venture Success", *Entrepreneurship: Theory & Practice*, No. 3, 2013, pp. 1071–1097.

NoratRoigmilierno, Kraus S. , Cruz S. , "The Relation Between Coopetition and Innovation/entrepreneurship", *Review of Managerial Science*, Vol. 12,

No. 2, 2017, pp. 379-383.

Norman, C., &Klofsten, M., "Financing New Ventures: Attitudes Towards Public Innovation Support", *New Technology-Based Firms in the New Millennium*, Vol. 8, 2010, 89-110.

Oltra V., Saint J. M., "Sectoral Systems of Environmental Innovation: an Application to the French Automotive Industry", *Technological Forecasting and Social Change*, Vol. 76, No. 4, 2009, pp. 567-583.

Oltra V., Jean, M., "Incrementalism of Environmental Innovations Versus Paradigmatic Change: A Comparative Study of the Automotive and Chemical Industries", *Cahiers du Gretha*, No. 14, 2007, pp. 1-22.

PandejChintrakarn, "Environmental Regulation and U. S. States' Technical Inefficiency", *Economics Letters*, No. 3, 2008, pp. 363-365.

Paulraj, A., "Environmental Motivations: a Classification Scheme and its Impact Onenvironmental Strategies and Practices", *Business Strategy and the Environment*, Vol. 18, No. 7, 2009, pp. 453-468.

Pekkarinen S, HarmaakorpiV., "Building Regional Innovation Networks: The Definition of an Age Business Core Process in a Regional Innovation System", *Regional Studies*, Vol. 40, No. 4, 2006, pp. 401-413.

Picazo-Tadeo, A. J., & Prior, D., "Environmental Externalities and Efficiency Measurement", *Journal of Environmental Management*, Vol. 90, No. 11, 2009, pp. 3332-3339.

Piotr Trąpczyński, Łukasz Puślecki, Mirosław Jarosiński, "*Competitiveness of CEE Economies and Businesses*", Berlin: Springer International Publishing, 2016.

Pirolo L., Presutti M., "Towards a Dynamic Knowledge-Based Approach to the Innovation Process: an Empirical Investigation on Social Capital Inside an Industrial Cluster", *International Journal of Learning and Intellectual Capital*, Vol. 4, No. 1-2, 2007, p. 147.

Popp D., Hafner T., Johnstone N., "Environmental Policy vs. Public Pressure: Innovation and Diffusion of Alternative Bleaching Technologies in the Pulp Industry", *Research Policy*, No. 9, 2011, pp. 1253-1268.

Pujari, D., Peattie, K., & Wright, G., "Organizational Antecedents of

Environmental Responsiveness in Industrial New Product Development", *Industrial Marketing Management*, Vol. 33, No. 5, 2004, pp. 381-391.

Ramanathan R., He Q., Black A., et al., "Environmental Regulations, Innovation and Firm Performance: A Revisit of the Porter Hypothesis", *Journal of Cleaner Production*, Vol. 155, No. 2, 2016, pp. 79-92.

Rassier, D. G. and D. Earnhart, "The Effect of Clean Water Regulation on Profitability: Testing the Porter Hypothesis", *Land Economics*, Vol. 86, No. 2, 2010, pp. 329-344.

Rehfeld K., K. Rennings and A. Ziegler, "Determinants of Environmental Product Innovations and the Role of Integrated Product Policy-An Empirical Analysis", *Ecological Economics*, Vol. 61, 2007, pp. 91-100.

Rennings K., "Redefining Innovation: Eco-Innovation Research and the Contribution From Ecologicaleconomics", *J Ecol Econ*, Vol. 32, 2000, pp. 319-332.

Rennings, K. and C. Rammer, "The Impact of Regulation-Driven Environmental Innovation on Innovation Success and Firm Performance", *Industry and Innovation*, Vol. 18, No. 3, 2011, pp. 255-284.

Rennings, K., A. Ziegler, K. Ankele, E. Hoffmann, "The Influence of Different Characteristics of the EU Environmental Management and Auditing Scheme on Technical Environmental Innovations and Economic Performance", *Ecological Economics*, Vol. 57, No. 1, 2006, pp. 45-59.

Rizov M., Oskam A., Walsh P., "Is There a Limit to Agglomeration? Evidence From Productivity of Dutch Firms", *Regional Science & Urban Economics*, Vol. 42, No. 2, 2012, pp. 595-606.

Ron Adner, Rahul Kapoor, "Value Creation in Innovation Ecosystems: How the Structure of Technological Interdependence Affects Firm Performance in New Technology Generdtions", *Strategic Management Joumal*, Vol. 31, No. 3, 2010, pp. 306-333.

Roscoe S., Cousins P. D., Lamming R. C., "Developing Eco-innovations: A Three-Stage Typology of Supply Networks", *Journal of Cleaner Production*, Vol. 16, No. 4, 2016.

Rozkrut D., "Measuring Eco-Innovation: Towards Better Policies to Support Green Growth", *Folia OeconomicaStetinensia*, Vol. 14, No. 1, 2014, pp. 137-148.

Réjean Landry, Amara N. , Lamari M. , "Does Social Capital Determine Innovation? To What Extent?", *Technological Forecasting and Social Change*, Vol. 69, No. 7, 2002, pp. 681-701.

Sanyal P. , The Effect of Deregulation on Environmental Research by Electric Utilities [J] . Journal of Regulatory Economies, 2007, 31 (3): 335-353:

SARACHA L. , "Analysis of Cooperative Relationship in Industrial Cluster", *Procedia Social and Behavioral Sciences*, Vol. 191, 2015, pp. 250-254.

Sarkar, A. N. , "Promoting Eco-Innovations to Leverage Sustainable Development of Eco-Industry and Green Growth", *European Journal of Sustainable Development*, Vol. 2, No. 1, 2013, pp. 171-224.

Sarkis J. , Gonzalez-Torre P. , Adenso-Diaz B. , "Stakeholder Pressure and the Adoption of Environmental Practices: The Mediating Effect of Training", *Journal of Operations Management*, Vol. 28, 2010, pp. 163-176.

Sarr M. , Noailly J. , "Innovation, Diffusion, Growth and the Environment: Taking Stock and Charting New Directions", *Environmental and Resource Economics*, Vol. 66, No. 3, 2017, pp. 393-407.

Savaget P. , Carvalho F. , *"Investigating the Regulatory-Push of Eco-innovations in Brazilian Companies"* Berlin: Springer International Publishing, 2016.

Scarpellini S. , Aranda A. , Aranda J. , Llera E. , Marco M. , "R&D and Eco-Innovation: Opportunities For Closer Collaborationbetween Universities and Companies Through Technology Centers", *Clean Technol Environ Policy*, Vol. 14, No. 6, 2012, pp. 1047-1058.

Schiederig T. , Tietze F. , Herstatt C. , "Green Innovation in Technology and Innovation Management-An Exploratory Literature Review", *R & D Management*, Vol. 42, No. 2, 2012, pp. 180-192.

Silajdzic, I. , Kurtagic, S. M. , & Vucijak, B. , "Green Entrepreneurship in Transition Economies: A Case Study of Bosnia and Herzegovina", *Journal of Cleaner Production*, Vol. 88, 2014, pp. 376-384.

Silvestre B. S. , Neto R. E. S. , "Are Cleaner Production Innovations the Solution for Small Mining Operations in Poor Regions? The Case of Padua in Brazil", *Journal of Cleaner Production*, Vol. 84, No. 1, 2014, pp. 809−817.

Smith, P. A. C. and Sharicz, C. , "The Shift Needed for Sustainability. The Learning Organization", Vol. 18, No. 1, 2011, pp. 73−86.

Smol M. , Kulczycka J. , Avdiushchenko A. , "Circular Economy Indicators in Relation to Eco−Innovation in European Regions", *Clean Technologies & Environmental Policy*, Vol. 19, No. 3, 2017, pp. 1−10.

Smol M. , Kulczycka J. , Avdiushchenko A. , "Circular Economy Indicators in Relation to Eco−Innovation in European Regions", *Clean Technologies & Environmental Policy*, Vol. 19, No. 3, 2017, pp. 669−678.

Soda G. , Zaheer A. , "A Network Perspective on Organizational Architecture: Performance Effects of the Interplay of Formal and Informal Organization", *Strategic Management Journal*, Vol. 33, No. 6, 2012, pp. 751−771.

Song C. U. , Oh W. , "Determinants of Innovation in Energy Intensive Industry and Implications for Energy Policy", *Energy Policy*, Vol. 81, No. 6, 2015, pp. 122−130.

Stanisˇkis J, Arbacˇiauskas V, Varzˇinskas V. , "Sustainableconsumption and Production as a System: Experience in Lithua−nia", *Clean Technol Environ Policy*, Vol. 14, No. 6, 2012, pp. 1095−1105.

Stanisˇkis J K. , "Sustainable Consumption and Production: How to Make it Possible", *Clean Technol Environ Policy*, Vol. 14, No. 6, 2012, pp. 1015−1022.

Still K. , Huhtamaki J. , Russell M. G. , Rubens N. , "Insights for Orchestrating Innovation Ecosystems: the Case of EIT ICT Labs and Data−Driven Network Visualizations", *International Journal of Technology Management*, Vol. 66, No. 2−3, 2014, pp. 243−65.

Thollander P. , Backlund S. , Trianni A. , et al. , "Beyond Barriers−A Case Study on Driving Forces for Improved Energy Efficiency in the Foundry Industries in Finland, France, Germany, Italy, Poland, Spain, and Sweden", *Applied Energy*, Vol. 111, No. 4, 2013, pp. 636−643.

Tim S. , Frank T. , Cornelius H. , "Green Innovation in Technology and

Innovation Management-an Exploratory Literature Review", *R&D management*, Vol. 42, No. 2, 2012, pp. 180-192.

Triebswetter, U. and J. Wackerbauer, J., "Integrated Environmental Product Innovation in the Region of Munich and its Impact on Company Competitiveness", *Journal of Cleaner Production*, Vol. 16, 2008, pp. 1484-1493.

Triguero A., Moreno-Mondéjar L., Maria A. D., "Drivers of Different Types of Eco-Innovation in European SMEs", *Ecological Economics*, Vol. 92, 2013, pp. 25-33.

Triguero, A., Moreno-Mondejar, L., Davia, M., "Drivers of Different Types of Eco Innovation in European SMEs", *Ecol. Econ*, Vol. 92, 2013, pp. 25-33.

Tsai, K. H., & Yang, S. Y., "Firm Innovativeness and Business Performance: The Joint Moderating Effects of Market Turbulence and Competition", *Industrial Marketing Management*, Vol. 42, No. 8, 2013, pp. 1279-1294.

Tung A., Baird K., Schoch H., "The Relationship Between Organisational Factors and the Effectiveness of Environmental Management", *Journal of Environmental Management*, Vol. 144, 2014, pp. 186-196.

Uhlaner, L. M., Berent-Braun, M. M., Jeurissen, R. J., & de Wit, G., "Beyond Size: Predicting Engagement in Environmental Management Practices of Dutch SMEs", *Journal of Business Ethics*, Vol. 109, No. 4, 2012, pp. 411-429.

Uslu, Y. D., Hancioglu, Y., Demir, E., "Applicability to Green Entrepreneurship in Turkey: A Situation Analysis", *Procedia—Social and Behavioral Sciences*, Vol. 195, 2015, pp. 1238-1245.

Valipour M., "Future of Agricultural Water Management in Africa", *Arch Agron Soil Sci*, Vol. 61, No. 7, 2015b, pp. 907-927.

Vallet F., Tyl B., Cluzel F., et al., "Research Directions in Eco-Innovation: a French Perspective", *International Journal on Interactive Design & Manufacturing*, No. 3, 2017, pp. 1-10.

Van Berkel, R. V., "Eco-Innovation: Opportunities for Advancing Waste Prevention", *International Journal of Environmental Technology and*

Management, No. 7, 2007, pp. 527-550.

Van den Bergh, J. C. J. M. , "Environmental Regulation of Households: An Empirical Review of Economic and Psychological Factors", *Ecological Economics*, Vol. 66, 2008, pp. 559-574.

Vanyushyn V. , Bengtsson M. , Sholm M. H. , et al. , "International Coopetition for Innovation: Are the Benefits Worth the Challenges?", *Review of Managerial Science*, Vol. 2, 2017.

Villasalero M. , "Multi-Business Firms, Knowledge Flows and Intra-Network Open Innovations", *Journal of the Knowledge Economy*, Vol. 9, No. 1, 2018, pp. 162-179.

Vivanco, D. , Kemp, R. , &Voet, E. , "The Relativity of Eco-Innovation: Environmental Rebound Effects From Past Transport Innovations in Europe", *Journal of Cleaner Production*, Vol. 101, 2015, pp. 71-85.

Wagner M. , Llerena P. , "Eco-Innovation Through Integration, Regulation and Cooperation: Comparative Insights From Case Studies in Three Manufacturing Sectors", *Ind Innov*, Vol. 18, No. 8, 2011, pp. 747-764.

Wagner M. , "Empirical Influence of Environmental Management Innovation: Evidence From Europe", *Ecological Economics*, Vol. 66, 2008, pp. 392-402.

Wagner M. , "Empirical Influence of Environmental Management on Innovation: Evidence From Europe", *Ecological Economics*, Vol. 66, No. 2-3, 2008, pp. 392-402.

Wareham J. , Fox P. B. , Cano Giner J L. , "Technology Ecosystem Governance", *Organization Science*, Vol. 25, No. 4, 2014, pp. 1195-1215.

Weng M. H. Lin C. Y. , "Determinants of Green Innovation Adoption for Small and Medium-Size Enterprises (SMES) ", *African Journal of Business Management*, Vol. 5, No. 22, 2011, pp. 9151-9163.

Westerman G. , Mcfarlan F. W. , Iansiti M. , "Organization Design and Effectiveness Over the Innovation Life Cycle", *Organization Science*, Vol. 17, No. 2, 2006, pp. 230-238.

Wright P. M. , Mcmahan G. C. , Mcwilliams A. , "Human Resources and Sustained Competitive Advantage: a Resource-Based Perspective", *International*

Journal of Human Resource Management, Vol. 5, No. 2, 2016, pp. 301-326.

Xu J., Deng Y., Yao L., "Sustainable Development-Orientedindustrial Restructuring Modeling and Analysis: a Case Study InLeshan", *Clean Technol Environ Policy*, Vol. 16, No. 2, 2014, pp. 267-279.

Yalabik B., Fairchild R. J., "Customer, Regulatory, and Competitive Pressure as Drivers of Environmental Innovation", *International Journal of Production Economics*, Vol. 131, No. 2, 2011, pp. 519-527.

Yang, Y., Holgaard, J. E., & Remmen, A., "What Cantriple Helix Frameworks Offer to the Analysis of Eco-Innovation Dynamics? Theoretical and Methodological Considerations", *Science and Public Policy*, Vol. 39, 2012, pp. 373-385.

Yin P. L., Davis J. P., Muzyrya Y., "Entrepreneurial Innovation: Killer Apps in the iPhone Ecosystem", *American Economic Review*, Vol. 104, No. 5, 2014, pp. 255-259.

York, J. G., & Venkataraman, S., "The Entrepreneur-Environment Nexus: Uncertainty, Innovation, and Allocation", *Journal of Business Venturing*, Vol. 25, 2010, pp. 449-463.

Yousef Eiadat, Aidan Kelly, Frank Roche, Hussein Eyadat, "Green and competitive? An empirical test of the mediating role of environmental innovation strategy", *Journal of World Business*, Vol. 43 No. 2, 2008, pp. 131-145.

Yuan L., Yi L., Liu H., "Coopetition, Distributor's Entrepreneurialorientation and Manufacturer's Knowledge Acquisition: Evidence From China", *Journal of Operations Management*, Vol. 29, No. 1-2, 2011, pp. 128-142.

Zahra S. A., George G., "Absorptive Capacity: a Review, Reconceptualization, and Extension", *Academy of Management Review*, Vol. 27, No. 2, 2002, pp. 185-203.

Zeng S. X., Meng X. H., Zeng R. C., et al., "How Environmental Management Driving Forces Affect Environmental and Economic Performance of SMEs: a Study in the Northern China District", *Journal of Cleaner Production*, Vol. 19, No. 13, 2011, pp. 1426-1437.

Zheng S., Zhang W., Du J., "Knowledge-Based Dynamic Capabilities and Innovation in Networked Environments", *Journal of Knowledge Manage-*

ment, Vol. 15, No. 6, 2011, pp. 1035-1051.

Zhu Q. , Liu J. , Lai K. H. , "Corporate Social Responsibility Practices and Performance Improvement Among Chinese National State-Owned Enterprises", *International Journal of Production Economics*, Vol. 171, 2016, pp. 417-426.